Droit musulman et société au Sahara prémoderne

# Studies in the History and Society of the Maghrib

*Edited by*

Amira K. Bennison (*University of Cambridge*)
Léon Buskens (*University of Leiden*)
Houari Touati (*École des hautes études en sciences sociales, Paris*)

VOLUME 9

The titles published in this series are listed at *brill.com/shsm*

# Droit musulman et société au Sahara prémoderne

*La justice islamique dans les oasis du Grand Touat (Algérie) aux XVII<sup>e</sup>–XIX<sup>e</sup> siècles*

*par*

Ismail Warscheid

BRILL

LEIDEN | BOSTON

llustration de couverture: Sanctuaire appelé Rawḍa Zāwiya Kunta situé dans le village de Zaouiet ounta. Photo par l'auteur.

he Library of Congress Cataloging-in-Publication Data is available online at http://catalog.loc.gov
c record available at https://lccn.loc.gov/2017008218

ypeface for the Latin, Greek, and Cyrillic scripts: "Brill". See and download: brill.com/brill-typeface.

SN 1877-9808
BN 978-90-04-34016-9 (hardback)
BN 978-90-04-34126-5 (e-book)



his book is printed on acid-free paper and produced in a sustainable manner.

*Pour Dorothea, Hanna et Sarah,*
*À la mémoire de Djafar*

# Table des matières

# Remerciements

Ce livre est une version légèrement remaniée d'une thèse de doctorat en histoire soutenue à l'EHESS Paris en octobre 2014. Il expose les résultats d'un projet de recherche dont la réalisation aurait été impossible sans le précieux concours d'un grand nombre de personnes et d'institutions en France, en Allemagne, en Angleterre et en Algérie. Je tiens tout d'abord à remercier Houari Touati d'avoir veillé à ma formation au métier d'historien avec perspicacité et rigueur. Par son encadrement méthodologique, son enseignement et son œuvre, il a profondément influencé tant l'orientation scientifique de cette étude que mon initiation à la réflexion en sciences sociales. Qu'il reçoive le témoignage de ma reconnaissance pour les ouvertures intellectuelles lors de ces années d'apprentissage passées à Paris.

Ma gratitude va aussi à Christian Müller, Jean Schmitz et François Pouillon qui ont suivi avec intérêt la genèse de ce travail depuis ses débuts et qui m'ont donné l'occasion de présenter les premiers résultats. Leurs enseignements et leurs conseils ont été décisifs pour le mûrissement de ma réflexion et de ma compréhension des sources arabes. De même, j'adresse mes remerciements sincères aux membres du jury de soutenance pour leurs remarques et critiques : Abdel Wedoud Ould Cheikh, Pierre Boilley et Jean-Paul Colleyn.

La plupart des matériaux analysés dans cette étude ont été rassemblés durant trois séjours de recherche dans l'extrême Sud de l'Algérie entre 2009 et 2012. Leur compilation a été rendue possible grâce à la confiance et à l'appui de mes interlocuteurs sur le terrain. Je tiens particulièrement à exprimer ma dette envers Abdallah Ismaili qui n'a ménagé aucun effort pour me soutenir dans mes enquêtes dans les ksour du Grand Touat et qui m'a chaleureusement ouvert les portes de sa maison. Sans son amitié et sa disponibilité à parcourir des centaines de kilomètres à la quête de manuscrits, mes recherches documentaires et observations ethnographiques auraient sans doute été moins heureuses. J'aimerais aussi remercier sa famille pour leur grande hospitalité pendant les semaines studieuses passées dans l'intimité de leur foyer.

De même, ce travail doit payer tribut à mes camarades doctorants et universitaires algériens qui m'ont soutenu dans mes enquêtes : Nacer Baelhaj, Abdeljalil Melakh, Abderrahmane Baotmane, Ahmad Sediq, Mbarek Djafri, Muhammad Jerradi. En outre, je remercie Aziz Moustefaoui et Bachir Bouhania de m'avoir invité à exposer ma recherche devant leurs étudiants à l'Université africaine d'Adrar. L'humanité de cet échange avec la jeunesse d'une partie de l'Afrique dont je me suis attaché à sonder le passé m'a profondément marqué.

Enfin, j'exprime toute ma gratitude aux responsables de zaouïas et de bibliothèques privées qui m'ont généreusement donné accès à leur collection de manuscrits, en particulier al-Hajj Shari al-Tayyib al-Balbali à Kousam, Abdelhamid Bakri à Tamentit, la famille Abou Naama à Akabli, Abdelhamid Ben Abdelkabir à Mterfa.

Entre 2008 et 2009, j'ai participé, en tant que doctorant associé, au projet FSP franco-maghrébin *Savoirs techniques et administrations dans le Maghreb moderne et contemporain : héritages et circulation*. Grâce à une bourse de courte durée qui m'a été accordée dans ce cadre, j'ai eu l'occasion de réaliser un premier séjour de terrain en Algérie. Pour cette opportunité, ainsi que pour les nombreux conseils et encouragements pendant la phase initiale de mon projet de recherche, je remercie Hassan Elboudrari, Daniel Nordman et Fatima-Zohra Guechi. J'adresse une pensée particulière de gratitude à feue Aicha Ghettas qui a accepté de m'accueillir à l'université d'Alger. Son hospitalité et sa disponibilité à guider mes premiers pas à Alger m'ont laissé un souvenir durable. Je suis également redevable à Achour Sellal pour son aide et les orientations qu'il m'a fournies pendant ce séjour.

De 2009 à 2012, mon projet de thèse a bénéficié d'une allocation de recherche de la Gerda Henkel Stiftung Düsseldorf. J'exprime ma profonde reconnaissance à cette fondation pour m'avoir donné l'opportunité de me consacrer entièrement à la préparation de ce livre et de réaliser des séjours de recherche prolongés en Algérie, au Maroc, ainsi que dans les Archives nationales d'outre-mer à Aix-en-Provence. Ma gratitude va également au conseil scientifique du programme *Rechtskulturen* à Berlin (Wissenschaftskolleg zu Berlin, Humboldt Universität), en particulier à Alexandra Kemmerer, pour leur compréhension et leur soutien qui m'ont permis d'achever cette étude dans les meilleures conditions tout en explorant de nouveaux horizons.

J'adresse enfin mes remerciements les plus chaleureux à Sarah Grossniklaus, Augustin Jomier et Vincent Leray pour la rigueur de leurs relectures et la richesse de leurs remarques, à Aicha Belabid, Rania Abdellatif et Mariem Oueslati pour leur aide dans la compréhension de certains textes arabes, à Youcef Oudghiri pour son soutien infaillible au fil de ce long parcours. Le remaniement du manuscrit de ma thèse lors de ma première année comme chercheur à la section arabe de l'Institut de recherches et d'histoire des textes (IRHT-CNRS) a grandement profité des commentaires de nouveaux amis et collègues auxquels je voudrais exprimer ma gratitude : Jean-Charles Coulon, Larissa Clement-Belhacel, Camille Lefebvre, Muriel Roiland, M'hamed Oualdi, Élise Voguet, Isabelle Grangaud, Mohammed Hocine Ben Kheira, Jacqueline Sublet, Moez Dridi et Lahcen Daaïf. Je remercie également les deux évaluateurs anonymes pour leurs remarques et critiques judicieuses. La carte du

Sahara a été réalisée par Pawel Paluchowski. Je voudrais qu'il aussi trouve ici le témoignage de ma reconnaissance.

Pour finir, j'exprime ma gratitude envers ma mère, ma grand-mère, mon regretté père et Sarah pour leur présence, leur patience et leur réconfort au cours des années passées sur la réalisation de cette étude. In Dankbarkeit und Verbundenheit.

# Note sur la transcription et les abréviations

Dans l'ensemble, nous avons adopté une version allégée du système de transcription des noms et des mots arabes de l'*Encyclopédie de l'Islam*. Par souci de clarté, nous avons décidé de ne pas transcrire le hamza initial. De même, les noms et termes arabes entrés dans l'usage français ou international ont été rendus dans leur graphie habituelle : par exemple, pour Qurārā on aura Gourara.

| ء | ʾ | ط | ṭ |
|---|---|---|---|
| ا | ā | ظ | ẓ |
| ب | b | ع | ʿ |
| ت | t | غ | gh |
| ث | th | ف | f |
| ج | j | ق | q |
| ح | ḥ | ك | k |
| خ | kh | ل | l |
| د | d | م | m |
| ذ | dh | ن | n |
| ر | r | ه | h |
| ز | z | و | w, ū |
| س | s | ي | y, ī |
| ص | ṣ | ى | ā |
| ض | ḍ | | |

# Sigles

| | |
|---|---|
| b. | ibn |
| Annales E.S.C. | Annales. Économies, sociétés, civilisations |
| Annales H.S.S. | Annales. Histoire, sciences sociales |
| ANOM | Archives nationales d'outre-mer, Aix-en-Provence |
| BNF | Bibliothèque nationale de France |
| CNRPAH | Centre national de recherches préhistoriques, anthropologiques et historiques |
| CNRS | Centre national de la recherche scientifique |
| EHESS | École des hautes études en sciences sociales |
| IFAO | Institut français d'archéologie orientale |
| JESHO | Journal of the economic and social history of the Orient |
| REMMM | Revue des mondes musulmans et de la Méditerranée |

# Introduction

En Islam, la normativité juridico-religieuse désignée par le terme *shar*ʿ s'affirme sur le mode de l'absolu. Elle prétend à l'universalité, notion qu'on retrouve dans les propos d'un jurisconsulte saharien de la fin du XVIIIe siècle, Muḥammad b. ʿAbd al-Raḥmān al-Tinilānī (m. 1233/1817–18) :

> Il n'existe aucune différence entre la nature des décisions judiciaires rendues dans notre pays et celles rendues à Fès. Les principes de la charia ne varient pas lorsque les pays changent et les différences entre eux se manifestent. Il est ainsi, car le message de notre Prophète, que paix et prières divines soient sur lui, est d'une portée globale, s'adressant à l'humanité entière et à toute contrée[1].

Pourtant, alors que l'égalité des musulmans devant les préceptes du législateur prophétique est proclamée, c'est la ville de Fès qui est considérée comme le lieu par excellence de l'application de la charia, la région natale de ce jurisconsulte, les oasis du Grand Touat, situés dans l'extrême Sud de l'actuelle Algérie[2], se retrouvant relégués aux marges de cet espace. L'évocation de la ville idrisside sert de métonymie à l'idéal d'une cité savante et pieuse qui reste la référence quant à l'inscription des normes sacrées dans le tissu social[3]. En d'autres termes, le jurisconsulte reconnaît la prééminence du foyer urbain sur le paysage saharien où il est né, tout en insistant sur le fait que les modèles culturels et normatifs qui fondent cette prééminence doivent être transposables à tout contexte géographique, en tant qu'ils émanent d'une révélation divine.

Cette posture résume tout l'enjeu d'un processus socioculturel qui travaille en profondeur les campagnes du Maghreb depuis le XIVe siècle, à savoir la

1 « *Lā farqa fī hādhā bayna kawn al-taḥākum bi-bilādinā aw bi-Fās li-anna aḥkām al-shar*ʿ *lā tabdilu bi-tabaddul al-bilād wa ikhtilāfihā li-anna risāla nabiyinā ṣallā Allāh ʿalayhi wa sallam ʿāmma fī jamīʿi'l-nās wa fī kulli'l-bilād* » : al-Balbālī, Muḥammad, al-Balbālī, ʿAbd al-ʿAzīz, *al-Ghunyat al-muqtaṣid al-sā'il fī-mā waqaʿa fī Tuwāt min al-qaḍāyā wa'l-masā'il*, ms. privé, fonds *khizāna* Lemtarfa, Wilaya d'Adrar, f. 635.

2 Par le terme Grand Touat, nous référons dans cette étude à l'ensemble des trois groupes d'oasis, Gourara, Touat, Tidikelt qui, avant la conquête française de la région en 1900, ont été considérés comme une seule entité géographique. Le terme Touat désignera par conséquent uniquement la partie médiane de l'archipel oasien entre Tsabit et Reggane.

3 Cf. Grunebaum, Gustav Edmund von, *Medieval Islam: A Study in Cultural Orientation*, Chicago, University of Chicago Press, 1953, pp. 173–174.

 DOI 10.1163/9789004341265_002

diffusion à grande échelle d'un islam scripturaire et normatif. En se lançant à la conquête morale de l'*hinterland* des côtes maghrébines, les oulémas ruraux s'engagent dans un vaste projet d'acculturation. Il s'agit d'acclimater des traditions savantes et juridiques nées dans les contextes urbains de la Méditerranée musulmane à un environnement où les soutiens institutionnels de l'érudition en Islam sont en grande partie absents : le patronage de l'État, le mécénat du Prince et des élites patriciennes, ou encore l'appui des fondations pieuses (*waqf*, *ḥubus*)[4]. Au contraire, la mise en place d'institutions visant un encadrement tant normatif qu'intellectuel des populations locales intervient dans des sociétés marquées par des structures tribales ainsi que par l'existence de dispositifs sociaux difficilement conciliables avec les sources scripturaires islamiques. En un mot, l'histoire de l'investissement des campagnes maghrébines par « l'Islam des docteurs », pour paraphraser Jacques Berque[5], est en premier lieu celle d'un perpétuel débat entre normes du Livre et réalités locales. L'allégeance du lettré musulman aux canons culturels externes ne se conçoit qu'à travers la réflexion qu'il mène sur ses ancrages vernaculaires.

Nous sommes encore mal renseignés quant aux raisons historiques de l'implantation de milieux lettrés dans les intérieurs maghrébins à la fin du Moyen Âge[6]. L'introduction de la madrasa au Maghreb à l'époque mérinide (1269–1465), tout comme l'essor d'un soufisme devenu mouvement de masse, ont sans doute joué un rôle important dans la restructuration de l'enseignement[7]. Toujours est-il que, vers le XVI^e^ siècle, le paysage nord-africain s'est profondément transformé à la suite de l'émergence d'un réseau aux mailles serrées de foyers d'érudition s'adossant à une institution socioreligieuse nouvelle : la zaouïa[8]. L'émergence de cette intelligentsia rustique s'accompagne de l'apparition d'une littérature vernaculaire qui se conforme aux modèles citadins de l'époque. On s'intéresse à la régulation normative des interactions sociales, au déchiffrement du métaphysique, à la mémoire des grands hommes, à

4 Une belle étude de ces supports institutionnels nous est fournie, à partir de l'exemple de Damas au Moyen Âge, par Chamberlain, Michael, *Knowledge and Social Practice in Medieval Damascus, 1190 - 1350*, Cambridge, Cambridge University Press, 1994.

5 Berque, Jacques, *L'intérieur du Maghreb*, Paris, Gallimard, 1978, p. 538.

6 Pour une première étude sur la question, voir Voguet, Élise, « Islamisation de « l'intérieur du Maghreb » : les fuqahâ' et les communautés rurales » in *Revue des mondes musulmans et de la Méditerranée*, 2009, vol. 126, pp. 141–152.

7 Cf. Cornell, Vincent, *Realm of the Saint: Power and Authority in Moroccan Sufism*, Austin, University of Texas Press, 1998, pp. 123–154.

8 Sur le développement de l'institution de la zaouïa au Maghreb, voir Touati, Houari, *Entre Dieu et les hommes : lettrés, saints et sorciers au Maghreb, 17^e^ siècle*, Paris, Éd. de l'EHESS, 1994, pp. 41–44.

l'énonciation poétique de sentiments oscillant entre ferveur piétiste et exploits chevaleresques, ne serait-ce que pour évoquer quelques champs d'expression[9].

Pendant toute l'époque moderne (XVIe – XIXe siècles), les campagnes maghrébines sont donc productrices d'une littérature scolastique. Qu'il s'agisse de recueils de jurisprudence (*nawāzil*, *ajwiba*), de récits de voyage (*riḥla*), d'écrits hagiographiques (*manāqib*) ou de commentaires (*sharḥ*) de livres de référence, les différents ouvrages composés témoignent d'une activité intellectuelle insoupçonnée. L'introduction de modèles culturels 'globaux' dans les sociétés rurales de l'aire musulmane pendant la période dite postclassique libère des dynamiques appropriatives grâce auxquelles des formes d'islamités vernaculaires inédites se fabriquent[10]. Sombrant dans un oubli poussiéreux lors des bouleversements de l'ère coloniale, cette littérature 'agreste' a fait l'objet d'une redécouverte scientifique importante dans la deuxième moitié du XXe siècle à travers les travaux de Jacques Berque[11] et de ceux qui lui ont emboîté le pas[12]. L'enjeu était d'accéder à une vision de l'espace rural maghrébin qui s'appuie sur des témoignages d'acteurs autochtones, en premier lieu sur celui de l'homme de religion, qu'il soit saint (*walī*) ou juriste (*faqīh*). On s'attelait à mieux comprendre la complexité des rapports entre populations rurales et élites religieuses, afin de dépasser les simplifications de l'ethnographie de

9 À notre avis, les célèbres *Prolégomènes* d'Ibn Khaldūn (m. 808/1406) constituent la meilleure introduction à cette culture lettrée dont les contours se définissent au fil du Moyen Âge. Cf. Ibn Khaldûn, *Discours sur l'histoire universelle : al-Muqaddima*, traduit et annoté par Vincent Monteil, Arles, Actes Sud, 1997, voir en particulier la partie VI.

10 Pour un autre exemple de l'émergence d'une culture savante en milieu rural vers la même époque, on consultera avec bénéfice l'étude de Thibaut d'Hubert sur le Bengale oriental : D'Hubert, Thibaut, « Pirates, Poets and Merchants: Bengali Language and Literature in Seventeenth Century Mrauk-U, Capital of Arakan (Myanmar) » in De Bruijn, Thomas, Busch, Allison (éd.), *Culture and Circulation : Literature in Motion in Early Modern India*, Leyde, Brill, 2014, pp. 47–74. Nous tenons à remercier Thibaut d'Hubert de nous avoir communiqué le manuscrit de son article.

11 Citons ici, dans l'ordre chronologique de leur date de parution, les quatre principaux ouvrages de Jacques Berque sur la question : *Structures sociales du Haut Atlas*, Paris, Presses universitaires de France, 1978 (1955), *Al-Yousi : problèmes de la culture marocaine au XVIIe siècle*, Paris, La Haye, Mouton, 1958, *L'intérieur du Maghreb*, *op. cit.*, *Ulémas, fondateurs, insurgés du Maghreb XVIIe siècle*, Paris, Sindbad, 1982.

12 Ce sont surtout les premiers travaux de Houari Touati qui, à partir de matériaux provenant du Maghreb central et présaharien, ont considérablement enrichi le champ ouvert par Jacques Berque en proposant une anthropologie historique des formes d'autorité religieuse. Voir Warscheid, Ismail, « The Persisting Spectre of Cultural Decline: Historiographical Approaches to Muslim Scholarship in the Early Modern Maghrib » in *Journal of the Economic and Social History of the Orient*, 2017, vol. 60, n.° 1–2, pp. 142–173.

l'époque coloniale, trop souvent encline à réduire l'Islam campagnard aux seules médiations charismatiques réalisées par des marabouts illettrés[13].

Les travaux issus du courant d'anthropologie historique inauguré par l'œuvre de Berque se cantonnaient pour la plupart aux plaines et montagnes du Maghreb septentrional[14]. Ils omettaient de se pencher sur l'aire saharienne, l'immense intérieur de cet intérieur maghrébin, qui, de ce point de vue, est restée, pendant longtemps, une *terra incognita* pour la recherche. De nos jours encore, l'étude de l'héritage littéraire des peuples sahariens fait figure de parent pauvre de l'historiographie africaine, tout au moins en ce qui concerne le champ académique francophone. Ce vide est étonnant, d'autant que l'évolution des sociétés nomades du grand désert, entre le XVI^e^ et le XIX^e^ siècle, a donné lieu à un certain nombre de travaux d'envergure[15]. Réalisés par des anthropologues et des sociologues, ces travaux tendent toutefois à envisager le Sahara comme une sorte de « laboratoire tribal », selon le mot de Pierre Bonte. L'analyse des institutions et des structures sociales d'avant la 'pacification' par le conquérant français au début du XX^e^ siècle y sert d'occasion pour débattre – très souvent avec perspicacité – des grands thèmes de l'anthropologie des sociétés musulmanes, à commencer par la segmentarité et la parenté[16]. Si elle s'est largement appuyée sur le dépouillement d'archives d'administrations

13 Sur ce point, voir aussi Colonna, Fanny, *Les versets de l'invincibilité : permanence et changements religieux dans l'Algérie contemporaine,* Paris, Presses de la Fondation nationale des sciences politiques, 1995, en particulier pp. 19–24, 35–56, et Cornell, *Realm of the Saint, op. cit.*, pp. XXV-XXIX.

14 À notre connaissance, la dernière contribution importante dans le domaine est la thèse d'Élise Voguet consacrée aux *Nawāzil al-Māzūna*, un recueil de fatwas provenant de l'Ouest algérien. Cf. Voguet, Élise, *Le monde rural du Maghreb central, XIVe-XVe siècles : réalités sociales et constructions juridiques d'après les Nawāzil Māzūna*, Paris, Publications de la Sorbonne, 2014.

15 Nous songeons en particulier aux travaux pionniers de Pierre Bonte et de Abdel Wedoud Ould Cheikh sur l'histoire des formations tribales dans l'actuelle Mauritanie ainsi qu'aux travaux des spécialistes des mondes touaregs. Cf., entre autres, Bonte, Pierre, *L'émirat de l'Adrar mauritanien : harîm, compétition et protection dans une société tribale saharienne*, Paris, Karthala, 2008, Ould Cheikh, Abdel Wedoud, *Nomadisme, Islam et pouvoir dans la société maure précoloniale (XI^e^ siècle – XIX^e^ siècle) : essai sur quelques aspects du tribalisme*, Thèse : Sociologie : Université Paris Descartes : 1985 et *Élements d'histoire de la Mauritanie*, Nouakchott, Institut mauritanien de recherche scientifique, 1991.

16 Deux ouvrages collectifs codirigés par des spécialistes de l'espace saharien nous semblent exemplaires à cet égard : Bonte, Pierre, Conte, Édouard, Hames, Constant, Ould Cheikh, Abdel Wedoud (éd.), *La quête des origines : anthropologie historique de la société tribale arabe*, Paris, Éd. de la Maison des sciences de l'homme, 1991, Bonte, Pierre, Conte, Édouard, Dresch, Paul (éd.), *Émirs et présidents : figures de la parenté et du politique dans le monde arabe*, Paris, CNRS Éditions, 2001.

coloniales et de récits de voyageurs occidentaux, une telle histoire 'théorisante' s'est avant tout nourrie du recours aux traditions orales. Elle perpétue ainsi l'image d'une culture du face-à-face et de la parole vivante où les formes de communication graphique n'occuperaient qu'une place marginale. Or, le développement d'une culture savante en milieu rural pendant les siècles de l'époque moderne affecte les sociétés du Sahara au même titre que celles du Maghreb septentrional. Il induit également une transformation profonde des cadres de vie, de la *Lebenswelt*, des populations locales, qu'il s'agisse de tribus nomades ou de communautés sédentaires concentrées dans les ksour oasiens[17]. En vérité, l'essor de l'érudition musulmane s'accompagne d'une révolution culturelle : celle de l'introduction de la « raison graphique » dans des pratiques sociales jusque-là dominées par l'oralité.

## Les traditions savantes du Sahara

Vers le XVIIe siècle au plus tard, un réseau de foyers culturels s'est établi dans la vaste zone désertique s'étendant du Sud mauritanien jusqu'au Fezzan libyen[18].

---

17 Le terme *ksar* (pl. *ksour*) désigne les villages fortifiés que l'on trouve dans les différentes oasis de l'espace saharien. Il existe une littérature abondante sur cette forme d'habitat. On citera seulement quelques travaux de référence : Caumes, Philippe, *Villes de mémoire : anciens ksour de Mauritanie*, Paris, Unesco, Centre du patrimoine mondial, 2005, Moussaoui, Abderrahmane, *Espace et sacré au Sahara : ksour et oasis du Sud-Ouest algérien*, Paris, Éd. du CNRS, 2002, Terrasse, Henri, *Kasbas berbères de l'Atlas et des oasis : les grandes architectures du Sud marocain*, Arles, Actes Sud, Rabat, Centre Jacques Berque, 2010 (1938).

18 Cf. El Hamel, Chouki, *La vie intellectuelle islamique dans le Sahel ouest-africain, XVIe- XIXe siècles : une étude sociale de l'enseignement islamique en Mauritanie et au nord du Mali, XVIe-XIXe siècles, et trad. annotée de "Fatḥ al-šakūr" d'al-Bartīlī al-Walātī (mort en 1805)*, Paris, l'Harmattan, 2002, Norris, Harry Thirwall, *The Tuaregs: Their Islamic Legacy and its Diffusion in the Sahel*, Warminster, Aris and Philips, 1975, « Znaga Islam during the Seventeenth and Eighteenth Centuries » in *Bulletin of the School of Oriental and African Studies*, 1969, vol. 32, pp. 496–526, Stewart, Charles, « Southern Saharan Scholarship and the Bilād al-Sūdān » in *Journal of African History*, 1976, vol. 15, n° 1, pp. 73–93. Les références indiquées concernent principalement le Sud-ouest saharien. Pour ce qui est de la culture lettrée au Sahara septentrional, il n'existe pas encore d'étude sur le sujet. Néanmoins, les sources arabes de l'époque attestent amplement l'existence de centres d'érudition locaux. Voir, par exemple, le récit du Marocain 'Abd Allāh al-'Ayyāshī (m. 1090/1679) : al-'Ayyāshī, 'Abd Allāh b. Muḥammad, *al-Riḥlat al-'Ayyāshiyya li'l-baqā' al-ḥijāziyat al-musammā mā' al-mawā'id*, éd. Aḥmad Farīd al-Mazīdī, Beyrouth, Dār al-kutub al-'ilmiyya, 2011, 2 vol., 1, pp. 34–87.

Il se compose de centres d'érudition dirigés par des dynasties d'oulémas au sein desquelles le « savoir islamique » (*ʿilm*) est transmis comme un héritage familial. Certains maîtres s'appuient sur l'institution de la zaouïa dans un contexte oasien, d'autres, au contraire, professent dans un environnement nomade où leur tente tient lieu de tribune et leurs disciples s'agrègent à une organisation sociale de type tribal[19]. Une véritable effervescence intellectuelle agite les milieux concernés. On débat de points de doctrine et de dogme, on échange lettres, litanies et livres, on participe à des pèlerinages et des voyages d'études[20]. Ces activités savantes se nourrissent d'une érudition, rendue possible par la constitution de collections de manuscrits privées (*khizāna*, pl. *khazāʾin*), « les armoires de sagesse » – selon l'expression de Houari Touati –, dont le nom dérive d'un mode de rangement des livres aussi vieux que l'apparition de la bibliothèque en Islam[21] et qui témoignent d'un commerce de livres florissant avec le Maghreb et l'Égypte[22]. En même temps, les oulémas sahariens assument un large éventail de fonctions socioculturelles à l'égard des populations locales. Ils sont instituteurs religieux, initiateurs confrériques et médiateurs dans les rapports avec l'invisible. Entre les hommes, ils arbitrent les conflits communautaires et font office de scribes ou de notaires. Enfin, comme juristes, ils s'attèlent à mettre en place des structures judiciaires reposant sur les institutions de la judicature (*qaḍāʾ*) et de l'expertise juridique (*iftāʾ*).

---

19 De fait, aux XVIII^e et XIX^e siècles, plusieurs tribus nomades voient l'apparition en leur sein de puissants lignages d'érudits manipulant savoirs scripturaires et charisme religieux. L'ascension des lettrés de la tribu des Kounta au Sahara central constitue sans doute l'exemple le plus emblématique d'une telle conjonction entre mode de vie nomade et érudition islamique. Cf. Batran, Aziz A., *The Qadiriyya Brotherhood in West Africa and the Western Sahara: The Life and Times of Shaykh al-Mukhtar al-Kunti* (1729–1811), Rabat, Publications de l'Institut des études africaines, 2001.

20 Ce dont témoigne notamment une riche littérature de récits de voyage (*riḥla*) composés par des lettrés narrant leurs périples studieux. Cf., par exemple, Mezzine, Larbi, « Relation d'un voyage de Taġāzā à Siǧilmāsa en 1096 H./1685 J.-C. » in *Arabica*, 1996, vol. 43, n° 1, pp. 211–233.

21 Touati, Houari, *L'armoire à sagesse : bibliothèques et collections en Islam*, Paris, Aubier, 2003.

22 Voir Krätli, Graziano, Lydon, Ghislaine (éd.), *The Trans-Saharan Book Trade: Manuscript Culture, Arabic Literacy, and Intellectual History in Muslim Africa*, Leyde, Brill, 2011, Lydon, Ghislaine, « Inkwells of the Sahara: Reflections on the Production of Islamic Knowledge in Bilād Shinqīṭ » in Reese, Scott (éd.), *The Transmission of Learning in Islamic Africa*, Leyde, Brill, 2004, pp. 39–71 et Stewart, Charles, « A New Source on the Book Market in Morocco in 1830 and Islamic Scholarship in West Africa » in *Hespéris Tamuda*, 1970, vol. 11, pp. 209–250.

Comme au Maghreb septentrional, l'apparition de cercles savants inaugure le développement de traditions littéraires autochtones. Les premières traces remontent aux XVe et XVIe siècles[23]. Timides, ces débuts se font à l'ombre des villes maghrébines et du Caire. Seule la région de Tombouctou s'impose, dès le XVe siècle, tant comme centre majeur de l'érudition musulmane que comme point de jonction entre mondes sahariens et sahéliens[24]. S'agissant du grand désert proprement dit, il faut attendre les XVIIe et XVIIIe siècles pour observer l'essor de la production intellectuelle locale. Dès lors, nous assistons à une profusion d'ouvrages couvrant toutes les disciplines du savoir islamique ainsi que les belles-lettres. Les recensements de collections mauritaniennes et maliennes, réalisés par des chercheurs anglo-saxons et allemands, ont déjà montré l'ampleur et la diversité de cette production littéraire vernaculaire[25]. Conservées dans les bibliothèques privées des grandes familles lettrées sahariennes, la majorité des œuvres qui nous sont parvenues – bien entendu, elles se comptent par milliers – se trouvent encore à l'état manuscrit : jusqu'à présent, très peu ont fait objet d'éditions critiques. L'initiateur des pratiques lettrées au sein de la tribu des Kounta, al-Mukhtār al-Kuntī (m. 1225/1811) est par exemple auteur de plus d'une vingtaine d'ouvrages dans le domaine du soufisme, du droit et de la théologie, tous encore inédits[26].

Néanmoins, au sein de cette littérature pléthorique, les livres relevant des sciences juridiques (*fiqh*) prédominent nettement. La remarque vaut plus particulièrement pour le genre des collections jurisprudentielles (*nawāzil, ajwiba*), auxquelles Jacques Berque a consacré quelques-unes de ses plus belles pages[27]. À l'heure actuelle, nous avons connaissance d'une centaine de recueils volumineux rassemblant les consultations juridico-religieuses (*fatwā* ; pl. *fatāwā*) de

---

23 Nous songeons aux écrits de Muḥammad b. ʿAbd al-Karīm al-Maghīlī (m. 909/1504), à la production littéraire des milieux lettrés de Tombouctou autour de la famille des Aqīt et de l'illustre Aḥmad Bābā (m. 1036/1627) ou encore au *Mawhūb al-jalīl bi-sharḥ Khalīl* de Muḥammad b. Aḥmad b. Abū Bakr al-Ḥājjī (m. après 933/1526–27) de Ouadane, premier ouvrage connu d'un jurisconsulte maure.

24 Sur les milieux lettrés de Tombouctou, voir l'ouvrage pionnier de Saad Elias : Saad, Elias, *Social History of Timbuktu: The Role of Muslim Scholars and Notables, 1400–1900*, Cambridge, Cambridge University Press, 1983.

25 Voir Hunwick, John O., *Arabic Literature of Africa Volume 4: The Writings of Western Sudanic Africa*, Leyde, Brill, 2002, Rebstock, Ulrich (avec Mayer, Tobias), *Maurische Literaturgeschichte*, Würzburg, Ergon, 2001, 3 vol., Stewart, Charles, *Arabic Literature of Africa Volume 5: The Writings of Mauritania and the Western Sahara*, Leyde, Brill, 2016, 2 vol..

26 Cf. la liste donnée dans Batran, *The Qadiriyya Brotherhood in West Africa and the Western Sahara*, *op. cit.*, p. 256.

27 Voir, par exemple, Berque, *L'intérieur du Maghreb*, *op. cit.*, pp. 13–65 et pp. 142–190.

jurisconsultes sahariens. Ils proviennent de contextes géographiques aussi divers que les cités fortifiées du Sahara mauritanien, l'espace nomade de l'Azaouad ou l'archipel oasien du Grand Touat en Algérie, pour ne citer que trois points névralgiques du réseau académique régional. Le plus ancien corpus identifié jusqu'à présent est attribué à un juriste de Chinguetti, Muḥammad b. al-Aʿmash al-ʿAlawī (m. 1107/1695–96). Encore dans la première moitié du XX<sup>e</sup> siècle, un important recueil rassemblant les consultations du dernier grand érudit de la tribu des Kounta, Muḥammad al-Ṣaghīr Bāy (m. 1347/1929), voit le jour dans les milieux touareg du Sahara central[28]. Émaillé de citations de jurisconsultes sahélo-sahariens, le recueil témoigne d'une culture jurisprudentielle dont les références sont communément partagées de Tindouf jusqu'au Hoggar[29].

Malgré leur ampleur, les collections de *nawāzil* ont pendant longtemps suscité peu de curiosité chez les spécialistes de l'espace saharien. Jusqu'aux années 2000, les rares études traitant du rôle social des lettrés religieux sont restées tributaires d'une vision essentiellement 'confrérique' des formes d'islamité locales, dans laquelle l'analyse du profil du saint soufi l'emporte sur celle du profil du jurisconsulte, même s'il faut reconnaître que certains chercheurs n'ont pas manqué d'insister sur la complémentarité entre ces deux piliers de la culture religieuse de l'époque[30]. De plus, la plupart de ces études restent circonscrites dans un horizon chronologique qui est celui du long XIX<sup>e</sup> siècle et de la période coloniale. Les seules exceptions à cet égard constituent les travaux de Rainer Osswald et de Yahya Ould el-Bara consacrés aux consultations

28 Notre collègue Aicha Belabid est en train de préparer une édition critique de l'ouvrage. Le recueil a été mis à contribution par Bruce Hall dans son étude de l'histoire des rapports entre groupes ethniques dans la Boucle du Niger. Cf. Hall, Bruce S., *A History of Race in Muslim West Africa: 1600–1960*, Cambridge, Cambridge University Press, 2011, en particulier pp. 230–239. Pour une esquisse biographique, voir Warscheid, Ismail, « L'érudit voilé de Teleya : charisme et savoirs scripturaires dans l'œuvre de Bāy b. ʿUmar al-Kuntī (1865–1929) », in Deubel, Tara, Tissières, Helène, Youngstedt, Scott (éd.), *Saharan Crossroads: Exploring Historical, Artistic and Cultural Linkages between West and North Africa*, New Castle (UK), Cambridge Scholar Publishing, 2014, pp. 273–286.

29 L'agglomération de Tindouf se développe au fil du XIX<sup>e</sup> siècle comme un foyer culturel important autour du lignage lettré des Bi'l-Aʿmash de la tribu des Tajakant, dont plusieurs membres nous ont légué des écrits, comme Bi'l-Aʿmash al-Kabīr (m. avant 1260/1844), connu pour ses fatwas, et son fils Muḥammad al-Mukhtār (m. 1287/1870).

30 C'est notamment le cas du livre de Charles Stewart étudiant la vie du leader confrérique mauritanien Sidiyā al-Kabīr (m. 1284/1868). Cf. Stewart, Charles, *Islam and Social Order in Mauritania: A Case Study from the 19th Century*, Oxford, Clarendon Press, 1973. Voir aussi Boubrik, Rahal, *Saints et société en Islam : la confrérie ouest-saharienne Fâdiliyya*, Paris, Éd. du CNRS, 1999.

juridico-religieuses (*fatwā*, pl. *fatāwā*) de juristes mauritaniens que les deux chercheurs étudient principalement sous l'angle des rapports statutaires entre « tribus guerrières » (*ḥassan*) et « tribus maraboutiques » (*zawāyā*)[31]. De même, il convient de mentionner l'ouvrage pionnier de Mohamed el Mokhtar Ould Bah sur la culture juridique maure[32], ainsi que certains travaux d'Abdel Wedoud Ould Cheikh et de Rahal Boubrik qui s'appuient en partie sur des recueils de *nawāzil*[33]. Enfin, au cours des années 1970, l'historien français Gilbert Grandguillaume publie une série d'articles portant sur l'évolution des structures sociales dans le Grand Touat entre le XVIe et le XIXe siècle dans lesquels il met à contribution des consultations glanées dans le principal recueil de *nawāzil* de la région, mais sans pour autant s'atteler à un dépouillement systématique[34].

---

31 Ould El-Bara, Yahya, *Fiqh, société et pouvoir : étude des soucis et préoccupations socio-politiques des théologiens-légistes maures (fuqahā) à partir de leurs consultations juridiques (fatâwa), du XVIIe au XXe siècle*, Thèse : Anthropologie sociale : École des Hautes Études en Sciences Sociales Paris : 1998, Osswald, Rainer, *Schichtengesellschaft und islamisches Recht : die Zawāyā und Krieger der Westsahara im Spiegel von Rechtsgutachten des 16.-19. Jahrhunderts*, Wiesbaden, Harrasowitz Verlag, 1993. Yahya Ould El-Bara a également publié une édition en douze volumes de plusieurs milliers de *fatāwā* tirées de différents corpus mauritaniens. Voir Wuld al-Barā', Yaḥyā, *al-Majmūʿat al-kubrā : al-shāmilat li-fatāwā wa nawāzil wa aḥkām ahl gharb wa janūb gharb al-Ṣaḥrā'*, Nouakchott, al-Sharīf Mawlāy al-Ḥasan bin al-Mukhtār bin al-Ḥasan, 2009, 12 vol..

32 Ould Bah, Mohamed El Mokhtar, *La littérature juridique et l'évolution du Mālikisme en Mauritanie*, Tunis, Publications de l'Université de Tunis, 1981. Voir la discussion de l'ouvrage chez Osswald, Rainer, *Schichtengesellschaft und islamisches Recht*, *op. cit.*, pp. 9–10.

33 Voir, en particulier, Ould Cheikh, Abdel Wedoud, « Théologie du désordre : Islam, ordre et désordre au Sahara » in *L'année du Maghreb*, 2011, vol. 7, 61–77, Boubrik, Rahal, *Entre Dieu et la tribu : homme de religion et pouvoir politique en Mauritanie*, Rabat, Centre des études sahariennes, Faculté des lettres des sciences humaines, 2011.

34 Cf. Grandguillaume, Gilbert, « Régime économique et structure du pouvoir : le système des foggaras du Touat » in *Revue de l'Occident musulman et de la Méditerranée*, 1973, vol. 13–14, p. 437–457, « Universalisme musulman et pratique locale au Touat » in Cahen, Claude (éd.), *Actes du XXIXe Congrès international des orientalistes : études arabes et islamiques I - histoire et civilisation*, Paris, L'Asiathèque, 1975, pp. 89–93, « Le droit de l'eau dans les foggara du Touat au XVIIIe siècle » in *Revue des études islamiques*, Paris, Geuthner, 1977, vol. 43, n° 2, pp. 287–332, et « De la coutume à la loi : droit de l'eau et statut des communautés locales dans le Touat précolonial » in *Peuples méditerranéens*, Paris, Éd. Anthropos, 1978, vol. 2, pp. 119–133.

### Le droit comme agent d'acculturation

Tout cela est bien peu pour une littérature aussi emblématique et originale. Les choses évoluent cependant. Depuis une dizaine d'années, nous assistons à l'émergence d'un courant de recherche qui procède à un réexamen du rôle de l'islam dans la genèse des sociétés sahélo-sahariennes. Privilégiant l'étude des sources internes, les travaux issus de ce courant, anglo-saxons pour la plupart, aspirent à déconstruire la perception de la tradition islamique comme un élément allogène aux contextes africains. Qu'il s'agisse des relations marchandes transsahariennes au XIXe siècle[35], des rapports entre populations sahéliennes et sahariennes[36], ou encore de la pensée religieuse de grandes figures 'maraboutiques' comme Ibrahim Niasse (1900–1975)[37], l'objectif est à chaque fois de souligner à quel point les communautés musulmanes locales se sont approprié les ressources culturelles de l'islam savant. À propos de l'étude des confréries soufies de l'Afrique de l'Ouest, l'islamologue allemand Rüdiger Seesemann écrit en effet :

> À l'heure actuelle, un défi majeur est de montrer comment les musulmans de l'Afrique ont cultivé le soufisme et se sont approprié son héritage intellectuel, comment ils ont pris une part active dans l'élaboration de doctrines et de pratiques soufies qu'ils ont mises en application dans leur vie religieuse et sociale[38].

Plusieurs chercheurs s'inscrivant dans ce renouveau disciplinaire ont été amenés à s'intéresser aux recueils de *nawāzil* sahariens, dans la mesure où l'interdépendance entre discours normatifs islamiques et pratiques locales y apparaît d'une manière singulièrement nette. Dans son livre *A history of race in Muslim West Africa*, Bruce Hall mobilise les fatwas d'érudits originaires du Sahara méridional pour reconstruire les généalogies historiques d'une tradition discursive autochtone ayant eu pour résultat une 'ethnicisation' progressive des rapports entre sédentaires sahéliens et nomades sahariens dans

35 Lydon, Ghislaine, *On Trans-Saharan Trails: Islamic Law, Trade Networks, and Cross-Cultural Exchange in Nineteenth Century Western Africa*, Cambridge, Cambridge University Press, 2009.

36 Hall, *A History of Race in Muslim West Africa*, *op. cit.*.

37 Seesemann, Rüdiger, *The Divine Flood: Ibrahim Niasse and the Roots of a Twentieth-Century Sufi Revival*, New York, Oxford University Press, 2011.

38 *Ibidem*, p. 15.

la Boucle du Niger[39]. Sa thèse principale est que les clivages ethniques qui, à l'heure actuelle, provoquent tant de frictions violentes reflètent en grande partie l'impact social de modèles religieux et juridiques élaborés par les lettrés musulmans sahélo-sahariens entre le XV^e^ et le XIX^e^ siècle. Selon cette vision 'raciale' de l'implantation de l'islam dans la région, les pasteurs 'blancs' – c'est-à-dire touaregs et arabes – détiennent le monopole de l'autorité religieuse, alors que les populations 'noires', telles que les agriculteurs songhay, sont frappées du stigma d'une islamité ambiguë qui les expose au danger constant d'être réduites en esclavage.

Au regard du propos développé ici, la contribution la plus significative est le livre récent de Ghislaine Lydon. L'étude s'attache à une histoire du commerce caravanier rattachant l'Oued Noun dans le Sud marocain à la Mauritanie, le Sénégal et Tombouctou[40]. La perspective adoptée est résolument transrégionale. Il ne s'agit de rien de moins que de mettre en question la conception traditionnelle de l'Ouest saharien comme un espace frontière entre le Maghreb et la zone sahélienne, ce qu'énonce, de manière programmatique, le titre du sous-chapitre clôturant l'ouvrage : « *bridging the African divide* »[41]. C'est en effet en abordant « toute cette région comme une seule [entité], unifiée par le désert du Sahara »[42], que Ghislaine Lydon parvient à faire ressortir une remarquable circulation de pratiques culturelles par le relais des réseaux marchands transsahariens[43]. Ce processus d'intégration territoriale est en partie rendu possible par l'existence d'une culture juridique commune fondée sur le droit musulman. Ghislaine Lydon estime que, dans l'extrême instabilité politique caractérisant le XIX^e^ siècle sahélo-saharien, il revient en premier lieu au corps des jurisconsultes, en tant que « prestataires de services juridiques » (*legal service providers*)[44], d'avoir mis en place des structures institutionnelles (*an institutional framework*) sur lesquelles ont reposé les échanges dans l'Ouest africain. L'historienne américaine fait ici référence, d'une part, à la généralisation du recours aux outils contractuels du *fiqh*, tels que les transferts de dettes (*ḥawāla*), les accords d'association (*sharika, mufāwaḍa*) ou la délégation de pouvoirs (*wikāla*)[45]. Mobilisant l'écriture tout en étant porteurs d'une légiti-

39 Hall, *A History of Race in Muslim West Africa, op. cit.*, en particulier pp. 74–104 et pp. 209–240.

40 Lydon, *On Trans-Saharan Trails, op. cit.*.

41 *Ibidem*, p. 399.

42 « *treating this whole area as one united by the Sahara desert* » : *ibid.*, p. 399.

43 *Ibid.*, p. 396.

44 *Ibid.*, p. 11.

45 *Ibid.*, pp. 274–339. Sur ce point, voir aussi Brett, Michael, « Islam and Trade in the Bilad al-Sudan, Tenth-Eleventh century A.D. » in *The Journal of African History*, 1983, vol. 24, n° 4, pp. 431–440.

mité sacrée, ces outils concourent à l'émergence d'un espace économique, travaillé tant par la scripturalité de ses pratiques que par l'adhésion collective de ses acteurs aux dogmes religieux[46]. D'autre part, Ghislaine Lydon insiste sur le fait que le développement d'une organisation judiciaire islamique à l'échelle régionale crée des instances d'appel en cas de litige ainsi que des relais indispensables pour la coordination de relations commerciales sur de grandes distances[47]. En mettant ainsi à la disposition des populations sahariennes des institutions scripturaires pourvues d'une autorité morale communément reconnue, la diffusion du système juridico-religieux du *fiqh* aboutit à une relative stabilité dans les interactions économiques et supplée, jusqu'à un certain degré, à la protection d'un pouvoir étatique[48].

L'étude qui va suivre propose de prolonger cette réflexion sur le rôle du droit musulman comme facteur de régulation sociale et d'acculturation à l'intérieur des sociétés sahariennes. Elle se penchera sur l'émergence d'institutions juridictionnelles dans le sillage de la diffusion de l'islam scripturaire. L'essor de cercles savants est inséparable de la mise en place d'un ordre juridique qui a pour protagonistes la figure du cadi et celle du mufti. Certes, ceux-ci sont amenés à opérer dans des contextes sociétaux où la charia coexiste avec des formes de normativité conceptualisées par les juristes musulmans à travers les notions d'usage (*ʿāda*) et de coutume (*ʿurf*)[49]. De ce fait, les modalités de ses interventions varient d'une région à l'autre, ce qui confère à l'espace normatif saharien un caractère à la fois fragmenté et pluriel. Mais il n'empêche que les sources locales, en particulier les recueils de *nawāzil*, indiquent clairement qu'au sein de cette diversité de régimes normatifs, les auditoires des cadis et des muftis constituent une instance incontournable pour le traitement de conflits à travers le recours au droit[50]. Cela est d'autant plus remarquable que la justice islamique au Sahara est largement privée de l'appui d'un pouvoir étatique qui se porterait garant de ses actes. À la différence de la magistrature urbaine, ses capacités d'intervention se négocient dans l'interaction entre élites religieuses et communautés locales. L'inscription dans une organisation sociopolitique

46 Cf. Lydon, *On Trans-Saharan Trails*, *op. cit.*,p. 3 et p. 393.

47 Cette fonction coordinatrice est pertinemment illustrée par Ghislaine Lydon à travers le récit d'un partage d'héritage, supervisé par le cadi de Tichitt dans l'actuelle Mauritanie vers 1850, qui implique des propriétés appartenant à de marchands originaires du lointain Oued Noun. Cf. *ibid.*, pp. 356–386.

48 *Ibid.*, pp. 389–391.

49 Sur cette question, voir chapitre VI.

50 Nous employons ici la notion de droit dans un sens plutôt large tel qu'il a été forgé par l'anthropologie juridique anglo-saxonne. Pour une introduction générale, voir Moore, Sally Falk, *Law and Anthropology: A Reader*, Malden, Oxford, Blackwell Publishing, 2005.

décentralisée rend alors indispensable un travail herméneutique de traduction culturelle qui se manifeste en premier lieu par la normalisation d'institutions vernaculaires, notamment l'assemblée des notables (*jamāʿa*). Cette dynamique née du télescopage entre modèles judiciaires citadins et instances régulatrices coutumières soulève une problématique inédite dans le domaine des études arabo-musulmanes : celle de savoir ce que signifie pratiquer la charia comme cadi ou mufti dans une société lignagère.

Pour ce qui est du commerce transsaharien, l'ouvrage de Ghislaine Lydon a pertinemment reconstitué les usages que les acteurs locaux font des différents dispositifs du *fiqh*. Néanmoins, l'approche transrégionale de l'étude a nécessairement laissé en suspens la question de l'intégration de ces dispositifs dans des configurations sociales plus circonscrites[51]. Comment les habitants d'une zone nomade, d'une agglomération d'oasis, voire d'un seul village, s'approprient-ils les services normatifs offerts par les jurisconsultes dans leur vie quotidienne ? Quel est l'impact des plaintes déposées devant un cadi, des expertises sollicitées auprès d'un mufti, sur les rapports de force entre acteurs locaux ? Et dans quelle mesure les pratiques culturelles liées au *fiqh*, notamment la diffusion de l'écriture notariale, affectent-elles les formes d'expression dans l'espace communautaire ? L'analyse des relations de proximité entretenues par les populations sahariennes avec l'instance judiciaire permet de sonder les enjeux de l'acculturation au droit musulman dans toute leur complexité. À travers les manières dont les conflits microsociaux, tels que les litiges fonciers, les dissensions conjugales ou les disputes successorales, sont débattus devant les magistrats se dessinent non seulement une judiciarisation progressive des rapports interpersonnels, mais aussi une 'scripturalisation' des modes de communication, pour autant que l'écrit occupe une position pivot dans les procédures au prétoire. En un mot, l'existence d'institutions judiciaires islamiques entraîne une reconfiguration profonde des stratégies de recours au normatif pour agir sur le social. Elle introduit un nouveau type de conflictualité : celui de l'affrontement en justice.

## Les ksour du Grand Touat

Les oasis du Grand Touat nous serviront de cadre pour réfléchir sur ces questions. Entre le XVIIe et la première moitié du XIXe siècle se développe dans la région une importante tradition lettrée portée par un collectif d'oulémas

51 Le terme configuration est utilisé dans le sens de *Figuration*, notion développée par Norbert Elias. Cf. Elias, Norbert, *Was ist Soziologie ?*, München, Juventa, 1970.

autochtones issus d'un réseau de lignages savants dont les contours se sont progressivement esquissés depuis le XV^e siècle. La consolidation de ces lignages s'accompagne de la formation d'une juridiction islamique, de sorte qu'au XVIII^e siècle, la plupart des agglomérations ksouriennes abritent le siège d'un cadi. Le plus influent de ces cadis est le *qāḍī al-jamāʿa*. Il réside à Tamentit, l'ancien chef-lieu du Touat situé à une vingtaine de kilomètres au sud de l'actuelle ville d'Adrar. Ses activités ainsi que celles des autres magistrats oasiens sont observées de près par un corps d'érudits religieux qui interviennent à titre de muftis dans les procédures judiciaires. L'émergence de ces milieux lettrés entraîne l'apparition d'une riche littérature vernaculaire comprenant plusieurs genres : des récits de voyage, des dictionnaires biographiques, des chroniques, des traités généalogiques, de volumineux recueils de jurisprudence et des ouvrages consacrés à la mystique et à l'hagiographie musulmane[52].

Îlot de sédentarité au milieu des tribus nomades du Sahara central, le Grand Touat se présente comme une société de petits agriculteurs, en partie berbérophones[53], et de commerçants opérant à une échelle transsaharienne.

---

52 Durant nos enquêtes de terrain entre 2009 et 2012, nous avons recensé une cinquantaine d'ouvrages d'auteurs ksouriens ayant vécu entre le XVII^e et le XIX^e siècle. La plupart de ces ouvrages sont encore inédits. Une première recension des collections locales a été réalisée par deux chercheurs algériens arabophones à la fin des années 1990. Cf. Qwīdar, Bashār, Mukhtār, Hassānī, *Fihris makhṭūṭāt wilāyat Adrār*, Alger, CNRPAH, 1999. Pour un aperçu de la production intellectuelle de la région pendant l'époque moderne, voir également l'utile mise au point par un enseignant de l'université d'Adrar : al-Ṣadīq, Ḥājj Aḥmad, *al-Tāʾrīkh al-thaqāfī li-iqlīm Tuwāt : min al-qarn 11h ilā'l-qarn 14h/17m ilā 20m*, Direction culturelle de la wilaya d'Adrar, Adrar, 2003, ainsi que Faraj, Maḥmūd Faraj, *Iqlīm Tuwāt khilāl al-qarnayn al-thāmin ʿashara wa'l-tāsiʿ ʿashara al-milādiyayn*, Alger, Office de publications universitaires, 2007. L'ouvrage contient l'édition critique d'une importante chronique locale rédigée par un lettré de la première moitié du XIX^e siècle.

53 La remarque réfère à la culture zénète du Gourara sur laquelle plusieurs travaux anthropologiques ont été réalisés. Contrairement à l'approche qui se focalise sur le particularisme linguistique jusqu'à l'ériger en facteur de distinction culturelle, nous envisageons le Gourara dans cette étude comme faisant partie intégrante de l'archipel oasien. En vérité, aussi méritoires qu'elles soient, les études sur les traditions zénètes ont, à notre avis, tendance à méconnaître l'intégration historique du Gourara dans l'ensemble du Grand Touat qui est concomitant du développement d'une identité culturelle commune des populations ksouriennes en dépit du bilinguisme. Un clivage prononcé entre arabophones et berbérophones n'apparaît nulle part dans les sources que nous avons eu l'occasion de consulter, ni dans celles en langue arabe ni dans celles provenant des archives coloniales pour la période avant 1900. Pour une interprétation divergente, voir Bellil, Rachid, *Les oasis du Gourara, Sahara algérien*, Paris, Louvain, Éd. Peeters, 1999–2000, 3 vol, Colonna, Fanny, *Timimoun : une civilisation citadine*, Alger, Entreprise nationale de presse, 1989, Mammeri, Mouloud, *L'Ahellil du Gourara*, Paris, Éd. de la Maison des sciences de l'homme,

Ses habitants cultivent des champs céréaliers, des potagers, et, surtout, des plantations de palmiers dattiers (*janān*) qui sont alimentées par un système hydraulique sophistiqué basé sur des canaux d'irrigation souterrains, les *foggara*-s[54]. En même temps, nombreux sont les oasiens qui passent leur vie comme marchands circulant entre les villes du Sahel, en particulier Tombouctou, et celles du Maroc[55]. Autrement dit, la possession et l'exploitation de la terre, ainsi que l'échange de biens et d'esclaves transitant vers les marchés de la Méditerranée musulmane, s'inscrivent au cœur des relations sociales au même titre que les rapports, à la fois conflictuels et complémentaires, avec les nomades. En effet, qu'il s'agisse de Touaregs issus de la confédération des Kel Hoggar ou de tribus arabophones, comme les Barābish, les Dhawī ͑ Manī ͑ et les Sha'ānba, les groupes pastoraux se rendent fréquemment aux oasis, tantôt pour faire du commerce avec leur bétail, tantôt pour razzier les ksour et exiger des redevances. La grande vulnérabilité de la région face aux intrusions des 'seigneurs du désert' s'explique par l'absence d'acteurs politiques capables de tenir en respect les forces de l'élément nomade. Elle est une constante de l'époque. Or, alors que la contrée se trouve, depuis la seconde moitié du XVIe siècle, sous la souveraineté des dynasties de l'Empire chérifien, les différents villages disposent d'une autonomie *de facto* que les tournées d'impôts (*maḥalla*) des agents makhziens ne troublent guère en dépit de leur

1985 et Mammeri, Mouloud, Colonna, Fanny et *alii*, « Le Gourara : éléments d'étude anthropologique » in *Libyca*, 1973, vol. 21, pp. 239–292.

54 Sur le système des *foggara*-s, voir Cornet, A., « Essai sur l'hydrologie du Grand Erg Occidental et des régions limitrophes : les foggaras » in *Travaux de l'Institut de recherches sahariennes*, 1958, vol. 8, pp. 71–121, Grandguillaume, « Régime économique et structure du pouvoir », *art. cit.*, Lo, A., « Les foggara du Tidikelt » in *Travaux de l'Institut de recherches sahariennes*, 1953–54, vol. X, pp. 139–179 et vol. XI, pp. 49–77, Moulias, Daniel, *L'organisation hydraulique des oasis sahariennes*, Alger, J. Carbonel, 1927.

55 Ainsi, dans les récits des voyageurs européens en Afrique de l'Ouest au XIXe siècle, la présence de communautés de marchands originaires du Grand Touat constitue un phénomène régulièrement remarqué. Voir, par exemple, Barth, Heinrich, *Reisen und Entdeckungen in Nord- und Centralafrika*, Gotha, J. Perthes, 1855–1858, 5 vol., I, p. 425 et V, p. 36. De même, les documents jurisprudentiels analysés dans cette étude renferment un nombre considérable de litiges impliquant des personnes ayant émigré dans des villes maghrébines comme Fès ou Tlemcen. À cet égard, le Grand Touat s'approche d'autres communautés oasiennes, comme la région de Ghadamès en Libye, où la mobilité transsaharienne a largement contribué à façonner la société locale. Cf. Haarmann, Ulrich, « The Dead Ostrich: Life and Trade in Ghadames (Libya) in the Nineteenth Century » in *Die Welt des Islam*, 1998, vol. 38, pp. 9–94.

régularité, au moins durant le XVIII^e^ siècle[56]. À l'intérieur des villages du Grand Touat, prévalent ainsi des formes d'auto-administration communautaire où un régime oligarchique centré autour de l'institution des conseils de notables (*jamāʿa*) alterne avec la formation de pouvoirs individuels éphémères, exercés par « ceux qui détiennent l'autorité » (*ṣāḥib al-jāh*), comme disent les sources locales[57]. Toute accumulation de pouvoir est donc par définition fragile. Elle se dispute à travers un jeu d'alliances et de rivalités perpétuel mobilisant au même degré acteurs ksouriens et nomades[58].

Ces dynamiques politiques se déploient au sein d'une société stratifiée selon une hiérarchie rigide classant la population oasienne autochtone en quatre groupes de statut. Au sommet figurent les familles prétendant à l'origine prophétique (*shurafāʾ*) et ceux qui revendiquent une noblesse religieuse qu'elle soit acquise ou héritée (*mrābṭīn*). Précisons toutefois que les branches de *shurafāʾ*, indifféremment du fait qu'elles se réclament d'une généalogie alaouite ou idrisside, affichent moins le profil d'une élite religieuse que celle d'une aristocratie séculière de grands marchands, très impliqués dans le commerce d'esclaves, et de propriétaires terriens. Par contraste, l'érudition scripturaire, la maîtrise de l'ésotérique et l'exercice des charges judiciaires ont tendance à se concentrer à l'intérieur des nombreux lignages saints[59]. Aux élites sociales s'opposent les habitants de condition servile (*ʿabīd*) ou semi-ser

56 Les Saadiens (1554–1660) conquièrent la région en 982/1584 à la veille de leur invasion au Soudan. De même, Mawlāy Mḥammad b. al-Sharīf (1636–1664) s'empare de l'archipel oasien en 1043/1643, qui sert par la suite comme zone de repli à la dynastie alaouite naissante lors de sa conquête du Maroc. Le Grand Touat reconnaît ainsi au moins formellement l'autorité du pouvoir chérifien jusqu'à l'occupation française en 1900. Voir Mougin, Louis, « Les premiers sultans sa'dides et le Sahara » in *Revue de l'Occident musulman et de la Méditerranée*, 1975, n° 19, p. 184 et Mezzine, Larbi, *Le Tafilalt : contribution à l'histoire du Maroc aux XVII^e^ et XVIII^e^ siècle*, Rabat, Publications de la Faculté des lettres et des sciences humaines, 1987, en particulier pp. 315–320.

57 Étant donné l'absence d'études historiques sur ce sujet, nous renvoyons au travail classique de Robert Montagne sur les confédérations berbères du Sud marocain, qui décrit des réalités similaires. Montagne, Robert, *Les Berbères et le Makhzen dans le Sud du Maroc*, Paris, Alcan, 1930. Sur la notion de *jāh*, voir Touati, Houari, *Entre Dieu et les hommes, op. cit.*, pp. 255–258 et Ben Salem, Lilia, « Ibn Khaldoun et l'analyse du pouvoir : le concept de jâh » in *SociologieS* [En ligne], Découvertes / Redécouvertes, Ibn Khaldoun, mis en ligne le 28 octobre 2008, consulté le 16 avril 2014. URL : <http://sociologies.revues.org/2623>.

58 Sur l'intervention des tribus nomades dans les rapports de force au sein de communauté ksouriennes, voir aussi Cleaveland, *Becoming Walata, op. cit.*, p. 84.

59 Sur la notion de lignage saint, voir Colonna, Fanny, « Saints furieux et saints studieux ou dans l'Aurès, comment la religion vient aux tribus » in *Annales H.S.S.*, 1980, vol. 35, n° 3–4, pp. 642–662.

vile (*ḥarthānī*), originaires de l'Afrique subsaharienne[60]. Soumis au statut de subalternes et condamnées à une existence silencieuse à l'ombre de ceux qui s'efforcent de monopoliser la visibilité dans l'espace communautaire, ces populations métissées constituent cependant, comme métayers (*khammās*), journaliers et aides-domestiques, la principale main-d'œuvre dans l'économie oasienne[61].

Ces remarques introductives s'énoncent avec prudence. Si la période coloniale nous est relativement bien connue grâce à une production scientifique importante, quoique dominée par des enquêtes de sociologues, de géographes et d'anthropologues[62], l'histoire des oasis dans les siècles antérieurs reste largement à écrire. Rares sont les études qui s'intéressent au passé de la région avant 1900. Nous retrouvons en premier lieu des travaux réalisés par des militaires français de l'époque coloniale, en particulier ceux d'Alfred Georges Paul Martin, qui se sont surtout attelés à la traduction de chroniques locales[63]. Depuis, l'historiographie maghrébine a apporté peu de contributions significatives.

60 La transcription indiquée *ḥarthānī* correspond à l'orthographe employée dans nos sources. Le mot s'y écrit donc avec un *thā'* et non avec un *ṭā'* ou un *tā'*.

61 La question n'ayant pas encore fait l'objet d'une monographie, nous renvoyons aux études portant sur des contextes mauritaniens et marocains : Ensel, Remco, *Saint and Servants in Southern Morocco*, Leyde, Brill, 1999, Ruf, Urs Peter, *Ending Slavery: Hierarchy, Dependency, and Gender in Central Mauritania*, Bielefeld, Transcript Verlag, 1999 et Villasante-de Beauvais, Marielle (éd.), *Groupes serviles au Sahara : approche comparative à partir du cas des arabophones de Mauritanie*, Paris, Éd. du CNRS, 2000.

62 Voir, entre autres, Bisson, Jean, *Le Gourara : étude de géographie humaine*, Alger, Institut des recherches sahariennes, 1957, Capot-Rey, R., Damade, W., « Irrigation et structure agraire à Tamentit » in *Travaux de l'Institut des recherches sahariennes*, 1962, vol. 21, pp. 99–119, Marouf, Nadir, *Lecture de l'espace oasien*, Paris, Sindbad, 1980, Scheele, Judith, « Councils without Customs, Qadis without States: Property and Community in the Algerian Touat » in *Islamic Law and Society*, 2010, vol. 17, n° 3, pp. 350–374 et « L'énigme de la faggâra : commerce, crédit et agriculture dans le Touat algérien » in *Annales H.S.S.*, 2012, vol. 67, n° 2, pp. 471–493. Pour une discussion de l'historiographie du Touat au XXe siècle, se référer à Warscheid, Ismail, « Comment écrire un passé qui ne soit ni colonial ni classique ? Le cas du Tuwāt algérien » in Pouillon, François, Vatin, Jean-Claude (éd.), *Après l'Orientalisme : l'Orient crée par l'Orient*, Paris, Karthala, 2011, pp. 213–226.

63 Cf. Martin, Alfred Georges Paul, *Les oasis sahariennes* (*Gourara – Touat – Tidikelt*), Alger, Edition de l'imprimerie algérienne, 1908, *Quatre siècles d'histoire marocaine : au Sahara de 1504 à 1902, au Maroc de 1894 à 1912*, Paris, Librairie Félix Alcan, 1923, réédité par les Éditions La Porte, Rabat, 1994, Watin, Louis, « Origines des populations du Touat d'après les traditions conservées dans le pays » in *Bulletin de la Société de géographie d'Alger*, 1905, 2ème trimestre, pp. 209–246, Zeys, Ernest, « Esclavage et guerre sainte: consultation adressée aux gens du Touat par un érudit nègre, cadi de Timbouctou au XVIIe siècle », in *Bulletin de la réunion d'études algériennes*, 1900, vol. 2, n. °1, pp. 125–151 et 160–189.

Celles-ci se limitent, d'une part, à la série d'articles de Gilbert Grandguillaume, évoquée plus haut, d'autre part à une prospection archéologique menée par Jean-Claude Echallier dans une contrée riche en vestiges architecturaux[64], et à la thèse du berbérisant Rachid Bellil, consacrée à la culture zénète du Gourara. Dans les années 2000 s'est en outre développé un courant d'études en langue arabe porté par des universitaires algériens et le personnel enseignant des écoles religieuses locales, les madrasas. En termes de quantité, ce courant impressionne. Pendant nos séjours sur le terrain, nous avons recensé plus d'une trentaine de titres, tous parus dans les dix dernières années[65]. Cependant, malgré les mérites indéniables de certaines de ces publications, notamment celles qui proposent des éditions de manuscrits locaux, leurs partis pris idéologiques et religieux les rendent difficilement utilisables[66]. Heureusement, la situation est en train de changer. Un projet de recherche pluridisciplinaire dirigé par Élise Voguet (IRHT-CNRS) et soutenu par l'Agence nationale de la recherche s'attache actuellement à explorer l'histoire du Grand Touat entre le XIII^e^ et le XVIII^e^ siècle et à sonder les fonds des bibliothèques privées (*khizāna*,

---

64 Cf. Echallier, Jean-Claude, *Villages désertés et structures agraires anciennes du Touat-Gourara : Sahara algérien*, Paris, Arts et métiers graphiques, 1972. Voir également Barrucand, Marianne, « Prospections archéologiques dans le Gourara-Touat » in Gayraud, Roland-Pierre (éd.), *Colloque international d'archéologie islamique*, Le Caire, Publications de l'IFAO, 1998, pp. 183–216.

65 Parmi les travaux d'universitaires, les études les plus significatives sont celles d'Aḥmad Abū'l-Ṣāfī Ja'frī et de Muḥammad al-Ṣāliḥ Ḥūtiya enseignants à l'université d'Adrar. Voir Ja'frī, Aḥmad Abā'l-Ṣāfī, *Rijāl fī'l-dhākira : waqafāt tā'rīkhiyya fī a'māq al-dhākirat al-tuwātiyya, Muḥammad b. Ubba al-Muzammirī ḥayātuhu wa athāruhu*, Oran, Dār al-gharb li'l-nashr wa'l-tawzī', 2007, Ḥūtiya, Muḥammad al-Ṣāliḥ, *Tuwāt wa'l-Azāwād*, Alger, Dār al-kutub al-'arabī, 2007, 2 vol.. En ce qui concerne les enseignants religieux, citons les travaux de 'Abd al-Ḥamīd al-Bakrī qui se nourrissent de la riche collection de manuscrits de la famille de l'auteur. Cf. en particulier al-Bakrī, 'Abd al-Ḥamīd, *al-Nubdha fī tā'rīkh Tuwāt wa'l-a'lāmihā : min al-qarn al-tāsi' al-hijrī ilā'l-qarn al-rābi' 'ashra*, Oran, Dār al-Maghrib li'l-nashr wa'l-tawzī', 2007, *Silsilat 'ulamā' Tuwāt*, Oran, Dār al-Maghrib li'l-nashr wa'l-tawzī', 2008, 2 vol.. À mentionner sont également les divers livres de Muḥammad Bāy bi'l-'Ālim, directeur d'une école religieuse à Aoulef dans le Tidikelt, décédé en 2009. Voir, par exemple, Bāy Bi'l-'Ālim, Muḥammad, *Qabīla Fulān fī'l-māḍī wa'l-ḥāḍir wa mā lahā min al-'ulūm wa'l-ma'rifa wa'l-ma'āthir*, [s. l.], [s. é.], 2004 et *al-Riḥlat al-'āliya ilā minṭaqa Tuwāt*, Alger, Dār Hūmah, 2005.

66 Pour cette raison, nous avons décidé de faire un usage très modéré de ces travaux. Néanmoins, étant donné la difficulté d'accès à certaines collections de manuscrits dans la région, le recours aux médiations des 'héritiers' a parfois été inévitable.

pl. *khazāʾin*) de la région[67]. Dans ce cadre, une vaste campagne de numérisation de manuscrits est en cours, dont l'objectif est d'identifier les différents corpus de *nawāzil* conservés dans les collections ksouriennes et de les rendre accessibles au public.

### L'oubli de l'héritage littéraire

En attendant les résultats de l'ANR Touat, les deux livres d'Alfred Georges Paul Martin restent la principale référence pour tout ce qui concerne l'histoire prémoderne du Grand Touat[68]. En poste dans les oasis lors des premières années de l'occupation française, l'officier interprète dresse d'abord un tableau ethnographique de la région dans le style des rapports administratifs conservés dans les Archives nationales d'outre-mer à Aix-en-Provence[69] ; ensuite, il reproduit en traduction et suivant un ordre chronologique des extraits de correspondances épistolaires, d'actes notariés et de chroniques arabes ayant trait à l'histoire locale. À vrai dire, toute la partie historique des deux livres n'est qu'une juxtaposition commentée de ces traductions de documents que l'auteur a repérés à l'intérieur des différents ksour.

Dans sa présentation des matériaux compilés, Martin recourt aux classifications et typologies sociographiques élaborées par ses collègues militaires et civils dès le début de la conquête de l'Algérie en 1830[70]. Le lecteur retrouve ainsi des thèmes attendus : une longue réflexion, purement hypothétique au

---

67 Les différentes activités des membres du projet sont documentées sur le site web <http://www.touat.fr>.

68 Il s'agit à l'origine d'un seul ouvrage, mais à la suite d'un conflit avec ses supérieurs militaires, encore aggravé par le contexte politique à la veille du protectorat français au Maroc, l'auteur a été obligé de supprimer pour la publication du manuscrit les chapitres relatifs à l'histoire des oasis pendant l'époque moderne jusqu'à la conquête coloniale. Ce n'était qu'en 1923 que Martin a enfin pu réunir les chapitres manquants dans un volume intitulé *Quatre siècles d'histoire marocaine : au Sahara de 1504 à 1902, au Maroc de 1894 à 1912*. Dans la préface de l'ouvrage, Martin relate les détails de sa mésaventure. Selon ses dires, il a même été contraint de rendre à ses supérieurs toute la documentation composée de sources arabes locales qu'il avait rassemblée pour la réalisation de son livre. Cf. Martin, *Quatre siècles d'histoire marocaine*, *op. cit.*, pp. VII – XIII.

69 Voir en particulier les documents de la série H affaires indigènes 1830/1960 – Territoires du Sud du Gouvernement général de l'Algérie, conservés aux Archives nationales d'outre-mer (ANOM) à Aix-en-Provence.

70 La production de savoirs en contexte colonial constitue aujourd'hui un champ de recherche majeur. On se contentera ici de renvoyer à une étude récente qui contient une bibliographie exhaustive sur le sujet : Trumboll, George R., *An Empire of Facts: Colonial Power,*

demeurant, sur le passé préislamique des cultures locales ; le confrérisme musulman et le charisme miraculeux des saints ; l'arbitraire des caïds envoyés par le sultan marocain ; les luttes sanglantes entre 'ligues' tribales et l'insécurité ambiante provoquée par les razzias bédouines auxquelles seulement la 'pacification' par le conquérant français a pu mettre un terme. La focalisation sur ces thèmes chéris de l'ethnologie coloniale n'étonne guère. L'auteur travaille avec les moyens dont il dispose. Par contre, en adoptant une telle grille de lecture, Martin devient insensible aux traditions de l'islam savant, bien qu'il lui arrive de reproduire des notices concernant tel cadi ou tel ouléma local. De même, tout en traduisant des passages desquels ressort le recours massif des populations ksouriennes aux services des jurisconsultes de la région, l'auteur ne s'y intéresse pas davantage. Hormis quelques paragraphes dans les *Oasis sahariennes*[71], l'existence d'institutions judiciaires islamiques dans le Grand Touat n'est pas prise en considération.

Il n'en va pas autrement pour la thèse de Rachid Bellil, *Les oasis du Gourara*, soutenue à l'INALCO en 1988 et publiée en trois volumes chez Peeters une dizaine d'années plus tard[72]. À notre connaissance, l'ouvrage représente la seule tentative d'une reconstruction analytique de la genèse de la société ksourienne depuis le Moyen Âge jusqu'à la fin du XVI$^{e}$ siècle. De ce fait, l'étude appelle quelques remarques. Le travail de Rachid Bellil s'intéresse à l'émergence du paysage hagiographique local ; processus qui, selon l'auteur, reflète la montée en puissance d'une élite maraboutique instaurant des rapports de vassalité et de patronage avec les populations berbérophones des alentours. Cette élite s'érige en agent d'acculturation à la civilisation islamique dont les modèles sociaux et culturels finissent par supplanter les modes d'organisation communautaire plus anciens.

Pour développer son propos, Rachid Bellil s'appuie presque uniquement sur des traditions orales, en langue zénète, qu'il a recueillies lors de plusieurs enquêtes de terrain au Gourara pendant les années 1980. Les rares sources littéraires utilisées sont des traductions de textes arabes réalisées à l'époque coloniale. Une chronique datée de 1959 constitue le seul manuscrit local mis à contribution[73]. Une telle focalisation exclusive sur l'oral relève d'un choix qui est à la fois méthodologique et idéologique. L'étude s'inscrit dans la perspective d'une valorisation scientifique des traditions culturelles zénètes suivant la

*Cultural Knowledge, and Islam in Algeria*, 1870–1914, Cambridge, New York, Cambridge University Press, 2009.

71 Cf. Martin, *Les oasis sahariennes, op. cit.*, pp. 197–198.

72 Bellil, *Les oasis du Gourara, op. cit.*.

73 *Ibidem*, 2, p. 21.

voie tracée par le travail de l'éminent anthropologue et écrivain algérien Mouloud Mammeri (1917–1989) sur le genre musical de l'*ahellil*[74]. Cette approche où se dessine l'apriorisme que 'berbérité' égale 'oralité[75]' conduit l'auteur à concevoir l'écrit uniquement comme une source externe et auxiliaire. Seule la collecte systématique des récits oraux transmis à l'intérieur des populations ksouriennes permettrait de reconstituer l'histoire des oasis. En vérité, Rachid Bellil confère aux traditions littéraires une extériorité intrinsèque par rapport à une « société ne faisant pas un usage généralisé de l'écrit »[76]. L'acculturation à l'arabe, à la suite de la mise en place d'un ordre socioculturel centré sur l'autorité de lignages maraboutiques, serait synonyme d'un assaut contre l'identité zénète qui n'aurait pu se conserver, encore que de manière partielle, qu'en cherchant refuge dans l'oralité[77]. À l'inverse, la culture scripturaire introduite par les agents religieux serait celle d'une élite au sein d'un environnement largement illettré dans lequel l'écriture prendrait l'allure d'un savoir initiatique, investi d'un caractère à la fois sacré et magique[78].

À nos yeux, une telle interprétation du processus d'acculturation à l'islam qui travaille les oasis du Grand Touat depuis le XIV^e^/XV^e^ siècle est difficile à soutenir. La présentation du recours à l'écrit comme une pratique allogène et élitiste méconnaît deux conséquences fondamentales de l'introduction de modèles culturels et normatifs au nom de l'islam. Or, ceux-ci rendent possible l'essor d'une littérature vernaculaire dont les extraits de chroniques traduits par Martin ne représentent qu'une infime partie. L'usage de dispositifs graphiques à l'échelle locale est généralisé, ce dont témoigne la diffusion massive de

74 Cf. Mammeri, *L'Ahellil du Gourara, op. cit.*

75 Cf. Bourdieu, Pierre, Mammeri, Mouloud, « Dialogue sur la poésie orale : entretien avec Mouloud Mammeri » in *Actes de la recherche en sciences sociales*, 1978, vol. 23, pp. 51–66. C'était par ailleurs Mouloud Mammeri qui a orienté l'auteur vers son sujet de thèse. Cf. Bellil, *Les oasis du Gourara, op. cit.*, 1, p. 23. Sur l'histoire des traditions littéraires berbérophones, voir Van den Boogert, Nico, *The Berber Literary Tradition of the Sous*, Leyde, Nederlands Instituut voor het nabije Oosten, 1997.

76 Bellil, *Les oasis du Gourara, op. cit.*, 1, p. 27.

77 *Ibidem*, 1, p. 30.

78 *Ibid.*, 1, p. 35. Selon Rachid Bellil, cela expliquerait pourquoi les ksouriens se montrent hésitants à exhiber leurs écrits, qu'il s'agisse d'actes notariés ou de livres. Exposant l'argument de la « perte des manuscrits », en effet souvent allégué pour détourner la curiosité du visiteur étranger, l'auteur va jusqu'à évoquer un phénomène de « dépossession » culturelle dont les populations zénètes seraient devenues victimes. Cf. *ibidem*, p. 38. Sur ce point, voir aussi Dakhlia, Jocelyne, *L'oubli de la cité : la mémoire collective à l'épreuve du lignage dans le Jérid tunisien*, Paris, Éd. la Découverte, 1990, pp. 23–34.

l'écriture notariale qui n'est aucunement restreinte aux seules élites religieuses. En vérité, la tradition orale que Rachid Bellil s'evertue à préserver s'est construite en même temps qu'un héritage scripturaire pléthorique. La présence de celui-ci atteste que l'écriture et les traditions intellectuelles qu'elle autorise se situent au cœur de la fabrique d'une culture vernaculaire islamique, que ce soit au Gourara ou dans les deux autres sous-régions de l'archipel oasien, le Touat et le Tidikelt[79].

## Les sources

Pour restituer les structures juridiques islamiques et analyser les dynamiques sociales et culturelles dont elles sont porteuses, nous allons nous appuyer sur une série de recueils de *nawāzil* qui ont été colligés au Grand Touat entre 1750 et 1850. L'extraordinaire variété des matériaux confinés dans ces recueils fournit une base empirique solide pour méditer les problématiques esquissées dans les pages précédentes. Le dossier sera complété par la mise à contribution occasionnelle d'ouvrages manuscrits que nous avons pu consulter lors de nos enquêtes sur le terrain entre 2009 et 2012[80]. En particulier les nombreux récits de voyage (*riḥla*) et dictionnaires biographiques légués par les lettrés ksouriens du XVIIe, XVIIIe et XIXe siècle rendent possible une contextualisation historique relativement précise de la documentation jurisprudentielle. À l'inverse, nous avons essayé d'éviter, autant que faire se peut, le recours aux sources en langues occidentales, y compris les traductions de textes arabes. L'objectif est pour nous d'écrire une histoire avec des sources de première main qui, pendant si longtemps, ont sombré dans un oubli regrettable. Néanmoins, force est de reconnaître que, tant que les originaux des documents compilés par A. G. P. Martin ne seront pas accessibles à la recherche, les deux livres du militaire

79 Bellil, *Les oasis du Gourara, op. cit.*, 1, p. 161. Au demeurant, les matériaux recueillis par l'auteur font bel et bien état de ces traditions lettrées en perpétuant, à travers le discours hagiographique, la mémoire non seulement des saints locaux, mais aussi des oulémas comme ʿAbd al-Raḥmān al-Jantūrī (m. 1160/1747).

80 Nous avons visité les *khizāna*-s suivants : Badriane, Kali et Lemtarfa au Gourara ; *khizāna* Aḥmad Dīdī (Tamentit), Kousam, Zaouiet Kounta et Tinilane au Touat ; *khizāna* Abī Naʿāma à Akabli au Tidikelt. Que les responsables actuels de ces bibliothèques trouvent ici l'expression de notre profonde gratitude pour leur hospitalité et leur coopération. Nous tenons à remercier également Abdallah Ismaili et Abderrahmane Baotman d'avoir mis à notre disposition leur riche collection de copies de manuscrits. Sur les bibliothèques de l'archipel oasien, voir Bouterfa, Saïd, *Les manuscrits du Touat : le Sud algérien*, Alger, Éd. Barzakh, 2005.

français restent un appui indispensable pour toute investigation dans le passé des oasis, notamment du point de vue de l'histoire événementielle de la région.

Revenons aux *nawāzil*. Grâce au concours généreux de nos interlocuteurs locaux, nous avons pu obtenir les copies de cinq recueils qui rassemblent les fatwas de jurisconsultes ksouriens ayant vécu entre le XVII^e^ et le XIX^e^ siècle :

- Les *Nawāzil* de ʿAbd al-Raḥmān al-Jantūrī (m. 1160/1747)[81]
- Les *Nawāzil* de Muḥammad al-ʿĀlim al-Zajlāwī (fl. 1700–1750)[82]
- Le *Ghāyat al-amānī fī ajwibat al-shaykh Abī Zayd al-Tinilānī* rassemblant les réponses de ʿAbd al-Raḥmān b. Baʿumar al-Tinilānī (m. 1189/1775)[83]
- Les *Ajwiba* de Muḥammad b. Abd al-Raḥmān al-Tinilānī (m. 1233/1817–8)[84]
- La *Ghunyat al-muqtaṣid al-sāʾil fī-mā waqaʿa fī Tuwāt min al-qaḍāyā wa'l-masāʾil*, aussi connu localement sous le titre de *Nawāzil al-Balbālī* d'après le nom de la famille de ses deux principaux compilateurs : le cadi Muḥammad al-Ḥājj b. ʿAbd al-Raḥmān al-Balbālī (m. 1244/1828) et son fils et successeur ʿAbd al-ʿAzīz (m. 1261/1845)[85]

À l'exception des *nawāzil* du Gourarien ʿAbd al-Raḥmān al-Jantūrī, les recueils proviennent du Touat, bien qu'ils renferment des consultations de juristes originaires de tout l'archipel oasien. Étant donné qu'un chapitre distinct sera consacré à leur constitution, nous présenterons ici uniquement le corpus le plus emblématique : la *Ghunya*. L'ouvrage est par ailleurs le seul parmi les *nawāzil* de la région à avoir fait l'objet d'une première exploration scientifique. Les articles de Gilbert Grandguillaume s'appuient en partie sur des fatwas tirées de la *Ghunya*[86]. De même, les travaux récents de l'anthropologue Judith

81 al-Jantūrī, ʿAbd al-Raḥmān, *Nawāzil*, ms. privé, fonds *khizāna* Badriane, Wilaya d'Adrar (réf. *Nawāzil al-Jantūrī*)

82 al-Zajlāwī, Muḥammad, *Nawāzil*, ms. privé, fonds *khizāna* Lemtarfa, Wilaya d'Adrar (réf. *Nawāzil al-Zajlāwī*). Une copie du manuscrit nous a été aimablement communiquée par Mohamed Jerradi, enseignant à l'université d'Adrar. Qu'il trouve ici tous nos remerciements.

83 al-Balbālī, Muḥammad ʿAbd al-Karīm, *Ghāyat al-amānī fī ajwibat Abī Zayd al-Tinilānī*, ms. privé, fonds *khizāna* al-Balbālī, Kousam, Wilaya d'Adrar (réf. *Ghāyat al-amānī*).

84 al-Tinilānī, Muḥammad b. ʿAbd al-Raḥmān, *Ajwiba*, ms. privé, fonds *khizāna* al-Balbālī, Kousam, Wilaya d'Adrar.

85 al-Balbālī, Muḥammad, al-Balbālī, ʿAbd al-ʿAzīz, *al-Ghunyat al-muqtaṣid al-sāʾil fī-mā waqaʿa fī Tuwāt min al-qaḍāyā wa'l-masāʾil*, ms. privé, fonds *khizāna* Lemtarfa, Wilaya d'Adrar. (réf. *Ghunya*).

86 Voir surtout Grandguillaume, « Le droit de l'eau dans les foggara du Touat au XVIII^e^ siècle », *art. cit.*.

Scheele, en dépit de leur focalisation sur la période coloniale, se proposent de jeter aussi un regard plus en amont en analysant des matériaux issus du recueil[87].

L'intitulé complet *Le moyen indispensable pour celui qui s'interroge sur les litiges et les questions juridiques advenus au Touat* résume pertinemment le caractère ambitieux de l'ouvrage. Tant du point de vue de l'étendue du corpus – la copie que nous avons consultée s'étale sur 778 pages d'écriture serrée – que de la variété des matériaux qu'il contient, la *Ghunya* représente en quelque sorte la somme de l'érudition juridique dans la région. On y trouve certes au premier chef des centaines de fatwas rendues par les juristes ksouriens, mais les compilateurs ont également procédé à la transcription de longs échanges épistolaires et d'actes légaux, tels que des jugements (*aḥkām*) ou des accords à l'amiable (*ṣulḥ*). À cela s'ajoute encore une multitude de citations d'ouvrages et d'autorités externes qui permettent de reconstituer l'ancrage des lettrés oasiens dans les filières intellectuelles de leur temps, ainsi qu'une notice biographique dans la préface consacrée aux deux compilateurs du recueil[88].

Le rayonnement de la *Ghunya* est considérable. Des copies de l'ouvrage sont conservées dans les collections de plusieurs zaouïas oasiennes, encore qu'il nous est impossible, en l'état actuel de nos connaissances, de nous prononcer sur sa diffusion au-delà des frontières du Grand Touat[89]. L'exemplaire qui a servi de base à notre analyse est celui qui se trouve à la *khizāna* de Lemtarfa, à la lisière entre le Gourara et le Touat. Il est d'une facture plutôt récente. La fin de la copie nous précise que celle-ci a été achevée un jeudi du mois de *shawwāl* de l'année hégirienne 1324, ce qui correspond à décembre 1906[90]. Le copiste (*kātib*) est un certain ʿAbd al-Qādir b. al-Ḥājj ʿAbd al-ʿAzīz al-Rāshidī (m. 1360/1941) originaire du ksar de Lemtarfa. Un dictionnaire biobibliographique anonyme repéré dans la *khizāna* de Kousam près d'Adrar consacre à ce lettré, issu d'un lignage d'érudits du lieu, une brève notice qui fait état de ses activités de copiste : « Il [...] a rassemblé une grande collection de livres précieux en les

87 Cf. Scheele, « Councils without Customs, Qadis without States: Property and Community in the Algerian Touat. », *art. cit.*, et « L'énigme de la faggâra : commerce, crédit et agriculture dans le Touat algérien », *art. cit.*. Voir aussi son livre récent *Smugglers and Saints of the Sahara: Regional Connectivity in the Twentieth Century*, Cambridge, Cambridge University Press, 2012.

88 Cf. *Ghunya, ms. cit.*, ff. 1–6.

89 En particulier un dépouillement des manuscrits conservés dans les zaouïas du Sud algérien, comme celle d'El-Hamel à Bou-Saada, pourrait être instructif à cet égard.

90 Cf. *Ghunya, ms. cit.*, f. 778.

recopiant de sa main »[91]. D'autres copies de la *Ghunya* nous ont été montrées à la *khizāna* Aḥmad Dīdī à Tamentit, à Kousam, où une branche des Balbālī-s s'est installée au fil du XIXe siècle, ainsi qu'à Aoulef au Tidikelt dans la madrasa de l'érudit religieux Bāy al-ʿĀlim décédé en 2009. Enfin, il nous a été dit que le manuscrit original (*al-aṣl*) est conservé à Mlouka, le lieu de la rédaction de l'ouvrage. À l'évidence, la liste ne prétend pas à l'exhaustivité. Il serait souhaitable qu'une édition critique du recueil prenne en considération ces diverses traditions manuscrites, d'autant plus que l'existence de différences entre les copies au regard des matériaux compilés et de leur agencement nous semble probable.

La *Ghunya* contient l'ensemble des sections dont un traité de jurisprudence se compose en terre d'Islam. De la discussion des pratiques de dévotion (*ʿibādāt*), on passe au champ des alliances matrimoniales ainsi qu'à celui, encore plus vaste, des relations sociales et des transactions économiques (*muʿāmalāt*). Envisagés d'une manière globale, les matériaux compilés mettent en scène une société de possédants ; d'où la prédominance des questions relatives à la circulation des biens mobiliers et immobiliers. Une attention toute particulière est accordée au foncier agricole, qu'il s'agisse des jardins palmiers, des vergers ou des terres arables. Pour ne donner qu'un exemple, le chapitre consacré aux biens de mainmorte (*ḥubus*) à lui seul s'étale sur 136 pages[92]. De même, l'organisation d'importants échanges commerciaux au sein de l'espace sahélo-saharien transparaît à travers de nombreuses consultations portant sur les diverses modalités d'association et de coopération entre marchands de longue distance. Tout cela n'est bien entendu guère surprenant pour une population qui vit essentiellement de l'agriculture et du négoce. Mais le corpus laisse aussi entrevoir les contours d'une morphologie sociale travaillée tant par la virulence des compétitions entre différents acteurs politiques que par les initiatives communautaires dont le but est d'assurer un ordre public rudimentaire.

---

91 « *wa qad jamaʿa* […] *khizāna min al-kutub al-nafīsat al-lattī khaṭṭahā bi-yaddihi* » : [Anonyme], *Dhikr ʿulamāʾ al-Daghmāsha wa Jarāra*, ms. privé, fonds *khizāna* al-Balbālī, Kousam, Wilaya d'Adrar, f. 29. Le manuscrit nous apprend également quelques détails sur le lignage du copiste. Sa fondation remonterait au XIXe siècle lorsqu'un émigré du Maghreb central, Muḥammad b. Aḥmad al-Rāshidī, ancien élève de la zaouïa d'El-Hamel, s'établit dans la bourgade de Lemtarfa après des études auprès des lettrés du Grand Touat. Cf. *ibidem*, ff. 22–23. Sur la zaouïa d'El-Hamel, voir Clancy-Smith, Julia A., *Rebel and Saint: Muslim Notables, Popular Protest, Colonial Encounters (Algeria and Tunisia, 1800–1904)*, Berkeley, University of California Press, 1994, pp. 214–253.

92 Cf. *Ghunya*, *ms. cit.*, ff. 478–614.

Apportons toutefois une précision méthodologique décisive. Le recours à une documentation historique se composant essentiellement de recueils de *nawāzil* implique que le schème dialectique de la jurisprudence islamique s'impose comme prisme de notre perception, tant du travail des juristes ksouriens que de ses effets sociaux. À défaut de pouvoir accéder aux archives des anciens cadis de la région, nous n'apercevons l'interaction du corps doctoral avec son environnement qu'à travers une forme littéraire particulière : celle du dialogue entre le jurisconsulte et son interlocuteur, juge ou justiciable, qui l'aborde comme *mustaftī* en soumettant une demande d'expertise (*istiftā'*). Pour le cas du mālikisme médiéval, les modalités de ce dialogue ont été analysées par David S. Powers à partir du *Mi'yār* d'Abū'l-'Abbās b. Yaḥyā Aḥmad al-Wansharīsī (m. 914/1508)[93]. L'islamologue américain a montré que l'écriture jurisprudentielle procède à un travail de conversion : le récit d'une série d'interactions sociales est transformé en une composition littéraire sophistiquée qui articule simultanément plusieurs niveaux de réalité historique. Il écrit :

> Les fatwas ne sont pas des documents transparents, mais des constructions littéraires complexes qui articulent ensemble plusieurs niveaux de 'réalité' : (1) les événements tels qu'ils se sont produits et auxquels nous n'avons pas un accès direct ; (2) ces mêmes événements tels qu'ils ont été portés à la connaissance d'une autorité locale, le plus souvent un *qāḍī*, soit directement, soit avec l'aide d'un représentant légal (*wakīl*) lequel a traduit en langage de droit les récits oraux des plaideurs de ce qui s'est passé; (3) le résumé du cadi qui re-présente ces récits dans sa qualité de *mustaftī* [...] et (4) la réponse du mufti à l'*istiftā'* qui, à l'occasion, introduit des faits non mentionnés par le *mustaftī*[94].

En reconstruisant les manières de pratiquer le droit dans les villages du Grand Touat, l'historien ne doit donc à aucun moment perdre de vue le fait que les sources sur lesquelles sa reconstruction s'appuie ont subi divers processus de traitement à la fois littéraire, technique et dogmatique[95].

---

93 Voir Powers, David S., *Law, Society and Culture in the Maghrib: 1300–1500*, Londres, New York, Cambridge University Press, 2002, en particulier pp. 21–22 et pp. 229–233.

94 *Ibidem*, pp. 21–22.

95 Pour une analyse très fine de ce processus à partir de quelques fatwas rendues par des juristes andalous médiévaux, voir Zomeño, Amalia, « The Stories in the Fatwas and the Fatwas in History » in Dupret, Baudouin, Drieskens, Barbara, Moors, Annelies (éd.), *Narratives of Truth in Islamic Law*, Londres, New York, I. B. Tauris, 2008, pp. 25–49.

## Structure du livre

Ce livre s'articule autour de trois axes d'enquête. Il sonde d'abord le développement de l'érudition musulmane au Grand Touat entre le XV^e siècle et le XVIII^e siècle, en mettant en lumière les différents aspects du processus pluriséculaire à travers lequel l'islam savant s'est enraciné dans les paysages locaux (chapitre 1). Nous verrons ensuite dans quelle mesure la compilation des *nawāzil* après 1750 consacre l'émergence d'une culture juridique vernaculaire (chapitre 2). Cela nous amenera au second axe de réflexion : le fonctionnement de la justice islamique dans le cadre d'une société lignagère. Le chapitre 3 analyse les structures internes de cette juridiction, ainsi que les modalités d'intervention des muftis et cadis dans le champ social oasien. L'accent y est mis sur les tensions et les heurts résultant de la transplantation de modèles citadins dans les contextes sociopolitiques du Grand Touat. Le chapitre 4 se penche sur la figure du jurisconsulte et la pratique de la consultation (*iftāʾ*). Il s'agit de montrer que le dispositif discursif de l'*iftāʾ* constitue la pierre angulaire qui permet à la judicature de fonctionner comme une instance d'encadrement juridico-religieux. Le troisième axe d'enquête vise à restituer les enjeux sociaux et culturels de l'appropriation de la justice islamique par les ksouriens et s'attele à une anthropologie historique des pratiques normatives locales telles qu'elles s'observent dans les recueils de *nawāzil*. Nous nous intéresserons dans un premier temps au rôle des institutions communautaires dans les procédures judiciaires (chapitre 5), ainsi qu'aux rapports entre dispositifs du *fiqh* et formes de normativité coutumière (chapitre 6). Une fois l'ancrage de la magistrature islamique au sein du terroir élucidé, nous serrons au plus près les interactions entre ksouriens dans les affrontements en justice (chapitre 7). Tout l'enjeu est de comprendre dans quelle mesure les séances devant les jurisconsultes musulmans peuvent être envisagées comme un lieu d'acculturation. Enfin, le dernier chapitre tente de replacer les observations faites à l'intérieur de l'espace circonscrit du prétoire dans le contexte plus large de la société ksourienne. À l'occasion, nous nous engageons dans l'identification d'un terrain encore à peu près inexploré : celui de l'appropriation féminine de la justice islamique en milieu rural à l'époque moderne (chapitre 8). Une telle investigation permet de mettre en exergue la profonde ambiguïté d'une institution qui s'érige en instance de recours et fonctionne comme un appareil de subordination perpétuant les hiérarchies sociales.

CHAPITRE 1

# L'émergence d'une cité musulmane au Sahara

Un jeune homme du nom de ʿAbd Allāh b. Aḥmad al-Fulānī s'apprête vers le début du XVIII^e^ siècle à partir littéralement « lire la science » (*qirāʾat al-ʿilm*) dans les zaouïas du Touat. Quoique sa *nisba* nous suggère des racines sahéliennes, al-Fulānī est originaire d'Akabli, une petite bourgade du Tidikelt aux portes du grand vide du Tanezrouft[1]. Nous avons connaissance des différentes étapes de sa formation de lettré grâce à un bref récit de voyage (*riḥla*) qu'il a composé un demi-siècle plus tard[2]. L'étudiant ne part pas de rien. Dans son village natal, son père l'a fait entrer à l'école coranique à l'âge de cinq ans. Al-Fulānī y mémorise le Coran, selon les lectures de Warsh et de Qālūn, et étudie par la suite deux ouvrages didactiques sur la grammaire arabe en usage dans le Maghreb moderne, la *Alfiyya* d'Ibn Mālik (m. 672/1274) ainsi que la *Ājurrūmiyya* d'Ibn Ājurrūm (m. 723/1323[3]) . D'autre part, il s'initie au droit musulman dans sa version mālikite en mémorisant trois principaux manuels juridiques de son temps : la *Risāla* d'Abū Zayd al-Qayrāwānī (m. 386/996), le *Mukhtaṣar* de Khalīl b. Isḥāq (m. 776/1374), ainsi que la *Tuḥfat al-ḥukkām* de l'Andalou Ibn ʿĀṣim (m. 829/1425–26). À quatorze ans, al-Fulānī s'est donc déjà rendu familier avec les bases de l'école mālikite (*qawāʿid al-madhhab*). De plus, il montre un intérêt pour la science des fondements du droit (*uṣūl al-fiqh*) en étudiant le *Jāmiʿ al-jawāmiʿ* du shāfiʿite Tāj al-Dīn al-Subkī (m. 771/1370)[4].

C'est alors à ce moment, en 1128/1715–6, que l'ambitieux étudiant demande l'autorisation à son père pour se rendre au Touat, afin d'y compléter sa formation. Dans les années qui suivent, on le voit élève de différents maîtres disséminés à travers les ksour de la région : à Adghāgh (l'actuel Adrar), à Tinilane, chez les Awlād Ish et les Awlād Wangāl. Ses années d'apprentissage ne s'achèvent qu'une trentaine d'années plus tard, en 1161/1748–9, lorsqu'al-Fulānī demande ses dernières « licences » (*ijāza*, pl. *āt*) en tant que quêteur de science (*ṭālib al-ʿilm*)[5]. Entretemps, l'étudiant a noué des liens avec les grandes

---

1 Ainsi est appelée la vaste zone désertique séparant le Grand Touat de l'Azaouad dans le Nord de l'actuel Mali.

2 Al-Fulānī, ʿAbd Allāh b. Aḥmad, *Riḥla*, ms. privé, fonds Abdallah Ismaili, Adrar, Wilaya d'Adrar.

3 Sur les ressorts de cette éducation centrée sur la mémorisation de textes (*ḥifẓ*), on lira avec intérêt Eickelman, Dan, *Knowledge and Power in Morocco: The Education of a Twentieth Century Notable*, Princeton, Princeton University Press, 1985.

4 Al-Fulānī, *Riḥla, ms. cit.*, f. 1.

5 *Ibidem*, f. 2.

 | DOI 10.1163/9789004341265_003

figures de l'érudition oasienne, au point d'être invité à accompagner le plus renommé d'entre eux, ʿAbd al-Raḥmān b. Baʿumar al-Tinilānī (m. 1189/1775), ainsi que d'autres notables du Touat (*aʿyān Tuwāt*), lors de leur pèlerinage aux lieux saints de l'islam[6]. Pendant les premières années de son séjour studieux, un de ses professeurs oasiens l'interroge une fois sur les mobiles qui l'ont amené au Touat. Au grand plaisir de son interlocuteur, al-Fulānī répond alors : « Je désirais prendre la science (*ʿilm*) comme quelqu'un qui en est assoiffé »[7].

Pour assouvir ce désir, le jeune homme s'est rendu dans une région du Sahara où les traditions savantes et normatives de l'islam se sont solidement implantées depuis la fin du Moyen Âge. Zone de frontière et de passage entre le Maghreb et l'Afrique de l'Ouest, le Grand Touat se développe entre le XVe siècle et le XVIIIe siècle comme un des principaux pôles de l'érudition musulmane dans l'espace sahélo-saharien. Ce processus d'acculturation implique, d'une part, la diffusion à grande échelle d'un islam scripturaire, grâce à un tissu serré de zaouïas et d'écoles coraniques où sont dispensées les sciences traditionnelles musulmanes, d'autre part, la formation d'une juridiction islamique au niveau régional. C'est ce que résume succinctement la remarque d'un caravanier de la tribu des Shaʿānba à l'attention de son interlocuteur français, le militaire et ethnographe Eugène Daumas (1803–1871) : « le Touat est le pays du Koran, des ablutions et des prières »[8]. La forte concentration de traditions lettrées au sein de l'archipel oasien interpelle en effet les premiers enquêteurs français lorsqu'ils commencent à s'intéresser à la région après 1850. Dans l'exposé d'un officier français, portant sur le développement du commerce transsaharien et daté du 13 juillet 1876, nous lisons :

> Les marabouts sont en grand nombre, les zaouïas sont multiples et les tolbas sont connus. La plupart des Khodjas, des cadhis et des Derrers [instituteurs religieux] de nos tribus sahariennes sont des Gourariens ou des gens du Touat venus chez nous pour y chercher une position[9].

La *riḥla* d'al-Fulānī nous apprend cependant encore autre chose. Elle fait entrevoir que cet islam vernaculaire s'est forgé au rythme d'un incessant mouvement

6 *Ibid.*, f. 3.

7 *Ibid.*, f. 1.

8 Daumas, Eugène, *Le grand désert, ou itinéraire d'une caravane du Sahara au pays des Nègres* (*royaume de Haoussa*), Paris, Imprimerie et librairie centrales de Napoléon Chaix et Cie, 1848, p. 59. Pour la biographie de Daumas, voir la notice que lui consacre Alain Messaoudi dans Pouillon, François (dir.), *Dictionnaire des orientalistes de langue française*, Paris, Karthala IISMM, 2008, pp. 258–259.

9 Archives nationales d'outre-mer, Aix-en-Provence, 22H26.

d'hommes et d'idées à travers l'espace saharien. Cette mobilité fondatrice de dynamiques d'acculturation s'articule principalement autour de trois modalités de déplacement : la migration, le voyage d'études et le pèlerinage aux lieux saints de l'islam. Le premier chapitre de ce livre propose d'examiner de quelles manières la concomitance de ces trois cas de figure de mobilité nourrit l'appropriation des formes d'un 'savoir global' aboutissant à la fabrique d'un espace social 'islamisé'.

## Les oulémas de Tamentit

Les débuts de l'érudition musulmane au Grand Touat nous renvoient aux récits hagiographiques. Comme souvent au Maghreb, ils évoquent l'intervention du lointain pour fonder le local. La mémoire collective a ainsi gardé le souvenir d'une vague d'immigration de personnages saints et de savants entre le XIVe et le XVIe siècle. Originaires pour la plupart du Maroc et du Maghreb central, ces immigrés établissent des centres religieux, des zaouïas, servant à la fois de lieu d'enseignement et de point de ravitaillement aux gens de passage (*al-taʿlīm wa'l-iṭʿām*)[10]. De même, ils concluent des alliances avec les populations autochtones, ce dont témoigne le fragment suivant d'une chronique traduite par A. G. P. Martin, à propos de Mawlāy Sulaymān, le fondateur légendaire du ksar des Aït-Ouchen :

> C'est alors qu'arrive de Fès le chérif idrisside Moulaï Slimane ben Ali ben Amar ; les Aït-Aïssa du Timmi l'accueillirent avec empressement, et leur

10 Pour la région du Gourara, Rachid Bellil répertorie la fondation d'au moins sept zaouïas depuis la fin du XVe siècle. Voir Bellil, *Les oasis du Gourara, op. cit.*, 1, pp. 278–281. Le Touat proprement dit tout comme le Tidikelt n'ont malheureusement pas encore fait l'objet d'une étude monographique, comparable à celle de Rachid Bellil, qui restituerait l'émergence d'une topographie sacrée. Toujours est-il que les traces de l'immigration d'hommes pieux en provenance du Nord s'y aperçoivent aussi. Ici, l'hagiographie locale fait remonter les débuts du phénomène jusqu'au XIIe siècle. Une tradition recueillie par Louis Watin relate ainsi l'arrivée d'un certain Sulaymān b. ʿAlī, disciple du soufi de Fès Ibn Ḥirzihim (m. 559/1164), que ce dernier aurait envoyé au Touat vers 544/1150. Cf. Watin, « Origines des populations du Touat d'après les traditions conservées dans le pays », *art. cit.*, pp. 218–219. Enfin, d'après les récits généalogiques des Kounta, un des ancêtres de la grande confédération maraboutique, ʿUthmān b. ʿUmar, serait venu fonder une zaouïa dans un ksar appelé Azzi vers 1484. Cf. Hamet, Ismael, « Les Kounta » in *Revue du monde musulman*, 1911, vol. 15, pp. 306–307, Marty, Paul, *Études sur l'Islam et les tribus du Soudan*, Paris, E. Leroux, 1920–1921, 4 t., 1, p. 9.

> cheikh lui donna sa fille en mariage ; [...] sa bénédiction s'étendit sur le pays et il acquit une grande renommée, il reçut des députations et des présents de toutes les tribus depuis l'Oued-Salah ; il en vint aussi des Boramik, des Guedouâ, des Oulad-Hariz et des Oulad-Amer-ben-Amor[11].

L'apparition de zaouïas fondées par des immigrés du Nord est contemporaine des premières traces d'une judicature islamique à Tamentit, l'ancien chef-lieu du Grand Touat. Vers 715/1314, un certain ʿĪsā b. Muḥammad al-Baṭwī se serait installé à Tamentit et aurait été élu cadi par les habitants du Touat – entendre les notables locaux – en raison de sa réputation de savoir et de piété[12]. Le nom d'un second juge nous est rapporté par une chronique du XIX<sup>e</sup> siècle[13]. Il s'agit d'Abū Yaḥyā b. Muḥammad al-Minyārī (m. 840/1436–7) que l'auteur de la chronique présente par ailleurs comme aïeul de son lignage. Originaire de la tribu des Banū Minyār dans le Tell algérien, al-Minyārī aurait été établi dans ses fonctions, à l'instar d'al-Baṭwī, par accord consensuel, lors de son arrivée à Tamentit en 815/1412–13.

Plus significativement encore, les sources mentionnent pour la seconde moitié du XV<sup>e</sup> siècle un premier lignage lettré. Ses débuts remontent à l'immigration de deux frères originaires de Tlemcen, ʿAbd Allāh et Muḥammad al-ʿAṣnūnī, qui s'établissent à Tamentit vers 863/1458–59[14]. À leur arrivée au Touat, au moins ʿAbd Allāh peut se prévaloir d'une solide réputation de savant. Selon les traditions locales, il aurait étudié dans sa ville natale auprès de plusieurs membres de la famille ʿUqbānī et fréquenté l'éminent ʿAbd al-Raḥmān al-Thaʿālibī (m. 870 ?/ 1470 ?) à Alger[15]. C'est probablement ce rattachement

11 Martin, *Les oasis sahariennes*, *op. cit.*, pp. 86–87.

12 Al-Bakrī, *al-Nubdha fī tāʾrīkh Tuwāt wa-aʿlāmihā*, *op. cit.*, pp. 79–80. Al-Bakrī s'appuie sur un manuscrit conservé à la bibliothèque de sa famille à Tamentit. Le titre du manuscrit indiqué par l'auteur est *Khibra li-baʿḍ ʿulamāʾ iqlīm Tuwāt*. Il nous a été malheureusement impossible d'obtenir une copie de l'ouvrage.

13 Martin, *Les oasis sahariennes*, *op. cit.*, p. 115 et Watin, « Origines des populations du Touat d'après les traditions conservées dans le pays », *art. cit.*, p. 241.

14 Al-Bakrī, Muḥammad b. ʿAbd al-Karīm b. ʿAbd al-Ḥaqq, *al-Kawākib al-barriyya fīʾl-manāqib al-bakriyya*, ms. privé, fonds *khizāna* Aḥmad Dīdī, Tamentit, Wilaya d'Adrar, f. 2–4 (réf. *al-Kawākib al-barriyya*). Nous tenons à remercier Abdallah Ismaili de nous avoir aimablement communiqué une copie du manuscrit.

15 Pour la famille ʿUqbānī-s, se référer aux diverses notices qui sont consacrées à ses membres dans le *Bustān* d'Ibn Maryam (m. 985/1577). Voir Melity, Ibn Maryem Ech-Cherif el, *El Bostan ou jardin des biographies des saints et savants de Tlemcen*, traduit et annoté par F. Provenzali, Alger, Imprimerie de Fontana frères, 1910. Sur al-Thaʿālibī se référer à Berque, *L'intérieur du Maghreb*, *op. cit.*, pp. 207–221.

aux grands noms de l'érudition du Maghreb central qui lui permet d'accéder à l'office du cadi en succédant à Yaḥyā b. Yadīr al-Tadlīsī à la mort de ce dernier en 877/1472. Les circonstances précises de son investiture nous échappent faute de sources. Toujours est-il qu'al-Tadlīsī est également décrit comme un immigré venu du Maroc qui se serait établi à Tamentit en 845/1441, c'est-à-dire une vingtaine d'années avant l'arrivée des frères al-ʿAṣnūnī[16]. On l'aura compris : au XV^e^ siècle, la judicature de Tamentit est contrôlée par des personnalités allogènes venues chercher fortune dans les vastes contrées sahariennes.

Exerçant sa fonction de juge, ʿAbd Allāh al-ʿAṣnūnī se montre l'adversaire acharné d'un autre émigrant de Tlemcen, Muḥammad b. ʿAbd al-Karīm al-Maghīlī (m. 909/1503–4 ou 910/1505–06), qui arrive au Touat vers 882/1477–78[17]. Al-ʿAṣnūnī s'oppose vigoureusement aux menées de son compatriote contre l'importante communauté juive locale[18]. Il s'indigne notamment des propos virulents réclamant la démolition de la synagogue de Tamentit[19]. Les efforts du cadi pour circonscrire l'activisme d'al-Maghīlī sont cependant vains. Al-ʿAṣnūnī n'a su ou pu empêcher la destruction du bâtiment cultuel, dont nous avons toute raison de penser qu'il s'est accompagné d'un pogrom[20]. La

16 Al-Bakrī, *al-Nubdha fī tāʾrīkh Tuwāt wa-aʿlāmihā*, *op. cit.*, p. 96.

17 Précisons que les traditions locales rapportent d'al-Maghīlī un premier séjour à Tamentit quelques années auparavant pendant lequel il aurait assisté à l'enseignement du cadi Yaḥyā b. Yadīr. Cf. al-Bakrī, Muḥammad b. ʿAbd al-Karīm b. ʿAbd al-Ḥaqq, *Durrat al-aqlām fī akhbār al-Maghrib baʿd al-islām*, ms. privé, fonds *khizāna* Aḥmad Dīdī, Tamentit, Wilaya d'Adrar, f. 19. Nous tenons à remercier Abdallah Ismaili de nous avoir aimablement communiqué une copie du manuscrit.

18 Pour l'histoire de la communauté juive au Touat, voir Oliel, Jacob, *Les juifs au Sahara : le Touat au Moyen Âge*, Paris, Éd. du CNRS, 1994.

19 Le conflit autour de la synagogue de Tamentit est un des rares aspects de l'histoire régionale qui ait retenu une certaine attention de la part de la recherche islamologique. Voir Batrān, ʿAbd-al-ʿAzīz, « A Contribution to the Biography of Shaikh Muḥammad ibn ʿAbd-al-Karīm ibn Muḥammad (ʿUmar-Aʿmar) al-Maghīlī al-Tilimsānī » in *Journal of African History*, 1973, vol. 14, n° 3, pp. 381–394, Hunwick, John O., « Al-Mahîlî and the Jews of Tuwât: The Demise of a Community » in *Studia Islamica*, 1985, n° 61, pp. 155–183 et *Jews of a Saharan Oasis: Elimination of the Tamentit Community*, Princeton, M. Wiener, 2006, Jadla, Ibrahim, « Musulmans et juifs en milieu oasien à l'époque médiévale : l'exemple du Touat » in Fellous, Sonia (éd.), *Juifs et musulmans en Tunisie : fraternité et déchirements*, Paris, Somogy, 2003, pp. 87–92.

20 Il convient de préciser qu'aucune source historique locale n'est pour le moment accessible pour restituer en détail ce triste épisode. L'activisme d'al-Maghīlī semble cependant avoir rencontré de fortes résistances à l'échelle locale. Même un des fils du prédicateur a été assassiné quelques années après le pogrom. Cf. Hunwick, « Al-Mahîlî and the Jews of Tuwât », *art. cit.*, pp. 178–181.

violence de cet événement tragique marque en tout cas le début du déclin d'une communauté prospère et ancienne. Nous trouvons très peu de traces d'une vie juive locale dans les receuils de *nawāzil* des XVIII^e^ et XIX^e^ siècles[21]. Par contraste, le conflit entre les deux oulémas fait entrer la région dans les annales de l'école mālikite. Aussi bien al-ʿAṣnūnī qu'al-Maghīlī cherchent à obtenir des expertises pour appuyer leurs positions respectives auprès des jurisconsultes des villes du Nord. Ces requêtes déclenchent une controverse d'une telle ampleur qu'elle conduit al-Wansharīsī (m. 914/1508) à incorporer au moins une partie des consultations échangées à ce propos dans son *Miʿyār*[22]. Il s'agit en l'occurrence du plus ancien témoignage sur l'existence d'un milieu d'oulémas au Touat, dont nous disposons à l'heure actuelle.

John Hunwick et, tout récemment, David Powers ont pertinemment restitué les enjeux du débat[23]. On se contentera pour cette raison d'insister ici seulement sur le fait que le conflit laisse de nouveau entrevoir un milieu savant où prédominent des figures d'immigrants gardant des liens étroits avec les centres urbains du Maghreb. Le cadi de Tamentit reçoit ainsi l'appui de noms aussi illustres qu'Ibn Zakrī (m. 900/1494–5), mufti de Tlemcen, Yaḥyā b. Abī'l-Barakāt al-Ghumārī (m. 910/1504), grand juge de Fès, et son collègue tunisois Muḥammad b. Qāsim al-Raṣṣāʿ (m. 894/1488–9). Quant à al-Maghīlī, il peut compter sur le soutien d'un juriste tlemcénien, ʿAbd Allāh b. ʿAbd al-Jalīl al-Tanasī (m. 899/1493–4), dont la consultation est confirmée par l'éminent théologien Muḥammad b. Yūsuf al-Sanūsī (m. 895/1490). La visibilité de l'école de Tlemcen dans cette affaire suggère par ailleurs que les deux adversaires parviennent en premier lieu à mobiliser des accointances dans leurs milieux

21 Sauf erreur de notre part, seules les *Nawāzil al-Jantūrī* contiennent quelques consultations éparses relatives à des personnes de confession juive, sans qu'il soit possible de savoir s'il s'agit vraiment d'autochtones. Cf. *Nawāzil al-Jantūrī*, *ms. cit.*, f. 3, f. 6, f. 87, f. 115.

22 Al-Wansharīsī, Aḥmad b. Yaḥyā, *al-Miʿyār al-mughrib ʿan fatāwā Ifrīqiya wa'l-Andalus wa'l-Maghrib*, éd. Muḥammad Ḥajjī, Rabat, Wizārat al-awqāf wa'l-shu'ūn al-islāmiyya li'l-mamlakat al-maghribiya, 1981, 13 vol., 2, pp. 214–227. Sur le *Miʿyār*, voir Lagardère, Vincent, *Histoire et société en Occident musulman au Moyen Âge : analyse du Mi'yar d'al-Wanšarīsī*, Madrid, Casa de Velázquez, 1995 et Powers, *Law, Society and Culture in the Maghrib*, *op. cit.*. Des extraits de l'ouvrage ont été traduits par Emile Amar dans les *Archives marocaines*. Cf. Amar, Émile, « Al-Mi'yar : la pierre de touche des fétouha de Ahmed al-Wanscharîsî, choix de consultations juridiques des faqîhs du Maghreb » in *Archives marocaines : publication de la mission scientifique du Maroc*, 1908–1909, vol. 12–13.

23 Cf. Hunwick, « Al-Mahîlî and the Jews of Tuwât », *art. cit.* et Powers, David S., « Aḥmad al-Wansharīsī (d. 914/1509) » in Arabi, Oussama, Powers, David S., Spectorsky, Susan A. (éd.), *Islamic Legal Thought: A Compendium of Muslim Jurists*, Leyde, Brill, 2013, pp. 382–399. Nous tenons à remercier David Powers de nous avoir aimablement communiqué une copie de l'article.

d'origine[24]. À l'inverse, on ne peut être qu'étonné du silence absolu du *Mi'yār*, pour ce qui est des interventions éventuelles de la part d'autres oulémas oasiens.

Comment évaluer le rôle d'al-Maghīlī dans le processus de la formation du champ lettré oasien ? On sait l'importance du Tlemcénien en tant que théoricien d'une souveraineté islamique pour l'histoire du sunnisme en Afrique de l'Ouest et plus particulièrement l'influence que ses écrits ont exercée sur les promoteurs des djihads aux XVIIIe et XIXe siècles[25]. De ce point de vue al-Maghīlī doit sans doute être considéré comme la figure la plus marquante parmi les immigrés du XVe siècle. Son ascendant intellectuel sur les milieux d'oulémas du Grand Touat semble toutefois avoir été bien moindre. Les recueils de *nawāzil* l'ignorent globalement[26]. En définitive, nous avons repéré peu de références renvoyant à ses écrits à l'intérieur de la production littéraire locale avant le XXe siècle. C'est peut-être parce que les biographes et mémorialistes le considèrent moins comme lettré qu'ils le dépeignent comme une sorte de saint patron. Plusieurs récits de voyage nous apprennent ainsi que les autochtones désireux de se rendre aux lieux saints de l'islam ont coutume d'inaugurer leur périple par une visite rogatoire (*ziyāra*) au tombeau d'al-Maghīlī. Sis à Bou-Ali dans le Bas-Touat, le sanctuaire ne se trouve en effet pas loin de la petite oasis de Noum en Nass, un des lieux traditionnels de rassemblement pour rejoindre la grande caravane annuelle (*rakb*) des pèlerins de l'Ouest africain vers l'Orient. De façon encore plus suggestive, un dictionnaire biographique du XIXe siècle intègre la notice consacrée à al-Maghīlī dans la section dédiée au

24 Sur ce point, voir aussi Voguet, Élise, « Tlemcen-Touat-Tombouctou : un réseau transsaharien de diffusion du malikisme (fin VIII/XIVe siécle – XI/XVIIe siècle) » in *REMMM*, à paraître. Nous tenons à remercier Élise Voguet de nous avoir communiqué le manuscrit de son article.

25 Sur le séjour d'al-Maghīlī dans la zone sahélienne et l'impact de son œuvre sur le développement de l'islam sahélien, se référer à Batrān, « A contribution to the biography of Shaikh Muḥammad ibn 'Abd-al-Karīm ibn Muḥammad ('Umar-A'mar) al-Maghīlī al-Tilimsānī », *art. cit.*, pp. 390–394, Brenner, Louis, « Muslim Thought in Eighteenth-Century West Africa: The Case of Shaykh Uthman b. Fudi » in Levtzion, Nehemia, Voll, John O. (éd.), *Eighteenth Century Renewal and Reform in Islam*, New York, Syracuse University Press, 1987, pp. 39–67, Hiskett, Mervyn, « An Islamic Tradition of Reform in the Western Sudan from the Sixteenth to the Eighteenth Century » in *Bulletin of the School of Oriental and African Studies*, 1962, vol. 25, n° 1–3, pp. 577–596, Triaud, Jean-Louis, « Le renversement du souverain injuste : un débat sur les fondements de la légitimité islamique en Afrique noire au XIXe siècle » in *Annales : E. S. C.*, 1985, vol. 40, n° 3, pp. 509–519.

26 Sauf erreur, aucune fatwa émise par al-Maghīlī n'a été conservée par les compilateurs aux XVIIIe et XIXe siècles. De même, on cherche en vain d'éventuels renvois à ses opinions juridiques (*qawl*, pl. *aqwāl*).

« rappel de quelques nobles vertueux et ascètes distingués »[27], et non dans celles qui retracent les biographies des divers oulémas oasiens[28]. Tout porte donc à croire que la mémoire collective a progressivement transformé le virulent polémiste en un santon certes connu pour son aversion envers les juifs, mais dont le profil savant est par contre largement gommé[29].

Il en va tout autrement de Sālim b. Muḥammad al-ʿAṣnūnī (m. 960/1560), un neveu du principal adversaire d'al-Maghīlī à Tamentit. Dans les *nawāzil* du Grand Touat, l'homme et son oncle apparaissent comme les plus anciennes autorités locales en matière de droit. Plus précisément, les opinions (*qawl*, pl. *aqwāl*) du jurisconsulte sont évoquées à chaque fois qu'il s'agit de souligner une continuité dans les pratiques judiciaires ayant cours au sein de la région (*ʿamal*)[30]. Alléguons un exemple. Le *Ghāyat al-amānī* contient un débat entre docteurs oasiens à propos des modalités de l'exploitation et de la transmission des terres habous au Grand Touat[31]. Plusieurs personnages éminents de l'érudition locale au XVIII^e^ siècle, sur lesquels nous reviendrons plus loin, s'y impliquent. Parmi eux figure le cadi de Tamentit, ʿAbd al-Ḥaqq al-Bakrī (m.

---

27 *« Dhikr baʿḍ aʿyān al-ṣulaḥāʾ wa mashāhir al-fuḍalāʾ al-zuhhād »*

28 Cf. al-Tinilānī, ʿAbd al-Qādir b. ʿUmar b. ʿAbd al-Raḥmān, *Fahrasa fī dhikr al-mashāʾikh al-tuwātiyya*, ms. privé, fonds Abdallah Ismaili, Adrar, f. 21. En vérité, les traditions hagiographiques de la région se sont copieusement approprié la figure du rude zélote. Une chronique citée par Martin laisse ainsi intervenir al-Maghīlī sous l'habit du saint redoutable lançant sa malédiction contre un notable local. Pour quelle raison ? Parce que l'homme s'est montré solidaire avec quelques habitants juifs pris dans une altercation avec un autre membre de sa famille. Cf. Martin, *Quatre siècles d'histoire marocaine, op. cit*, p. 28. Voir aussi les traditions orales recueillies par Rachid Bellil dans le Gourara. Bellil, *Les oasis du Gourara, op. cit.*, 1, pp. 151–155. Sur cet aspect sombre de la sainteté au Maghreb, se référer à Dermenghem, Émile, *Le culte des saints dans l'islam maghrébin*, Paris, Gallimard, 1954, pp. 15–17 et Touati, *Entre Dieu et les hommes, op. cit.*, pp. 199–200.

29 Cela n'est pas sans rappeler le cas de l'éminent al-Yūsī (m. 1102/1691). Vénéré sous le nom de Sīdī Laḥsen, celui-ci est aussi devenu un modeste santon rustique dans la mémoire de ses contribules qui ignorent à peu près tout de l'héritage littéraire de leur illustre aïeul. Cf. Berque, *Al-Yousi, op. cit.*, pp. 7–9.

30 Sur la notion de *ʿamal*, voir Berque, *Ulémas, fondateurs, insurgés du Maghreb, op. cit.*, pp. 195–229, Müller, Christian, « Us, coutumes et droit coutumier dans le fiqh mālikite » in Nef, Annliese, Voguet, Élise (éd.), *La légitimation du pouvoir au Maghreb médiéval : de l'organisation à l'émancipation politique*, Madrid, Casa de Velazquez, 2011, pp. 50–54, Serrano, Delfina, « Legal Pratice in an Andalusī-Maghribī Source from the Twelfth Century: The *Madhāhib al-Ḥukkām fī Nawāzil al-Aḥkām* » in *Islamic Law and Society*, 2000, vol. 7, n° 2, pp. 206–211, Touati, *Entre Dieu et les hommes, op. cit.*, pp. 95–99, Osswald, *Schichtengesellschaft und Islamisches Recht, op. cit.*, pp. 37–39.

31 *Ghāyat al-āmāni, ms. cit.*, ff. 24–25.

1210/1796). Il expose longuement son point de vue en se réclamant de la position adoptée par Sālim al-ʿAṣnūnī à ce sujet, ainsi que de celle d'un des fils de ce dernier, du nom d'Aḥmad. En lisant l'argumentation du juge nous observons alors qu'al-Bakrī évoque l'autorité des deux al-ʿAṣnūnī-s conjointement à celle des différents cadis ayant exercé durant le XVIIe siècle, et qui, au demeurant, sont tous ses ascendants : « Il [Sālim al-ʿAṣnūnī] a vécu au neuvième siècle [de l'Hégire] et son fils au début du dixième. [C'était aussi la position de] notre aïeul le savant Sayyid ʿAbd al-Karīm, celle de son père avant lui, ainsi que celle de son fils Sayyid al-Bakrī après lui »[32]. Il s'agit donc manifestement pour le juge de mettre en exergue une continuité multiséculaire dans l'attitude adoptée par les magistrats oasiens à l'égard de la question[33].

Qui est ce Sālim al-ʿAṣnūnī ? Faute de sources suffisantes, nous pouvons seulement présenter quelques fragments biographiques. Ses pérégrinations studieuses l'amènent d'abord à fréquenter Ibn Zakrī ainsi que d'autres maîtres de la famille al-ʿUqbānī à Tlemcen[34]. Il se tourne par la suite vers le Maroc où il est l'élève du juriste Abū Zakariyā Yaḥyā b. Makhlūf al-Sūsī (m. 927/1520)[35]. Une fois achevée sa formation au Maghreb occidental, Sālim rentre au pays et succède à son oncle dans la charge de cadi vers 1509, selon ce que nous rapporte une chronique locale traduite par A. G. P. Martin[36]. Il abandonne toutefois le poste au bout de quatre ans pour se rendre en pèlerinage à la Mecque. À son retour au Touat, que notre source situe en 1523, Sālim renonce définitivement à la magistrature et se retire dans une de ses propriétés à Beni Tamert, une bourgade au nord de Tamentit. En dépit de ce retrait, l'ancien cadi acquiert une renommée considérable en tant que jurisconsulte qui va au-delà des frontières de l'archipel oasien. Le polygraphe marocain Aḥmad b. al-Qāḍī al-Miknāsī (m. 1025/1616–17) lui attribue par exemple un engagement missionnaire important en zone sahélienne dans la mesure où « entre ses mains de nombreuses personnes appartenant à l'ethnie des Kābī au Soudan, de même

32 « *Wa wāliduhu qablahu wa-waladuhu Sayyid al-Bakrī baʿdahu* » : *ibidem*.

33 Il convient toutefois de préciser que ce type d'évocation reste rare dans les documents à notre disposition. Les traditions jurisprudentielles compilées aux XVIIIe et XIXe siècles ignorent généralement les figures de l'érudition locale avant 1650.

34 *Al-Kawākib al-barriyya*, *ms. cit.*, f. 3. Le manuscrit reprend la notice que le dictionnaire biobibliographique d'Ibn al-Qāḍī (m. 1025/1616–17) *al-Durrat al-ḥijjāl* consacre à Sālim al-ʿAṣnūnī. Cf. al-Miknāsī, Abū'l-ʿAbbās Aḥmad b. Muḥammad b. Abī'l-ʿĀfiya b. al-Qāḍī, *al-Durrat al-ḥijjāl fī ghurrat asmāʾ al-rijāl*, éd. Muṣṭafā ʿAbd al-Qādir ʿAṭā, Beyrouth, Dār al-kutub al-ʿilmiyya, 2002, p. 438 (n° 1413).

35 Pour Yaḥyā b. Makhlūf al-Sūsī, voir *ibidem*, p. 449.

36 Martin, *Quatre siècles d'histoire marocaine*, *op. cit.*, pp. 27–29.

que leur souverain, ont embrassé l'islam »[37]. Il semble d'autre part possible qu'un recueil contenant des décisions judiciaires (*aḥkām*) associées à son nom ait circulé dans les milieux lettrés du XVIII^e siècle, encore qu'il faille admettre que les *nawāzil* examinées, sauf erreur, n'en portent pas de traces directes[38].

Sālim al-ʿAṣnūnī n'est pas le seul parmi les descendants des deux frères ʿAṣnūnī à se forger une réputation de savant distingué. Nous avons déjà évoqué son fils Aḥmad qui aurait même exercé à un moment des fonctions de cadi au Caire[39]. Dans son étude consacrée à la vie culturelle du Maroc saadien, Muḥammad Ḥajjī mentionne à son tour encore deux autres rejetons studieux. L'un d'eux, Muḥammad b. Muḥammad b. Abī Bakr al-ʿAṣnūnī (m. après 1010/1602), semble avoir entretenu des rapports privilégiés avec les milieux lettrés de Marrakech. Muḥammad aurait procédé à un échange de licences (*tadbīj*) avec l'éminent Ibn al-Qāḍī « auquel il délivra une *ijāza* du *ḥadīth* et dont il obtint à son tour des connaissances en calcul et partage de successions »[40]. Le deuxième personnage signalé est ʿAbd al-Raḥmān b. ʿAbd Allāh al-ʿAṣnūnī (m. vers 990/1582). Ḥajjī note vaguement à son propos qu'il « fit ses études au Sahara et au Moyen-Orient avant de revenir à Timanṭīṭ plein de connaissances et animé du désir de faire profiter les étudiants de son pays »[41]. Cependant, en dépit de ces figures de lettrés, les al-ʿAṣnūnī-s ne parviennent pas à s'imposer durablement comme dynastie de savants sur le plan local. Leur influence s'amenuise après le XVI^e siècle dans la mesure où la famille n'en-

---

37 « *Aslama ʿalā yaddayhi khalq kathīr min ahl Kābī wa sulṭānuhā min bilād al-Sūdān* » : *al-Durrat al-ḥijjāl, op. cit.*, p. 438.

38 C'est pourtant ce que le chroniqueur al-Tamanṭīṭī affirme dans un passage traduit par A. G. P. Martin en rapportant la remarque d'un ouléma autochtone que nous n'avons pas pu identifier : « Il eut, comme cadhi, une grande réputation de science et d'intégrité. […] J'ai vu, écrit le jurisconsulte Sidi Taïeb, ses « Jugements », et j'ai compris, à les lire, qu'il était (pour sa science) comme une mer sans rivages. » Martin, *Quatre siècles d'histoire marocaine, op. cit.*, p. 29. Le passage du *Ghayāt al-Amānī* que l'on vient d'évoquer pourrait se lire comme un indice sur l'existence d'un tel corpus. Le cadi ʿAbd al-Ḥaqq al-Bakrī indique en effet de rapporter l'avis de Sālim à partir d'une transcription réalisée par le fils du jurisconsulte : « *waqaftu ʿalayhi min khaṭṭ al-ʿālim* […] *al-Sayyid Aḥmad b. Sālim* ». Cf. *Ghāyat al-amānī, ms. cit.*, f. 24. Remarquons encore que les *Nawāzil* d'al-Zajlāwī font régulièrement référence aux écrits d'un certain Shaykh Sālim, sans pour autant expliciter l'identité précise de ce juriste. Il se peut donc aussi qu'al-Zajlāwī y renvoie en vérité à une autorité d'école externe à la région, par exemple l'Égyptien Sālim al-Sanhūrī (m. 1010/1602). La question reste ouverte.

39 Martin, *Quatre siècles d'histoire marocaine, op. cit.*, pp. 29.

40 Cf. Ḥajjī, Muḥammad, *L'activité intellectuelle au Maroc à l'époque sa'dide*, Rabat, Dar el-Maghrib, 1976–1977, 2 vol., 2, p. 677.

41 *Ibidem.*

gendre plus d'oulémas que les sources à notre disposition auraient retenus. Néanmoins, elle subsiste en tant que lignage 'maraboutique' (*mrābṭīn*) – les Awlād al-Qāḍī al-ʿAṣnūnī – peuplant un certain nombre de ksour à Tamentit.

Peut-être la famille a-t-elle été éclipsée à la suite de l'ascension d'un lignage apparenté dont les traditions érudites se perpétuent jusqu'à nos jours : les al-Bakrī-s[42]. Les débuts du lignage remontent également au XVe siècle. Il s'agit encore des descendants d'un savant venu du Maroc : ʿUmar (ou ʿAmrū) b. Muḥammad (m. 872/1468)[43]. L'homme serait originaire de Fès. « Il s'est établi dans la cité (*balad*) de Tamentit prenant domicile au sein d'un des ksour de la ville. Par la suite, il a fait acquisition d'une partie [du ksar] ainsi que des terres[44].» L'installation n'est toutefois que de courte durée. Seulement quelques années plus tard, après une dispute avec un habitant local, ʿUmar reprend la route en direction du Sahel où il meurt en odeur de sainteté à Ra's al-Mā', un hameau situé près de Tombouctou, déjà connu des géographes arabes médiévaux[45]. Aux dires de la chronique familiale, son tombeau serait par la suite devenu un site de pèlerinage pour les populations des alentours[46]. Ce qui est plus important pour notre propos ici c'est que deux fils de ʿUmar, Maymūn et al-Tuhāmī, sont restés à Tamentit après le départ de leur père[47]. Le premier nous est décrit comme un jeune homme qui aurait étudié auprès d'Ibn Ghāzī (m. 901/1505) à Fès[48]. L'affirmation est sans doute sujette à caution, mais elle rappelle une fois de plus qu'en matière d'autorité intellectuelle, la région regarde tout d'abord vers l'Ouest. En intégrant les milieux lettrés de

42 C'est la *nisba* que la famille adopte depuis le XVIIIe siècle en hommage à un de ses plus illustres rejetons, le cadi Muḥammad al-Bakrī (m. 1133/1721). Durant nos enquêtes de terrain nous avons pu constater que les al-Bakrī-s jouent encore de nos jours un rôle important dans le paysage religieux de l'archipel oasien. Leur madrasa située à Tamentit continue à former des instituteurs et des imams. Muḥammad bi'l-Kabīr (décédé en 2000), la grande figure de l'érudition locale au XXe siècle, a par exemple été un élève d'Aḥmad Dīdī al-Bakrī (m. 1370/1951), qui dirigeait l'institution dans la première moitié du XXe siècle. L'histoire du lignage nous est connue grâce à une chronique rassemblant les biographies des principaux maîtres de la dynastie. Cf. *al-Kawākib al-barriyya, ms. cit.*. Voir également al-Bakrī, *al-Nubdha fī tā'rīkh Tuwāt wa-aʿlāmihā, op. cit.*, pp. 133–255.

43 *Al-Kawākib al-barriyya, ms. cit.*, f. 2. Cf. aussi la notice qui lui est consacrée dans al-Bakrī, *al-Nubdha fī tā'rīkh Tuwāt wa-aʿlāmihā, op. cit.*, pp. 135–139.

44 *Al-Kawākib al-barriyya, ms. cit.*, f. 2.

45 Lewicki, Tadeusz, « Les origines et l'islamisation de la ville de Tādmakka d'après les sources arabes » in *Revue française d'histoire d'outre-mer*, 1979, vol. 66, n° 242, p. 136.

46 « *Qabruhu yuzār* » : *al-Kawākib al-barriyya, ms. cit.*, f. 2. Laissons aux spécialistes de la boucle du Niger le soin de vérifier l'historicité de l'assertion !

47 Cf. *ibid.* et al-Bakrī, *Durrat al-aqlām fī akhbār al-Maghrib baʿd al-Islām, ms. cit.*, f. 30.

48 *Ibidem.*

Tamentit, Maymūn reçoit l'appui du cadi ʿAbd Allāh al-ʿAṣnūnī qui lui accorde même la main de sa fille Fāṭima. Un véritable cycle d'alliances matrimoniales s'inaugure ainsi, car plusieurs descendants de Maymūn se marieront également avec des membres de la famille al-ʿAṣnūnī[49].

Nous savons peu de choses sur le rayonnement intellectuel de Maymūn, sinon que la tradition familiale le tient pour l'introducteur du *Mukhtaṣar* de Khalīl dans l'archipel oasien[50]. De même, il aurait fondé la bibliothèque familiale qui demeure de nos jours une des plus grandes *khizāna*-s de la région[51]. Alors que Maymūn se distingue donc de son vivant comme juriste et bibliophile, il ne succède pas à son ancien mentor al-ʿAṣnūnī dans la fonction du cadi. C'est peut-être parce qu'il meurt trop jeune, en 901/1495, quand ʿAbd Allāh al-ʿAṣnūnī est encore en vie. Néanmoins, à peine un siècle plus tard, ses descendants, qui se sont entretemps imposés sur le plan local comme une famille de lettrés distingués[52], parviennent à accéder à la judicature. Le sultan saadien Aḥmad al-Manṣūr al-Dhahabī (règne 985–1012/1578–1603) investit un arrière-petit-fils de Maymūn, Amḥammad b. Abū Muḥammad b. Aḥmad b. Maymūn (m. 1008/1599), comme cadi « pour les contrées sahariennes »[53]. Il s'agit d'un événement majeur dans le développement de la justice islamique à l'échelle

---

49 *Al-Kawākib al-barriyya, ms. cit.*, f. 4. Ces échanges rappellent une observation faite par Geneviève Bédoucha à propos des alliances matrimoniales impliquant des allogènes dans un village du Sud tunisien au XXᵉ siècle : « L'intégration ne se fait réellement que lorsque l'alliance est renouvelée à la génération suivante, par le mariage d'un ou plusieurs enfants issus de la première union. Cette deuxième alliance est à la fois une consécration de l'« adoption» d'une famille et semble-t-il aussi une garantie » : Bedoucha, Geneviève, *L'eau, l'amie du puissant : une communauté oasienne du Sud tunisien*, Paris, Archives contemporaines, 1987, p. 304. Pour le contexte ouest-africain, Jean Schmitz a relevé des pratiques similaires (don de la fille du maître à son disciple, échange de sœurs entre condisciples) chez l'élite maraboutique toorobbé dans la moyenne vallée du fleuve Sénégal. Il s'agit d'un sujet qui mériterait d'être approfondi. Cf. Schmitz, Jean, « Le souffle de la parenté : mariage et transmission de la baraka chez les clercs musulmans » in *L'Homme*, 2000, vol. 154–155, pp. 241–278, en particulier p. 243, p. 251 et p. 265.

50 Al-Bakrī, *Durrat al-aqlām fī akhbār al-Maghrib baʿd al-islām, ms. cit.*, ff. 31–32. Sur le *Mukhtaṣar* de Khalīl se référer à Fadel, Mohammed, « The Social Logic of Taqlīd and the Rise of the Mukhtaṣar » in *Islamic Law and Society*, 1996, vol. 3, n° 2, pp. 224–226. Pour sa diffusion au Maghreb et au Sahara, voir Osswald, *Schichtengesellschaft und islamisches Recht, op. cit.*, pp. 10–21 et Touati, *Entre Dieu et les Hommes, op. cit.*, pp. 48–49.

51 Al-Bakrī, *al-Nubdha fī tāʾrīkh Tuwāt wa aʿlāmihā, op. cit.*, p. 62.

52 Cf. *ibidem*, pp. 141–145.

53 « *Waliya khiṭṭat al-qaḍāʾ ʿalā bilād al-saḥrāwiyya* » : *ibid.*, f. 6. Sur Aḥmad al-Manṣūr, voir Mouline, Nabile, *Le califat imaginaire d'Ahmad Mansûr : pouvoir et diplomatie au Maroc au XVIᵉ siècle*, Paris, Presses universitaires de France, 2009.

régionale, car l'office du cadi du Grand Touat restera entre les mains des al-Bakrī-s, de manière quasiment ininterrompue, jusqu'à la fin du XVIIIe siècle[54].

## Des migrations internes

Entre la fin du XVIe et le XVIIIe siècle, les traditions savantes se diversifient à l'intérieur du Grand Touat. C'est pendant cette période qu'émergent les principaux acteurs et institutions qui organisent l'encadrement juridico-religieux des populations ksouriennes sur la longue durée. Certaines familles de lettrés parviennent même à maintenir leur position *mutatis mutandis* jusqu'à la mise en dépendance coloniale au début du XXe siècle, voire au-delà. La première observation est donc d'ordre quantitatif : les lieux d'enseignement se multiplient en dehors de Tamentit, tandis qu'à côté des al-Bakrī-s, d'autres dynasties d'oulémas se consolident. En s'appuyant sur l'institution de la zaouïa en zone rurale, ces dynasties s'apparentent à une version campagnarde des grandes maisons de science (*bayt al-ʿilm* pl. *buyūt*) au sein des cités maghrébines où dès la fin du Moyen Âge, l'exercice des charges relevant de la magistrature juridico-religieuse se dispute entre familles nobles[55].

Ce qui frappe d'emblée, c'est que la grande majorité des oulémas des XVIIe et XVIIIe siècles ne sont plus des immigrés, mais des locaux. Plusieurs cas de

54 Nous serions tentés de mettre l'investiture d'Amḥammad en rapport avec l'expansion des Saadiens vers les franges sahélo-sahariennes dont le célèbre – et sanglant – sac de Tombouctou en 1591 constitue l'apogée. Selon les documents rassemblés par A. G. P. Martin, la dynastie commence à partir de 1526 d'établir son influence dans la région par l'envoi régulier d'agents (*qāʾid*) pour prélever l'impôt. En 1581 – soit seulement une dizaine d'années avant l'assaut contre l'Empire Songhay – al-Manṣūr charge un corps expéditionnaire de consolider la mainmise sur l'archipel oasien du Grand Touat, événement qui est d'ailleurs attesté par les principaux chroniqueurs marocains. Se pourrait-il alors que la désignation d'Amḥammad comme cadi se situe précisément dans le sillage de l'aventure saharienne du monarque ? Notons en tout cas que l'investiture des cadis reste jusqu'à la conquête française en 1900 un pilier de la politique des deux dynasties chérifiennes – saadienne et alaouite – à l'égard de leur province lointaine. Cf. Martin, *Quatre siècles d'histoire marocaine, op. cit.*, pp. 30–33. Sur la conquête saadienne de l'Empire Songhay se référer à Kaba, Lansine, « Archers, Musketeers, and Mosquitoes: The Moroccan Invasion of the Sudan and the Songhay Resistance (1591–1612) » in *Journal of African History*, 1981, vol. 22, n° 4, pp. 457–475 et Mougin, « Les premiers sultans sa'dides et le Sahara », *art. cit.*.

55 Cf. Touati, Houari, « Les héritiers : anthropologie des Maisons de sciences maghrébines aux XIe /XVIIe et XIIe /XVIIIe siècles » in Elboudrari, Hassan (éd.), *Modes de transmission de la culture religieuse en Islam*, Le Caire, Publications de l'IFAO, 1993, pp. 65–92.

figure, que nous allons examiner succinctement, se présentent. Tout d'abord, la zaouïa fondée par un saint charismatique peut se muer par la suite en un foyer d'érudition. La baraka associée au lignage se double dès lors de culture livresque, pour ainsi dire, dans la mesure où les descendants du santon, collatéraux ou apparentés, acquièrent une réputation de lettré tout en demeurant dévolutaires de l'auréole de l'ancêtre.

C'est le cas par exemple de la zaouïa de Zaglou situé au Bas Touat. Elle a été fondée par un certain ʿAlī Ḥnīnī (m. 1118/1706–7), descendant d'un soufi d'origine marocaine ʿUmar al-Ṣāliḥ al-Waqrūtī (m. 1008/1599) qui s'est installé à Aougrout au Gourara et dont la zaouïa constitue jusqu'au XIXe siècle une étape incontournable pour les caravanes à grande distance[56]. Les sources présentent ʿAlī Ḥnīnī comme un saint excentrique, auteur de prodiges et de prophéties. On sait les bénéfices tant matériels que symboliques à tirer d'un tel style de sainteté dans la configuration religieuse de l'époque[57]. Ainsi, aux dires des traditions familiales des Bakrī-s, la zaouïa de Zaglou serait-elle une des plus fortunées du Touat, riche en bétail et fortement impliquée dans le commerce avec la zone sahélienne[58]. À la mort de Ḥnīnī, la descendance se scinde en deux branches. L'une d'elles se spécialise dans le ravitaillement (*iṭʿām*). La zaouïa devient de la sorte ce que le dialecte local nomme encore de nos jours une *zāwiya al-ḍiyāfa*, un lieu où l'on apprête de la nourriture au tout-venant, par contraste avec la *zāwiya al-ʿilm* qui est un lieu d'enseignement du savoir scripturaire[59]. C'est vers cette dernière direction que s'oriente en revanche la deuxième branche, pour autant que dans ses rangs se recrutent plusieurs juristes réputés qui rayonnent à partir de Zaglou sur tout le Sud du Grand Touat. En particulier Muḥammad al-ʿĀlim al-Zajlāwī[60] et son fils Muḥammad

56 Cf. Daumas, *Le grand désert ou itinéraire d'une caravane du Sahara au pays des nègres (Royaume de Haoussa)*, *op. cit.*, pp. 88–94.

57 Sur le pouvoir économique des zaouïas maghrébines, voir Gutelius, David, « Sufi Networks and the Social Contexts for Scholarship in Morocco and the Northern Sahara, 1660–1830 » in Reese, *The Transmision of Learning in Islamic Africa, op. cit.*, pp. 15–38, Michel, Nicolas, *Une économie de subistances : le Maroc précolonial*, Le Caire, Publications de l'IFAO, 1997, 2 vol., 1, pp. 342–364, Pascon, Paul, *La maison d'Iligh et l'histoire sociale du Tazerwalt*, Rabat, SMER, 1984, Rodriguez-Manas, Francisco, « Agriculture, Ṣūfism and the State in Tenth/Sixteenth-Century Morocco » in *Bulletin of the School of Oriental and African Studies*, 1996, vol. 59, n ° 3, pp. 450–471.

58 Cf. al-Bakrī, *Durrat al-aqlām fī akhbār al-Maghrib baʿd al-Islām, ms. cit.*, ff. 49–50.

59 Nous référons ici à des informations qui nous ont été communiquées lors de notre visite à Zaglou en mai 2010.

60 Nous n'avons pas pu déterminer la date de sa mort, mais il s'agit d'un personnage ayant vécu durant la première moitié du XVIIIe siècle.

(m. 1212/1798) sont de leur vivant des jurisconsultes influents, comme nous aurons l'occasion de le constater à maintes reprises au fil de cette étude.

Considérons aussi le cas de l'émergence, dans le Bas-Touat et dans le Tidikelt, de deux lignages lettrés qui se rattachent à la grande confédération tribale des Kounta. Vers 1019/1610, Aḥmad al-Raqqādī al-Kuntī (m. 1062 ?/1652 ? ou 1096 ?/1684 ?), en provenance de l'Oued Noun marocain, fonde une zaouïa dans une ancienne agglomération de ksour dont la tribu devient par la suite l'éponyme : Zaouiet Kounta[61]. À la fondation s'ensuit une alliance conclue avec une fraction de chorfa alaouites, les Awlād Ḥammū bi'l-Ḥājj, qui, peu de temps après les Kounta, se sont également établis sur les lieux. Ce sont là, bien entendu, des modalités d'immigration de groupes allogènes somme toute classiques dans l'anthropologie sociale du Maghreb qu'il faut en l'occurrence rattacher au départ des Kounta du Rio d'Oro (*Sāqiya al-ḥamra*) vers le Sahara central aux XVI<sup>e</sup> et XVII<sup>e</sup> siècles. Un demi-siècle plus tard, un contribule d'al-Raqqādī, du nom d'Abū Na'āma al-Kuntī, lui aussi originaire de l'Oued Noun, vient à son tour s'installer à Akabli. Avant d'atteindre le Tidikelt, il passe quelques années dans l'Azaouad où, vers la même époque, d'autres fractions de Kounta commencent à s'établir. À l'instar d'al-Raqqādī, Abū Na'āma édifie une zaouïa à Akabli. Par la suite, il acquiert une notoriété considérable qui s'étend bien au-delà de l'archipel oasien en tant que guide de la caravane du hadj (*shaykh al-rakb*) entre le Grand Touat et l'Égypte[62]. Qu'en est-il de la branche d'Aḥmad al-Raqqādī ? Si la silhouette du fondateur s'estompe quelque peu dans les brumes de l'hagiographie, ses descendants, 'Alī al-Raqqādī al-Kuntī (m. 1125/1713) et 'Umar b. 'Alī al-Raqqādī[63] se distinguent en revanche comme jurisconsultes, à en juger par l'incorporation de leurs consultations et décisions judiciaires dans les corpus de jurisprudence examinés. Leur zaouïa s'érige ainsi en un centre d'érudition majeur qui rayonne sur l'ensemble de la région jusqu'au Sahel[64]. Al-'Ālim al-Zajlāwī nous rapporte même à leur propos une sorte de spécialisation disciplinaire. Les étudiants (*ṭulba*) de la zaouïa se seraient particulièrement intéressés au problème des transferts de dettes

61 Batran, *The Qadiryya Brotherhood in West Africa and the Western Sahara, op. cit.*, pp. 39–48.

62 Cf. [Anonyme], *Min sīra shaykh al-rakb*, ms. privé, fonds *khizāna* Abū Na'āma, Akabli, Wilaya d'Adrar. Voir aussi Reichmuth, Stefan, « Murtadā al-Zabīdī and the Africans: Islamic Discourse and Scholarly Networks in the Late Eighteenth Century » in Reese, *The Transmission of Learning in Islamic Africa, op. cit.*, pp. 126–127.

63 Nous ignorons sa date de mort.

64 Cf. al-Bartīlī, Ibn al-Ṭālib, *Fatḥ al-shakūr fī ma'rifat a'yān 'ulamā' al-Takrūr*, Institut de France, ms. 2406, pièce 118, f. 15.

impliquant des capitaux investis dans des contrats de livraison[65], au point de composer un opuscule à ce sujet[66].

À l'intérieur de l'archipel oasien, la grande mobilité des habitants circulant constamment entre les différentes sous-régions affecte également l'évolution des milieux lettrés. À vrai dire, pour nombre de cas, elle s'avère même consubstantielle à la cristallisation d'un nouvel acteur dans le champ savant local. C'est ainsi que Muḥammad b. Ubba al-Muzammirī (m. 1160/1747), apprécié par les ksouriens tant pour son érudition juridique que pour ses talents de poète, quitte la terre de ses ancêtres à Awlād al-Ḥājj près d'Aoulef au Tidikelt. Après un passage à la zaouïa des al-Raqqādī-s et chez les al-Bakrī-s à Tamentit, il se met à sillonner le Maghreb et le Sahel en quête de science[67]. Quand al-Muzammirī retourne des années plus tard, ce n'est point pour rejoindre les siens au Tidikelt. Il s'installe au contraire chez ses anciens professeurs al-Raqqādī-s à Zaouiet Kounta. À côté des maîtres des lieux, il y assume alors des tâches d'enseignement, de même qu'il exerce comme mufti ; ce dont témoignent plusieurs de ses consultations compilées dans les recueils de *nawāzil* locaux. Cependant, pour des raisons qui nous échappent en grande partie – les sources évoquent vaguement la rareté de l'eau dans l'oasis des al-Raqqādī-s – le poète-juriste quitte au bout d'un moment la zaouïa des Kounta et mène une vie itinérante jusqu'à sa mort survenue à Timimoun, où se trouve également sa tombe, discrètement située au grand cimetière de l'oasis.

Un des principaux personnages à l'intérieur des recueils de *nawāzil*, ʿAbd al-Raḥmān b. Ibrahīm al-Ansāliḥī al-Jantūrī (m. 1160/1747), quitte également le Tidikelt natal pour s'établir au Gourara, dans le ksar d'Aguentour, d'où son *nasab*[68]. La migration s'inscrit ici dans une continuité familiale. Les ancêtres d'al-Jantūrī sont originaires de Tittaf, hameau situé au sud de Tamentit. Le père, Ibrahīm, avait fait ses études dans la zaouïa d'Aougrout, avant de se fixer comme jurisconsulte à Ain Salah. Quant à al-Jantūrī, force est de constater qu'il ennoblit ses racines rustiques par un séjour à Fès qui complète une éducation reçue principalement dans les zaouïas du Touat. De nouveau, nos sources sont insuffisantes pour retracer dans le détail la trajectoire du personnage. Néanmoins, une fois installé en terre zénète, al-Jantūrī s'impose comme une

65 « *al-ḥawālat ʿalā ra's māl al-salam* »

66 *Nawāzil al-Zajlāwī*, *ms. cit.*, f. 43.

67 Voir Baʿuthmān, ʿAbd al-Raḥmān, *Fahrasat ʿAbd al-Raḥmān al-Tinilānī al-Tuwātī*, mémoire de maîtrise, université de Béchar, 2009, pp. 127–131 et pp. 132–139. Voir aussi l'étude d'un chercheur de l'université d'Adrar qui contient l'édition de plusieurs poèmes composés par al-Muzammirī : Jaʿfrī, *Rijāl fī'l-dhākira*, *op. cit.*.

68 Cf. Baʿuthmān, *Fahrasat ʿAbd al-Raḥmān al-Tinilānī al-Tuwātī*, *op. cit*, pp. 87–126.

des grandes autorités en matière de jurisprudence dans les milieux lettrés oasiens, de sorte qu'après sa mort, un de ses élèves s'attèle à colliger les *responsa* du maître. Sa réputation de science et de piété rayonne en effet sur l'ensemble du Grand Touat et lui attire de nombreux disciples. Il faut cependant admettre que le nouveau venu ne fait pas unanimité parmi ses voisins gourariens. Son intransigeance à l'égard des cadis de la région crée de fortes irritations qui, en fin de compte, semblent même lui avoir coûté la vie[69].

Si les deux cas passés en revue articulent plutôt les trajectoires de personnalités singulières dont la descendance ne produit plus de lettrés de renom, il en va autrement de celui d'Aḥmad b. Yūsuf (m. 1078/1667) qui est l'ancêtre d'une maison de science puissante : les al-Tinilānī-s. Selon les traditions de la famille, en 1058/1648, Aḥmad – un ancien élève du cadi ʿAbd al-Karīm al-Bakrī (m. 1042/1633) de Tamentit – serait parti du ksar natal des Ouled Oungal pour édifier une zaouïa dans le village voisin de Tinilane[70]. Ses proches parents le mettent en garde contre le choix du site, un lieu d'habitat fort ancien, qui se trouvait en ruines et où rien ne poussait. Mais le futur saint s'obstine. Il procède à la revivification du terrain en creusant des canaux d'irrigation souterrains (*fuggāra* ; pl. *faggāgīr*) et en aménageant des jardins de palmiers (*janān*)[71]. Ce sont là les *topoï* de tout acte de fondation de zaouïa en milieu saharien, tel qu'ils ressortent des récits hagiographiques. L'eau et le dattier : à la fois symboles et substrats de la vie dans ces contrées désertiques[72]. L'appropriation économique du terrain s'achève par son investissement symbolico-religieux, à savoir la construction d'une mosquée-zaouïa. Aḥmad b. Yūsuf y dispensera jusqu'à sa mort la science qu'il a reçue du cadi de Tamentit.

L'installation s'avère durable, au point que deux générations après la mort du fondateur, ses descendants parviennent à égaler les al-Bakrī-s en savoir et en prestige. Un petit-fils d'Aḥmad, ʿUmar b. ʿAbd al-Qādir (m. 1152/1739), reçoit même une investiture comme cadi de la main du sultan marocain Mawlāy Ismāʿīl (règne 1082–1139/1672–1727)[73]. La nomination ne fait pourtant qu'entériner une réputation de science et de piété déjà acquise. Doté de licences qu'il a rapportées d'un long séjour au Maroc, pendant lequel il aurait professé à la célèbre Qaraouiyine de Fès, ʿUmar b. ʿAbd al-Qādir accède de son vivant au statut d'homme de religion vénéré pour ses connaissances tant exotériques qu'ésotériques. Les sources locales vont jusqu'à lui conférer le titre de « pôle »

69 Cf. *infra*, p. 113.

70 Les deux bourgades se situent aux alentours de l'actuel Adrar.

71 *Al-Kawākib al-barriyya*, *ms. cit.*, f. 70.

72 Voir aussi Stewart, *Islam and Social Order in Mauritania*, *op. cit.*, pp. 79–80.

73 Baʿuthmān, *Fahrasat ʿAbd al-Raḥmān al-Tinilānī al-Tuwātī*, *op. cit*, pp. 78–86.

de son temps (*quṭb*)[74]. C'est assurément un savant accompli, pour autant que son profil se lise comme l'accumulation de différents critères d'excellence intellectuelle et religieuse : en tant que jurisconsulte, il se charge de juger ou d'expertiser les divers litiges qui surviennent à l'échelle régionale ; comme maître soufi, il organise chaque semaine des séances liturgiques dans sa maison ; enfin, en dépit de ses engagements multiples, il ne manque pas de cultiver un goût pour l'érudition livresque, en collectionnant des manuscrits et en correspondant avec des collègues du Maroc. Ainsi, l'homme parvient à s'approprier à peu près l'ensemble des marques de distinction auxquelles un lettré musulman peut prétendre à l'époque.

Dans les générations suivantes, la zaouïa de Tinilane réussit à préserver son éclat, voire à aménager encore davantage son influence. Si ʿUmar b. ʿAbd al-Qādir peut se targuer d'avoir atteint le statut de « pôle » autour duquel ce milieu de lettrés rustiques s'agite, son neveu et successeur ʿAbd al-Raḥmān b. Baʿumar (m. 1189/1775) parvient à s'imposer en tant que principale autorité juridico-religieuse de l'archipel oasien. En combinant lui aussi les styles culturels de l'érudit, du juriste et du dévot, le maître de Tinilane apparaît, à dire vrai, comme une sorte de grand mufti qui ne dit pas son nom[75]. Et il en va de même d'au moins deux de ses fils, Muḥammad (m. 1233/1817[76]) et ʿUmar al-Aṣghar (m. 1221/1806), dont les consultations figurent en grand nombre dans les recueils de *nawāzil* examinés. C'est seulement au cours du XIX^e^ siècle que le prestige de la famille décroît pour des raisons que nous ignorons.

L'essor des dynasties savantes que nous venons de présenter s'accompagne de l'essaimage de leurs descendants à l'échelle régionale. Il arrive fréquemment que des lettrés issus d'une de ces maisons de science quittent leur berceau pour s'établir dans un autre ksar, voire pour fonder leur propre zaouïa. Examinons encore le cas des al-Tinilānī-s, qui nous semble révélateur à cet égard. Au fil des XVIII^e^ et XIX^e^ siècles, les descendants d'Aḥmad b. Yūsuf s'établissent dans quasiment tout l'archipel oasien. Nous recensons des membres de la famille à Akabli, à Timimoun, à Fenoughil, mais aussi dans de nombreux

74 Cf. *ibidem*, pp. 78–86. Il est également l'auteur d'une *riḥla* dans laquelle il retrace son parcours de lettré. Cf. al-Tinilānī, ʿUmar b. ʿAbd al-Qādir, *Riḥla*, ms. privé, fonds Abdallah Ismaili, Adrar. Sur l'emploi de la notion de *quṭb* dans l'Islam maghrébin, se référer à Cornell, *Realm of the Saint*, *op. cit.*, p. XXXVI et pp. 283–285.

75 Son parcours nous est surtout connu par son inventaire des maîtres (*fahrasa*) que nous avons déjà mis à contribution plusieurs fois.

76 Après des études dans la zaouïa de Kerzāz et au Tafilalet auprès d'Aḥmad b. ʿAbd al-ʿAzīz al-Hilālī (m. 1176/1761–2), il succède à son père à la tête de la zaouïa de Tinilane. Sa biographie est résumée dans al-Bakrī, *Durrat al-aqlām fī akhbār al-Maghrib baʿd al-islām, ms. cit.*, f. 31.

ksour de taille plus modeste, tels que Mlouka, Awlād Wāsh, Awlād Abī Rāshid ou Aqbour[77]. Plus significativement encore, deux grandes zaouïas sont établies à côté de la maison-mère à Tinilane. La première dans l'ordre chronologique se situe à Aoulef dans le Tidikelt. Selon la tradition familiale, un certain Abū'l-Anwār b. ʿAbd al-Karīm al-Tinilānī (m. 1158/1745–6 ou 1168/1755–6) l'aurait fondée après un long séjour en zone sahélienne où l'homme aurait exercé comme mufti et enseignant (*yuftī wa-yudarris*)[78]. De nos jours, la zaouïa est cependant connue sous le nom de Mawlāy Hayba. Cela s'explique par le fait qu'Abū'l-Anwār s'est apparenté à son arrivée sur les lieux à un groupe de chorfa dont le prestige chérifien finit par éclipser la mémoire du lien généalogique avec Tinilane[79]. Quoi qu'il en soit, à l'instar de celle d'Abū Naʿāma à Akablī ou de celle de ʿUmar al-Ṣāliḥ à Aougrout, la zaouïa d'Aoulef présente le profil d'un lieu d'étape pour les caravanes à grande distance. Mais elle veille aussi à l'encadrement religieux des populations locales en fournissant des instituteurs aux écoles coraniques dans les ksour environnants. La deuxième zaouïa se trouve dans le village de Mahdiya, non loin de Tamentit. Son fondateur est ʿUmar al-Aṣghar b. ʿAbd al-Raḥmān al-Tinilānī (m. 1221/1806), qui, nous venons de le voir, fait figure d'autorité dans les recueils de jurisprudence oasiens[80].

Que faire de ces mouvements migratoires ? En s'étendant sur l'ensemble de l'archipel oasien, ils traduisent tout d'abord une expansion spatiale considérable. Vu sous cet angle, l'essaimage lignager pourrait, au moins en partie, s'expliquer par les contraintes du milieu. Décrivant l'expansion des *igurramen* de la zaouïa Ahansal dans le Haut Atlas, Ernest Gellner présente en effet l'émigration, à côté du mécanisme de la « laïcisation » des saints, comme la principale stratégie déployée par les lignages maraboutiques pour échapper aux problèmes de nature malthusienne qui leur sont posés par une croissance démographique fortement accusée[81]. La proposition de l'anthropologue anglo-tchèque est-elle pertinente pour le cas de l'archipel oasien ? Il est tout à fait possible que la répartition des lignages d'oulémas réponde en partie à des pressions à l'intérieur du foyer. Étant donné la précarité des ressources en zone

77 *Al-Kawākib al-barriyya*, *ms. cit.*, f. 70.

78 Al-Tinilānī, Muḥammad b. ʿAbd al-Qādir, *al-Durrat al-fākhira fī dhikr mā bi-Tuwāt min al-ʿulamāʾ wa'l-ashrāf al-idrīssiyīn wa'l-ʿalāwiyīn*, ms. privé, fonds Abdallah Ismaili, Adrar, Wilaya d'Adrar, f. 3.

79 Martin, *Les oasis sahariennes*, *op. cit.*, p. 127. Rapport « Etudes sur le Tidikelt », 12 octobre 1901 signé Chardenet, ANOM, 22H50.

80 Al-Tinilānī, *Fahrasa fī dhikr al-mashāʾikh al-tuwātiyya*, *ms. cit.*, f. 10, Sīdī ʿUmar, Muḥammad b. ʿAbd al-ʿAzīz, *Qaṭf al-zaharāt min akhbār ʿulamāʾ Tuwāt*, Tīmī, Madrasa Sīdī al-Bukhārī, 2002, pp. 80–81 et 89.

81 Gellner, Ernest, *Les saints de l'Atlas*, Saint-Denis, Bouchene, 2003 (1969), pp. 141–157.

saharienne, le foyer ne peut nourrir qu'un nombre restreint de personnes et fait ainsi parfois du départ une nécessité ; d'où la forte tendance à la fragmentation et à la dispersion spatiale des lignages[82]. En revanche, la théorie gellnérienne ne permet pas de rendre compte des activités intellectuelles auxquelles les 'exilés' s'adonnent dans leur nouvel environnement. Or, tant s'en faut que ces émigrés soient des saints « laïcisés » ou de simples gestionnaires d'une baraka reçue en héritage : il s'agit au contraire de lettrés qui optent pour l'émigration afin d'exercer quelque part comme enseignants et jurisconsultes. Partant, il ne saurait faire de doute que leur installation dans les différents ksour participe d'une manière décisive au processus d'acculturation du milieu local à l'islam scripturaire.

De plus, l'expansion lignagère semble dans certains cas réagir à des dynamiques internes du champ savant oasien. Pour qu'un lettré puisse s'établir dans une bourgade quelconque, il faut bien qu'il y ait aussi une certaine demande d'experts en sciences religieuses et juridiques à l'échelle communale. Autrement dit, les mouvements migratoires s'ajustent en fonction de l'évolution de la configuration des différentes familles d'oulémas dans son ensemble. Il en est par exemple ainsi du recrutement des membres lettrés d'un lignage par une autre zaouïa. Le cas de la maison de Tinilane nous servira encore pour illustrer ce point. Lorsqu'Aḥmad b. Muḥammad b. ʿUmar al-Tinilānī s'apprête à partir professer dans la zaouïa fondée par ses confrères à Aoulef, le cadi de Tamentit, Muḥammad al-Bakrī (m. 1133/1720) l'aborde par l'intermédiaire de son fils et futur successeur ʿAbd al-Karīm (m. 1174/1761). Il l'invite à assurer l'enseignement coranique (*maḥḍara*) et l'imamat dans une zaouïa que lui, al-Bakrī, vient de construire non loin de Tamentit. Aḥmad ne décline pas l'offre et opte de la sorte pour une fonction de professeur au sein d'une autre maison de science que la sienne ; une charge qu'il transmet même par la suite à son fils al-Ṭayyib[83]. Aḥmad n'est pas le seul membre de sa famille à se faire employer de cette manière. Pour la zaouïa d'Abū Naʿāma à Akabli, les sources mentionnent également la présence de lettrés al-Tinilānī-s exerçant tant comme jurisconsultes que comme enseignants[84]. L'existence d'une sorte de 'débouché' local s'entrevoit ainsi. Il semble particulièrement propice à ces oulémas

82 Dans le cas de la maison de Tinilane, les propositions de Gellner semblent effectivement se confirmer. Par exemple, une branche des descendants d'Aḥmad b. Yūsuf établie à Erg Cheche au Tidikelt se subdivise encore davantage lorsqu'une fraction part s'installer à al-Mansour, un des ksour d'Akabli. Cf. rapport « Études sur le Tidikelt », 12 octobre 1901, signé Chardenet, ANOM, 22H50.

83 *Al-Kawākib al-barriyya*, *ms. cit.*, f. 69–70.

84 Rapport « Études sur le Tidikelt », 12. octobre 1901 signé Chardenet, ANOM, 22H50.

qui, tout en descendant d'un lignage illustre, ne trouvent pas, ou pas encore, leur place à l'intérieur du foyer familial.

## L'essor d'une érudition vernaculaire

Aux XVII^e et XVIII^e siècles, le Grand Touat représente donc une de ces zones rurales profondément imprégnées par « l'Islam des docteurs » dont l'existence à l'échelle de l'ensemble du Maghreb a déjà été soulignée par Jacques Berque[85]. C'est également à partir de cette époque qu'émerge une importante production littéraire locale[86]. Selon la recension que nous avons pu en faire, cette littérature investit plusieurs genres. Bien entendu, les auteurs oasiens se cantonnent aux modèles littéraires qui sont ceux de leur temps[87]. Ils s'érigent en humbles épigones élucidant l'enseignement des grands maîtres du passé à travers la rédaction de commentaires (*sharḥ*) et de gloses (*ḥāshiya*)[88], pendant que divers opuscules consacrés aux « manières de procéder » en mystique[89] ou à l'exemplarité miraculeuse des saints visent à rassurer les âmes face aux vicissitudes de l'existence. En même temps, la composition de poèmes panégyriques

85 Cf. Berque, Jacques, « Problèmes initiaux de la sociologie juridique en Afrique du Nord » in *Studia Islamica*, 1953, vol. 1, pp. 137–162, réédité dans *Opera minora*, Paris, Éd. Bouchène, 2001, pp. 465–482.

86 Encore est-il sans doute vrai que la disparition d'œuvres plus anciennes reste une possibilité envisageable. Nous avons déjà évoqué le cas d'un recueil de *responsa* attribué à Sālim al-ʿAṣnūnī. Ajoutons que le catalogue des manuscrits de la zaouïa d'el-Hamel réalisé par René Basset mentionne un traité sur les règles coraniques en matière d'héritage (*farāʾid*) également attribué à un certain al-ʿAṣnūnī. Cf. Basset, René, *Les manuscrits arabes de la Zaouyah d'El Hamel*, Florence, Établissement typographique Florentin, 1897, p. 34. De même, il convient de faire abstraction de l'œuvre écrite d'al-Maghīlī. Rappelons tout de même que le tlemcénien affiche plutôt le profil d'un voyageur entre mondes maghrébin et soudanais que celui d'un lettré autochtone.

87 Sur la production littéraire au Maghreb durant les XVII^e et XVIII^e siècles, se référer à Abdesselem, Ahmed, *Les historiens tunisiens des XVIIe, XVIIIe et XIXe siècles : essai d'histoire culturelle*, Paris, C. Klincksieck, 1973, Berque, *al-Yousi*, *op. cit.*, et *L'Intérieur du Maghreb*, *op. cit.*, Levi-Provencal, Évariste, *Les historiens des Chorfa : essai sur la littérature historique et biographique au Maroc du XVI^e au XX^e siècle*, Paris, Maisonneuve et Larose, 2001 (1922), Touati, *Entre Dieu et les hommes*, *op. cit.*

88 Sur cette 'culture du commentaire', voir Touati, *Entre Dieu et les hommes*, *op. cit.*, pp. 45–70.

89 Pour faire écho à un beau texte de Michel de Certeau consacré aux *Exercices spirituels* d'Ignace de Loyola. Cf. De Certeau, Michel, « L'espace du désir ou le "fondement" des exercices spirituels » repris dans *Le lieu de l'autre : histoire religieuse et mystique*, Paris, Gallimard, Seuil, 2005, pp. 239–248.

et de livres de piété témoigne d'une volonté de fabriquer des supports scripturaires pour encadrer des pratiques de dévotion surérogatoires ayant cours à l'époque, dans la mesure où ces écrits sont en premier lieu conçus en vue d'être récités en privé ou collectivement[90]. En dépit de cet engouement pour les thèmes d'une littérature piétiste, nous relevons aussi un souci de transcrire la mémoire des hommes et de leurs gestes à travers des récits de voyage, des chroniques et des traités généalogiques[91]. Il convient d'ajouter à ces différents écrits la compilation de fatwas rendues par les juristes oasiens. On remarquera toutefois qu'il s'agit là d'un genre littéraire dont l'essor local se situe dans la seconde moitié du XVIIIe siècle. Pour ce qui est des personnages du XVIIe siècle, nous disposons uniquement de quelques fatwas éparses qui nous sont rapportées par les oulémas des siècles suivants. Sauf erreur, aucun recueil de jurisprudence d'envergure ne semble voir le jour durant la période comprise entre 1600 et 1700. Nous aurons l'occasion de revenir plus amplement sur ce point dans le prochain chapitre. Mais observons déjà qu'une telle absence est étonnante pour autant qu'elle contraste avec les développements du XVIIIe/XIX[e] siècle quand au moins cinq grands corpus sont confectionnés à l'échelle régionale.

Un des premiers lettrés de l'archipel oasien, dont l'œuvre écrite nous est au moins partiellement parvenue, est le cadi ʿAbd al-Karīm b. Muḥammad al-Bakrī (m. 1042/1633). Il est l'auteur d'un commentaire de la *Lāmiyya* du grammairien marocain Ibn al-Mujarrād al-Slāwī (m. 778/1376) intitulé *Ghāyat al-amal fī iʿrāb al-jumal*, d'un guide de pèlerinage aux lieux saints de l'Islam, *Tuḥfat al-mujtāz ilā maʿālim al-Ḥijāz*, ainsi que d'un dictionnaire biographique sur les macrobites *Shaqāʾiq al-nuʿmān fī-man jāwaza al-mīʾa bi-zamān*[92]. À ces opuscules s'ajoutent divers écrits de caractère liturgique comme un long poème rogatoire, *Safīnat al-najāt bi-ahl al-munājāt*, qui est encore de nos jours récité chaque mercredi, après la prière de l'après-midi, par le collectif des étudiants (*ṭulba*) dans la zaouïa Bakriyya à Tamentit[93]. La contribution littéraire la plus importante du cadi, au regard de l'histoire culturelle de la région, est néanmoins le récit de ses pérégrinations studieuses qu'il nous a légué[94]. Cette

---

90 Pour une étude de ce type de pratique dévotionnelle, voir McGregor, Richard J. A., « A Sufi Legacy in Tunis: Prayer and the Shadhiliyya » in *International Journal of Middle East Studies*, 1997, vol. 29, n° 2, pp. 255–277.

91 Plusieurs de ces chroniques ont été mises à contribution par A. G. P. Martin, mais nous n'en avons malheureusement pas trouvé trace dans les bibliothèques privées visitées.

92 Les manuscrits de ces trois ouvrages sont conservés à la *khizāna* Aḥmad Dīdī à Tamentit.

93 Al-Bakrī, *al-Nubdha fī tāʾrīkh Tuwāt wa-aʿlāmihā, op. cit.*, p. 157. Nous tenons à remercier ʿAbd al-Ḥamīd al-Bakrī de nous avoir offert une copie du poème.

94 Le manuscrit est conservé à la *khizāna* Aḥmad Dīdī à Tamentit. Il existe une édition partielle que nous avons consultée. Cf. al-Bakrī, ʿAbd al-Ḥamīd, *Silsilat ʿulamāʾ Tuwāt : al-juzʾ*

*riḥla* est d'autant plus significative qu'elle permet de reconstituer de façon précise le rattachement des milieux lettrés oasiens aux réseaux intellectuels du Maghreb vers le début du XVII^e siècle.

Sans surprise, on relève en premier lieu l'affiliation aux autorités citadines du Maghreb occidental. Après les premières années d'apprentissage auprès de son père Amḥammad, qui nous est décrit comme un grammairien affirmé exhibant un goût pour l'isolement pieux et la visite des saints « morts et vivants »[95], ʿAbd al-Karīm part pour acquérir la science dans les villes du Maroc. Il est étudiant à Fès et à Marrakech où il fréquente, entre autres, le cercle professoral (*ḥalqa*) de l'illustre Aḥmad Bābā al-Tinbuktī (m. 1036/1627)[96]. Nous savons que ʿAbd al-Karīm est de retour au Sahara vers 1610, puisqu'il saisit l'occasion d'un séjour de Saʿīd b. Ibrāhīm Qaddūra (m. 1066/1656) à Beni Abbès – oasis située dans la vallée de la Saoura – pour s'affilier à l'éminent docteur algérois[97]. La rencontre lui permet d'établir un lien durable entre sa famille à Tamentit et le chef de file des milieux lettrés de la ville corsaire, car les al-Bakrī-s continuent par la suite à entretenir des contacts avec Qaddūra. Le cadi Muḥammad al-Bakrī (m. 1133/1721) est même envoyé dans sa jeunesse à Alger, afin d'y poursuivre sa formation auprès de l'imam de la Grande Mosquée[98]. Enfin, la collection de maîtres et de licences est parachevée, comme il se doit, par un voyage en Orient en 1040/1631, d'où ʿAbd al-Karīm rapporte les *ijāza*-s de plusieurs oulémas, y compris celle de l'Égyptien ʿAlī al-Ajhūrī (m. 1066/1656)[99].

Les schémas culturels dont procèdent ces rapports de compagnonnage (*suḥba*) à la fois didactique et initiatique sont désormais suffisamment connus pour qu'il soit inutile de s'y attarder[100]. On notera par contre une affiliation

---

*al-thānī, ʿālim Tuwāt al-shaykh sayyid ʿAbd al-Karīm al-Bakrī b. Muḥammad al-Bakrī, riḥlatuhu fī ṭalab al-ʿilm, dirāsatuhu wa taḥqīq*, Oran, Dār al-Maghrib li'l-nashr wa'l-tawzīʿ, 2008.

95 *Ibidem*, p. 75.

96 Pour la biographie d'Aḥmad Bābā, voir à Hunwick, John O., « A New Source for the Biography of Aḥmad Bābā al-Tinbuktī (1556–1627) » in *Bulletin of the School of Oriental and African Studies*, 1964, vol. 27, n° 3, pp. 568–593, Zouber, Mahmoud Abdou, *Ahmad Bābā de Tombouctou, 1556–1627, sa vie et son œuvre*, Paris, Maisonneuve et Larose, 1977.

97 al-Bakrī, *Silsilat ʿulamāʾ Tuwāt, op. cit.*, p. 36 et p. 50. Voir aussi *al-Kawākib al-barriyya, ms. cit.*, f. 15. Sur Qaddūra, se référer à Touati, *Entre Dieu et les hommes, op. cit.*, pp. 120–126.

98 *Al-Kawākib al-barriyya, ms. cit.*, f. 41–43.

99 al-Bakrī, *Silsilat ʿulamāʾ Tuwāt, op. cit.*, p. 55.

100 Cf. Eickelman, *Knowledge and Power in Morocco, op. cit.* et Touati, *Entre Dieu et les hommes, op. cit.*, pp. 21–44, Hammoudi, Abdellah, *Maîtres et disciples : genèse et fondements des pouvoirs autoritaires dans les sociétés arabes : essai d'anthropologie politique*, Paris, Casablanca, Maisonneuve Larose, Ed. Toubkal, 2001.

insolite qui renvoie aux vicissitudes de l'histoire politique du Maghreb occidental dans la première moitié du XVIIe siècle. ʿAbd al-Karīm est également disciple du célèbre *mahdī* autoproclamé de Sijilmassa, Aḥmad b. ʿAbd Allāh b. al-Qāḍī, plus communément connu sous le nom d'Abū Maḥallī (m. 1022/1613)[101]. Le futur cadi le rencontre en 1013/1604 dans le village de Aṣirt (?), où Abū Maḥallī transite en route vers les lieux saints de l'islam. Âgé à l'époque d'une vingtaine d'années[102], ʿAbd al-Karīm semble profondément perturbé par la personnalité du maître. C'est du moins ce qui ressort du récit qu'il fait dans sa *riḥla* de cette première entrevue. Le passage mérite d'être cité ; il laisse entrevoir les contours indécis des frontières séparant l'apprentissage scripturaire et l'initiation charismatique :

> À l'époque, j'étais en proie à un profond malaise et à une crainte intensive que je cachais devant tout le monde de près ou de loin. Mais la rencontre avec lui [Abū Maḥallī] m'a soulagé (*naffasa*) du moment où j'ai regardé son visage et qu'il a levé son regard vers moi. [...] Un jour, il m'a incité à me mettre à l'étude (*qirāʾa*) en tapant avec sa main sur ma tête. Soudainement, mon esprit s'est délié et, le moment même, je me suis penché sur la deuxième moitié [du poème didactique] d'Ibn Tilimsānī consacré aux successions (*al-farāʾiḍ*)[103]. Pendant une heure, j'ai recopié à partir de [la copie d'Abū Maḥallī] les cent quatre vers pour les mémoriser [...] ensuite j'ai posé la tablette (*lawḥ*) devant mon front et je me suis frotté contre elle. Afin de profiter de sa baraka, il est devenu mon habitude (*faṣārat ʿādatī*) de procéder ainsi chaque jour jusqu'à ce que j'aie appris tous les vers par cœur[104].

Nous serions tentés de croire que l'investiture de ʿAbd al-Karīm comme cadi, en 1022/1613, est faite à l'investigation d'Abū Maḥallī, durant les derniers mois de son bref règne à Marrakech. Il nous est en tout cas attesté que le père de

101 Al-Bakrī, *Silsilat ʿulamāʾ Tuwāt*, *op. cit.*, pp. 148–149. Sur Abū Maḥallī, voir Berque, *Ulémas, fondateurs, insurgés du Maghreb*, *op. cit.*, pp. 45–80, Garcia-Arenal, Mercedes, « Imam et Mahdi : Ibn Abî Mahalli » et Touati, Houari, « L'arbre du Prophète : prophétisme, ancestralité et politique au Maghreb » in *Revues des mondes musulmans et de la Méditerranée*, 2000, vol. 91–94, pp. 137–156 et 157–180.

102 ʿAbd al-Karīm est né en 994/1585–86. Cf. al-Bakrī, *Silsilat ʿulamāʾ Tuwāt*, *op. cit.*, p. 40.

103 Sans doute s'agit-il du célèbre traité versifié d'Ibrāhīm b. Abī Bakr al-Anṣārī al-Tilimsānī (m. 697/1297) sur le droit des successions. Voir Ibn Farḥūn, Ibrāhīm b. Nur al-Dīn, *al-Dībāj al-mudhhab fī maʿrifat aʿyān ʿulamāʾ al-madhhab*, éd. Ma'mūn b. Yaḥyā al-Dīn al-Jannān, Beyrouth, Dār al-kutub al-ʿilmiyya, 1996, pp. 147–148.

104 Al-Bakrī, *Silsilat ʿulamāʾ Tuwāt*, *op. cit.*, pp. 149.

ʿAbd al-Karīm a entretenu des rapports suivis avec cet homme qui aspirait au califat pour se retrouver investi d'une royauté éphémère[105]. Par exemple, dans un débat entre docteurs locaux, vers 1607, à propos de la licéité de l'achat de marchandises volées, Amḥammad soutient la position adoptée par Abū Maḥallī. Installé à Béni Abbès, ce dernier rayonne alors sur toute cette partie du Sahara que l'administration coloniale française va nommer plus tard les « confins algéro-marocains »[106]. Même encore plus à l'Est, dans l'oasis de Touggourt, sa médiation est sollicitée[107].

Lorsqu'il se lance à la conquête du Maroc en 1610, Abū Maḥallī peut compter sur des appuis solides au Grand Touat. Il y perçoit l'impôt et la population lui apporte son soutien militaire. C'est tout au moins ce que nous relate le fragment d'une chronique attribuée au fondateur de la zaouïa de Tinilane Aḥmad b. Yūsuf : « Il [Abū Maḥallī] prétend être le Fatimide et appelle à la guerre sainte. En cela, il est suivi par les habitants du Touat et du Gourara[108]. » L'archipel oasien fait alors allégeance au *mahdī*. À cet égard, les termes par lesquels la *riḥla* de ʿAbd al-Karīm introduit la notice biographique consacrée à un des fils d'Abū Maḥallī, nommé Muḥammad al-ʿArabī, sont tout à fait suggestifs. L'homme nous y est présenté comme le fils de « celui qui s'est levé pour éveiller les consciences »[109]. À l'évidence, le cadi de Tamentit s'est laissé séduire par les promesses milléranistes de l'insurgé. Mais le ralliement des ksouriens à la cause d'Abū Maḥallī fait entrevoir encore autre chose. Il rappelle l'importance de l'archipel oasien comme base arrière pour toute sorte d'acteurs politiques, qu'il s'agisse de prétendants ambitieux ou de princes chassés. Ce n'est que quelques décennies plus tard que les premiers Alaouites prennent la relève du zélateur au destin icarien.

Il nous reste à verser un dernier élément au dossier dans notre esquisse du profil intellectuel affiché par ʿAbd al-Karīm al-Bakrī, à savoir sa correspondance avec d'autres oulémas de son temps. ʿAbd al-Karīm se distingue en effet comme un épistolier fécond. Il entretient une correspondance suivie avec Saʿīd Qaddūra à Alger, de même qu'il sollicite par courrier des licences (*ijāza*) auprès

105 Voir l'analyse de Houari Touati de l'idéologie politique chez Abū Maḥallī. Touati, « L'arbre du Prophète », *art. cit.*, en particulier pp. 152–155.

106 Cf. *ibidem*, p. 144 et Ḥajjī, *L'activité intellectuelle au Maroc à l'époque sa'dide*, *op. cit.*, 2 p. 677.

107 Touati, « L'arbre du Prophète », *art. cit.*, p. 144.

108 Le passage en question est cité dans *al-Kawākib al-barriyya*, *ms. cit.*, f. 16–17. Sur la notion de Fatimide, voir Fierro, Maribel, « On al-Fāṭimī and al-Fāṭimiyyūn » in *Jerusalem Studies in Arabic and Islam*, 1996, vol. 20, pp. 130–161.

109 « *Al-qāʾim bi-amr al-iʿlām* » : al-Bakrī, *Silsilat ʿulamāʾ Tuwāt*, *op. cit.*, p. 100.

de différents oulémas à Tlemcen et à Marrakech[110]. Un demi-siècle plus tard, son fils al-Bakrī élargit encore l'horizon des accointances familiales en échangeant des poèmes composés en honneur du Prophète (*madḥ*) avec Muḥammad b. al-Aʿmash al-ʿAlawī (m. 1107/1695–96) de Chinguetti. Ce dernier peut être considéré comme la figure fondatrice des traditions jurisprudentielles à l'intérieur de l'espace maure, dans la mesure où le plus ancien recueil de *nawāzil* de la région dont nous disposons à l'heure actuelle lui est attribué[111]. En route vers l'Orient, al-Aʿmash aurait même une fois rendu visite à son correspondant et, à l'occasion, se serait laissé initier au soufisme (*akhadha ʿanhu al-wird*) par le cadi[112].

La question de ces échanges épistolaires entre lettrés a suscité jusqu'à présent peu de curiosité chez les historiens culturels du Maghreb moderne. C'est bien dommage, car au sein de la culture savante de l'époque, elle revêt une importance considérable. Au moyen de lettres, de multiples liens se fabriquent et se perpétuent, tant à un niveau local qu'à l'échelle transrégionale. Des amitiés et des alliances se nouent ainsi, au même titre que se diffusent des idées et des livres. De cette fonction 'acculturante' de l'échange épistolaire, la correspondance de ʿAbd al-Karīm nous offre un exemple saillant. Il s'agit d'une lettre envoyée par Aḥmad Bābā au cadi de Tamentit à son retour à Tombouctou vers 1016/1607. C'est une sorte de requête bibliographique. Aḥmad Bābā demande à son ancien élève de lui procurer plusieurs manuscrits dont il possède seulement des exemplaires défectueux :

> [...] Nous possédons une copie du commentaire d'al-Qalshānī[113] sur [le *Mukhtaṣar*] d'Ibn Ḥājib[114] mais il en manque le volume (*al-sifr*) relatif à ses opinions concernant les ventes et l'interdiction de l'usure [...]. Je vous demanderais donc par la grâce de Dieu de vous renseigner sur [ces parties manquantes] et de les chercher si nécessaire jusqu'à Alger. [...] Il en va de même pour le deuxième livre du *Mukhtaṣar* [...] et de la sublime

110 Les *Kawākib al-barriyya* reproduisent plusieurs de ces lettres. Cf. *al-Kawākib al-barriyya, ms. cit.*, ff. 13–15.

111 *Ibidem*, f. 46–47. Sur al-Aʿmash, voir Osswald, *Schichtengesellschaft und islamisches Recht, op. cit.*, pp. 44–49.

112 *Ibid.*, f. 46.

113 Il s'agit peut-être de l'Ifriqiyien Aḥmad b. Muḥammad al-Qalshānī (m. 863/1458) qui est également l'auteur d'un commentaire de la *Risāla* de Abū Zayd al-Qayrawānī.

114 L'ouvrage de l'Égyptien Ibn al-Ḥājib (m. 646/1248) a été une des références principales de l'école mālikite au Maghreb avant d'être supplanté par le *Mukhtaṣar* de Khalīl. Cf. Touati, *Entre Dieu et les hommes, op. cit.*, pp. 48–50.

épître de l'imam Ibn Marzūq[115] intitulé *La lumière de la certitude.* Que Dieu, qui seul confère la certitude, vous allège la tâche ! ! [...][116].

L'épisode témoigne de l'existence de véritables réseaux d'enquête bibliographique et d'un marché de livres transsaharien qui ne se confine pas aux centres urbains comme Fès ou Tombouctou. Elle traduit aussi une sorte de reconnaissance statutaire. Rappelons qu'un éminent érudit au sommet de sa carrière s'adresse à un modeste jurisconsulte de province que, sauf erreur, les grands recueils biographiques du mālikisme ignorent. Pourtant, Aḥmad Bābā ne dédaigne pas de solliciter l'aide de ce cadi rustique. Par là, il valorise ʿAbd al-Karīm comme collègue et digne interlocuteur à qui il est loisible de demander des services. Envisagée sous cet angle, la requête constitue un indice fort précieux pour mesurer l'intégration des milieux d'oulémas ksouriens dans les réseaux intellectuels de l'époque. Même si l'on admet le caractère nécessairement conjectural d'une telle interprétation, il ne reste pas moins que la lettre d'Aḥmad Bābā projette un éclairage nouveau sur la célèbre consultation au sujet du commerce d'esclaves que le savant de Tombouctou compose en 1024/1615, à la demande de quelques juristes du Touat[117].

### La quête de références savantes

Le passage régulier de caravanes à grande distance facilite également les échanges avec d'autres lettrés maghrébins ou saharo-sahéliens. Presque chaque caravane qui arrive au Grand Touat se compose, d'ordinaire, aussi d'un certain nombre d'oulémas avec lesquels les locaux tâchent alors d'établir des liens. En particulier l'arrivée annuelle de la caravane des pèlerins se rendant vers les lieux saints de l'islam constitue un moment propice pour ce type d'échanges

115 Il s'agit probablement du prédicateur tlemcénien, décédé au Caire en 1379, Abū ʿAbd Allāh Muḥammad b. Aḥmad b. Marzūq.

116 *Al-Kawākib al-barriyya, ms. cit.*, f. 13.

117 Il s'agit d'*al-Kashf wa'l-bayyān fī ḥukm aṣnāf majlūb al-sūdān*, également connu sous le titre *Miʿrāj al-ṣuʿūd ilā nayl majlūb al-sūdān*. Une copie manuscrite est conservée à la Bibliothèque nationale de France sous le numéro 5259. Cf. Barbour, Bernard, Jacobs, Michelle, « The Miʿrāj: A Legal Treatise on Slavery by Ahmad Baba » in Willis, John R. (éd.), *Slaves and Slavery in Muslim Africa: Volume One Islam and the Ideology of Slavery*, Londres, Frank Cass, 1985, pp. 125–159, Zeys, Ernest, « Esclavage et guerre sainte », *art. cit.* Voir aussi Hunwick, John O., « Islamic Law and Polemics over Race and Slavery in North and West Africa (16th-19th Century) » in Marmon, Shaun E. (éd.), *Slavery in the Islamic Middle East*, Princeton, M. Wiener, 1999, pp. 43–68.

savants. Aux XVII^e^ et XVIII^e^ siècles, l'archipel oasien figure comme une halte importante sur la route vers l'Orient. Les pèlerins de tout le Sud marocain, de l'espace maure ainsi que du Sahel s'y rassemblent pour rejoindre ensuite le Fezzan et l'Égypte. De là, maintes occasions de rencontres entre hommes de plume se présentent. Lorsque le Marocain Abū Sālim ʿAbd Allāh al-ʿAyyāshī (m. 1090/1679) traverse Tsabit et le Gourara vers 1059/1649, son séjour vise autant à s'approvisionner en vivres pour la prochaine étape de son long périple qu'à sonder le paysage religieux et savant local[118]. Le voyageur visite les divers sanctuaires situés sur son chemin, examine les bibliothèques des zaouïas où il fait halte et, par-dessus tout, confère avec les oulémas autochtones. Au tombeau d'un maître soufi répondant au nom de ʿUmar b. Muḥammad Ṣāliḥ al-Khazrajī al-Shāmī (m. 1008/1599), al-ʿAyyāshī rencontre par exemple un lettré ksourien, un certain Muḥammad b. Muḥammad, qu'il décrit comme « un homme qui se réclame du *fiqh* »[119]. Néanmoins, il lui concède de disposer de « quelques connaissances dans les branches de la jurisprudence » et les deux lettrés s'entretiennent à propos de problèmes juridiques liés à la gestion des habous agricoles et la vente des droits sur l'eau dans les foggaras oasiennes[120].

De tout ces éléments ressort un enjeu d'acculturation majeur. L'hospitalité accordée aux lettrés de passage permet aux oulémas ksouriens de consolider leur affiliation aux réseaux intellectuels de leur temps. Il s'agit de mettre à contribution le savoir d'hôtes parfois illustres, mais aussi, et peut-être encore davantage, de se rattacher aux cycles d'érudition réputés. Pour les oulémas du Grand Touat, le passage d'une caravane composée de savants constitue en effet une excellente occasion d'obtenir des licences prestigieuses (*ijāza*, pl. *āt*) et des copies de manuscrits. La remarque vaut en particulier pour le transit des caravanes avec lesquelles voyagent des oulémas rentrant de leur séjour dans les terres centrales de l'Islam. Car ceux-ci sont d'ordinaire dotés de licences de maîtres orientaux et apportent de nombreux livres acquis sur les marchés du Caire en particulier. ʿAbd al-Raḥmān b. Baʿumar al-Tinilānī (m. 1189/1775), la grande figure de l'érudition oasienne au XVIII^e^ siècle, relate ainsi dans son inventaire de maîtres (*fahrasa*) comment il se précipite vers le Tidikelt ayant appris la venue d'Aḥmad b. al-Ḥājj al-Amīn al-Ghallāwī (m. 1157/1744–45). Ce lettré maure de la tribu des Aghlāl occupe à l'époque le poste de chef de la caravane des pèlerins (*shaykh al-rakb*) entre l'actuelle Mauritanie et le Tidikelt, de même qu'il s'est forgé une réputation d'homme de religion scrupuleux dans

118 Al-ʿAyyāshī, *al-Riḥlat al-ʿAyyāshiyya li-l-baqāʾ al-ḥijāziyat al-musammā māʾ al-mawāʾid*, *op. cit.*, 1, pp. 38–67.

119 *Ibidem*, p. 40.

120 « *Baʿḍ al-khibra bi-furūʿ al-fiqh* »

ses rapports avec les nomades (*ʿarab*) et de commentateur du *Muqniʿ fī ʿilm Abī Muqriʿ* du marocain Ibn Saʿīd al-Sūsī (m. 1087/1678). Ce n'est sans doute pas un choix hasardeux puisqu'il s'agit là d'un traité en vers sur la détermination astronomique des horaires des cinq prières quotidiennes canoniques[121]. Mais lisons le récit que ʿAbd al-Raḥmān fait de cette entrevue :

> Lorsque j'ai appris qu'il [al-Ghallāwī] s'approchait du Tidikelt avec la caravane des pèlerins, je me suis hâté d'aller à sa rencontre afin de solliciter de lui des licences (*astajīzuhu*), de recueillir (*altamasa*) sa baraka ainsi que celle des juristes et étudiants (*al-fuqahāʾ wa'l-ṭulba*) qui l'accompagnaient. J'espérais profiter de leur science. Je les ai attendus dans le village d'Akabli. Quand ils sont arrivés, je suis sorti pour saluer [al-Ghallāwī]. Il était assis et cachait son visage derrière un voile. Ne m'ayant pas reconnu[122], je suis rentré chez moi et je lui ai écrit un mot afin de solliciter une *ijāza* comme celle qu'il avait accordée à notre maître Abū Zayd[123].[124]

La prière de midi achevée, al-Tinilānī se présente de nouveau auprès d'al-Ghallāwī et lui remet l'écrit contenant sa requête. Le docteur ksourien doit cependant s'armer de patience. Car al-Ghallāwī prend d'abord le temps d'examiner scrupuleusement (*taṣaffaḥa*) la licence qu'il avait jadis accordée à Abū Zayd et s'enquiert des nouvelles de ce dernier. Ensuite, il donne congé à al-Tinilānī. Ce n'est que le lendemain qu'il exauce le désir de son visiteur en lui rédigeant l'*ijāza* tant convoitée. Celle-ci est également reproduite dans la *fahrasa*, mais elle s'avère d'une facture plutôt sommaire. Le lettré maure se contente d'attester qu'il autorise al-Tinilānī à transmettre l'ensemble des ouvrages qu'Abū Zayd avait à l'époque pris de lui[125].

---

121 Baʿuthmān, *Fahrasat ʿAbd al-Raḥmān al-Tinilānī al-Tuwātī*, *op. cit.*, pp. 154–156. Il s'agit de l'édition de l'inventaire des maîtres (*fahrasa*) de ʿAbd al-Raḥmān b. Baʿumar par un jeune chercheur de l'université de Béchar. L'ouvrage constitue une des principales sources pour connaître les biographies des oulémas du Grand Touat aux XVIIe et XVIIIe siècle. Le manuscrit est conservé à la *khizāna* de la zaouïa Aḥmad b. Yūsuf, Tinilane, Wilaya d'Adrar. Nous tenons à remercier M. Baotman de nous avoir communiqué une copie de son travail précieux ainsi qu'une copie numérisée du manuscrit. Sur al-Ghallāwī, voir El Hamel, *La vie intellectuelle islamique dans le Sahel Ouest-Africain*, *op. cit.*, pp. 198–201 et Osswald, *Schichtengesellschaft und islamisches Recht*, *op. cit.*, pp. 267–268.

122 Al-Tinilānī l'avait déjà rencontré quelques années auparavant à Araouane dans l'Azaouad.

123 Al-Tinilānī y fait référence à son maître, le jurisconsulte gourarien ʿAbd al-Raḥmān al-Janturī.

124 Baʿuthmān, *Fahrasat ʿAbd al-Raḥmān al-Tinilānī al-Tuwātī*, *op. cit*, p. 155.

125 « *Mā rawā ʿanhu al-shaykh al-madhkūr ʿannī* »

ʿAbd al-Raḥmān al-Tinilānī est toutefois habitué à de tels rites de subordination. Seulement quelques années plus tard, il acquiert de nouveau une *ijāza* rédigée par un autre ouléma de passage. Il s'agit en l'occurrence d'un lettré du Sud marocain du nom de Muḥammad b. Ibrāhīm al-Darʿī que ʿAbd al-Raḥmān rencontre à Zaglou dans le Bas-Touat. Cette fois, l'*ijāza* délivrée par al-Darʿī est une attestation de lecture (*munāwala*) en bonne et due forme. Elle énumère soigneusement les manuscrits en possession du maître, accompagnés de leurs chaînes de transmission (*sanad*), et autorise leur transcription par ʿAbd al-Raḥmān[126]. L'ensemble des différents domaines du savoir islamique est représenté parmi les 75 titres mentionnés dans le document. Nous y recensons un grand nombre de recueils de traditions prophétiques (*sunan* ; *musnad*) et d'ouvrages liés à leur étude, des traités consacrés au droit, à la grammaire et au calcul, des commentaires du Coran (*tafsīr*), divers livres de piété ainsi que les incontournables références du soufisme sunnite de l'époque, comme l'*Iḥyāʾ ʿulūm al-dīn* d'al-Ghazālī (m. 505/1111) ou les aphorismes du shadhilite égyptien Ibn ʿAṭāʾ Allāh al-Iskandarī (m. 709/1309). Comme une note de couleur dans cette liste de titres sèchement énumérés figure un exemplaire des *Maqāmāt* de l'Irakien al-Ḥarīrī (m. 516/1122). Remarquons, en passant, que celles-ci semblent avoir connu une diffusion considérable dans tout l'espace sahélo-saharien, à en juger le nombre de copies recensées dans les différents catalogues de collections locales[127].

Ces pratiques de copie de manuscrits appartenant à des oulémas de passage constituent sans aucun doute un facteur important dans la genèse des collections conservées jusqu'à présent dans les bibliothèques oasiennes. Elles montrent que l'incidence des échanges, rendus possibles par le va-et-vient continuel des caravanes, sur le processus de consolidation d'une culture lettrée à l'échelle régionale ne devrait pas être sous-estimée. Comme une sorte de rallonge aux séjours d'étude dans les métropoles du Maghreb et de l'Orient, ils contribuent à l'ouverture du milieu vers l'extérieur. De fait, tout porte à croire qu'à travers le rythme des caravanes, acheminant hommes et écrits, la contrée s'intègre dans un monde autrement plus vaste : celui de la cité savante de son temps.

---

126 *Ibidem*, pp. 157–185.

127 Cf. Ghali, Noreddine, Mahibou, Sidi Mohamed, Brenner, Louis, *Inventaire de la bibliothèque umarienne de Ségou, conservée à la Bibliothèque nationale, Paris*, Paris, Éd. du CNRS, 1985, Hunwick, *Arabic Literature of Africa, op. cit.*, Rebstock, *Maurische Literaturgeschichte, op. cit.*.

CHAPITRE 2

# Entre mémoire lettrée et vécu institutionnel : la compilation de nawāzil aux XVIIIe et XIXe siècles

Dans les années 1840, Aḥmad al-Ḥabīb b. Muḥammad Fatḥa de la famill al-Balbālī est sur le point d'apporter les dernières touches à la *Ghunya*, ur recueil de *nawāzil* qui va par la suite s'imposer comme la somme définitiv de l'érudition juridique au Grand Touat[1]. La composition de l'ouvrage mobilis trois générations de savants de la famille. Initié par le cadi Muḥammad al-Ḥāj b. 'Abd al-Raḥmān al-Balbālī (m. 1244/1828), puis continué par son fils et suc cesseur 'Abd al-'Azīz (m. 1261/1845), le projet ne trouve son aboutissement qu grâce aux soins éditoriaux apportés par Aḥmad al-Ḥabīb. L'achèvement de c monument d'érudition vernaculaire souligne la prétention des al-Balbālī-s à l prééminence (*ri'āsa*) dans les milieux lettrés locaux[2]. Originaires de l'oasis d Tabelbala, situé à mi-chemin entre la vallée de la Saoura et le Drāʿ, les premier al-Balbālī-s s'installent dans la deuxième moitié du XVIIe siècle à l'intérieur d ksar de Mlouka, près de l'actuel Adrar[3]. Une zaouïa est fondée et quelques let trés reconnus émergent de la famille, comme 'Abd al-Salām al-Balbālī dont l nom apparaît régulièrement dans les recueils de *nawāzil* examinés[4]. La con sécration définitive du lignage n'intervient cependant que vers 1800 lorsqu le sultan marocain Mawlāy Sulaymān (règne 1211–1238/1797–1822) investi Muḥammad b. 'Abd al-Raḥmān al-Balbālī comme *qāḍī al-jamā'a* du Granc Touat, mettant ainsi un terme au monopole pluriséculaire des al-Bakrī-s[5].

1 Pour la biographie d'Aḥmad al-Ḥabīb, voir la notice qui lui est consacrée dans Sīdī 'Umar, *Qaṭ al-zaharāt min akhbār 'ulamā' Tuwāt*, *op. cit.*, pp. 63–64.

2 Sur la notion de *ri'āsa*, voir Touati, *Entre Dieu et les hommes*, *op. cit.*, pp. 26–27 e pp. 257–258.

3 Selon des traditions recueillies par Francine Champault, ils auraient fui des conflits lignager dans leur terre natale à Tabelbala. Voir Champault, Francine Dominique, *Une oasis du Sahar nord-occidental : Tabelbala*, Paris, Éd. du CNRS, 1969, pp. 30–31. Dans les siècles suivants, le membres de la famille essaiment vers d'autres ksour de la région, comme notamment Kousan où se trouve aujourd'hui une importante collection de manuscrits. Dans le cadre de notr enquête, il nous a été impossible de reconstruire avec précision cette expansion. Tout porte croire en revanche qu'elle se conforme aux modalités exposées au chapitre précédent.

4 Pour l'histoire du lignage, se référer à Sīdī 'Umar, *Qaṭf al-zaharāt min akhbār 'ulamā' Tuwā op. cit.*, pp. 29–64.

5 Les circonstances de son investiture ainsi que celle de son fils et successeur 'Abd al-'Azīz son relatée dans l'introduction de la *Ghunya*. Cf. *Ghunya*, *ms. cit.*, f. 1.

 | DOI 10.1163/9789004341265_004

À l'instar des maîtres al-Bakrī-s et al-Tinilānī-s, l'investiture de Muḥammad ne fait que sanctionner une réputation de savant acquise au terme d'une vie studieuse. Avant d'accéder à l'office du cadi, Muḥammad al-Balbālī s'est déjà distingué tant comme jurisconsulte recherché pour ses consultations que comme mystique versé dans l'invocation des attributs divins (*dhikr*)[6]. La nomination de Muḥammad interrompt pour un siècle le monopole des al-Bakrī-s sur la judicature oasienne. La charge du *qāḍī al-jamāʿa* est exercée par les membres de la famille al-Balbālī jusqu'à l'avènement de la période coloniale au Grand Touat en 1900 quand les al-Bakrī-s parviennent à la récupérer. C'est précisément à la suite de sa nomination comme *qāḍī al-jamāʿa* que Muḥammad b. ʿAbd al-Raḥmān, assisté par son fils ʿAbd al-ʿAzīz, s'attèle à rassembler la masse de documents contenus dans la *Ghunya*. Par la constitution du corpus, les al-Balbālī-s semblent poursuivre un double objectif. Ils dotent leur lignage d'une mémoire intellectuelle – car la version définitive comporte aussi de nombreuses consultations rendues par les deux compilateurs eux-mêmes – tout en produisant une collection exhaustive de traditions jurisprudentielles vernaculaires qui remontent jusqu'à la première moitié du XVII^e^ siècle[7]. La famille peut ainsi se targuer d'être l'auteur d'un projet éditorial qui n'articule rien de moins qu'une transcription littéraire des manières de faire locales en matière de droit.

De fait, l'achèvement de la *Ghunya* marque un point d'aboutissement dans le développement d'une culture juridique locale. L'ouvrage représente le dernier maillon de toute une chaîne de recueils de *nawāzil* dont la constitution agite les milieux érudits oasiens pendant un siècle environ. Vers 1750, un certain Muḥammad b. Aḥmad al-Jarrārī inaugure la série en colligeant les consultations juridico-religieuses (*fatwā*, pl. *fatāwā*) de son maître, le Gourarien ʿAbd al-Raḥmān b. Ibrahīm al-Jantūrī (m. 1160/1747)[8]. Un peu plus tard, le cheikh de la zaouïa de Zaglou dans le Bas-Touat, Muḥammad al-Zajlāwī (m. 1212/1798), se met également à compiler des *responsa* provenant de différents juristes locaux, à commencer par celles de son propre père, Muḥammad al-ʿĀlim, auquel l'ouvrage est dédié. Enfin, l'érudition des al-Tinilānī-s donne lieu à la composition de deux recueils renfermant les consultations des membres de la famille ainsi que celles de leurs collègues contemporains. Il

6 Cf. *Ibidem*, ff. 1–4. Voir aussi Daumas, *Le grand désert*, *op. cit.*, pp. 97–102.

7 Sur cette fonction du corpus jurisprudentiel comme mémoire intellectuelle d'un lignage lettré, voir les remarques de Houari Touati à propos des *Nawāzil* du Constantinois Muḥammad Lafqūn (m. 1114/1702). Touati, *Entre dieu et les hommes*, *op. cit.*, p. 75.

8 De la vie du compilateur nous ignorons à peu près tout sinon qu'il a été un élève d'al-Jantūrī.

s'agit, d'une part, d'un corpus de *responsa* (*ajwiba*) compilé par un des lettrés du lignage, Muḥammad b. Abd al-Raḥmān al-Tinilānī (m. 1233/1817–8) et, d'autre part, d'un recueil constitué par un certain Muḥammad ʿAbd al-Karīm al-Balbālī et intitulé *Tout ce à quoi on aspire dans les réponses du cheikh Abū Zayd al-Tinilānī*[9] en hommage à ʿAbd al-Raḥmān b. Baʿumar, le plus illustre des maîtres al-Tinilānī-s[10]. Entre 1750 et 1850, au moins cinq recueils de jurisprudence volumineux sont donc colligés à l'échelle régionale.

Cette activité de compilation contribue tant à la fabrique qu'à la consolidation d'une culture savante vernaculaire. Elle constitue une étape charnière dans la mesure où la perpétuation du souvenir de l'érudition des maîtres ksouriens s'y articule avec l'élaboration d'une mémoire institutionnelle de la justice locale. La collecte des traces de l'action juridico-religieuse des oulémas oasiens selon les normes du genre littéraire des recueils de *fatāwā* permet non seulement d'inscrire les milieux lettrés du Grand Touat dans le champ intellectuel plus vaste du mālikisme. La transcription du fait jurisprudentiel ressort conjointement à la construction de ce que Beatrice Fraenkel, à la suite de Ronald Dworkin, a nommé des chaînes d'écriture à partir desquelles s'articule une permanence cognitive qui est caractéristique du droit[11]. Les *nawāzil* comportent « une sorte de performativité latente qu'un tribunal peut réveiller »[12]. Car la collection de consultations et de décisions judiciaires rendues par les juristes locaux ainsi que la constitution consécutive de cet amas de traditions en un certain nombre d'ouvrages de référence relèvent autant de la fabrication d'une mémoire juridique, d'une 'boîte à précédents', pour ainsi dire, que de l'élaboration de cadres analytiques indispensables à la mobilisation de cette documentation empirique dans les conjonctures litigieuses du présent. L'approche adoptée doit dès lors être celle d'une micro-analyse de l'acte de compiler. On s'attellera, dans ce chapitre, à restituer les différentes étapes du processus de la constitution d'un corpus de *nawāzil* aux contextes qui leur donnent sens et forme, pour faire écho à une proposition de Jacques Revel[13]. La contextualisation s'y veut double : elle est sociale dans la mesure où elle entend rendre saillante l'inscription de ce processus dans la morphologie du champ lettré oasien ; elle est culturelle pour autant qu'elle aspire à expliciter

9 *Ghāyat al-amānī fī ajwibat al-shaykh Abī Zayd al-Tinilānī.*

10 Une copie de chacun des deux recueils est conservée à la *khizāna* de Kousam.

11 Fraenkel, Beatrice, « Actes écrits, actes oraux : la performativité à l'épreuve de l'écriture » in *Études de communication* [En ligne], 29, 2006, mise en ligne le 29 octobre 2011, consulté le 03 avril 2013, URL : <http://edc.revues.org/369, pp. 9–10>.

12 *Ibidem*, p. 9.

13 Cf. Revel, Jacques (éd.), *Jeux d'échelles la micro-analyse à l'expérience*, Paris, Seuil/Gallimard, 1996, p. 13.

les différents savoirs et pratiques intellectuels mobilisés dans la fabrique du recueil[14].

### L'essor d'un genre

Les termes *nawāzil* et *ajwiba* que les compilateurs mettent d'ordinaire en tête de leurs recueils appellent quelques commentaires. Dans son livre remarquable sur le commerce transsaharien au XIXe siècle, Ghislaine Lydon opère une distinction entre *nāzila* et *fatwā*, en ce qui concerne les corpus de jurisprudence mauritaniens. Selon l'historienne américaine, le terme *fatwā* (pl. *fatāwā*) désignerait un avis juridique (*legal opinion*) émis par un juriste, tandis que *nawāzil* et *ajwiba* référaient à des collections de réponses de caractère plutôt succinctes[15]. À l'inverse, Rainer Osswald travaillant aussi sur des corpus mauritaniens ne voit pas cette nuance. Il estime que les mots *nāzila* et *fatwā* ont tendance à être utilisés de manière synonyme et cela notamment au regard de leur emploi comme titres dans les différents recueils où ils apparaîtraient en vérité comme « librement interchangeables »[16]. Selon Rainer Osswald, l'expression *nāzila* couvre toutefois un champ sémantique plus étendu en désignant tout cas juridique (*Rechtsfall*), réel ou fictif, ayant fait l'objet d'un énoncé de la part d'un juriste musulman, qu'il s'agisse d'une expertise (*Gutachten*) – c'est-à-dire d'une *fatwā* – d'un jugement (*Gerichtsurteil*) ou de toute autre forme de prise de position normative (*Stellungnahme*).

Les recueils du Grand Touat corroborent plutôt cette deuxième position. L'emploi des expressions *fatāwā*, *ajwiba* et *nawāzil* ne semble pas obéir à une logique particulière. Il s'agit de différentes manières de désigner de façon générique une littérature de *responsa* qui rassemble les diverses traditions jurisprudentielles de la région. Cela dit, le terme *nāzila*, que nous traduisons par 'cas d'espèce' à la suite de Jacques Berque, ne comporte pas moins une forte connotation praxéologique dans les recueils examinés, dans la mesure où il est fréquemment utilisé d'afin de renvoyer à des problèmes juridico-normatifs qui se sont effectivement posés aux juristes oasiens, exprimés par des tournures telles que « le cas est survenu » (*rafaʿat al-nāzila*) ou « le jugement dans cette

14 Nous empruntons cette expression à Simona Cerutti. Voir Cerutti, Simona, « Histoire pragmatique, ou de la rencontre entre histoire sociale et histoire culturelle » in *Tracés*, 2008, n° 15, pp. 147–168, en particulier pp. 147–153 et p. 163.

15 Lydon, *On Trans-Saharan Trails*, *op. cit.*, p. 276 et p. 303.

16 Cf. Osswald, *Schichtengesellschaft und islamisches Recht*, *op. cit.*, pp. 22–24.

affaire » (*al-ḥukm fī'l-nāzila*)[17]. Les compilateurs recourent donc au terme de *nāzila* lorsqu'il s'agit de mettre en avant le récit des faits relatifs au cas d'espèce soumis à l'évaluation du mufti. S'ils entendent, au contraire, placer l'accent sur l'expertise à laquelle le juriste s'est attelé, la consultation est qualifiée de « réponse » (*jawāb*). En outre, l'exposé de ces cas d'espèce alterne avec la discussion de questions théoriques. On note alors, tout particulièrement en ce qui concerne la *Ghunya*, que les *responsa* abordant uniquement des points de doctrine juridique sont introduites par le terme « *mas'ala* », tandis que celles ayant rapport aux pratiques et conflits locaux s'énoncent selon le schème de question-réponse (*su'ila … fa-ajāba*) – exception faite des échanges épistolaires entre le cadi de Tamentit et ses muftis dans le cadre des procédures judiciaires, sur lesquels nous reviendrons plus loin. Dans tous les cas, il s'agit d'un même genre littéraire qui connaît un essor remarquable dans les campagnes de l'intérieur maghrébin dès la fin du Moyen Âge. La large diffusion des sciences islamiques traditionnelles au sein de l'espace saharien et présaharien s'accompagne d'une importante production de recueils de jurisprudence perceptible à partir du XVe siècle. On mentionnera seulement ici à titre d'exemple les *Nawāzil* du Filalien Ibn Hilāl (m. 903/1497), les *Ajwiba* d'Ibn Nāṣir (m. 1085/1674) de Tamegrout ainsi que les *Nawāzil* de Muḥammad b. al-A'mash al-'Alawī (m. 1107/1695–96) et celles d'un juriste de Oualata, al-Qasrī b. Muḥammad al-Mukhtār (m. 1235/1819), pour ce qui est de l'actuelle Mauritanie[18].

Dans l'archipel oasien du Grand Touat, la compilation de recueils de *nawāzil* intervient tardivement, à un moment où le champ lettré est déjà constitué. Alors que les premières œuvres d'une production littéraire vernaculaire nous sont attestées dès la fin du XVIe siècle – ou bien le XVe siècle si l'on inclut les écrits d'al-Maghīlī –, quasiment aucune trace de traditions jurisprudentielles n'y est perceptible. L'inventaire de la *khizāna* de Bā 'Abd Allāh mentionne certes un recueil d'*ajwiba* attribué au cadi 'Abd Allāh al-'Aṣnūnī[19]. Mais l'authenticité

17 Cf. *Ghunya, ms. cit.*, f. 225, f. 487, f. 503, f. 603 et f. 636, *Nawāzil al-Jantūrī, ms. cit.*, f. 41, f. 60. Voir aussi *Nawāzil al-Zajlāwī, ms. cit.*, f. 105. La consultation y est introduite par la phrase : « Le cas s'est produit chez le père [c'est-à-dire à al-'Ālim al-Zajlāwī] qui a été amené à émettre un jugement à ce propos » (*waqa'at al-nāzila 'inda al-wālid li-yaḥkuma fīhā*).

18 Pour les *nawāzil* mauritaniens, se référer à Osswald, *Schichtengesellschaft und islamisches Recht, op. cit.*, et Ould-al-Barra, *Fiqh, société et pouvoir, op. cit.*. Les *Ajwiba* d'Ibn Nāṣir ont fait l'objet d'une première exploration par Houari Touati. Voir Touati, Houari, « La loi et l'écriture : fiqh, 'urf et société d'après les *Ajwiba* d'Ibn Nāṣir (m. 1085/1674) » in *Annales islamologiques*, 1993, vol. 27, pp. 93–108. Sur la diffusion de traditions lettrées dans le Sud marocain au XVIIe siècle, voir aussi Berque, *Al-Yousi, op. cit.*, en particulier pp. 69–78.

19 Nous tenons à remercier Élise Voguet de nous avoir communiqué une copie de l'inventaire de la *khizāna*.

de l'ouvrage est sujette à caution dans la mesure où un tel corpus n'est nulle part évoqué dans les sources locales que nous avons parcourues, de même que nous n'avons pas repéré d'autres copies dans les bibliothèques visitées lors de nos enquêtes dans la région. D'autre part, le dépouillement des *nawāzil* des XVIII^e^ et XIX^e^ siècles ne permet pas d'inférer l'existence de recueils locaux plus anciens. On y cherche en vain d'éventuels renvois ou citations. De même, la mise à contribution de consultations et d'opinions professées par des juristes oasiens ayant vécu avant 1700 s'avère minimale. Elle se réduit, sauf erreur, à la transcription de quelques fatwas éparses de ʿAbd al-Karīm al-Bakrī (m. 1042/1633), ainsi qu'à des renvois aux manières de faire du cadi Sālim al-ʿAṣnūnī (m. 960/1560), le neveu et successeur de ʿAbd Allāh al-ʿAṣnūnī, pour illustrer l'existence d'une « pratique judiciaire » (*ʿamal*) propre au Grand Touat[20].

Ces absences et silences étonnent d'autant plus que le grand nombre de citations et de références bibliographiques mobilisées dans les recueils du XVIII^e^ et du XIX^e^ siècle ne laisse guère de doutes quant à l'habileté des oulémas autochtones à mettre à contribution la littérature mālikite[21]. Nous sommes donc enclin à conclure à un relatif effacement de la génération des 'fondateurs' de l'érudition locale. Tout se passe comme si la préoccupation de procéder à une mise par écrit des traditions jurisprudentielles vernaculaires n'était pas ressentie de la même manière avant 1700, à moins que des ruptures exceptionnelles dans l'histoire du Grand Touat n'aient fait disparaître le souvenir des sources plus anciennes. Même en reconnaissant la possibilité d'une telle hypothèse, qui appelle d'autres travaux de recherche, la question demeure quant au pourquoi de l'essor d'une littérature de *responsa* aussi importante entre 1750 et 1850, alors que l'existence d'un milieu de juristes musulmans dans la région nous est attestée depuis la fin du Moyen Âge[22].

### La mémoire du corps

À la différence d'autres foyers d'érudition ruraux du Maghreb à l'époque moderne, tels que Dilāʾ ou Tamegrout[23], l'intelligentsia musulmane du Grand

20 Voir *supra*, p. 35.

21 Cf. *infra*, pp. 72–76.

22 C'est également le cas de certaines villes maghrébines, par exemple Constantine où, sauf erreur, le premier grand recueil de fatwas n'a été compilé qu'à la fin du XVII^e^ siècle, alors qu'à Tlemcen et à Tunis, la tradition jurisprudentielle remonte au Moyen Âge. Cf. Touati, *Entre Dieu et les hommes*, *op. cit.*, pp. 71–80.

23 Hammoudi, Abdallah, « Sainteté, pouvoir et société : Tamgrout aux XVII^e^ et XVIII^e^ siècles » in *Annales E. S. C.*, 1980, vol. 35, n° 3–4, pp. 615–641.

Touat adopte comme modèle de représentation la figure d'un collectif : celle d'un groupe de lettrés religieux qui œuvrent à inscrire les pratiques sociales locales dans l'orbite de la *doxa* islamique. Le ton est donné par le titre d'un dictionnaire biographique d'un savant de la première moitié du XIX^e^ siècle Muḥammad b. ʿAbd al-Qādir al-Tinilānī, proposant de « rappeler ce que le Touat renferme d'oulémas et de chérifs qu'ils soient idrissites ou alaouites »[24] Il ressort de la lecture de cet opuscule que l'objectif de l'auteur est autant de transcrire la mémoire de sa propre famille, les al-Tinilānī-s, que de produire un aperçu global, aux accents hagiographiques, de ce que la région renferme comme hommes de religion. En d'autres termes, le récit lignager de la diffusion de l'islam se double de la volonté de mettre en valeur une conception que l'on pourrait qualifier de 'corporatiste'. Ce modèle est suivi dans tous les recueils biographiques que nous avons pu consulter. Aucun érudit ksourien n'a produit des écrits exclusivement réservés à son propre lignage. Si *Les étoiles terrestres dans les gestes des al-Bakrī-s* se proposent par exemple de restituer les *vitae* des grands noms de la famille al-Bakrī de Tamentit, cela n'empêche pas pour autant leur auteur, un certain Muḥammad b. ʿAbd al-Karīm al-Bakrī, d'y inclure aussi des notices biographiques consacrées à d'autres oulémas de la région[25]. Cet accent mis sur le groupe professionnel plutôt que sur le groupe de parenté semble traduire l'appropriation d'un modèle citadin. Au Maghreb comme ailleurs, c'est notamment dans les villes que l'esprit corporatiste est le plus à même de transcender l'exclusivisme gentilice pour produire un discours identitaire à travers lequel s'exprime la croyance en une responsabilité sociale partagée à l'égard de « la communauté des musulmans » (*umma*)[26]. Pourtant c'est ce principe de représentation qui prévaut chez les lettrés du Grand Touat en préférant à la mémoire gentilice l'image discursive des « savants de notre pays » (*ʿulamāʾ bilādinā*).

Il en va de même des recueils de *nawāzil*. L'érudition qui s'y transcrit est toujours celle d'une pluralité de personnages appartenant à divers lignages disséminés dans l'archipel oasien. Ainsi, l'image du fils compilant les réponses de son père, ou bien celle de l'élève mettant par écrit les consultations de son maître, sont doublées d'une autre figuration : celle d'un mémorialiste aspirant

24 al-Tinilānī, *al-Durrat al-fākhira fī dhikr mā bi-Tuwāt min al-ʿulamāʾ wa'l-ashrāf al-idrīssiyīn wa'l-ʿalāwiyīn, ms. cit.*.

25 Cf. al-Bakrī, *al-Kawākib al-barriyya fī'l-manāqib al-bakriyya*, ms. cit., f. 3 sur Sālim al-ʿAṣnūnī, f. 4 sur ʿAbd Allāh al-ʿAṣnūnī, ff. 68–70 sur les al-Tinilānī-s, pour signaler seulement quelques occurrences.

26 Voir Lafi, Nora, « Ghadamès cité-oasis entre Empire ottoman et colonisation » in Cresti Federico (éd.), *Libia tra Mediterraneo e mondo islamico*, Catania, Giuffrè Editore, 2006 pp. 63–64, ainsi que les références qui y sont indiquées.

à consigner les fatwas d'une génération de savants locaux. Il est vrai qu'à l'exception de la *Ghunya*, l'ouvrage achevé porte toujours le nom d'un lettré particulier. Mais, d'un autre côté, les divers compilateurs ne manquent pas d'expliciter qu'ils intègrent aussi des consultations d'autres maîtres de leur temps. Muḥammad al-Zajlāwī écrit, par exemple, en introduction de ses *Nawāzil* :

> Voici les questions juridiques (*masāʾil fīʾl-fiqh*) que Dieu nous a permis de glaner parmi les réponses de notre père al-ʿĀlim (*min ajwiba wālidinā al-ʿĀlim*), que Dieu lui accorde sa miséricorde, celles de son contemporain, notre maître vertueux, le professeur, le savant, le juriste, Sayyid Abū Zayd ʿUmar b. ʿAbd al-Qādir, ainsi que celles de son élève (*tilmīdhihi*), notre maître vertueux, le juriste et mufti, le professeur Abū Zayd b. Baʿumar. À l'occasion nous avons ajouté des explications supplémentaires provenant d'autres [juristes] parmi leurs contemporains afin de rendre la réponse plus claire[27].

Il s'agit donc moins d'adresser un hommage aux professeurs que l'on a fréquentés en tant qu'élève que d'exposer la jurisprudence produite par un champ intellectuel dont le compilateur lui-même fait partie ; ce en quoi les recueils de *nawāzil* se distinguent des narrations d'apprentissage telles que les inventaires de maître (*fahrasa*) ou les récits de voyage (*riḥla*).

La compilation de ces traditions vernaculaires peut alors s'établir selon des pondérations variables. Les *Nawāzil* d'al-Zajlāwī dénotent une orientation nettement méridionale en intégrant un grand nombre de fatwas émises par les oulémas du Bas-Touat ou originaires du Tidikelt. Celles d'al-Jantūrī incluent davantage de noms du Gourara et du Bouda. Le corpus de la *Ghunya* rompt toutefois avec ces localismes. Ici la volonté de porter un regard exhaustif sur la jurisprudence musulmane dans la région s'énonce dès le titre : *Le moyen indispensable pour celui qui s'interroge sur les litiges et les questions juridiques advenus au Touat*. Elle se vérifie lorsqu'on observe la répartition géographique des oulémas dont les consultations sont transcrites à travers l'archipel oasien : parmi les trente-neuf juristes que nous avons indubitablement identifiés comme autochtones, douze sont originaires du Bas-Touat et du Tidikelt, six viennent du Gourara et vingt-et-un ont pour résidence le Moyen-Touat. L'importance du principe lignager pour l'organisation interne des milieux lettrés du Grand Touat ne demeure pas moins perceptible. Nous avons déjà vu que cinq puissantes dynasties d'oulémas se constituent à l'échelle régionale

27 *Nawāzil al-Zajlāwī*, *ms. cit.*, f. 1.

entre le XVI^e^ et le XVIII^e^ siècle. Parmi les trente-neuf juristes autochtones dans la *Ghunya*, huit seulement n'appartiennent pas à l'une de ces cinq maisons de science oasiennes. Cette nette prépondérance se confirme aussi dans les autres recueils analysés. Ainsi la compilation jurisprudentielle tend-elle à refléter des hiérarchies au sein du champ intellectuel local. Une corrélation saillante existe entre l'ascendant d'un savant sur son milieu et l'incorporation de ses consultations dans les différents corpus, si bien que le groupe d'une dizaine d'oulémas de premier plan se détache nettement par le nombre de références et par leurs fatwas transcrites.

La prévalence de ce groupe au sein de l'élite lettrée oasienne nécessite quelques remarques. On notera d'abord que les oulémas en question ont presque tous accédé à la direction de leur zaouïa familiale. Nous recensons les maîtres de la maison des al-Tinilānī-s et les trois *quḍāt al-jamāʿa* al-Bakrī-s au XVIII^e^ siècle, Muḥammad al-Bakrī (m. 1133/1720), ʿAbd al-Karīm b. al-Bakrī (m. 1174/1761) et ʿAbd al-Ḥaqq b. ʿAbd al-Karīm (m. 1210/1795), ainsi que les dirigeants des autres grandes zaouïas de l'archipel oasien : Muḥammad al-ʿĀlim al-Zajlāwī et son fils, les deux compilateurs al-Balbālī-s de la *Ghunya*, enfin, ʿUmar b. Muḥammad al-Raqqādī al-Kuntī (m. 1157/1744). Seul le cas de ʿAbd al-Raḥmān al-Jantūrī (m. 1160/1747) fait exception. Alors même qu'al-Jantūrī rayonne de son vivant comme éminent jurisconsulte à l'échelle de toute la région, les sources ne rapportent aucun lettré parmi sa descendance.

Une telle absence d'héritiers constitue une différence notable avec les autres acteurs de l'érudition oasienne pour autant que ceux-ci s'inscrivent toujours dans une continuité familiale. Le cas des al-Tinilānī-s nous semble exemplaire de cette transmission dynastique du savoir, car, au sein même de ce groupe de protagonistes, le lignage prédomine de beaucoup. Nous retrouvons les trois maîtres de la zaouïa-mère à Tinilane, ʿUmar b. ʿAbd al-Qādir (m. 1152/1739), ʿAbd al-Raḥmān b. Baʿumar (m. 1189/1775) et Muḥammad b. ʿAbd al-Raḥmān (m. 1233/1817), ainsi que deux rejetons qui ont fondé leur propre zaouïa : Abū'l-Anwār b. ʿAbd al-Karīm et ʿUmar al-Aṣghar b. ʿAbd al-Raḥmān (m. 1221/1806)[28]. Dans les recueils oasiens, c'est en particulier ʿAbd al-Raḥmān b. Baʿumar qui semble occuper une place prédominante par rapport aux autres savants de la région au regard du nombre de ses consultations transcrites et de la fréquence des renvois vers ses opinions juridiques (*qawl* ; pl. *aqwāl*). En tant que chef de file de l'intelligentsia ksourienne, ʿAbd al-Raḥmān al-Tinilānī est de plus associé à un projet décisif pour le développement de la justice musulmane à l'échelle régionale : celui de l'institutionnalisation des délibérations entre le

28 Voir *supra*, p. 46.

cadi de Tamentit et les muftis locaux (*mushāwara*) par la création d'un conseil consultatif (*shūrā*) dans la seconde moitié du XVIIIe siècle[29].

Le recours au terme *shūrā* reflète l'appropriation d'un modèle citadin qui est celui du conseil de jurisconsultes soutenant, en tant que muftis, le travail des cadis dans les villes du Maghreb et de l'Andalousie médiévale[30]. L'initiative vient du *qāḍī al-jamāʿa* ʿAbd al-Ḥaqq b. al-Bakrī (m. 1210/1796). Par la création d'un tel conseil, celui-ci entend mettre en place un dispositif pour débattre des divers litiges et problèmes juridiques auxquels il est confronté en tant que juge. Les discussions entre le cadi et les membres du conseil se font sous forme épistolaire. La correspondance est par la suite conservée auprès du cadi ʿAbd al-Ḥaqq à Tamentit dans un registre intitulé *diwān al-shūrā*. ʿAbd al-Ḥaqq convoque comme consultants au conseil quatre savants locaux : ʿAbd al-Raḥmān b. Baʿumar, le maître de Zaglou Muḥammad b. al-ʿĀlim al-Zajlāwī, ainsi que deux membres de sa propre famille : son cousin ʿAbd al-Karīm al-Ḥājib b. Muḥammad al-Bakrī (m. 1193/1779–80) et Muḥammad ʿAbd Allāh b. ʿAbd al-Karīm al-Bakrī (m. 1192/1778–79)[31]. Le travail du conseil ressemble plutôt à un dialogue entre le cadi et le maître de Tinilane, car les deux autres muftis n'y jouent qu'un rôle secondaire, tel qu'on peut le percevoir à partir des correspondances transcrites dans la *Ghunya*. Ainsi la création de la *shūrā* témoigne-t-elle en premier lieu d'une alliance entre les deux maisons de science les plus influentes dans le Grand Touat au XVIIIe siècle. Le pacte implique un partage des tâches au sein de l'appareil judiciaire oasien : les al-Bakrī-s gardent la main sur la juridiction (*al-qaḍāʾ*), alors que le magistère de la consultation juridique (*al-iftāʾ*) revient à la zaouïa de Tinilane.

## Rassembler ce qui est dispersé

Comment les différents compilateurs procèdent-ils dans leur travail de collecte des traditions jurisprudentielles locales ? Deux modalités de l'enquête documentaire se laissent distinguer par une analyse interne des corpus que nous avons consultés. La première nous est illustrée par les *Nawāzil* d'al-Jantūrī et celles d'al-Zajlāwī. Elle est, somme toute, caractéristique du genre littéraire des recueils de *fatāwā*. À la mort d'un lettré, ses archives privées sont sondées soit par son fils et successeur, soit par un disciple proche du maître. Le

29 Sīdī ʿUmar, *Qaṭf al-zaharāt min akhbār ʿulamāʾ Tuwāt*, *op. cit*, pp. 126–127.

30 Voir Marin, Manuela, « Šūrà et al-Šūrà dans al-Andalus » in *Studia Islamica*, 1985, nº 61–62, pp. 25–51.

31 Sīdī ʿUmar, *Qaṭf al-zaharāt min akhbār ʿulamāʾ Tuwāt*, *op. cit*, p. 126.

compilateur sélectionne alors ce qui lui semble digne d'être transmis aux générations postérieures : des consultations et des jugements (*ḥukm*, pl. *aḥkām*), rendus par le défunt ou par un de ses collègues, la correspondance épistolaire, et, enfin, divers actes notariés tels que des certificats de habous ou des contrats de mariage. Ces fouilles d'archives se doublent du recours à la mémoire. Le compilateur se remémore les réponses qu'il a entendues en tant qu'élève de la bouche du défunt et les met par écrit. Il arrive aussi qu'il rajoute aux propos du maître les dires d'autres oulémas lorsque cela lui semble judicieux.

Il convient de noter à ce propos que le compilateur distingue soigneusement la transcription d'un document écrit de celle d'une parole professée. En général, des tournures introductives telles que « j'ai trouvé écrit de sa main » (*wajadtu bi-khaṭṭihi*) ou – pour les traditions verbales – « parmi ses paroles [figure] » (*bi-qawlihi*) explicitent le support originel d'un cas d'espèce rapporté. En revanche, l'attribution des consultations qui, sans doute, se trouvent éparpillées sous forme de brouillons parmi les papiers du défunt, n'est pas toujours aisée pour le compilateur, comme l'illustre la remarque de Muḥammad al-Zajlāwī en introduction d'une fatwa transcrite : « j'ai vu écrit de sa main [celle du père Muḥammad al-ʿĀlim al-Zajlāwī] mais j'ignore s'il s'agit de sa parole (*kalāmihi*) ou celle d'un autre »[32]. La tendance à transcrire l'enseignement oral du maître est particulièrement accusée dans les *Nawāzil* d'al-Zajlāwī. Elle s'y énonce sur le mode d'une communication personnelle entre père et fils par des locutions telles que « le père nous a raconté » (*ḥakā lanā*) ou « il nous a renseigné » (*akhbarnā*). Il arrive alors que les matériaux rapportés débordent le cadre d'une compilation jurisprudentielle conventionnelle et qu'ils comprennent également des historiettes plus prosaïques que Muḥammad al-ʿĀlim al-Zajlāwī avait l'habitude de raconter à l'auditoire de son cercle d'étude (*ḥalqa*). Cela aboutit à la coexistence contrastée entre le style sobre et pondéré des raisonnements juridiques et un style narratif plus libre, articulant le miraculeux et l'exemplaire. Il s'agit là d'une caractéristique que l'on retrouve dans de nombreux recueils de *nawāzil* du Maghreb moderne : la discussion technique de litiges fonciers ou matrimoniaux s'entrecoupe de récits à la fois divertissants et édifiants[33]. Ainsi, le chapitre consacré aux questions de ventes (*masāʾil al-buyūʿ*) dans les *Nawāzil* d'al-Zajlāwī s'ouvre par une anecdote qui nous apprend comment le maître de Zaglou effectuait ses achats

32 *Nawāzil al-Zajlāwī*, *ms. cit.*, f. 40.

33 C'est le cas, par exemple, des *Ajwiba* d'Ibn Nāṣir. Cf. al-Darʿī, Muḥammad b. Nāṣir, *al-Ajwibat al-nāṣiriyya fī baʿḍ masāʾil al-bādiya*, éd. Abū'l-Faḍl al-Dimyāṭī, Aḥmad b. ʿAlī, Casablanca, Beyrouth, Markaz al-turāth al-thaqāfī al-maghribī, Dār Ibn Ḥazm, 2012, p. 121, p. 171 et p. 184.

habituels[34]. L'histoire mérite d'être citée *in extenso*, car elle fournit une excellente illustration du style particulier de ce corpus :

> Il [al-Zajlāwī] [...] sortait lui-même pour acheter ce dont il avait besoin en matière de nourriture (*al-ṭaʿām*), de cuir (*al-adām*) ou d'habillement (*al-libās*), sans avoir recours aux services d'un agent (*wakīl*). De même, il ramenait [ses achats] chez lui en les portant dans ses mains comme cela est conforme à la Tradition du Prophète (*kamā huwa al-sunna*). Il nous a raconté (*yuḥaddithunā*) par contre que son maître [ʿAbd al-Wāḥid] al-Qaddūsī[35] avait un tel agent du nom de Mahdī. Si ma mémoire est bonne, il l'avait même choisi expressément pour cela. Toutefois, il instruisait son agent d'éviter scrupuleusement tout procédé proscrit[36] dans les ventes et les achats. Une fois, il lui a dit à ce propos : « Garde-toi de verser des commissions en sous-main (*ayyāk al-rāshī*) ! ». À cela l'agent a répondu : « Mon maître, aucune affaire ne se conclut sans gratifications »[37]. Al-Qaddūsī a alors rétorqué : « Je n'ai rien à faire là-dedans »[38].

La plupart de ces récits dans les *Nawāzil* d'al-Zajlāwī sont effectivement d'ordre biographique. Ils mettent en scène al-Zajlāwī sillonnant le Maghreb en quêteur de science : la formation initiale chez les lettrés ksouriens, les années d'apprentissage dans la zaouïa *nāṣirī* à Tamegrout, les séjours dans les milieux savants du Tafilalet et dans les métropoles du Maghreb, enfin, le voyage en Orient[39]. Mais on relèvera aussi l'inclusion d'un chapitre plutôt inhabituel dans un recueil de *nawāzil* intitulé *Événements liés à la Guerre sainte et aux ribats* (*waqāʾiʿ min al-jihād wa'l-ribāṭ*), narrant les combats autour du *Presidio* espagnol d'Oran ainsi que des faits relatifs à l'occupation ottomane de Tlemcen depuis 1553[40]. Soulignons en revanche que, par ce style plus prosaïque, les *Nawāzil* d'al-Zajlāwī se distinguent nettement des autres corpus de *nawāzil* analysés où ces échappées vers l'anecdotique ne sont guère perceptibles[41].

---

34 *Nawāzil al-Zajlāwī*, *ms. cit.*, ff. 31–32.

35 Nous ne savons rien de précis sur ce personnage sinon qu'il s'agit d'un jurisconsulte originaire du Tafilalet.

36 « *yuwaṣṣīhi ʿalā ijtināb al-manhiyāt* »

37 « *mā yaqḍī al-ḥājat illā al-rāshī* »

38 *Ibidem*, ff. 31–32.

39 Sur le voyage en Orient des lettrés maghrébins de l'époque moderne, voir Touati, *Entre Dieu et les hommes*, *op. cit.*, pp. 31–32.

40 Cf. *Ibidem*, ff. 135–137. Cf. aussi Touati, *Entre Dieu et les hommes*, *op. cit.*, pp. 176–191.

41 Quelques nuances s'imposent toutefois. Le *Ghāyat al-amānī* contient curieusement la description d'un remède contre les maux de tête. Cf. al-Balbālī, *Ghāyat al-amānī*, *ms. cit.*,

La *Ghunya* et les deux recueils associés à la maison des al-Tinilānī-s laissent entrevoir une seconde modalité de l'assemblage des traditions jurisprudentielles locales. Elle se distingue du premier modèle moins par la méthode employée que par l'ampleur de l'enquête documentaire, dans la mesure où les compilateurs de ces corpus procèdent à un véritable défrichage de l'érudition régionale. Il s'agit d'assurer, au bénéfice des générations futures, la conservation de tout un fonds de traditions dispersées et menacées d'une perte irrémédiable, comme Muḥammad b. ʿAbd al-Raḥmān al-Tinilānī l'explique en introduction à son recueil :

> En tombant (*waqaftu*) sur les réponses (*ajwiba*), dotées d'une chaîne de transmission vérifiée (*muḥaqqaqat al-nuqūl*) […], qui ont été émises par les divers juristes de notre pays et qui se trouvaient dispersées dans différents endroits, j'ai voulu les rassembler (*jamaʿahā*). Je les ai donc mises par écrit sur ces feuilles, car je craignais leur perte et, ainsi, l'impossibilité de tirer bénéfice de ce qu'elles renferment de savoirs sublimes et d'investigations insolites[42]. Je demande à Dieu qu'il rende mon acte pur devant son noble visage[43].

Acte de dévotion au même titre qu'exercice intellectuel, une telle entreprise exige alors de multiplier les déplacements à travers les oasis ; une quête fastidieuse et physiquement éprouvante, ce dont témoigne Aḥmad al-Ḥabīb al-Balbālī dans sa préface à la *Ghunya* en commentant les efforts de ses deux parents Muḥammad b. ʿAbd al-Raḥmān et ʿAbd al-ʿAzīz :

> Les deux [al-Ḥājj Muḥammad b. ʿAbd al-Raḥmān et son fils ʿAbd al-ʿAzīz] se sont appliqués (*kāna lahuma iʿtināʾ*) à rassembler les réponses des savants de notre pays le Touat ainsi que celles d'autres grands maîtres de l'école mālikite[44] à propos des divers problèmes juridiques qui sont advenus ou se sont posés à eux[45] ; […] Ils ne cessaient de s'y employer avec zèle et dévouement en glanant ces cas d'espèce en tout lieu jusqu'à

f. 31. De même, au début de la *Ghunya* figure un bref chapitre qui contient divers récits édifiants, notes biographiques et enseignements religieux dans le style des *Nawāzil* d'al-Zajlāwī. Voir *Ghunya*, *ms. cit.*, ff. 6–26.

42 « *al-ʿulūm al-ʿazīza wa'l-abḥāth al-gharība* »

43 al-Tinilānī, *Ajwiba*, *ms. cit.*, f. 1.

44 « *ghayrahum min ʿulamāʾ al-aʾimmat al-mālikiyya* »

45 « *mimmā waqaʿa wa nazala min al-masāʾil* »

> l'approche de la mort du père, quand il est devenu incapable de s'en occuper personnellement[46].

Aux fatigues physiques s'ajoute la soumission des résultats de l'enquête à l'évaluation par les collègues, souvent guère moins pénible, car tout, ou peu s'en faut, s'échange et se débat dans les cercles d'oulémas de l'époque[47]. En effet, les réactions des savants oasiens à l'égard de l'effort d'un compilateur ne sont pas toujours tendres. Les citations d'opinions juridiques dans les consultations rapportées ainsi que la vérification des sources bibliographiques secondaires éveillent des soupçons, des doutes, voire des contestations ouvertes. Cette contestation, ʿAbd al-ʿAzīz al-Balbālī a dû la subir à plusieurs reprises, comme le relate la préface de la *Ghunya* :

> Son fils [ʿAbd al-ʿAzīz] a peiné dans ce travail (*istaqalla bi-dhālika*). Tantôt il pressait ses pas, tantôt il reculait [...] Parfois celui qui regardait ce que [ʿAbd al-ʿAzīz] transmettait des dires de quelqu'un (*kalām min baʿḍihim*) émettait des doutes (*fayastashkiluhu*) et venait alors avec l'opinion d'école (*bi-kalām min kalām al-aʾimma*) qui précisait la raison (*wajh*) de son scepticisme (*istishkāl*). Il lui faisait parvenir celle-ci afin qu'elle soit mise à la place de la tradition contestée[48].

Ces polémiques nous donnent l'occasion de soulever une autre particularité des milieux lettrés du Grand Touat. La circulation et la transmission de consultations juridiques sont susceptibles d'impliquer différents lignages savants de la région sur plusieurs générations. Même avant la compilation des grands recueils de *nawāzil* aux XVIII^e et XIX^e siècles, nous sommes fondés à croire que certaines fatwas d'oulémas autochtones, auxquelles une valeur exemplaire est conférée, se transmettent à travers le réseau des zaouïas de l'archipel oasien, ainsi qu'en témoigne la transcription d'un échange épistolaire entre le cadi Muḥammad al-Bakrī[49] (m. 1092/1681) et Muḥammad al-Naḥwī al-Waqrūtī (m. 1064/1653), le maître de la zaouïa d'Aougrout au Gourara, conservée dans la *Ghunya*[50]. Le débat porte sur un contentieux relatif au statut de l'enfant de

46 *Ghunya, ms. cit.*, f. 4.

47 Voir aussi chapitre V.

48 *Ibidem*. Nous tenons à remercier Aicha Belabid pour son aide dans la traduction de ce passage.

49 Il n'est pas à confondre avec son frère et successeur du même nom, Muḥammad al-Bakrī (m. 1133/1720).

50 *Ghunya, ms. cit.*, ff. 121–122. Pour la biographie d'al-Waqrūtī, voir al-Bakrī, *al-Nubdha fī tāʾrīkh Tuwāt wa aʿlāmihā, op. cit.*, pp. 102–103.

l'*umm al-walad*, c'est-à-dire l'esclave qui, mère d'un enfant de son maître, acquiert ainsi son affranchissement à la mort de ce dernier. Mais seule nous importe ici la transmission de cet échange entre deux savants du XVIIᵉ siècle. Le compilateur reproduit aussi bien le libellé de la lettre du cadi que celui de la réponse d'al-Waqrūtī, qui est datée du 18 du mois de *Dhīʾl-Ḥijja* 1056 du calendrier hégirien[51]. À la suite de la transcription de ces deux pièces, nous retrouvons des marques d'attestation notariée précisant leur transmission écrite. À l'origine (*bi-aṣlihi*), l'échange épistolaire aurait été rapporté par Ibrāhīm b. ʿAbd al-Raḥmān al-Anṣāliḥī, qui était un élève d'al-Bakrī à Tamentit. Puis, son fils ʿAbd al-Raḥmān al-Jantūrī aurait recopié le document. On se rappellera qu'al-Jantūrī quitte le foyer familial d'Aïn Salah, dans le Tidikelt, pour s'installer au Gourara. C'est sans doute là-bas, en terre zénète, dans les documents conservés par les descendants d'al-Jantūrī, que Muḥammad al-Balbālī, ou bien son fils ʿAbd al-ʿAzīz, met la main sur les deux lettres qu'il a incorporées dans la *Ghunya*.

### Les juristes ksouriens et la « grande Tradition »

Si nous n'avons pas de traces de transmissions de ce type antérieures au XVIIᵉ siècle, il en va autrement des emprunts à la littérature de l'école mālikite. La relative absence d'une mémoire historique locale dans les différents corpus de *nawāzil* du Grand Touat contraste avec la richesse des références bibliographiques et intellectuelles issues d'autres espaces. À travers leurs réponses, les oulémas oasiens laissent entrevoir une grande habilité dans le maniement de textes mālikites en s'appuyant autant sur les opinions des juristes de l'école ifriqiyienne, en particulier sur celles d'al-Burzulī (m. 841/1438), que sur celles, plus attendues au regard de la proximité géographique, des maîtres andalous, marocains ou tlemcéniens[52]. De plus, les compilateurs ne se contentent pas de transcrire uniquement des consultations rendues par des muftis locaux. Ils reproduisent aussi, en nombre considérable, des opinions juridiques et des fatwas d'autres jurisconsultes mālikites. Leur zèle va jusqu'à incorporer de longs extraits d'ouvrages d'auteurs médiévaux ou contemporains, dont certains s'étendent sur plusieurs pages. La remarque vaut pour la *Ghunya*, mais se vérifie également dans les *Nawāzil* d'al-Jantūrī. Au premier plan figure l'incontournable *Miʿyār* d'al-Wansharīsī (m. 914/1508). Les juristes oasiens semblent

51 Ce qui correspond au 24 janvier 1647.

52 Sur l'école ifriqiyienne, voir Brunshvig, Robert, *La Berbérie orientale sous les Hafsides des origines à la fin du XVe siècle*, Paris, A. Maisonneuve, 1940–1947, 2 vol., 2, pp. 286–299.

l'envisager, non sans raison, comme étant la somme définitive de la jurisprudence mālikite en Occident musulman. Symbole de l'aboutissement du processus de systématisation de la pensée mālikite au cours du Moyen Âge, le *Miʿyār* se présente en effet comme le modèle littéraire de la fabrique d'une mémoire d'école et constitue de plus une compilation de références indispensable pour la réflexion casuistique des juristes de l'époque[53].

De telles ouvertures transrégionales ne vont pas de soi. Jacques Berque soulève pour un corpus jurisprudentiel tunisien du XVIe siècle, les *Nawāzil* d'Abū'l-Qāsim ʿAẓẓūm (mort avant 1013/1605) – qui provient cependant des milieux citadins de Tunis et de Kairouan – un contraste aigu entre « l'écrasante prééminence de l'école tunisoise et ifriqiyenne » et la « quasi-absence » d'autorités marocaines[54]. Sans doute, la relative variété des références bibliographiques que l'on recense dans les *nawāzil* du Grand Touat doit être rattachée au goût des oulémas autochtones à thésauriser livres et licences, ce dont témoignent de nos jours encore les riches collections privées conservées par leurs 'héritiers'[55]. Mais elle semble traduire, de manière aussi importante, un enjeu d'identité corporatiste. L'érudition locale s'enorgueillit de ses filiations intellectuelles et exhibe ses références à la « grande Tradition » du mālikisme, au sens que l'anthropologue américain Robert Redfield a donné à ce terme[56], comme le montre la préface à la *Ghunya*, dans laquelle apparaît la préoccupation des deux compilateurs, Muḥammad et ʿAbd al-ʿAzīz al-Balbālī, d'inclure aussi les *responsa* « d'autres grands maîtres de l'école mālikite »[57].

À la mise à contribution de l'héritage littéraire de l'école juridique (*madhhab*) s'ajoute le dialogue entre juristes d'époque. Les recueils analysés contiennent un nombre considérable de fatwas émanant de divers personnages du mālikisme aux XVIIe et XVIIIe siècles[58]. L'incorporation de ces matériaux allochtones peut traduire un recours à l'autorité de la métropole.

53 L'utilisation référentielle du *Miʿyār* a également été soulevée par Jacques Berque à propos des corpus de jurisprudence marocains au XVIIe siècle. Voir Berque, *Ulémas, fondateurs, insurgés du Maghreb*, *op. cit.*, p. 202.

54 Berque, *L'intérieur du Maghreb*, *op. cit.*, p. 110.

55 Ce goût pour la collecte de livres revient constamment dans les notices biographiques. Dans sa préface à la *Ghunya*, Aḥmad al-Ḥabīb relate, par exemple, à propos de ʿAbd al-ʿAzīz : « Il s'intéressait beaucoup aux livres et les collectionnait même en payant cher » : *Ghunya*, *ms. cit.*, f. 2.

56 Cf. Redfield, Robert, *Peasant Society and Culture: An Anthropological Approach to Civilization*, Chicago, Chicago University Press, 1956, pp. 68–104.

57 *Ghunya*, *ms. cit.*, f. 4.

58 Les *Nawāzil* d'al-Zajlāwī montrent toutefois une particularité dans la mesure où l'insertion des avis d'oulémas étrangers s'y opère en premier lieu à travers des récits et des anecdotes

Nous retrouvons ainsi la transcription de fatwas rendues par des oulémas issus des grands centres urbains du Maghreb, en particulier Fès et Tlemcen, voire de l'Égypte[59]. Le plus souvent pourtant, les noms de ces juristes 'invités' nous renvoient aux filiations intellectuelles des lettrés du Grand Touat avec leurs collègues des régions voisines. À côté des nombreuses consultations provenant d'oulémas originaires des différentes contrées du Sud marocain, nous recensons aussi plusieurs fatwas de l'éminent juriste maure du XVIII^e^ siècle, Ṭālibnā Sanbayr b. al-Wāfī (m. 1180/1767) d'Araouane[60], ainsi que celles d'autres maîtres des franges saharo-sahéliennes[61]. Paradoxalement, la zaouïa de Tamegrout qui est le grand foyer de l'érudition musulmane dans le Maghreb présaharien de l'époque n'apparaît pas comme une référence régulière. Force est de reconnaître une certaine réticence des oulémas oasiens à l'égard des *Ajwiba* d'Ibn Nāṣir (m. 1085/1674), l'ouvrage rassemblant les consultations du fondateur de la congrégation *nāṣirī*[62]. À l'exception d'al-Zajlāwī, qui est un élève d'Ibn Nāṣir, les juristes locaux ne s'y réfèrent guère. De manière plus grave, 'Abd al-Raḥmān al-Jantūrī va dans une de ses consultations jusqu'à émettre des réserves quant à l'utilisation du recueil comme référence juridique. À propos d'un litige portant sur la vente à terme d'une brebis, le questionneur évoque un éventuel recours à une solution juridique provenant des *Ajwiba* d'Ibn Nāṣir. Al-Jantūrī se montre alors catégorique. Il frappe de nullité toute fatwa s'appuyant sur les *Ajwiba* d'Ibn Nāṣir en arguant que les chaînes de transmission (*riwāya*) des opinions juridiques contenues dans l'ouvrage n'auraient pas été correctement établies. En soutien à ce jugement sévère, al-Jantūrī rapporte l'avis d'un érudit maure qu'il a rencontré lors de son pèlerinage en Orient. Interrogé par le Gourarien sur ce point, celui-ci lui aurait confirmé la défectuosité des chaînes de transmission dans les *responsa* d'Ibn Nāṣir, non sans ajouter que le recueil renfermerait des doctrines étrangères à l'école mālikite (*umūran khārijan 'an*

relatant les manières de faire (*'amal*) et l'enseignement des différents maîtres que Muḥammad al-'Ālim al-Zajlāwī a rencontrés au fil de ses pérégrinations studieuses.

59 Dans plusieurs cas, mais sans qu'on puisse en déduire une pratique généralisée, ces avis constituent des réponses à des requêtes émanant de juristes locaux confrontés à des problèmes juridiques complexes. Voir, par exemple, *Nawāzil al-Jantūrī, ms. cit.*, f. 210.

60 Voir *Nawāzil al-Jantūrī, ms. cit.*, f. 17, f. 29, f. 91 *Ghunya, ms. cit.*, f. 698, f. 769, *Nawāzil al-Zajlāwī, ms. cit.*, f. 112. La biographie de Ṭālibnā Sanbayr b. al-Wāfī est établie par al-Bartīlī dans son *Fatḥ al-shakūr*. Cf. Bartīlī, *Fatḥ al-shakūr, ms. cit.*, ff. 8–10.

61 Al-Zajlāwī se réfère par exemple dans ses fatwas aux juristes de Tombouctou tels que Muḥammad b. Maḥmūd al-Baghyū (m. 1003/1594) ou Aḥmad Bābā (m. 1036/1627). La *Ghunya* contient quelques consultations d'érudits maures comme Ibn al-A'mash de Chinguetti. Cf. *Nawāzil al-Zajlāwī, ms. cit.*, f. 37, f. 39, f. 51, f. 75, *Ghunya, ms. cit.*, f. 175.

62 Cf. Touati, « La loi et l'écriture », *art. cit.*.

*al-madhhab*)[63]. Et quel délit plus grave en ces temps d'imitation (*taqlīd*) que de déroger aux consensus de l'école[64]!

Une telle méfiance étonne si l'on garde à l'esprit l'estime dont jouissent les *Ajwiba* d'Ibn Nāṣir dans le Sud marocain de l'époque. Elle pourrait cependant s'expliquer à la lumière du jeu des affinités régionales. Dans l'Ouest saharien, les jurisconsultes du Grand Touat regardent au premier chef vers ce que l'ethnographie française du début du XX^e^ siècle nomme 'les confins algéro-marocains', c'est-à-dire le Tafilalet et la vallée de la Saoura jusqu'aux alentours de Figuig[65]. Nombreux sont les savants de l'archipel oasien qui s'y rendent, pour approfondir leur formation ou pour d'autres raisons, nouant ainsi des alliances durables avec les milieux lettrés voisins. C'est pour cette raison sans doute que les noms à consonance filalienne ou saourienne prédominent de beaucoup parmi les muftis étrangers dont des fatwas sont intégrées dans les *nawāzil* du Grand Touat. Une affection révérencielle toute particulière revient au Filalien Aḥmad b. ʿAbd al-ʿAzīz al-Hilālī (m. 1175/1761–2) en tant qu'autorité juridique et religieuse[66]. Les juristes ksouriens le sollicitent régulièrement pour des expertises ou des conseils. Mais l'ascendant des oulémas du Tafilalet et de la Saoura sur leurs collègues touatiens se vérifie encore pour les auteurs du Moyen Âge tardif. Les *Nawāzil* de l'éminent docteur de Sijilmassa Ibrahīm Ibn Hilāl (m. 903/1498), l'un des fondateurs de l'érudition mālikite dans cette partie de l'intérieur maghrébin, constituent une référence majeure pour les recueils de jurisprudence locaux[67]. Signalons enfin un détail insolite. En reproduisant une de ses consultations juridiques, les *Nawāzil* d'al-Jantūrī nous apprennent l'exis-

63 *Nawāzil al-Jantūrī, ms. cit.*, f. 85. Sur la notion de *riwāya*, voir Leder, Stefan, « Spoken Word and Written Text: Meaning and Social Signification of the Institution of *Riwāya* » in *Islamic Area Studies Working Paper Series*, 2002, n° 31, pp. 1–16.

64 Cf. Jackson, Sherman, *Islamic Law and the State: The Constitutional Jurisprudence of Shihāb al-Dīn al-Qarāfī*, Leyde, Brill, 1996.

65 Dunn, Ross, *Resistance in the Desert: Moroccan Responses to French Imperialism, 1881–1912*, Londres, New York, Croom Helm, University of Wisconsin Press, 1977.

66 Cf., par exemple, *Ghunya, ms. cit.*, f. 370. Pour la biographie d'Aḥmad b. ʿAbd al-ʿAzīz al-Hilālī, voir al-Qādirī, Muḥammad b. al-Ṭayyib, *Illtiqāt al-durar wa mustafād al-mawāʿiẓ wa'l-ʿabr min akhbār wa aʿyān al-mīʾā al-ḥādiya al-thāniya ʿashara*, ms., Bibliothèque Royale, Rabat, n° 2245, ff. 252–255.

67 Sauf erreur, le personnage n'a pas encore fait l'objet d'une étude. Pour la biographie d'Ibn Hilāl, voir donc la brève notice que lui consacre Aḥmad Bābā dans son dictionnaire biographique *Nayl al-ibtihāj*. Al-Tinbuktī, Aḥmad Bābā, *Nayl al-ibtihāj bi-taṭrīz al-dībāj*, éd. ʿAbd al-Ḥamīd b. ʿAbd Allāh al-Harāma, Tripolis, Kulliyat al-daʿwāt al-islāmiyya, 1989, pp. 66–67. On notera en passant qu'il s'agit d'un lointain ancêtre d'Aḥmad b. ʿAbd al-ʿAzīz al-Hilālī.

tence d'un fils du mahdi déchu Abū Maḥallī (m. 1022/1613), exerçant comme mufti au Tafilalet[68].

À travers l'entrelacs de citations et de références se décèle le rattachement, tant épistémologique que symbolique, d'un corps de lettrés provinciaux à un champ culturel plus vaste dont ce corps tire l'essentiel de ses ressources cognitives. N'oublions que l'époque vit sous le régime de *taqlīd*. Si Jacques Berque a parlé à ce propos de « jonglerie professionnelle » alors que Houari Touati a souligné la volonté de créer une continuité dogmatique et culturelle[69], il nous semble que le recours aux dires des autres implique aussi une fonction pragmatique. Citations et emprunts s'opèrent dans le cadre d'une pratique judiciaire qui entend appliquer concrètement ce qu'elle tire de ses lectures. À cet égard, l'incorporation de matériaux jurisprudentiels allogènes participe à la fabrique d'un cognitivisme juridique dont le but ultime consiste à être en mesure de penser les contentieux locaux. C'est sur ces visées pragmatiques sous-jacentes à la constitution des corpus de *nawāzil* qu'il convient de se pencher maintenant.

### La constitution d'une mémoire institutionnelle

Les contraintes inhérentes à toute initiative de compilation de traditions impliquent une opération de sélection et de tri qui invite à questionner les critères guidant le compilateur dans le choix de matériaux à incorporer dans le corpus qu'il est en train de constituer[70]. Seul un dépouillement systématique des archives de l'ensemble des zaouïas du Grand Touat permettrait de retracer toutes les étapes de la genèse d'un recueil comme celui de la *Ghunya*, projet – hélas – pour le moins utopique au regard des conditions d'accès aux documents qui prévalent à l'heure actuelle. La question ne saurait donc être résolue avec certitude. Toujours est-il que la lecture des différentes consultations rassemblées dans les recueils fait ressortir une préoccupation majeure des compilateurs : celle de documenter « les litiges (*qaḍāyā*) et les questions juridiques (*masāʾil*) advenus au Touat » comme l'énonce le libellé du titre de la *Ghunya*. Pour autant que la constitution de *nawāzil* aspire à perpétuer la mémoire d'un collectif de juristes autochtones, elle contribue, par le même

68 *Nawāzil al-Jantūrī*, *ms. cit.*, f. 49.

69 Cf. Berque, *Ulémas, fondateurs, insurgés du Maghreb*, *op. cit.*, p. 203, Touati, Houari, *Entre Dieu et les hommes*, *op. cit.*, p. 68.

70 Sur ce point, voir aussi Zomeño, « The Stories in the Fatwas and the Fatwas in History », *art. cit.*, pp. 43–46.

mouvement, à la fabrique d'une mémoire institutionnelle de la magistrature islamique animée par ce collectif.

Un premier constat s'impose. Les compilateurs n'accordent qu'une place restreinte aux questions portant sur la pratique religieuse *stricto sensu*, c'est-à-dire à la catégorie des « obligations cultuelles » (*ʿibādāt*). Les deux recueils associés à la maison des al-Tinilānī-s leur consacrent à peine quelques pages. Dans les *Nawāzil* d'al-Jantūrī, on cherche en vain une section dédiée exclusivement aux *ʿibādāt*[71]. De manière générale, à quelques consultations isolées près, les thématiques spécifiquement religieuses ou théologiques n'y sont pas abordées. L'ensemble du recueil se cantonne à sonder, du point de vue d'un juridisme teinté d'éthique religieuse, le caractère litigieux des relations interpersonnelles. Par contraste, la *Ghunya* s'ouvre par quelques sections dédiées à la pratique cultuelle. Mais sur à peine une quarantaine de pages sur un total de 778, selon la copie que nous avons consultée, ces sections n'occupent qu'une place mineure dans le corpus. Il en va autrement des *Nawāzil* d'al-Zajlāwī. Le style plus anecdotique du recueil visant à mettre en avant l'exemplarité intellectuelle et morale d'al-Zajlāwī fait que le compilateur accorde davantage d'attention au rite religieux et à l'édification des âmes. Il n'empêche que, dans l'ensemble, les questions problématisant les rapports entre hommes à la lumière de la loi révélée l'emportent nettement sur celles s'intéressant à la régulation éthico-juridique de la piété humaine.

Tout porte donc à croire que les compilateurs tâchent, en premier lieu, de réunir des matériaux ayant trait à la catégorie des « relations sociales » (*muʿāmalāt*), selon la classification du *fiqh*, et, plus précisément, relevant de contentieux qui ont été déférés devant le tribunal d'un cadi ou soumis à l'examen d'un mufti. Pour ce qui est de la *Ghunya*, Aḥmad al-Ḥabīb explicite même une telle intention dans sa préface en précisant que les deux compilateurs entendaient rassembler une documentation à propos « des événements et des litiges qui ont été résolus avec l'aide [des réponses des juristes du pays] »[72]. Cet enracinement des matériaux rassemblés dans une pratique judiciaire vernaculaire pose la question de savoir s'il ne traduit une ambition d'archivage méthodique. La fréquence de la transcription de documents notariés, la reproduction des correspondances entre juristes à propos des divers litiges qui atteignent les prétoires ksouriens, enfin, la volonté du compilateur de réunir les avis des principaux lettrés de la région sur tel ou tel problème juridique : autant d'indices pour nous inciter à penser les *nawāzil* du Grand Touat

71 À moins qu'un tel chapitre n'ait été enlevé de la copie que nous avons consultée, ce qui nous semble toutefois peu probable.

72 « *ḥalla bihā min al-waqāʾiʿ wa'l-nawāzil* » : *Ghunya, ms. cit.*, f. 4.

comme une sorte d'archive littéraire de la judicature locale. C'est une caractéristique que les recueils examinés partagent avec d'autres corpus provenant des milieux citadins de l'Occident musulman, comme les *Nawāzil* de l'Andalou Ibn Sahl (m. 486/1093) et celles, plus tardives, compilées par le Constantinois Muḥammad Lafqūn (m. 1114/1702) à la fin du XVIIe siècle, que d'être les réceptacles d'une mémoire judiciaire qui aspire à conserver le souvenir de l'œuvre des différents cadis et muftis ayant exercé dans les communautés oasiennes[73].

La lecture de la *Ghunya* suggère tout particulièrement un tel rapprochement. Si le corpus se démarque d'ores et déjà par le grand nombre de documents secondaires qui y sont transcrits (certificats, lettres, etc.), il présente encore une autre spécificité : celle de classer les matériaux compilés en deux catégories distinctes. Nous retrouvons les habituelles séquences de type question-réponse qui rendent compte de l'activité jurisprudentielle des différents oulémas autochtones d'une manière globale ; mais ces séquences sont entrecoupées par la transcription d'échanges épistolaires survenus dans le cadre du conseil de la *shūrā* fondé par le cadi ʿAbd al-Ḥaqq al-Bakrī. Il s'agit de séries de lettres, s'étendant souvent sur plusieurs pages, dans lesquelles le cadi et les différents muftis du conseil, en premier lieu ʿAbd al-Raḥmān al-Tinilānī, discutent les litiges qui leur sont soumis. La transcription des correspondances est chaque fois introduite par le terme *shūrā*, rompant ainsi avec la structure des questions-réponses. On ne peut s'empêcher alors de conclure à une fonction d'archivage assurée par le recueil. Car il semble bien qu'en détachant explicitement les correspondances de la *shūrā* des autres matériaux de la *Ghunya*, les compilateurs expriment la volonté de conserver, d'une manière distincte, les traces de l'action de cette nouvelle institution.

Bien entendu, les modalités de la transcription des actes de la justice oasienne diffèrent de celles régissant la fabrique d'une mémoire graphique dans le cadre d'une institution archivistique[74]. Les spécificités du genre des recueils de *nawāzil* nous interdisent de les confondre avec les registres d'un tribunal de cadi (*dīwān al-qāḍī*)[75]. Elles impliquent un travail éditorial ainsi qu'une élaboration littéraire qui tranchent avec les pratiques de constitution d'archives pour autant que la forme et le fond de ce qui est conservé s'y

73 Cf. Touati, *Entre Dieu et les hommes*, *op. cit.*, pp. 95–110. Sur Ibn Sahl et ses *nawāzil*, voir Müller, Christian, *Gerichtspraxis im Stadtstaat Cordoba : zum Recht der Gesellschaft in einer mālikitisch-islamischen Rechtstradition des 5./11. Jahrhunderts*, Leyde, Brill, 1999, pp. 1–30.

74 Farge, Arlette, *Le goût de l'archive*, Paris, Seuil, 1989.

75 Cf. Hallaq, Wael, « The "Qāḍī's Dīwān (Sijill)" Before the Ottomans » in *Bulletin of the School of Oriental and African Studies*, 1998, vol. 61, n° 3, pp. 415–436.

trouvent considérablement modifiés. Plus important encore, l'achèvement du corpus impose une clôture que l'archive ignore potentiellement. La filière devient figure. En d'autres termes, les divers matériaux rassemblés par le compilateur sont soumis à un travail de rédaction mettant en œuvre des procédures d'anonymisation, d'abstraction (*tajrīd*) et d'abréviation (*talkhīṣ*)[76]. La remarque vaut tant pour les *nawāzil* oasiennes que pour n'importe quel autre ouvrage de jurisprudence en droit musulman.

En revanche, la réduction du « fait à sa pertinence juridique[77]» est contrebalancée par une tendance à transcrire le fait judiciaire en sa qualité d'évènement social. L'ensemble des recueils analysés accuse un nombre élevé de ce que Wael Hallaq appelle les « fatwas primaires » (*primary fatwa*), à savoir des consultations où la procédure d'abstraction et d'anonymisation n'a pas été menée à terme[78]. Il s'agit donc de récits narratifs, de réponses ou de jugements, dans lesquels les noms des *dramatis personnae*, des lieux, ainsi que les dates en rapport avec le litige ont été conservés. Lors même que les noms des personnes ont été enlevés, l'exposé ne laisse souvent guère de doute sur le fait qu'il s'agit d'un litige auquel la magistrature islamique locale a été effectivement confrontée. Mieux encore : l'effacement du nom semble parfois résulter moins d'un souci d'abstraction que de l'anticipation des effets sociaux que son énonciation serait susceptible de produire, comme l'illustre le cas suivant : le cheikh d'un village (*shaykh al-balad*) fait pression sur une femme, sans doute dépourvue d'une protection lignagère dissuasive, pour qu'elle lui concède sa part d'un habous familial qui vient d'être dissout par le cadi du lieu[79]. Comme motif, le questionneur n'évoque que l'arbitraire (*ẓulm*) de l'homme fort. Afin de se soustraire à l'emprise du cheikh, la femme se réfugie alors dans une zaouïa. Et là, le compilateur, Muḥammad al-Zajlāwī, interpose une précision décisive : « dont il [c'est-à-dire al-ʿĀlim al-Zajlāwī] avait noté le nom avec sa main (*sammāhā bi-khaṭṭihi*) ». Autrement dit, il enlève le nom de la zaouïa en question qui figure dans la fatwa originelle émise par son père et pour cause : le persécuteur ne tarde à découvrir la cachette. Il se rend à la zaouïa et, alléguant une dette fictive, il contraint la femme à lui vendre la part convoitée sans pour

76 Sur ces opérations, voir Hallaq, Wael, « From Fatwas to Furūʿ: Growth and Change in Islamic Substantive Law » in *Islamic Law and Society*, 1994, vol. 1, nº 1, pp. 29–65.

77 Charnay, Jean Paul, « Sur une méthode de sociologie juridique : l'exploitation de la jurisprudence » in *Annales E.S.C.*, 1965 vol. 20, nº 3, p. 516.

78 Hallaq, Wael, « From Fatwas to Furūʿ », *art. cit.*, p. 32. David Powers a montré à propos du *Miʿyār* d'al-Wansharīsī tout l'intérêt de ce type de transcriptions pour des périodes pour lesquelles nous ne disposons plus d'archives. Cf. Powers, *Law, Society and Culture in the Maghrib*, *op. cit.*, pp. 23–52.

79 *Nawāzil al-Zajlāwī*, *ms. cit.*, f. 32.

autant s'acquitter du prix de vente (*wa lam tabqaḍ minhu thaman*). On imagine aisément la gravité des conséquences qu'une révélation des noms des personnes impliquées dans cette affaire aurait risqué d'entraîner. Ainsi, l'exemple nous rappelle une toile de fond sociologique où la raison du plus fort peut, à tout moment, mettre entre parenthèses n'importe quelle forme de normativité qu'elle soit religieuse ou autre. Pour soucieux qu'ils soient de conserver une valeur documentaire aux matériaux rassemblés, les compilateurs n'ignorent donc aucunement la virulence des forces sociales dont chaque exposé de contentieux au sein de leurs recueils est porteur[80].

### Un instrument de travail

La création du conseil de la *shūrā* au XVIII^e^ siècle, ainsi que la systématisation de la procédure de consultation (*mushāwara*) qui lui est concomitante, illustrent l'ambition des milieux lettrés du Grand Touat de mettre en place une juridiction islamique à l'échelle régionale. La compilation de *nawāzil*, qui intervient à la même époque, doit aussi être envisagée dans cette perspective. Elle répond en premier lieu aux besoins spécifiques des prétoires locaux. En effet, il semble bien que, par leurs matériaux pris au ras du sol de l'institution judiciaire oasienne, les différents recueils soient conçus pour un usage pratique et référentiel de la part des cadis et des muftis ; ce dont témoignent, par ailleurs, les fréquentes notices portées en marge des pages dans les manuscrits examinés. Mais pour pouvoir assumer une telle fonction pragmatique, les recueils doivent être facilement maniables par ceux qui s'en servent. L'agencement et, surtout, la classification des matériaux rassemblés doivent se faire dans la perspective de ce futur usage pratique. C'est ce qu'un ancien élève d'al-Jantūrī ne manque pas de rappeler au compilateur des *nawāzil* de son maître :

> J'ai d'abord rassemblé [les consultations du maître] pêle-mêle, sans ordre particulier (*min ghayr tartīb*). Un des frères qui avait fidèlement servi le cheikh m'a alors demandé de classer chaque question selon le sujet qu'elle traite. J'ai répondu à sa requête[81].

La constitution du corpus s'achève ainsi par une troisième phase de travail. Après la collecte et la transcription du matériel, il faut procéder à un arrange-

80 Voir *infra*, pp. 121–124.

81 *Nawāzil al-Jantūrī*, *ms. cit.*, f. 1.

ment éditorial qui articule le passage de l'aide-mémoire, de l'accumulation de données brutes, au livre de type *muṣannaf* reposant sur la classification en chapitres[82]. Pour Aḥmad al-Ḥabīb al-Balbālī, finalisant la rédaction de la *Ghunya*, le modèle est fourni par le *Mukhtaṣar* de Khalīl b. Isḥāq que le compilateur tient visiblement pour autorité en la matière.

> Certaines des questions rassemblées ont été rapportées (*manqūl*) en dehors de leur chapitre (*fī ghayr bābihi*). De même, les différentes têtes de chapitre (*tarājim*) ont été classées selon un autre modèle que celui du *Mukhtaṣar* de Khalīl[83]. [ʿAbd al-ʿAzīz al-Balbālī] l'a laissé en état de brouillon (*musawwada*) et s'est arrêté sans avoir achevé la copie au propre (*mubayyaḍa*). Il manquait également bien l'introduction (*khuṭba*) que la biographie des deux compilateurs (*al-taʿrīf bi'l-jāmiʿayn*). Aussi a-t-il omis de procéder à un agencement interne liant les différentes questions entre elles[84]. Celui qui leur a emboîté le pas [...] Aḥmad al-Habib [...] s'est alors mis à l'achèvement de la copie. Il a procédé à sortir [l'ouvrage] de l'état de brouillon[85] ainsi qu'à le classer selon le modèle (*uslūb*) du *Mukhtaṣar* de Khalīl, afin de faciliter pour celui qui ne souhaite pas prendre la peine (*iʿtinā'*) de chercher longuement ou de lire en détail (*itlāʿ*), de saisir immédiatement les perles [du savoir exposé] à leur endroit [...][86].

La procédure éditoriale s'énonce donc clairement. Il s'agit de relier entre eux les matériaux rassemblés, de les répartir en chapitres selon le modèle du manuel juridique le plus usité dans le mālikisme de l'époque moderne, enfin, de faire précéder le tout d'une préface présentant les circonstances de la constitution du corpus, ainsi que les biographies des deux premiers compilateurs. Un élément supplémentaire de ce travail éditorial, non mentionné par Aḥmad al-Ḥabīb, doit encore être versé au dossier : celui de la fabrique d'un appareil référentiel interne. La *Ghunya* contient des renvois vers d'autres parties du recueil, ce qui rend sans doute plus aisées des recherches sur des thématiques juridiques spécifiques. De même, en ce qui concerne les citations d'ouvrages, nous observons la tendance – quoique pas toujours respectée – à

82 Cf. Houari Touati, « Kitâb », in Touati, Houari (éd.), Encyclopédie de l'humanisme méditerranéen, printemps 2014, URL = <http://www.encyclopedie-humanisme.com/?Kitab>, consulté le 31 août 2016.

83 *« ʿalā ghayr tartīb Mukhtaṣar Khalīl wa kitābihi »*

84 *« al-tartīb li'l-masā'il bi-radd mā yalīqu bi-kulli mas'ala »*

85 *« ʿalā ikhrājihi min musawwadatihi »*

86 *Ghunya, ms. cit.*, f. 5.

préciser soigneusement, parfois à la page près, la provenance de l'extrait recopié. En un mot, autant que nous pouvons le savoir, il semble bien que l'agencement interne de la *Ghunya* tienne explicitement compte d'un potentiel usage du recueil en tant qu'ouvrage de référence ; ce en quoi il s'agit d'un livre en bonne et due forme et non d'un simple répertoire de consultations et de décisions judiciaires.

Il reste à dire que l'appropriation du modèle classificatoire khalilien s'accompagne d'un ajustement aux sensibilités locales. Si l'enchaînement ainsi que l'intitulé des chapitres sont effectivement empruntés à l'exemple du *Mukhtaṣar*, des différences de détail se décèlent, qui sont loin d'être anodines[87]. On observera que certaines sections portant sur des thèmes à connotation éthico-religieuse n'ont pas été reprises. Ainsi, le chapitre consacré à la guerre sainte (*bāb al-jihād*) manque tout comme celui traitant de la persécution de l'ébriété publique et des mesures disciplinaires (*al-shurb wa'l-taʿdhīr*). De même, les chapitres relatifs au brigandage (*ḥarāba*), aux vols (*sariqa*) et aux rapports sexuels illégaux (*8*) ont été fondus en un seul. À l'inverse, Aḥmad al-Ḥabīb procède à un affinage là où le *Mukhtaṣar* ne connaît qu'une seule catégorie. Il détache du chapitre des ventes (*bāb al-buyūʿ*) des sections consacrées aux ventes à option (*khiyār ilā al-buyūʿ*), à l'aliénation des biens de personnes absentes (*bayʿ al-ghāʾib*), aux ventes non autorisées (*bayʿ al-fuḍūlī*) et aux détournements d'héritage en faveur des enfants d'un particulier (*tawlīj*[88]) ; il divise en deux la section relative à la *commenda* et aux contrats d'investissement (*al-qarḍ wa'l-salam*), ainsi que celle qui porte sur les usurpations illégales et les demandes de restitution de propriété (*al-ghaṣb wa'l-istiḥqāq*)[89]. Enfin, al-Ḥabīb va jusqu'à ajouter un chapitre que le *Mukhtaṣar* ignore et qui traite des redevances (*mudārāt*) versées par les ksouriens à des puissances politiques extérieures, qu'il s'agisse du Makhzen marocain ou des tribus nomades (*ʿarab*).

De tels remaniements reflètent, à notre avis, au moins en partie l'inscription du corpus dans les réalités locales. Les thématiques relevant de la moralité publique et du droit pénal sont sensiblement comprimées, sans doute parce qu'elles sont peu pertinentes pour la juridiction musulmane dans les oasis. Or celle-ci se concentre en premier lieu sur les contentieux ayant trait aux droits

87 L'édition suivante du *Mukhtaṣar* a servi de base à la comparaison : Khalīl b. Isḥāq, *Précis de jurisprudence musulmane suivant le rite malékite*, Paris, Imprimerie impériale, 1858.

88 Sur les ventes *tawlīj*, voir Powers, David S., « The Art of the Judicial Opinion: On Tawlīj in Fifteenth-Century Tunis » in *Islamic Law and Society*, 1998, vol. 5, nº 3, pp. 359–381.

89 Cf. Udovitch, Abraham L., *Partnership and Profit in Medieval Islam*, Princeton, Princeton University Press, 1970.

de propriété, ainsi qu'à la circulation des biens *lato sensu*. Partant, on ne saurait s'étonner de constater qu'Aḥmad al-Ḥabīb affine davantage le classement de ses matériaux dans le domaine des transactions. Une remarque similaire s'impose au regard de l'insertion d'un chapitre inconnu du *Mukhtaṣar*. La question de la pression fiscale que les communautés ksouriennes subissent de la part du Makhzen marocain et des diverses tribus bédouines dans la région marque, à coup sûr, un des principaux problèmes sociaux auxquels les juristes de l'époque sont confrontés[90]. Mais l'universalisme abstrait du *Mukhtaṣar* ignore de telles dynamiques vernaculaires. Celles-ci se trouvent, par conséquent, exclues du modèle à imiter tout en constituant un enjeu clé pour les populations locales. On comprend alors aisément pourquoi c'est précisément dans ce domaine qu'Aḥmad al-Ḥabīb se sent autorisé à introduire une nouvelle catégorie dans le modèle canonique. Prises dans leur ensemble, ces menues modifications témoignent du fait que l'adoption du classement imposé par l'autorité du *Mukhtaṣar* est travaillée par le poids des particularités du champ d'intervention des juristes oasiens. Elles rappellent que la compilation de traditions jurisprudentielles vernaculaires ne saurait être dissociée d'un processus plus vaste dans lequel les cercles érudits autochtones s'approprient les ressources d'un système normatif, investi d'une légitimité sacrée, tout en tenant compte des exigences de leur milieu.

90 Il suffit de parcourir les divers fragments de chroniques traduites par A. G. P. Martin pour s'apercevoir que, tout au moins entre le XVII^e^ et le début du XIX^e^ siècle, la région est régulièrement soumise à des prélèvements, à la fois de la part du Makhzen marocain et des tribus nomades comme les Dhawī Manīʿ.

CHAPITRE 3

# Justice et justiciables en terre ksourienne

Dans un de ses articles consacrés à l'histoire du Grand Touat, Gilbert Grandguillaume en dresse un portrait plutôt sombre[1]. L'archipel oasien affecterait le profil d'une société « anarchique » en proie à une conflictualité endémique. Pour autant que l'organisation sociale repose sur un principe lignager, l'évolution historique de la région entre le XVIe et le XIXe siècle ne serait qu'« une suite ininterrompue de rivalités et de conflits entre divers groupes locaux »[2]. Ce sont les luttes sanglantes entre les deux 'ligues' (*ṣoff*-s), Sufyān et Iḥāmid, ainsi que les razzias perpétrées par les nomades contre les habitants des ksour, qui, par-dessus tout, auraient déterminé les dynamiques du passé[3]. La situation est certes partiellement équilibrée au moyen de dispositifs de médiation fournis par les élites religieuses 'neutres', les lignages maraboutiques (*mrābṭīn*) et les lignages chérifiens (*shurafā'*). Mais il n'empêche qu'en absence d'une autorité publique centralisée, ces mécanismes de régulation n'instaurent pas, aux yeux de Gilbert Grandguillaume, une stabilité qui aurait permis à la société ksourienne de « se développer d'une façon cohérente »[4]. Comprenons : de se doter d'une protection efficace contre les formes de violence tribale et de favoriser ainsi la croissance de l'économie oasienne, en plaçant celle-ci sous la tutelle d'une organisation étatique. Si, continue Gilbert Grandguillaume, la région reconnaît, depuis la conquête saadienne en 1581, la souveraineté du sultan marocain, force est de constater que le Makhzen se tient à distance limitant ses interventions à la perception de l'impôt et à « empêcher les graves désordres »[5]. L'autonomie *de facto* du Grand Touat n'en est guère affectée. C'est au contraire un « stade anarchique [6]» qui prévaut jusqu'à l'occupation française en 1900[7].

1 Grandguillaume, « Régime économique et structure du pouvoir », *art. cit.*.

2 *Ibidem*, p. 452.

3 Pour la notion de *ṣoff*, se référer à la notice qui lui est consacrée par A. Martel dans l'encyclopédie berbère. Cf. Camps, Gabriel (éd.), *Encyclopédie berbère XIII*, Aix-en-Provence, Edisud, 1994, p. 2031–2035, ainsi que l'étude classique de Robert Montagne : Montagne, *Les Berbères et le Makhzen dans le Sud du Maroc, op. cit.*

4 Grandguillaume, « Régime économique et structure du pouvoir », *art. cit.*, p. 456.

5 *Ibidem*, p. 451.

6 *Ibid.*, p. 456.

7 « Situés aux marges d'un empire où l'autorité s'affaiblit du centre aux extrémités, le Touat doit être considéré durant cette période qui se termine en 1900 par l'occupation française,

 | DOI 10.1163/9789004341265_005

Si l'on fait abstraction de son schématisme évolutionniste, cette conception de la société du Grand Touat prémoderne est partagée, *mutatis mutandis*, par la plupart des géographes, anthropologues et sociologues ayant travaillé sur la région[8]. Dans presque toutes les études que nous avons consultées, l'accent est porté sur l'organisation lignagère, sur les tensions que celle-ci engendre, enfin, sur les mécanismes et institutions communautaires qui s'attachent à circonscrire les conséquences de l'inexistence d'un monopole de violence étatique, notamment dans le domaine de l'exploitation des ressources hydrauliques et agricoles. S'agissant de la question des structures judiciaires au sein de la société ksourienne, le lecteur est renvoyé aux coutumes ancestrales des communautés locales. Une telle perspective a pour corollaire que l'on s'intéresse peu aux traditions savantes de la région et encore moins aux institutions juridiques que celles-ci rendent possibles. À l'exception notable des travaux récents de Judith Scheele sur la période coloniale[9], non seulement les figures du cadi et du mufti sont évacuées de l'analyse historique, mais aussi la remarquable diffusion de l'écrit notarié à l'échelle régionale. Si Nadir Maarouf évoque vaguement une « intelligentsia immigrée » des zaouïas, c'est pour réduire sa signification sociale aux formes de cette « fiscalité souterraine » déjà mise en exergue par Jacques Berque dans *L'intérieur du Maghreb*[10].

Deux autres articles de Gilbert Grandguillaume se démarquent de cette indifférence à l'égard de la diffusion du droit musulman dans les oasis[11]. Avant de se tourner vers l'étude de l'espace urbain de Nédroma, l'historien français a réalisé un premier dépouillement de la *Ghunya* en se penchant sur la question des modalités juridiques régissant la gestion des foggaras. L'interprétation des différents cas d'espèce qu'il a sélectionnés à cet effet et qui traitent plus précisément des contrats d'entretien (*khidma*) des installations hydrauliques s'inscrit pourtant dans le cadre conceptuel que nous venons d'esquisser. L'espace normatif oasien y est conçu comme étant entièrement absorbé par l'antagonisme de deux systèmes que l'auteur considère comme étant irréconciliables : d'un côté, le *sharʿ* valorisant les droits de l'individu, de l'autre, la coutume (*ʿurf*), qui,

comme une société de type anarchique. Elle ne peut être dite segmentaire au sens strict d'équilibre général fondé sur l'opposition de segments lignagers, mais elle évoque cette structure par les échelonnements de solidarité qui obéissent à des schémas permanents. » : *ibid.*, p. 452.

8 Cf. *supra*, p. 17.

9 Cf. Scheele, « Councils Without Customs, Qadis without States », *art. cit.*

10 Voir Marouf, *Lecture de l'espace oasien*, *op. cit.*, pp. 74–75 et Berque, *L'intérieur du Maghreb*, *op. cit.*, pp. 65, 178, 408.

11 Cf. Grandguillaume, « Le droit de l'eau dans les foggara du Touat au XVIIIe siècle », *art. cit.*, et « Universalisme musulman et pratique locale au Touat », *art. cit.*.

par contraste, prône le primat du groupe. Selon Gilbert Grandguillaume, au fil du XVIIIe siècle, les normes coutumières sont progressivement supplantées par l'adoption du droit musulman à l'échelle régionale. Ce processus d' « islamisation » s'accompagne alors de l'introduction de nouvelles formes de propriété individuelle, rompant avec les pratiques anciennes qui, en même temps, sont vigoureusement condamnées par les juristes musulmans[12].

Il n'est pas dans notre intention de discuter ici la pertinence de cette thèse. Remarquons uniquement que l'auteur s'appuie, pour l'essentiel, sur la lecture de quelques cas d'espèce glanés dans la *Ghunya*, qu'il met en rapport avec des données empiriques tirées des deux livres d'A. G. P. Martin. C'est bien peu pour étayer une hypothèse d'une telle ampleur, d'autant plus que celle-ci ne tient aucunement compte du fait qu'à l'époque où exercent les protagonistes de la *Ghunya*, la région abrite déjà depuis plusieurs siècles des cadis et des muftis. Pourquoi alors cette « islamisation » tardive des pratiques sociales ? Plus importante pour notre propos est toutefois la conception du juriste musulman véhiculée par les deux articles cités. Le *faqīh* y apparaît comme un élément allogène, parti à l'assaut d'une culture vernaculaire qu'il soupçonne d'être d'une hétérodoxie subversive. L'implantation des normes islamiques à l'échelle locale se heurterait à des résistances du milieu qui ferait de l'ouléma un missionnaire dans une terre potentiellement hostile[13].

Gilbert Grandguillaume n'est pas le seul spécialiste à avoir adopté cette perspective. Reconnu dans ses compétences de médiateur, de moralisateur et d'instituteur, le lettré religieux est présenté dans nombre d'études sur l'islam sahélo-saharien comme un censeur de mœurs ou comme un commentateur des pratiques sociales de son environnement[14]. À l'inverse, dans la mise en place d'un ordre judiciaire, son rôle se cantonnerait à celui d'un observateur éloquent, mais, en fin de compte, dépourvu de tout pouvoir juridictionnel. Analysant l'institution du cadi à Oualata au XIXe siècle, Timothy Cleaveland estime qu'il s'agit d'une figure dont l'autorité est « en premier lieu symbolique » (*primarily symbolic*)[15]. Elle dépendrait étroitement de la bienveillance des

12 Grandguillaume, « Le droit de l'eau dans les foggara du Touat au XVIIIe siècle », *art. cit.*, p. 288.

13 Grandguillaume, « Universalisme musulman et pratique locale au Touat », *art. cit.*, pp. 90–91.

14 Osswald, *Schichtengesellschaft und islamisches Recht*, *op. cit.*, Ould Bah, Mohamed, *La littérature juridique et l'évolution du maliksime en Mauritanie*, *op. cit.* et Ould-Barra, *Fiqh, société et pouvoir*, *op. cit.*. La conception se retrouve aussi dans certains écrits de Berque sur la question. Voir, par exemple, le chapitre « Guerre sainte au Nord-Ouest » dans Berque, *L'intérieur du Maghreb*, *op. cit.*, pp. 142–190.

15 Cleaveland, *Becoming Walātā*, *op. cit.*, pp. 82–83.

notables du ksar et des leaders tribaux des alentours. Certes, la marginalité du juriste musulman au sein des structures judiciaires communautaires nous est suggérée par toute une tradition discursive à l'intérieur des milieux d'oulémas sahariens. Celle-ci se plaît à déplorer l'impuissance de l'homme de religion face à l'immoralité de ses contemporains[16]. Elle n'est pas moins fallacieuse. Dans son étude sur le commerce transsaharien au XIX^e siècle, Ghislaine Lydon rappelle que c'est précisément en raison de l'absence d'un pouvoir étatique centralisé qu'il revient en premier lieu aux jurisconsultes, en tant que « prestataires de services juridiques » (*legal service providers*), de fournir les cadres institutionnels nécessaires pour garantir un minimum de stabilité dans les échanges sociaux et économiques[17].

La proposition est pertinente, d'autant plus qu'elle se vérifie également en dehors du domaine du commerce caravanier. À l'opposé de ce que suggèrent les tenants d'une lecture exclusivement 'tribaliste' de l'espace normatif saharien, les *nawāzil* du Grand Touat montrent que les juristes musulmans jouent un rôle clé dans la construction d'un ordre judiciaire. Car l'essor de l'étude du droit à l'échelle locale est étroitement lié à l'émergence d'une juridiction islamique qui est portée par les élites religieuses des zaouïas et les assemblées villageoises (*jamāʿa*)[18]. Plutôt que de concevoir l'action des jurisconsultes musulmans uniquement sous l'angle d'un zèle missionnaire, il conviendrait

16 Osswald, *Schichtengesellschaft und islamisches Recht*, *op. cit.*, pp. 61–70.

17 Ghislaine Lydon écrit : « Les prestataires de services juridiques musulmans, à travers leurs activités jurisprudentielles (*fiqh*), faisaient usage de leurs connaissances émanant du Coran, d'autres sources du droit musulman, de la doctrine juridique et du droit coutumier, afin d'assurer un semblant d'ordre social et économique. Outre le maintien de la loi, les experts juridiques définissaient aussi les modalités d'échange, clarifiaient les évaluations et les équivalences, et négociaient les normes comportementales, y compris les pratiques commerciales des marchands et des négociants. » : Lydon, *On Trans-Saharan Trails*, *op. cit.*, p. 275.

18 Dès le XV^e siècle, les sources attestent l'existence de tribunaux de cadi. Ce n'est pour autant qu'avec la composition des grands recueils de jurisprudence aux XVIII^e et XIX^e siècles que nous disposons d'une documentation suffisamment riche pour reconstituer les structures et le fonctionnement de la justice islamique dans les ksour. À cette époque, la présence d'un cadi nous est attestée pour les principales agglomérations du Grand Touat : à Tamentit, à Tililane, dans le Timmi à Ba Abdallah et à Mlouka, au Bouda, à Timimoun, à Ouled Said, à Aoulef et Ain Salah, ainsi qu'à Akabli. La liste n'est certainement pas complète, mais elle fait d'ores et déjà conclure à un réseau relativement dense qui s'étend sur l'ensemble des trois sous-régions de l'archipel oasien : le Gourara, le Touat proprement dit, et le Tidikelt. Le développement de ce réseau d'instances judiciaires va de pair avec la constitution d'un corps de témoins (*shuhūd ʿadlūn*) et d'experts (*ʿarrāf*, pl. *ʿurrāf*) au sein des différents villages.

donc d'insister sur une particularité frappante des manières de pratiquer l droit islamique dans le Grand Touat : à la différence des contextes septentrio naux, où s'exerce le pouvoir de l'État makhzénien, l'implantation de la lo religieuse y repose presque entièrement sur des initiatives émanant de l'inté rieur des communautés locales. Partant, le défi pour nous réside dans l'analyse des modalités à travers lesquelles les ksouriens se sont approprié le système d *fiqh* en vue de soumettre leurs échanges à un cadrage juridico-normatif. Dan ce chapitre, l'examen du fonctionnement de l'organisation judiciaire dans le oasis nous permettra de poser les jalons pour une telle enquête.

## Un dialogue institutionnel

L'organisation de la justice islamique dans les sociétés musulmanes prémo dernes prévoit, au moins dès le VIII^e^ siècle, un partage de tâches qui instaur un dialogue institutionnel. Elle confère au cadi la maîtrise de la procédur judiciaire (*qaḍā'*), ainsi que des compétences étendues en matière d'adminis tration publique, tout en reconnaissant au corps des oulémas, à traver l'institution de la consultation (*iftā'*), la prérogative de l'expertise juridique[19] Celle-ci est, bien entendu, susceptible de se doubler du registre de l'exhorta tion et de l'instruction religieuse. Les interactions qui se nouent entre les deu protagonistes de l'appareil judiciaire partent d'une distinction élémentaire : e s'appuyant sur l'autorité de l'État, les jugements (*ḥukm*, pl. *aḥkām*) et ordre (*amr*) du cadi s'imposent à celui qui en est l'objet, dans la mesure où c'est l souverain (*ṣulṭān, imām*) qui s'en porte garant. Par contraste, la consultatio du mufti s'inscrit dans l'optionnel. Elle prend pour départ obligatoire un demande d'expertise (*istiftā'*) reçue de la part d'un questionneur (*mustaftī*), qu peut être un cadi, un autre jurisconsulte ou même le tout-venant. L'effe contraignant de la fatwa n'est que potentiel pour autant qu'il dépende de l'ac quiescement de ses lecteurs ou de l'adoption par un juge[20].

---

19 Cf. Müller, *Gerichtspraxis im Stadtstaat Cordoba*, *op. cit.*, Masud, Muhammad Khalid, Mes sick, Brinkley, Powers David S. (éd.), *Islamic Legal Interpretation: Muftis and Their Fatwa* Cambridge (Mass.), Harvard University Press, 1996, Masud, Muhammad Khalid, Peter Rudolph, Powers, David S. (éd.), *Dispensing Justice in Islam: Qadis and Their Judgement* Leyde, Brill, 2006, Powers, *Law, Society and Culture in the Maghrib, 1300–1500*, *op. cit.*, Tyan Emile, *Histoire de l'organisation judiciaire en pays d'Islam*, Leyde, Brill, 1960 et Serrano « Legal pratice in an Andalusī-maghribī source from the twelfth century », *art. cit.*.

20 Voir Powers, *Law, Society, and Culture in the Maghrib*, *op. cit.*, pp. 20–22, Messick, Brinkle *The Calligraphic State: Textual Domination and History in Muslim Society*, Berkeley, Un versity of California Press, 1993, pp. 135–151, Reinhardt, Kevin, « Transcendence and Soci

En ce qui concerne les expertises relatives à des litiges (*qaḍiya*, *nāzila*), on ajoutera encore que, le plus souvent, l'*istiftāʾ* ne se résume pas à l'énonciation d'une question que l'on adresse à un juriste. Il s'agit d'un dossier rassemblé par le *mustaftī*, dans lequel figurent l'exposé du cas, les questions du demandeur, ainsi que des copies des divers actes écrits (contrats, reconnaissance de dettes, jugements, etc.) qui s'y rapportent. La sélection tout comme l'arrangement de ces annexes incombe bien entendu exclusivement au soin du *mustaftī*[21]. Le mufti scrute ensuite cet ensemble documentaire en mobilisant à son tour tout un faisceau de ressources et de références intellectuelles. Celles-ci se présentent à lui sous forme d'un échelonnement hiérarchique selon différents niveaux d'autorité normative au sommet desquels figurent les sources scripturaires de l'islam : le Coran et la Sunna[22]. En un mot, le mufti soumet le dossier à une herméneutique juridico-religieuse. L'enjeu consiste à procéder à une évaluation du cas d'espèce (*nāzila*) à l'aune de la normativité islamique (*sharʿ*) telle qu'elle ressort de l'enseignement de l'école juridique du mufti (*madhhab*)[23]. De ce processus interprétatif, la fatwa marque un aboutissement qui se matérialise sous une forme écrite ou orale et qui s'appuie sur l'autorité de l'érudition juridico-religieuse de son auteur[24]. Les conclusions et initiatives à en tirer, qu'elles soient d'ordre moral ou judiciaire, sont toutefois laissées à la discrétion exclusive du destinataire de la fatwa.

Les juristes du Grand Touat au XVIIIe siècle sont conscients de cette distinction fondamentale entre consultation juridique et performatif judiciaire. Confronté au reproche d'avoir révoqué un jugement (*rujūʿihi ʿan ḥukm*) qu'il avait émis à propos de l'authentification du statut habous d'un bien foncier, Muḥammad al-ʿĀlim al-Zajlāwī se défend rigoureusement de telles vitupérations en répliquant dans une lettre adressée à un autre juriste dont nous ignorons malheureusement l'identité :

> Les enfants d'untel prétendent que j'ai émis un jugement exécutoire (*ḥukm māḍiyan*). C'est un mensonge de leur part ! Je n'ai rendu aucun

---

Practice: Muftis and Qadis as Religious Interpreters » in *Annales islamologiques*, 1993, vol. 27, pp. 5–28.

21 Powers, *Law, Society, and Culture in the Maghrib*, *op. cit.*, p. 8.

22 Voir aussi Müller, *Gerichtspraxis im Stadtstaat Cordoba*, *op. cit.*, pp. 388–390 et Weiss, Bernard, *The Spirit of Islamic Law*, Athens, Londres, The University of Georgia Press, 2006, pp. 113–143.

23 Sur la notion de *madhhab*, se référer à Jackson, *Islamic Law and the State*, *op. cit.*, et Melchert, Christopher, *The Formation of the Sunni Schools of Law: 9th-10th Centuries*, Leyde, Brill, 1997, en particulier pp. XIII-XVII.

24 Müller, *Gerichtspraxis im Stadtstaat Cordoba*, *op. cit.*, p. 152.

> jugement en leur faveur. J'ai seulement émis une fatwa qui reconnaît la justesse de leur habous [...] Ce n'est que leur incapacité de discernement (*li-ʿadam tamyīzihim*) qui leur fait prendre la fatwa pour un jugement (*jaʿalū al-fatwā ḥukman*)[25].

De telles critiques ne relèvent pas uniquement des réprimandes dont l'intelligentsia religieuse oasienne accable régulièrement les populations locales, cette « plèbe » (*al-ʿāmma*) qu'elle soupçonne par principe de pencher vers l'ignorance (*jahl*). Elles font partie intégrante des 'débats de métier' entre juristes ksouriens, lorsqu'il s'agit de s'accorder sur la coordination des différentes opérations dans le cadre des procédures judiciaires. C'est ce qu'illustre le cas suivant glané dans la *Ghunya*.

Le conseil de la *shūrā* discute d'un litige portant sur l'authentification (*thubūt*) de la prise en possession (*ḥawz*) d'un habous institué par un certain Sayyid Abū Yaḥyā[26]. Un des membres du conseil – le compilateur de la *Ghunya* omet de nous communiquer son nom – rappelle alors dans une lettre à un de ses collègues que la charge (*waẓīfa*) d'établir l'existence légale d'un habous ne fait pas partie des compétences d'un mufti, mais doit être impérativement effectuée par un juge (*ḥākim*)[27]. Par contre, il incomberait ensuite au mufti de scruter la recevabilité de cette authentification (*bayyān al-thubūt*) à la lumière des critères du *fiqh*[28]. Autrement dit, le juriste souligne la nécessité de distinguer entre la construction judiciaire du fait, qui est du ressort du cadi, et sa mise en perspective doctrinale qui, elle, est au contraire assurée par la fatwa du mufti.

---

25 *Nawāzil al-Zajlāwī*, *ms. cit.*, f. 116–117.

26 *Ghunya*, *ms. cit.*, f. 523. Cette prise en possession est obligatoire pour que le habous soit établi du point de vue du fiqh. Elle doit être attestée par une preuve testimoniale validée par un cadi. Makdisi, John, « The Kindred Concept of Seisin and Ḥawz in English and Islamic Law » in Bearman, Peri, Heinrichs, Wolfhart, Weiss, Bernard G. (éd.), *The Law Applied: Contextualizing the Islamic Shariʿa, a Volume in Honor of Frank E. Vogel*, Londres, New York, I. B. Tauris, 2008, pp. 22–41, en particulier pp. 34–37.

27 Les sources locales tendent à employer des termes *qāḍī* et *ḥākim* de manière synonyme à la différence de celui de *muḥakkim* qui désigne un arbitre sur lequel les parties en litige se mettent d'accord pour trancher leur litige. Christian Müller observe le même phénomène pour le cas de Cordoue au Moyen Âge. Cf. Müller, *Gerichtspraxis im Stadtstaat Cordoba*, *op. cit.*, p. XIX.

28 Sur la question des authentifications devant le cadi, voir Müller, Christian, « Les ventes de biens immobiliers au XIVe siècle : étude des actes du Ḥaram al-Sarīf à Jérusalem » in Dubouloz, Julien, Ingold, Alice (éd.), *Faire la preuve de la propriété : droits et savoirs en Méditerranée* (*antiquité – temps modernes*), Rome, Ecole française de Rome, 2012, pp. 211–230.

Les jurisconsultes oasiens conçoivent cette mise en perspective doctrinale comme obligatoire. Ils s'en tiennent aux stipulations de l'école mālikite en la matière : on interroge ʿAbd al-Raḥmān b. Baʿumar al-Tinilānī au sujet d'un cadi qui a émis un jugement (*ḥukm*) sans avoir préalablement consulté un des savants de la région[29]. Pour le mufti de Tinilane, les choses sont claires. En s'appuyant sur la *Tabṣīra al-Ḥukkām* du Médinois Ibn Farḥūn (m. 799/1397), il estime qu'une telle décision doit impérativement être rejetée, à moins qu'elle n'émane d'un juge (*ḥākim*) reconnu en tant que *mujtahid*[30]. Mais quel magistrat de l'époque oserait prétendre à l'excellence intellectuelle impliquée par cet attribut si lourdement chargé de sens ? Pour cette génération de modestes épigones (*muqallidūn*), la consultation des avis de collègues (*mushāwara*) constitue donc une obligation et, en tant que telle, elle s'insère comme un élément indispensable dans la procédure judiciaire :

> Concernant le jugement rendu en faveur d'al-Ḥājj Muḥammad b. Ubba Khayy contre ʿAbd al-Rafīʿ au sujet du jardin que lui a vendu la tante paternelle de ce dernier à al-Mansour : il a allégué que celle-ci avait agi en tant que mandataire [de ʿAbd al-Rafīʿ]. Cependant, l'affirmation a été mise en cause par le nommé al-Ḥājj Aḥmad. Il [le cadi Muḥammad b. ʿAbd al-Raḥmān al-Balbālī] a alors pris conseil dans cette affaire (*shāwara fī dhālika*) auprès du fils du shaykh [c'est-à-dire auprès de Muḥammad b. ʿAbd al-Raḥmān al-Tinilānī]. Celui-ci a émis une fatwa dans laquelle il déclare que l'objection de Ḥājj Aḥmad est pertinente, de même qu'il faut tenir compte de la fréquence avec laquelle il a sollicité le cadi. Le cheikh [ʿAbd al-Raḥmān al-Tinilānī] a même précisé dans une autre fatwa qu'il est suffisant de se présenter une seule fois devant le cadi. Cette consultation a été confirmée par son fils, lorsque celui-ci est rentré de son déplacement[31].

De prime abord, la justice islamique dans le Grand Touat se conforme donc au principe d'une judicature bicéphale où doctrine juridique et pratique judiciaire sont censées s'emboîter savamment. Les décisions des cadis se font sous l'œil vigilant de tout un corps de jurisconsultes qui, pour la plupart, appartiennent aux divers lignages lettrés évoqués dans le premier chapitre de ce livre. Le milieu semble aspirer au prestige citadin, car en instaurant la pratique de la consultation (*mushāwara*), les juristes ksouriens s'approprient en fin de

---

29 « *dūna istishāra ghayrahu min al-ʿulamāʾ* »

30 *Ghunya, ms. cit.*, f. 625.

31 *Ibidem.*

compte un dispositif qui est bien celui des villes maghrébines et andalouses[32]. Une lecture plus serrée des recueils de *nawāzil* montre pourtant que la question de la spécialisation professionnelle doit aussi prendre en considération le fait que celle-ci se réalise à l'intérieur d'un champ intellectuel profondément travaillé par le jeu de styles personnels. Au lieu de procéder uniquement d'assignations fixées dans le cadre d'un appareil judiciaire bureaucratisé, l'exercice de la fonction de cadi et de celle de mufti relève tout d'abord d'une appropriation individuelle des charges de judicature par les membres de l'élite religieuse oasienne[33].

Plusieurs cadis de la région interviennent ainsi également en tant que muftis. La remarque vaut au premier chef pour les *quḍāt al-jamāʿa* al-Bakrī-s et al-Balbālī-s. Cela ne saurait nous étonner étant donné que les *quḍāt al-jamāʿa* de ces deux familles se sont distingués tant par l'exercice de leur fonction de magistrat que par leur rayonnement comme savant. Toujours est-il que des cadis issus de lignages lettrés d'allure plus modeste rendent aussi des fatwas. C'est le cas, par exemple, de deux juges du Gourara, ʿAbd al-Karīm b. Muḥammad al-Jawzī et ʿAbd Allāh b. al-Zubayr, dont plusieurs consultations sont citées dans les *Nawāzil* d'al-Jantūrī[34]. Dans son étude sur les archives des tribunaux libyens d'Ajdabiyya et de Koufra au XX^e^ siècle, Aharon Layish a déjà signalé le penchant de certains cadis à revêtir occasionnellement l'habit du mufti pour exposer leurs compétences de jurisconsultes[35]. Cependant, pour ce qui est des oasis du Grand Touat, la fréquence à laquelle une telle activité transparaît à travers les recueils de jurisprudence examinés semble traduire plus que l'ambition de quelques juges de se faire reconnaître aussi en tant que muftis. En vérité, elle renvoie à une configuration institutionnelle où de nombreux oulémas sont amenés à assumer simultanément les tâches de cadi et de mufti.

Regardons un cas d'espèce tiré de la *Ghunya*. Les enfants d'un certain Muḥammad Ḍamā soumettent à l'expertise de ʿAbd al-Raḥmān al-Tinilānī la copie d'un acte de habous portant sur des biens fonciers – il s'agit sans doute

32 Brunshvig, *La Berbérie sous les Hafsides des origines à la fin du XVe siècle*, *op. cit.*, 2, pp. 129–143 et « Justice religieuse et justice laïque dans la Tunisie des Deys et des Beys jusqu'au milieu du XIXe siècle » in *Studia Islamica*, 1965, vol. 23, pp. 27–70, Christelow, Allan, *Muslim Law Courts and the French Colonial State in Algeria*, Princeton, Princeton University Press, 1985, pp. 44–93, Marin, « Šūrà et al-Šūrà dans al-Andalus », *art. cit.*, Müller, *Gerichtspraxis im Stadtstaat Cordoba*, *op. cit.*, pp. 151–154, Touati, *Entre Dieu et les hommes*, *op. cit.*, pp. 99 -106.

33 Voir aussi Touati, *Entre Dieu et les hommes*, *op. cit.*, pp. 120–131.

34 *Nawāzil al-Jantūrī*, *ms. cit.*, f. 34, f. 77, f. 115, f. 116.

35 Layish, Aharon, *Sharīʿa and Custom in Libyan Tribal Society: An Annotated Translation of Decisions from the Sharīʿa Courts of Adjābiyya and Kufra*, Leyde, Brill, 2005, p. X.

de terrains agricoles – que leur défunt grand-père Sayyid ʿUmar b. Barbūsh avait établi de son vivant. L'enjeu est la répartition des propriétés dont se compose l'objet mis en mainmorte[36]. Le chef de la zaouïa de Tinilane entreprend alors de vérifier le document, puis émet une fatwa dans laquelle il déclare l'acte du habous exécutoire : « Il n'y a rien en son contenu qui l'invaliderait »[37]. Nous apprenons par la suite que la fatwa a été confirmée (*ṣaḥḥahu*) par le fils et successeur du maître, Muḥammad al-Tinilānī. De plus, celui-ci autorise formellement les bénéficiaires (*udhina lahum*) à procéder à une répartition (*qisma*) du habous. Par là, Muḥammad al-Tinilānī réalise cependant un acte performatif qui, strictement parlant, relève des compétences d'un cadi et non de celles d'un mufti. Autrement dit, tout en assumant un rôle de consultant, Muḥammad al-Tinilānī intervient dans cette affaire aussi comme juge supervisant la gestion des habous locaux. Le libellé de la fatwa transcrite explicite ce double rôle, puisque nous y lisons que la répartition du habous aurait été autorisée par Muḥammad, en sa qualité de « mufti de son époque, chargé de trancher les [litiges] des musulmans (*mutawallī faṣl al-muslimīn*) »[38].

Il y a plus : les échanges entre cadis et muftis s'intègrent dans un réseau d'allégeances et d'alliances complexe qui lie entre eux les différentes familles de savants de la région. Un cas d'espèce (*nāzila*) repéré dans la *Ghunya* permet d'illustrer ce point. Il s'agit d'une demande d'expertise adressée aux deux principaux juristes de la maison des al-Balbālī-s, Muḥammad b. ʿAbd al-Raḥmān et son fils ʿAbd al-ʿAzīz[39]. Aucune date ne figure dans le libellé de notre source, mais tout porte à croire qu'au moment de l'affaire, Muḥammad b. ʿAbd al-Raḥmān a déjà été nommé *qāḍī al-jamāʿa* du Grand Touat. Le compilateur – c'est-à-dire ʿAbd al-ʿAzīz – introduit la *nāzila* en la qualifiant formellement de question : « Notre frère en Dieu le juriste Sīdī Ibrāhīm b. al-Ḥājj Aḥmad, descendant du saint vertueux (*al-walī al-ṣāliḥ*) Sīdī Ibrāhīm al-Wajdāwī, nous a interrogé à propos de la question litigieuse (*masʾala*) concernant le habous d'al-Ḥājj Aḥmad al-Taḥtāyī. [40]» La transcription de l'*istiftāʾ* qui s'ensuit a donc, à l'origine, été rédigée par ce Ibrāhīm b. al-Ḥājj Aḥmad. Le personnage est difficile à cerner. Sa *nisba* nous permet tout au moins de le rattacher à la bourgade

---

36 *Ghunya, ms. cit.*, f. 606.

37 « *fa-laysa fīhi mā yabṭaluhu* » : *Ibidem.*

38 En transcription de l'arabe, le passage se lit : « *fa lammā ʿazama awlād al-shaykh sīdī Muḥammad Ḍamā b. al-Sayyid ʿUmar b. Barbūsh ʿalā qism mā ḥabasa jidduhum al-madhkūr ʿalayhim min al-aṣl* [...] *faqaṭ istadhānū fīhi man yajibu idhnuhu wa huwa muftī al-waqt wa mutawallī faṣl al-muslimīn shaykhunā al-ʿalāma al-ʿadl Muḥammad b. shaykhinā al-ʿalāma sīdī ʿAbd al-Raḥmān* [...] » : *Ghunya, ms. cit.*, f. 606.

39 *Ghunya, ms. cit.*, ff. 586–587.

40 *Ibidem.*

d'Ouajda située dans le Gourara méridional. Plus significativement, la façon dont le *mustaftī* introduit sa question nous fait penser qu'il s'agit d'un ancien élève de Muḥammad b. ʿAbd al-Raḥmān. Il s'adresse en ces termes au maître de Mlouka :

> Notre cheikh, celui qui nous a fait avancer, celui qui nous a fourni le moyen pour rejoindre notre Seigneur (*wasīlatunā ilā rabbinā*), celui qui nous a conduits des ténèbres de l'ignorance aux lumières de la science[41] [...], celui qui est notre maître et notre professeur bien-aimé, au point de nous tenir lieu de père[42].[43]

Nous avons donc affaire à un lettré, sans doute issu d'un des nombreux lignages maraboutiques de la région, qui sollicite l'aide de là même où il a reçu sa formation. Le contentieux porte sur la dévolution générationnelle de l'usufruit d'un jardin habousé. Nous serions enclin à croire qu'il s'agit d'une affaire à laquelle le questionneur a été confronté à un moment en tant que juge de village. Mais le fond du litige ne nous intéressera pas ici. Soulignons, par contre, qu'Ibrāhīm b. al-Ḥājj Aḥmad ne sollicite pas un jugement (*ḥukm*) de la part du *qāḍī al-jamāʿa*. Il requiert une expertise évaluant les enjeux juridiques sous-jacents au conflit. Cela ressort de la conclusion de l'*istiftāʾ* : « Il est indispensable, mes seigneurs, que vous m'élucidiez cette question avec des passages de textes lumineux et des dires d'autorité explicites [...] Écrivez tout cela sur le formulaire ci-dessus. Que la paix soit sur vous [44]! »

La question adressée aux maîtres de la zaouïa de Mlouka procède-t-elle d'une demande de consultation formelle qui s'insère dans le contexte d'une procédure judiciaire supervisée par Ibrāhīm b. al-Ḥājj Aḥmad ? La dernière partie de la phrase citée le suggère : le questionneur invite les deux juristes à noter leurs réponses (*jawāb*) sur une sorte de formulaire déjà préparé à cet effet. Mais, à l'inverse, force est de constater que les titres de cadi et de *ḥākim* n'apparaissent nulle part dans notre source, ni pour qualifier le questionneur, ni dans les formules d'adresse employées à l'égard des deux al-Balbālī-s. Tout porte à croire qu'Ibrāhīm b. al-Ḥājj Aḥmad adopte la posture d'un élève qui réactualise ses allégeances, en même temps que celle d'un juge recourant à l'avis d'un consultant dans le cadre d'une procédure de litige. Envisagé sous cet

41 « *wa munqadhunā min ẓulumāt al-jahl ilā nūr al-ʿilm* »

42 « *shaykhunā wa ustādhunā wa qurrat ʿayyūninā ʿiwaḍ wālidinā* »

43 *Ibid*, f. 587.

44 « *wa lā budda sādātunā bayyinū lanā ḥāṣil al-masʾala bi-nuṣūṣ bāhira wa aqwāl shāfiya* [...] *wa aktubū lanā dhālika fī hādhā'l-sijjil wa salām* » : *Ghunya, ms. cit.*, f. 587.

angle, l'exemple fait entrevoir une superposition d'anciens liens de compagnonnage (*ṣuḥba*) entre maître et disciple sur l'interaction entre *mustaftī* et mufti[45]. Les assignations institutionnelles respectives de chacune des parties engagées dans la consultation sont intégrées dans une relation de patronage.

L'exercice simultané de charges de judicature, de même que l'impact des hiérarchies et des solidarités à l'intérieur du champ intellectuel oasien sur les échanges entre cadis et muftis, met en relief la figure de l'ouléma comme le pivot de l'organisation judiciaire locale. De fait, la majorité de ceux qui, dans les *nawāzil* du Grand Touat, apparaissent nominativement comme cadi et mufti intègrent leur travail de juriste dans une activité d'encadrement normatif et religieux plus globale, s'articulant autour de quatre principaux pôles d'intervention sociale : la judicature, l'érudition scripturaire, la sainteté et la direction de conscience. Appuyés par leur lignage, ils rendent la justice au même titre qu'ils enseignent les sciences islamiques, qu'ils transmettent l'initiation aux cycles hagiographiques de leur temps, qu'ils interviennent enfin comme médiateurs. Leur démarche suppose ainsi tout un faisceau de savoirs au sein desquels ceux relevant de la régulation juridico-normative s'intègrent comme une pierre de touche. L'élite religieuse ksourienne s'attache à prendre en charge « corps et âme d'une communauté », selon le mot de Fanny Colonna, en nourrissant l'utopie d'une société 'authentiquement' islamique[46].

## Les cadis oasiens

Que la charge du mufti soit en premier lieu assumée par des érudits de zaouïa qui se sont forgés une réputation de science et de piété, cela n'a, à vrai dire, rien de surprenant. On sait que, dès la fin du Moyen Âge, les lettrés religieux au sein de l'espace rural maghrébin se sont appuyés sur l'institution de la zaouïa, de même qu'ils se sont approprié le dispositif de l'*iftā'* comme principale modalité d'expression publique, à côté de la prédication (*wa'ẓ*) et de l'enseignement initiatique du maître au disciple[47]. Les choses sont plus compliquées en ce qui concerne la figure du cadi. Contrairement à l'activité 'libérale' du mufti, la magistrature repose, du point de vue juridique, sur une délégation du pouvoir

45 Sur la notion de *ṣuḥba*, voir Touati, *Entre Dieu et les hommes*, *op. cit.*, pp. 21–31.

46 Colonna, *Les versets de l'invincibilité*, *op. cit.*, p. 151.

47 Voir Berque, *L'intérieur du Maghreb*, *op. cit.*, pp. 13–65, Touati, « La loi et l'écriture », *art. cit.*, Osswald, *Schichtengesellschaft und islamisches Recht*, *op. cit.*, Ould-al-Bara, *Fiqh société et pouvoir*, *op. cit.*, Voguet, *Entre réalités sociales et construction juridique*, *op. cit.*.

judiciaire par l'autorité politique[48]. Pour exercer pour exercer sa fonction en toute légitimité, un juge ksourien a besoin d'une investiture de la part du souverain (*imām*), en l'occurrence du sultan marocain auquel l'archipel oasien fait allégeance pendant la période examinée ici. Au sens strict, le cadi est donc un agent d'État. Par cette qualité, il se distingue de l'arbitre (*muḥḥakim*) qui, lui, est nommé ponctuellement par les parties en litige ou le groupe. Muḥammad b. ʿAbd al-Raḥmān al-Tinilānī écrit par exemple dans une fatwa :

> À propos du juge dont l'investiture (*tawliya*) n'est pas couverte par un acte formel (*ʿaqd*) émis par le prince des croyants (*amīr al-muʾminīn*) ou par ceux dotés de discernement (*dhūʾl-raʾy*) parmi les gens instruits et intègres[49], l'Imām al-Māzarī[50] a stipulé que son jugement n'est pas valable (*lā yaṣiḥḥ*), sauf s'il a reçu l'accord (*riḍā*) des deux parties en litige (*khaṣmayn*)[51].

Il en est ainsi, comme le précise une fatwa de ʿAbd al-Raḥmān al-Jantūrī, car l'autorité de l'arbitre « dérive uniquement d'un accord établi entre deux ou plusieurs parties du litige, afin qu'il tranche leur différend »[52]. Par contraste, « l'essence de la fonction du cadi (*ḥaqīqat al-qāḍī*) résiderait, selon Ibn Salmūn[53], dans ce pouvoir judiciaire (*qaḍāʾ*) qui est l'expression d'une délégation (*ʿibāra ʿan niyāba*) provenant de l'Imam suprême (*al-imām al-aʿẓam*) ou de son représentant (*nāʾibihi*), en ce qui concerne l'application des normes de

---

48 Tyan, *Histoire de l'organisation judiciaire en pays d'Islam*, *op. cit.*, pp. 100–112.

49 « *ahl al-ʿilm waʾl-maʿrifa waʾl-ʿadāla* »

50 Il s'agit du juriste ifriqiyien al-Imām al-Māzirī (m. 536/1141) que les mālikites postérieurs, selon H. R. Idris, considèrent comme le dernier des *mujtahid*-s de l'école, d'où le titre honorifique d'*imām*. Cf. Idris, Hady Roger, « L'école malikite de Mahdia : l'imam Al-Māzirī (m. 536 H/1141) » in *Études d'orientalisme dédiées à la mémoire de Lévi-Provençal*, Paris, Maisonneuve et Larose, 1962, 2 vol., 1, p. 156.

51 *Ghunya*, *ms. cit.*, f. 641.

52 « *waʾl-ḥakīm huwa ittifāq al-khaṣmayn aw akthar ʿalā ʿan yaḥkumā baynahumā* » : *Nawāzil al-Jantūrī*, *ms. cit.*, f. 208.

53 Al-Jantūrī y réfère au grand cadi de Grenade Abūʾl-Qāsim b. Salmūn al-Kinānī (m. 767/1365). Il est notamment l'auteur d'un important traité sur l'écriture notariale, intitulé *al-ʿIqd al-munaẓẓam fī-mā yajrī fīhim min al-aḥkām*, qui fait autorité dans l'école mālikite postclassique. Voir Cano Avila, Pedro, « Abu l-Qasim Ibn Salmun : Notario, cadi supremo de Granada y maestro de Ibn al-Jatib » in *Revista del Centro de estudios históricos de Granada y su Reino*, 1988, vol. 2, pp. 11–38 et Hallaq, Wael, « Model Shurūṭ Works and the Dialectic of Doctrine and Practice » in *Islamic Law and Society*, 1995, vol. 2, n° 2, pp. 109–134, en particulier p. 112 et p. 128.

la charia en matière de jugements (*fī'l-aḥkām tanfīdh al-sharī'a*) »[54]. Dans sa réponse, al-Jantūrī esquisse une véritable théorie quant à la question de savoir comment l'acte de juger à l'échelle locale doit être légitimé du point de vue de la doctrine juridique :

> L'investiture du cadi appartient au Prince (*al-imām al-aʿẓam*), ainsi qu'à son représentant, à condition que celui-ci jouisse du statut d'homme intègre (*in kāna ʿadlan*). Autrement, c'est la communauté des musulmans (*jamāʿat al-muslimīn*) [qui s'en charge]. [...] Si vous avez saisi cela, sachez encore que le cadi est celui qui est désigné par le souverain (*sulṭān*) ou son lieutenant (*khalīfatuhu*), tel qu'un gouverneur ou un agent (*ka-qā'idihi aw ʿāmilihi*), afin de faire respecter les normes de la charia. Ensuite, il revient à l'assemblée des oulémas (*jamāʿat al-ʿulamā'*) de se substituer au souverain dans toutes les contrées (*fī kulli mawḍiʿ*) où celui-ci est absent ou dépourvu de moyens pour affirmer son autorité localement[55].[56]

Si l'acte d'investiture est obligatoire pour l'exercice de la magistrature, l'exposé d'al-Jantūrī laisse donc entrevoir l'existence de deux modalités pour la nomination des cadis ksouriens. La première est effectivement celle qui émane de l'État, à savoir le Makhzen marocain. Cependant, étant donné que l'autorité du sultan se fait rare dans ces contrées reculées, les juristes oasiens reconnaissent à eux-mêmes ainsi que, plus généralement, aux assemblées de notables villageois – les *jamāʿa*-s – la faculté de s'accorder sur la désignation d'un juge dont les décisions sont par la suite exécutoires[57]. Bien entendu, par cette solution juridique, les oulémas locaux permettent aussi aux ksouriens de ne pas sombrer dans l'état de la *sība*, c'est-à-dire d'être privé du lien de souveraineté politique et religieuse qui rattache le groupe à l'ensemble de la communauté musulmane (*umma*)[58]. C'est ce second type d'investiture qui est visé lorsque les consultations transcrites dans les *nawāzil* évoquent la figure du « lieutenant de l'Imam » ou de « celui qui prend la place de l'Imam en son absence »[59]. La fatwa de Muḥammad al-Tinilānī que nous venons de citer

---

54 *Nawāzil al-Jantūrī, ms. cit.*, f. 208.

55 « *aw taʿadhdhara fīhi al-wuṣūl ilā'l-sulṭān* »

56 *Ibidem.*

57 Sur cette problématique, voir aussi Boubrik, Rahal, « Les fuqahâ' du prince et le prince des fuqahâ' : discours politique des hommes de religion au pays maure (Mauritanie, XVIIe – XIXe siècle) » in *Afrique et histoire*, 2009, vol. 7, n° 1, pp. 153–172.

58 Cf. Touati, Houari, « Le prince et la bête : enquête sur une métaphore pastorale » in *Studia Islamica*, 1996, n° 83, p. 113 et « La loi et l'écriture », *art. cit.*, pp. 98–102.

59 « *man qāma bi-maqām al-imām fī-ghiyābihi* »

donne par exemple suite à la contestation d'un jugement (*ḥukm*) par la partie déboutée (*al-maḥkūm ʿalayhi*). Celle-ci prétend (*iddaʿā*) que l'auteur de la décision judiciaire mise en cause ne dispose pas d'une investiture formelle de la part de l'Imam, de même qu'il n'a pas été placé dans ses fonctions à la suite d'un accord du groupe (*lā ittafaqat ʿalayhi jamāʿa*)[60].

Jusqu'à l'occupation française, l'intervention du Makhzen dans la nomination des cadis semble cependant constituer la règle, tout au moins pour ce qui en est des grandes agglomérations ksouriennes. Nous avons déjà pu observer que les *quḍāt al-jamāʿa* al-Bakrī-s et al-Balbālī-s sont investis par le pouvoir chérifien. Un rapport de l'administration militaire française, qui date du début de la période coloniale et qui se propose d'établir une sorte d'inventaire ethnographique des territoires conquis, constate également que « la justice est rendue par des cadhis. Ces juges étaient autrefois nommés par l'Empereur du Maroc »[61]. Une notice rédigée par A. G. P. Martin nous renseigne même sur le fait qu'en 1892 encore, non moins de huit cadis sont confirmés dans leurs postes par l'autorité makhzénienne[62]. Parmi eux figure un certain Mḥammad b. Ḥabīb al-Balbālī « cadhi du Touat et [ses] dépendances »[63]. À cette époque, les al-Balbālī-s détiennent donc toujours la charge du *qāḍī al-jamāʿa*. Notons enfin que les cadis procèdent parfois à l'affectation de juges subalternes. Selon un autre rapport de l'administration coloniale, qui date aussi du début du XXe siècle, le juge d'Ain Salah aurait par exemple été investi dans ses fonctions par le cadi du ksar de Sahel, situé dans l'agglomération d'Akabli, alors que ce dernier avait été initialement nommé par le Sultan marocain[64].

Les nominations de cadis s'accompagnent de la délivrance d'un acte d'investiture plus ou moins formel. Par là, elles se conforment aux normes courantes au sein de l'organisation judiciaire en terre d'Islam pendant la période prémoderne[65]. Selon des témoignages que nous avons pu recueillir lors de nos

---

60 *Ghunya*, *ms. cit.*, f. 641.

61 Dans ce contexte, il est peut-être non sans intérêt de noter qu'au moment de la conquête coloniale, ces anciens cadis tentent de dissimuler leur identité. A. G. P. Martin témoigne : « En arrivant dans les Oasis, le conquérant français ne trouva devant lui, aux portes des ksour, que les assemblées de notables venant lui apporter leur soumission, tandis que les caïds ou les cadhis investis par le sultan marocain se terraient ou dissimulaient soigneusement leur qualité ; il ignora donc l'existence de ceux-ci, et ne connut d'autre pouvoir réel que l'assemblée qui s'était présentée à lui, la djemâa » : Martin, *Les oasis sahariennes*, *op. cit.*, p. 197.

62 *Ibidem*, p. 264 et pp. 314–315.

63 *Ibid.*, p. 264.

64 Archives nationales d'outre-mer, Aix-en-Provence, 22h50.

65 Voir Tyan, *Histoire de l'organisation judiciaire en pays d'Islam*, *op. cit.*, pp. 180–184.

investigations dans la région, de tels documents sont encore conservés dans les archives des anciennes familles de cadis. Bien entendu, l'accès à ce type d'écrit est presque impossible. Quoi qu'il en soit, la pratique en est lisible dans cet extrait d'une chronique composée par un cadi du Timmi vers le début du XIX^e^ siècle, et qui a été traduit par A. G. P. Martin :

> En 1784, le souverain avait envoyé aux Oasis le caïd Ali, fils de Djilali et petit-fils de Mohammed-Saffar, en lui prescrivant de résider au Timmi et de placer ses lieutenants à Timimoun et à Aïn Salah [...] Il [le caïd] nomma un cadhi [...] et me donna à moi-même la fonction d'imam et celle de suppléant de mon père, le cadhi Moulaï-Ahmed ben Abderrahmane, fonction que je conservai jusqu'à la mort de celui-ci, décrétée par Dieu en *ramadhane* 1199 (juillet 1785) [...] J'écrivis à la Majesté chérifienne pour l'informer de la mort de mon père [...] je reçus alors de l'émir [...] une lettre [...][66].

Cette lettre investit effectivement l'auteur de la chronique comme successeur de son père à son décès :

> Nous avons reçu ta lettre nous informant de la mort de ton père – que Dieu garde son âme et te fasse son digne héritier. Nous te donnons son emploi et sa fonction, et t'ordonnons de t'entendre avec le Taleb Amor[67] et avec Abdelhak[68]. Nous te prescrivons aussi de nous tenir au courant de ce que fait celui qui gouverne le Touat, car nous avons confiance en toi. Salut. Des derniers jours de *safar* 1210 (4–14 septembre 1795)[69].

L'exemple laisse entrevoir que l'office du juge se transmet au sein de lignages locaux. Une fois investis, les cadis exercent leurs fonctions tant que leur état de santé le permet, avant de les céder à un fils héritier. Cette délégation semble d'ailleurs être encouragée, voire ordonnée, par le Makhzen. À la mort de Mawlāy Sulaymān (règne 1792 – 1822), son successeur Mawlāy ʿAbd al-Raḥmān (règne 1822–1857) invite ainsi le vieux cadi de Mlouka, Muḥammad b. ʿAbd al-Raḥmān al-Balbālī, à abandonner la magistrature au profit du fils ʿAbd al-ʿAzīz puisque

66 Martin, *Quatre siècles d'histoire marocaine*, *op. cit.*, pp. 101–102.

67 Nous serions incliné à croire qu'il s'agit de ʿUmar b. ʿAbd al-Raḥmān al-Tinilānī, le fondateur de la zaouïa de Mahdiya.

68 C'est sans doute le *qāḍī al-jamāʿa* ʿAbd al-Ḥaqq al-Bakrī dont il est question.

69 Martin, *Quatre siècles d'histoire marocaine*, *op. cit.*, p. 102.

son âge l'empêcherait d'assurer convenablement ses fonctions[70]. Cette destitution déguisée se fait par l'intermédiaire de deux notables locaux, le maître de la zaouïa de Kerzaz, Muḥammad b. Muḥammad al-Karzāzī[71], ainsi qu'un chérif alaouite de Fenoughil, un certain Sīdī Muḥammad b. Hishām que nous n'avons pas pu identifier.

L'on ne peut insister assez sur les remarquables continuités gentilices qui caractérisent la dévolution des charges de judicature au Grand Touat. Le cas des *quḍāt al-jamāʿa* al-Bakrī-s nous a déjà montré que certains lignages parviennent à monopoliser l'exercice de la magistrature pendant des siècles. Lorsque Muḥammad b. ʿAbd Allāh al-Jawzī devient cadi du Gourara en 1233/1817–18, il figure comme huitième dans une succession de neuf cadis issus de la famille[72]. Sur le plan politique, l'existence de ces lignages 'fournisseurs' de juges investis du cachet sultanien laisse apparaître les contours d'une alliance qui rattache, pendant toute la période examinée, les notables de l'archipel oasien à la dynastie alaouite. De fait, il s'en faut de beaucoup que l'affectation des cadis traduise l'exercice d'un contrôle direct par le trône chérifien sur la magistrature locale. Nous n'avons trouvé aucune trace de révocations officielles, et encore moins d'envois de cadis en provenance des centres politiques du Maroc. Tous ceux qui sont investis comme juges sont des ksouriens appartenant à des lignages de notables autochtones. L'impression se dégage ainsi qu'en conférant le monopole sur la charge du cadi à certaines grandes familles locales, l'État alaouite ne fait, en fin de compte, que consacrer des hiérarchies existantes à l'intérieur du champ social oasien tel qu'il se présente *de facto* à lui.

Nous ignorons quelles ont été les pratiques d'investiture dans les autres régions rurales de l'Empire chérifien, qui étaient directement soumises à l'autorité sultanienne. En étudiant les milieux de cadis à Kairouan aux XVII^e^ et XVIII^e^ siècles, Jacques Berque affirme, qu'à la différence du cas de la Régence de Tunis, la justice marocaine est peu affectée par l'intervention du pouvoir pour autant qu'un « cadi marocain, une fois investi par le sultan, reste pratiquement en charge toute sa vie, et ne subit que rarement les immixtions du gouvernement »[73]. Néanmoins, Berque omet de fournir des références à l'ap

70 *Ghunya*, *ms. cit.*, f. 1. Un autre exemple de ce type de passage de fonction est documenté dans Martin, *Quatre siècles d'histoire marocaine*, *op. cit.*, pp. 110–111.

71 Sur cette zaouia, voir Albert, P., « La zaouia de Kerzaz » in *Bulletin de la société de géographie et d'archéologie d'Oran*, 1906, vol. 26, pp. 475–490.

72 Nous sommes mal renseignés sur les circonstances qui amènent les al-Jawzī-s à s'imposer comme lignage de magistrats. Toujours est-il que les noms de cadis au *nasab* d'al-Jawzī apparaissent régulièrement aussi bien dans les corpus de *nawāzil* que dans les fragments de chroniques traduits par A. G. P. Martin.

73 Berque, *L'intérieur du Maghreb*, *op. cit.*, pp. 231–232.

pui de son assertion. À vrai dire, l'histoire de la judicature marocaine à l'époque moderne – au demeurant, tout comme celle du Maghreb en général (à l'exception peut-être du cas tunisien) – reste encore largement à écrire[74]. Il n'empêche que le recrutement exclusif de magistrats dans les rangs des élites locales tranche avec des usages qui s'observent dans d'autres parties du monde arabo-musulman. Dans les provinces orientales de l'Empire ottoman, par exemple, les cadis sont toujours des allogènes. De plus, ils n'exercent leurs fonctions sur place que pour une durée déterminée, avant d'être 'mutés' ailleurs. Dans son étude sur le tribunal de la ville de Jaffa à la fin du XIX^e siècle, Iris Agmon relate ainsi la trajectoire d'un magistrat d'origine damascène qui, au cours de sa carrière, occupe successivement des postes dans plusieurs villes du *Bilād al-Shām*, mais aussi en Libye, où la Sublime Porte rétablit son autorité pendant le XIX^e siècle[75]. À l'intérieur du modèle ottoman, la permanence institutionnelle, et, par là, l'ancrage du prétoire dans les contextes locaux sont assurés par le personnel auxiliaire, à savoir les greffiers, les témoins instrumentaires, etc., qui, eux, sont toujours des autochtones[76]. Au Grand Touat, les choses se présentent donc d'une manière sensiblement différente. Ici, la continuité au sein des protagonistes de la justice islamique, tous hommes de terroir, contraste avec l'alternance caractérisant le corps des fonctionnaires allogènes (*qā'id*, *'āmil*) que le Makhzen envoie dans l'archipel oasien pour coordonner le prélèvement de l'impôt[77].

---

74 Une des rares études sur le sujet est Mediano, Fernando Rodriguez, « Justice, crime et châtiment au Maroc au XVI^e siècle » in *Annales H. S. S.*, 1996, vol. 51, n° 3, pp. 611–627. Pour le cas tunisien, voir Bargaoui, Sami, « Débats identitaires et logiques territoriales : l'administration de la justice mālikite à l'époque moderne » in *Studia Islamica*, 2000, n° 97, pp. 121–154 et Brunshvig, « Justice religieuse et justice laïque dans la Tunisie des Deys et des Beys, jusqu'au milieu du XIXe siècle », *art. cit.*.

75 Agmon, Iris, *Family and Court: Legal Culture and Modernity in Late Ottoman Palestine*, New York, Syracuse University Press, 2006, pp. 76–79.

76 Cf. Jennings, Ronald C., « Kadi, Court and Legal Procedure in 17th c. Ottoman Kayseri: the Kadi and the Legal System » in *Studia Islamica*, 1978, n° 48, pp. 133–172. Bien entendu, le Maghreb ottoman diffère de ce modèle. Ainsi Houari Touati a-t-il pu relever pour le cas d'Alger et de Constantine que les charges judiciaires se transmettent également dans les lignages lettrés locaux. Touati, *Entre Dieu et les hommes*, *op. cit.*, pp. 72–76 et « Les héritiers », *art. cit.*, pp. 70–82. La pratique s'observe aussi dans la régence de Tunis. Voir Brown, Leon Carl, *The Tunisia of Ahmad Bey: 1837–1855*, Princeton, Princeton University Press, 1974, pp. 147–167.

77 Les fragments de chroniques traduits par Martin dans *Quatre siècles d'histoire marocaine* documentent en grand détail le va-et-vient des agents makhzéniens entre le Maroc et les oasis.

## L'ombre du Makhzen

L'autonomie reconnue aux milieux locaux n'exclut pourtant pas des interventions épisodiques de la part du Makhzen dans la vie judiciaire oasienne qui vont au-delà de la seule nomination de cadis. Au contraire, tout au moins pendant la période couverte par les recueils de jurisprudence – *grosso modo* de 1700 à 1830 – le pouvoir alaouite est susceptible de s'interposer dans le dénouement des litiges, ce dont témoigne un cas d'espèce (*nāzila*) glané dans la *Ghunya*[78]. Vers le début du XIXe siècle, un grave conflit à propos de deux foggaras oppose la famille al-Bakrī à deux autres lignages de Tamentit. La configuration du litige est exemplaire d'un type de dispute très fréquent à l'échelle régionale. Les al-Bakrī-s entendent faire valoir leurs droits de propriété anciens (*istiḥqāq*) contre l'occupation effective par les exploitants actuels qui, à leur tour, se retranchent derrière l'argument de la prescription acquisitive (*ḥiyāza*)[79]. La situation est tendue au point qu'elle risque de basculer dans la violence. L'autorité chérifienne s'avise d'intervenir. En 1225/1810, le *qāḍī al-jamāʿa* de l'époque, Muḥammad b. ʿAbd al-Raḥmān al-Balbālī, reçoit une lettre de la part du « souverain » (*al-imām al-aʿẓam*) – entendons l'autorité makhzéniennne – qui le charge de trancher le contentieux. Le cadi entame alors la procédure judiciaire habituelle en adressant une demande de consultation à Muḥammad b. ʿAbd al-Raḥmān al-Tinilānī.

Une telle intervention directe du pouvoir alaouite dans les affaires internes de l'archipel oasien est sans doute exceptionnelle. Elle pourrait s'expliquer par le fait que les intérêts d'une éminente famille de notables s'y trouvent mis en jeu. De plus, les al-Bakrī-s figurent parmi les principaux soutiens du pouvoir alaouite à l'échelle locale. Le *Qawl al-basīṭ* relate ainsi sans aucune ambiguïté à leur propos : « Respectée et vénérée partout où son nom avait retenti, cette famille jouissait auprès du sultan d'une très grande considération. Tous ses membres étaient exempts d'impôts[80].» Même si les enjeux précis du conflit nous échappent en l'occurrence, faute de sources, l'ordre adressé au cadi al-Balbālī de trancher le litige semble s'insérer dans une politique plus globale poursuivie par l'État chérifien. Celle-ci consiste à maintenir des alliances avec les grandes zaouïas de la région ce dont témoigne aussi l'envoi régulier

---

78 *Ghunya, ms. cit.*, f. 363–364.

79 Cf. *infra*, pp. 233–234. Selon les dépositions de témoins recueillis dans l'*istiftāʾ*, au moins une des deux foggaras a effectivement été enlevée de force aux al-Bakrī-s par le lignage des Awlād ʿAlī b. Mūsā en 1219/1805.

80 Watin, « Origines des populations du Touat d'après les traditions conservées dans le pays », *art. cit.*, p. 229.

de gratifications destinées aux élites religieuses ksouriennes. Les différents passages de chroniques traduits par A. G. P. Martin mentionnent à plusieurs reprises de telles donations. En 1245/1830, le cadi Mawlāy Aḥmad reçoit par exemple une missive du sultan dans laquelle nous lisons :

> Si rien ne s'y oppose, tu recevras de nous, toi cadhi, avec la bénédiction divine, une certaine somme (d'argent) que tu répartiras entre tes frères, les Chorfa âlouyites, et des présents que tu déposeras de notre part dans les sanctuaires et les mausolées de ton pays ; tu es notre mandataire[81].

En courtisant ainsi des élites religieuses locales, l'autorité sultanienne poursuit bien entendu des objectifs tout à fait pragmatiques. Les extraits de chroniques rassemblés par Martin ne laissent aucun doute sur le fait que les magistrats oasiens travaillent main dans la main avec les fonctionnaires du Makhzen lors des tournées fiscales (*maḥalla*) qui s'abattent avec une régularité implacable sur la région durant les XVII^e^ et XVIII^e^ siècles[82]. En vérité, pendant ces « jours du Makhzen » (*ayyām al-makhzin*) – comme disent nos sources – il revient en premier lieu aux cadis d'assurer la logistique de la perception de l'impôt. Par exemple, dans une lettre datée de 1239/1823, le nouveau sultan marocain Mawlāy ʿAbd al-Raḥmān donne des instructions à Mawlāy Aḥmad quant à la manière dont il convient de procéder : « N'apporte aucune négligence à l'établissement de l'assiette de l'impôt, mesure les eaux qui ont peut-être diminué, et, dans ce cas, ne recense que ce que tu trouveras et non ce qui existait antérieurement[83].» Le cadi s'exécute. C'est qu'il en a l'habitude. En 1211/1796, sous le règne de Mawlāy ʿAbd al-Raḥmān, il s'est adressé à l'assemblée des notables (*jamāʿa*) de Tamentit, afin d'exposer la procédure à suivre pour le versement de l'impôt :

> Remettez à notre fils Sidi Mohammed ben Abdallah, qui se présentera à vous avec les serviteurs de notre seigneur […] ce dont vous êtes redevables […] Nous lui avons prescrit, pour le cas où vous lui verseriez cela, d'attribuer à chaque *moudden* [muezzin], à chaque imam, à chaque

81 Martin, *Quatre siècles d'histoire marocaine, op. cit.* p. 149. Voir aussi *ibidem*, pp. 135–141.

82 Sur l'institution de la *maḥalla*, voir Dakhlia, Jocelyne, « Dans la mouvance du prince : la symbolique du pouvoir itinérant au Maghreb » in *Annales E.S.C.*, 1988, vol. 43, n° 3, pp. 735–760, El-Moudden, Abderrahman, « État et Société rurale à travers la harka au Maroc du XIXième siècle » in *Maghreb Review*, 1983, vol. 8, n° 5–6, pp. 141–145, Nordman, Daniel, « Les expéditions de Moulay Hassan : essai statistique » in *Hespéris-Tamuda*, 1980–1981, vol. 19, 123–152.

83 Martin, *Quatre siècles d'histoire marocaine, op. cit.*, p. 132.

> pédagogue de votre pays une somme de trois metkals ; si ces paiements sont faits, notre confère, le cadhi Abdelhak, apposera sa signature au bas de cette lettre, pour acquit, avant que notre fils ne nous la rapporte[84].

Il est particulièrement significatif dans ce contexte que ce soit le *qāḍī al-jamāʿa* ʿAbd al-Ḥaqq al-Bakrī qui est chargé de certifier les paiements effectués. Deux ans plus tard, en 1798, l'établissement de l'assiette de l'impôt sur les dattes, ainsi que le calcul des redevances en nature à verser aux fonctionnaires makhzéniens (*ḍīfa*) mobilise de nouveau plusieurs magistrats oasiens : le cadi Mawlāy Hāshim, un certain Sayyid Muḥammad b. Mabrūk b. Yaddū décrit comme « jurisconsulte » et adjoint (*nāʾib*) d'al-Hāshim au Gourara, un autre cadi, le nommé ʿUmar – il s'agit sans doute du maître de la zaouïa de Mahdiya, ʿUmar b. ʿAbd al-Raḥmān al-Tinilānī – et son fils Muḥammad, enfin, ʿAbd al-Ḥaqq al-Bakrī[85]. On le voit, pour affirmer sa souveraineté fiscale, l'État alaouite s'appuie étroitement sur les élites religieuses ksouriennes.

Le rôle actif des magistrats dans le recouvrement de l'impôt est corroboré par les recueils de *nawāzil*. Plusieurs litiges exposés par les compilateurs portent sur des ventes forcées de propriétés, foncières ou autres, réalisées par les cadis oasiens, afin de garantir le paiement des taxes imposées aux collectivités ksouriennes[86]. De plus, ces ventes sont formellement légitimées par les juristes locaux quand bien même il s'agit de couvrir des redevances qui sont illégales du point de vue de la charia. Dans les *Nawāzil* de Muḥammad al-ʿĀlim al-Zajlāwī, nous lisons ainsi :

> En ce qui concerne la position qu'il [Muḥammad al-ʿĀlim] a adoptée dans ses jugements et ses consultations, à savoir de déclarer exécutoires les ventes forcées qui ont été réalisées, afin de rassembler le montant de l'impôt dû au Makhzen (*imḍāʾ bayāʿāt al-makhzin*), même dans des cas où il s'agit de redevances injustes et illégales (*al-maghārim al-ẓulmiyya*) : il s'est appuyé (*iʿtamada*) dans cette question sur l'avis d'Ibn Kanāna[87],

---

84 *Ibid.*, p. 105.

85 *Ibid.*, pp. 113–116.

86 À en juger les *nawāzil* consultées, l'imposition de l'impôt à l'échelle locale se fait d'une manière semblable à celle qui est analysée par Abdelhamid Hénia pour le cas du Jérid dans la Tunisie husseinite. C'est-à-dire la collectivité villageoise se charge à travers l'institution de la *jamāʿa* de réunir auprès de ses membres le montant de l'impôt qui lui est imposé. Cf. Henia, Abdelhamid, *Le Ǧrīd : ses rapports avec le beylik de Tunis : 1676–1840*, Tunis, Université de Tunis, 1980.

87 Référence est probablement faite à l'élève médinois de Mālik b. Anās (m. 179/795), Abū ʿAmrū ʿUthmān b. ʿĪsā b. Kanāna (m. 186/802–3).

ainsi que sur ceux d'autres oulémas parmi les autorités tardives (*muta'akhkhirīn*), comme al-Lakhmī[88] et le maître de ce dernier, Abū'l-Qāsim al-Suyūrī[89]. Voici le texte d'une de ses consultations sur le sujet[90]:

> Quelqu'un l'a interrogé à propos d'un homme qui a été incapable de s'acquitter de ses obligations à l'égard du souverain (*maṭlab al-sulṭān*), c'est-à-dire de ce que la communauté villageoise lui avait imparti comme contribution[91]. Par conséquent, le cadi [...] a donné l'ordre (*amara bihi al-shāri'*[92]) de procéder à la vente d'un jardin de palmiers (*janān*[93]) appartenant à cette personne, afin de couvrir la somme due (*fī-mā yalzimuhu min al-maṭlab*). Les experts judiciaires (*'urrāf*), les témoins instrumentaires du village (*shuhūd al-balad*), ainsi que les notables (*a'yānuhā*) se sont alors mis à établir la valeur [du jardin] d'une manière équitable (*taqwīman 'ādilan*) et sans lui porter préjudice (*min ghayr ghabn*) au profit d'un tiers. Ensuite, celui-ci a acquis l'objet en conformité avec ce que le juge (*ḥākim*) mentionné avait ordonné[94].

Dans sa réponse, al-Zajlāwī déclare, sans ambages, qu'une telle vente est obligatoire et définitive. Car elle tient compte de considérations de bien commun (*maṣlaḥa*) visant la prévention contre des effets pernicieux (*daf'an li'l-mafsada*). Le mufti s'y réfère à la maxime juridique, selon laquelle il convient de choisir entre deux maux le moindre (*irtikāban li-akhaff al-ḍararayn*)[95]. Entendez qu'il s'agit d'éviter à tout prix des exactions de la part des agents makhzeniens qui, il est vrai, peuvent s'avérer d'une violence extrême[96]. La consultation d'al-Zajlāwī est confirmée par deux juristes de la zaouïa Raqqādiya Kuntiya, Aḥmad b. Ḥammād al-Jawād et Muḥammad b. 'Abd al-Mu'min. En

88 Le juriste kairouanais exilé à Sfax Abū'l-Ḥassan al-Lakhmī (m. 478/1085).

89 Selon Hady Roger Idris, il s'agit du « dernier représentant du mālikisme kairouanais pré-hilalien », décédé en 460 ou 462/ 1067–69. Cf. Idris, « L'école mālikite de Mahdia : l'imam Al-Māzārī (m. 536 H/1141) », *art. cit.*, p. 154.

90 « *wa naṣṣ jawāb lahu fī dhālika* »

91 « *ya'nī mā yalzamuhu bayna ahl qaryatihi* »

92 Les termes *shāri'* et *shar'* sont fréquemment employés dans les *nawāzil* du Grand Touat pour désigner d'une manière générique la justice islamique. Nous ne saurons malheureusement pas dire s'il s'agit là d'une spécificité locale.

93 C'est le terme dialectal encore de nos jours en usage dans la région pour désigner les jardins de palmiers.

94 *Nawāzil al-Zajlāwī, ms. cit.*, f. 32.

95 *Ibidem.*

96 Voir Martin, *Quatre siècles d'histoire marocaine, op. cit.*, pp. 79–80, 91–92.

vérité, elle traduit une position qui fait consensus parmi les oulémas de l'archipel oasien, ainsi que l'exprime al-Zajlāwī dans une autre fatwa :

> C'est la pratique des juristes et des cadis du Touat (*jarā al-ʿamal min fuqahāʾ Tuwāt wa quḍātihā*) comme Sayyid al-Bakrī[97] que les ventes forcées en raison des exigences du souverain (*maṭālib al-sulṭāniya*) sont contraignantes (*lāzim*) puisqu'elles sont commandées par des considérations de bien commun (*li-ajl al-maṣlaḥa*) et de la protection contre le mal (*mafsada*)[98].

On l'aura compris : en tant qu'experts de terrain, les magistrats ksouriens concourent directement aux opérations fiscales. En même temps, ils s'attèlent à fournir un cadre légitimant aux mesures d'expropriation auxquelles recourent les collectivités villageoises durement éprouvées par les appétits d'un Prince lointain.

## Des accords fragiles

Alors qu'elle est rendue au nom du sultan chérifien, la justice islamique dans les oasis du Grand Touat ne s'insère pas moins dans une configuration politique qui diffère sensiblement de celle des villes et des plaines du Maroc. Elle doit affronter l'absence d'un « appareil de contrainte » (*Zwangsapparat*) bureaucratisé, au sens wébérien, garantissant et contrôlant institutionnellement l'action de la justice[99]. De fait, si l'allégeance à la dynastie alaouite fonde une légitimité politico-religieuse qui permet aux ksouriens d'échapper au statut de communauté « sans-lien » (*sāʾib*), exclue de la cité des croyants (*umma*)[100], tant s'en faut qu'elle s'inscrive dans le cadre d'un état centralisé. Gilbert Grandguillaume n'a pas tort quand il souligne que, la plupart du temps, le Makhzen marocain se manifeste dans les oasis comme un pillard occasionnel déguisé en percepteur d'impôts[101]. En vérité, les ksouriens gèrent leurs affaires d'une manière autonome par le truchement d'institutions de type communautaire, en premier lieu l'assemblée des notables d'un village (*jamāʿa*)

97 Il s'agit de Muḥammad al-Bakrī (m. 1133/ 1720).

98 *Nawāzil al-Zajlāwī*, *ms. cit.*, f. 33.

99 Weber, Max, *Wirtschaft und Gesellschaft : Grundriss der verstehenden Soziologie*, Tübingen, J. C. B. Mohr, 1972 (1921), pp. 182–187.

100 Cf. Touati, « Le prince et la bête », *art. cit.*.

101 Grandguillaume, « Régime économique et structure du pouvoir », *art. cit.*, p. 451.

Par conséquent, l'administration de la justice, ainsi que l'exécution des décisions judiciaires, reposent sur des accords et des initiatives entre acteurs autochtones, qu'il s'agisse de collectivités ou de particuliers.

Sur cette fragmentation politique caractérisant les oasis se greffe la dispersion de l'autorité judiciaire entre les mains de plusieurs acteurs. En dépit des efforts déployés par les oulémas al-Bakrī-s et al-Tinilānī-s au XVIII^e siècle, l'application du droit musulman n'est à aucun moment assurée par une seule instance qui superviserait et, partant, coordonnerait l'action des différents juristes exerçant à l'échelle régionale. Certes, les traditions familiales des al-Bakrī-s affirment à propos de l'illustre Muḥammad al-Bakrī (m. 1133/1720) que son ressort s'étend d'Ain Salah au Tidikelt jusqu'à Tabelkoza au nord du Gourara[102]. Dans les faits, pourtant, la magistrature est partagée entre une multitude de personnes qui sont susceptibles de coopérer entre elles, mais aussi d'entrer en compétition entre elles, voire de s'affronter ! Cette pluralité d'instances judiciaires dans la région impose aux usagers de la justice de se concerter s'ils souhaitent faire juger leur affaire par « la loi sacrée » (*sharʿ*), pour reprendre le trait de nos sources. Il faut s'entendre d'abord sur un magistrat auquel soumettre le contentieux, puis chaque partie doit aussi être prête à accepter la décision du cadi et, surtout, consentir à en assumer les conséquences. Dès lors, il n'est guère surprenant de constater que de telles conventions sont parfois difficiles à mettre en place.

Dans un conflit autour d'une créance exigible, survenu au Gourara, créancier et débiteur ne parviennent pas à s'accorder sur la désignation d'un cadi qui tranchera leur différend[103]. Chacune des deux parties propose un juge que l'autre récuse aussitôt, jusqu'à ce que le débiteur s'exclame qu'il n'accepterait que le verdict d'un magistrat du Touat ou du Tafilalet. Il faut savoir qu'à l'époque, les populations locales considèrent particulièrement le Tafilalet comme une région dont les oulémas excellent sur le plan de l'érudition et de la piété[104]. Le cas est soumis à ʿAbd al-Raḥmān al-Jantūrī pour évaluation. Ce dernier reconnaît alors au créancier, puisqu'il l'identifie comme demandeur (*al-muddaʿī*), le droit de choisir un cadi sur place, à condition que celui-ci soit un homme de science (*ʿilm*) et de probité (*ʿadāla*), au-dessus de tout soupçon d'injustice (*jawr*). De même, al-Jantūrī exclut catégoriquement toute éventuelle obligation de se rendre au Touat ou au Tafilalet, à moins que les parties se soient entendues sur autre chose. La réponse n'est pas sans paradoxe comme nous allons le voir.

---

102 *Al-Kawākib al-barriyya*, *ms. cit.*, f. 83.

103 *Nawāzil al-Jantūrī*, *ms. cit.*, f. 37. Cf. aussi *Ibidem*, f. 167.

104 Cf. *Nawāzil al-Zajlāwī*, *ms. cit.*, f. 138.

Il s'agit toutefois d'une position qui fait consensus parmi les juristes ksouriens. Dans le doute, priorité est donnée au cadi le plus proche géographiquement si celui-ci est un homme intègre. Mais que faire si le terroir 'abonde', pour ainsi dire, en personnes susceptibles d'intervenir ? Observons un deuxième exemple. La *Ghunya* contient un cas d'espèce, similaire au précédent, où deux litigants (*mutakhāṣimayn*) du Gourara se disputent à propos du choix d'un arbitre (*muḥakkim*). L'une des deux parties en conflit souhaite s'adresser à un magistrat autochtone en argumentant que celui-ci connaît l'identité des témoins instrumentaires (*shuhūd*) locaux ainsi que leur écriture (*khaṭṭ*). L'autre exige au contraire que la résolution du litige soit confiée à un jurisconsulte du Touat (*wa ṭalaba fuqahā' Tuwāt*)[105]. Laissons pour le moment de côté la question, quoique décisive, du rôle des témoins instrumentaires dans la procédure judiciaire. Nous y revendrons plus amplement dans le chapitre V, ce qui nous importe ici c'est l'entente sur la désignation du juge. Le mufti sollicité, Muḥammad b. ʿAbd al-Raḥmān al-Tinilānī, préconise :

> Si la localité (*balad*) est dépourvue d'un cadi intègre (*ʿadl*), dont l'investiture serait attestée selon les normes du *fiqh*[106] et si, de ce fait, il n'y existe que des arbitres (*muḥakkim*) dont le grand nombre empêche pourtant les plaideurs de se mettre d'accord sur quelqu'un qui trancherait leur litige, alors le choix doit porter sur celui qui est considéré comme le plus honorable (*aʿdal*) [parmi les *muḥakkim*-s locaux][107].

L'apparente clarté des règles énoncées par les deux fatwas d'al-Tinilānī et d'al-Jantūrī contraste avec la fréquence des conflits de ce genre dans les recueils analysés. Les *Nawāzil* d'al-Jantūrī comportent ainsi toute une série de questions qui ne nous suggèrent pas seulement que la désignation d'un juge est âprement disputée entre litigants, mais qu'en plus, l'accord obtenu risque de se révéler fragile : *quid* si une partie refuse soudainement le cadi sur lequel les plaideurs se sont entendus au préalable ? *Quid* si elle s'adresse subrepticement à un second juge ou bien si elle s'oppose au cadi désigné lorsque celui-ci souhaite solliciter le concours d'autres collègues[108]? Enfin, nous apprenons aussi l'occurrence de situations où le défendeur accuse le cadi de ressentiments ou de rancœurs cachés (*ʿadāwa*) à son encontre[109]. Les *Nawāzil* d'al-Zajlāwī

105 *Ghunya, ms. cit.*, f. 643.

106 « *thabatat tawliyatuhu bi-sharṭihā* »

107 *Ibidem.*

108 *Nawāzil al-Jantūrī, ms. cit.*, ff. 193–194.

109 *Ibidem*, f. 3–4 et f. 99.

contiennent même un cas où une partie du différend rétracte son consentement à accepter le verdict de l'éminent ʿUmar b. ʿAbd al-Qādir al-Tinilānī, en exigeant que l'affaire soit jugée par un autre magistrat[110].

En vérité, le caractère *de facto* souvent indispensable d'un consentement mutuel pour la tenue d'un procès devant un cadi encourage le déploiement de tactiques qui visent précisément à retarder le jugement, comme cela est illustré par un exemple pris parmi tant d'autres. Un homme achète des biens (*amlāk*) – il s'agit sans doute de terres – qui appartiennent à une *maḥjūra*, c'est-à-dire à une fille ou une jeune femme n'ayant pas encore atteint la capacité de disposer juridiquement de sa propriété, qui de ce fait est « interdite d'action »[111]. Le tuteur (*waṣī*) proteste et réclame que le contentieux soit porté devant le prétoire (*majlis*) d'un cadi, en vue de faire annuler la transaction. Si, cette fois, les deux parties conviennent de soumettre leur différend à un juge résidant au Touat[112], l'acquéreur ne cesse de remettre la date de l'audience. Puis, l'homme « disparaît » (*ghāba*) – entendre qu'il part à l'étranger. Néanmoins, avant de quitter les lieux, il veille à instruire le représentant légal (*wakīl*), qui gère ses affaires sur place, de n'engager aucune procédure judiciaire (*yushāriʿu*) auprès d'un magistrat autre que celui sur lequel il s'est mis d'accord avec le tuteur de la *maḥjūra*.

Le temps s'écoule et la configuration initiale du litige évolue. Nous apprenons ainsi que la *maḥjūra* était mariée au moment où le conflit a éclaté[113]. Dans l'intervalle, son mari est pourtant décédé et la jeune femme n'a pas tardé à conclure une nouvelle union. Au regard de ces conditions, la tenue d'un procès devant le cadi originellement désigné devient de plus en plus improbable. Une demande de consultation est adressée à ʿAbd al-Raḥmān b. Baʿumar al-Tinilānī pour savoir : « A quel cadi revient-il de trancher entre les deux parties (*taḥākum baynahumā*), étant donné que l'époux est mort, l'acheteur a disparu et la femme s'est mariée avec une autre personne ? [114]» Ainsi formulée, la question posée au mufti suggère que le fond du litige s'est dilué, au point que les chances de parvenir à une résiliation de la transaction contestée paraissent désormais bien faibles. Toujours est-il que la réponse de ʿAbd al-Raḥmān al-Tinilānī ne semble pas prendre en considération l'évolution de l'affaire. Elle se contente de réitérer la même règle avec laquelle al-Jantūrī nous a déjà

110 *Nawāzil al-Zajlāwī, ms. cit.*, f. 117.

111 *Nawāzil al-Jantūrī, ms. cit.*, f. 60–61. Sur les « interdits d'action », voir *infra*, pp. 250–253.

112 Il s'agit probablement de nouveau de plaideurs gourariens, mais cela n'est pas spécifié dans notre source.

113 Ce qui, notons-le, n'est aucunement en contradiction avec son statut de *maḥjūra*.

114 *Nawāzil al-Jantūrī, ms. cit.*, f. 61.

rendus familiers : le choix du juge incombe au demandeur (*al-muddaʿī*), à moins que cela occasionne au défendeur (*al-muddaʿa ʿalayhi*) un déplacement qui lui soit préjudiciable (*ḍarar*).

Ce jeu complexe où les volontés individuelles tantôt s'affrontent, tantôt s'accordent, ne s'articule, bien entendu, pas dans un vide 'anarchique' aux dimensions hobbesiennes, mu par « une sorte de diplomatie infinie de rivalités qui sont naturellement égalitaires »[115]. Il se déploie dans un espace jalonné, et au moins partiellement structuré, par les institutions d'une organisation communautaire oligarchique. Cela veut dire que presque tout acte émanant de la magistrature islamique s'appuie d'une manière ou d'une autre sur le concours des assemblées de notables (*jamāʿa*) dans les différents ksour de l'archipel oasien. Nous allons sonder les modalités de cette coopération dans le chapitre v. Ce qu'il convient de souligner ici, c'est que sur n'importe quel litige pèse l'intervention potentielle d'une deuxième instance de régulation sociale, à savoir le collectif villageois. De fait, lorsqu'un conflit entre deux parties incapables de s'entendre sur un juge dégénère au point de mettre en péril les intérêts de la communauté, celle-ci ne tarde pas à réagir en imposant son propre choix aux litigants[116]. Et c'est précisément dans ce cas de figure que les juristes du Grand Touat admettent, sous certaines conditions, l'exercice d'une contrainte pour préserver l'ordre public. Ainsi, la fatwa évoquée ci-dessus de Muḥammad b. ʿAbd al-Raḥmān al-Tinilānī, si elle insiste sur le caractère obligatoire d'un consentement mutuel dans la nomination d'un arbitre (*muḥakkim*), ne reconnaît pas moins le droit d'intervenir en urgence à la *jamāʿa* : « Si l'assemblée villageoise désigne des témoins intègres qui, à leur tour, connaissent une personne susceptible de trancher en tant qu'arbitre entre les parties adverses, car on craint une détérioration de la situation, il est obligatoire de suivre cette décision. [117]»

Une figure analytique que l'on dirait presque classique en anthropologie sociale s'introduit ici : celle de l'antagonisme entre l'individu et le collectif. Les conseils villageois semblent être bien conscients du fait que la fragilité des accords entre plaideurs risque d'entraîner des conséquences déstabilisatrices, affectant l'ensemble des rapports sociaux au sein de la communauté. C'est ce qu'illustre d'une manière tout à fait emblématique l'affaire suivante, glanée

115 Foucault, Michel, *« Il faut défendre la société » Cours au Collège de France. 1976*, Paris, Gallimard/Seuil, 1997, p. 80.

116 Notons que la *jamāʿa* peut elle-même se constituer en partie plaignante. Cf. *infra*, pp. 163–168.

117 *« wa taʿyīn jamāʿat ʿudūl ʿārifīn man yaḥṣulu li'l-taḥkīm muḥakimman yaḥkumu bayna al-mutakhāṣimayn in khīfa tafāqum al-amr wajaba ittibāʿuhu »* : *Ghunya, ms. cit.*, f. 643.

dans les *Nawāzil* d'al-Jantūrī. Les notables bédouins (*ʿarab*) et zénètes (*ʿajam*) de la région du Tinerkouk au Gourara se réunissent afin de convenir (*ittafaqū*) de la tenue régulière d'un marché (*sūq*) dans le ksar de Wadghāgh[118]. Dans ce cadre, un cadi est désigné et chargé de trancher (*yafṣil*) les litiges susceptibles de survenir lors des différentes transactions, en conformité « avec ce que Dieu a relevé »[119]. D'emblée, tout recours à d'autres juges est formellement proscrit, à moins que les parties concernées ne se soient explicitement mises d'accord pour faire appel à un second magistrat. Sinon, « il n'y a de justice qu'auprès de lui »[120], c'est-à-dire auprès du cadi nommé par les notables de la région. Néanmoins, on concède à la partie perdante d'un litige le droit à une copie (*nuskha*) du jugement émis (*ḥukm*), au cas où celle-ci souhaiterait solliciter une vérification auprès de ʿAbd al-Raḥmān al-Jantūrī qui est donc investi en quelque sorte comme mufti officiel du nouveau marché.

L'intention est claire : il s'agit de fixer préalablement, au moyen d'un accord commun, les rôles de cadi et de mufti pour prévenir une dispersion de l'autorité judiciaire qui finirait par menacer la stabilité juridique des transactions commerciales réalisées sur le marché. Mais sitôt la convention conclue, elle est déjà éprouvée. Un membre de l'assemblée constitutive se trouve impliqué dans un litige dont les détails ne nous sont pas – hélas – spécifiés davantage. Oublieux, ou bien irrespectueux, de ses engagements, l'homme s'adresse à un autre juge que celui nommé par la *jamāʿa*, en pressant son adversaire d'accepter ce choix. À l'évidence, celui-ci s'y refuse énergiquement. Que faire ? Apparemment, car l'identité du questionneur ne nous est pas explicitée, l'assemblée des notables se resout à recourir à une fatwa d'al-Jantūrī, afin de rappeler le caractère obligatoire de la convention et de faire plier le 'réfractaire' aux décisions prises par la *jamāʿa*, dont, bien entendu, il fait lui-même partie : « L'accord des notables de l'assemblée sur ce qui vient d'être exposé fait-il foi en matière de juridiction (*yaʿmil bihi al-sharʿ*) ? », interroge-t-on le mufti[121].

La réponse d'al-Jantūrī passe la convention communautaire au crible des normes procédurales du *fiqh* mālikite. Certes, elle confirme d'emblée l'obligation des plaideurs à respecter la décision de la *jamāʿa* : « Puisque [les membres de l'assemblée] se sont mis d'accord sur ces [stipulations] et qu'ils se sont

118 *Nawāzil al-Jantūrī, ms. cit.*, f. 166. Sur l'institution des marchés ruraux au Maghreb, se référer à Michel, *Une économie de subsistances, op. cit.*, 2, pp. 411- 437, Pascon, *La maison d'Iligh, op. cit.*, pp. 136–151 et Troin, Jean-François, *Les Souks marocains : marché ruraux et organisation de l'espace dans la moitié nord du Maroc*, Aix-en-Provence, Edisud, 1975.

119 « *bi-mā anzala Allāh taʿālā* » : *Nawāzil al-Jantūrī, ms. cit.*, f. 166.

120 « *lā sharīʿat illā ʿindahu* »

121 *Ibidem.*

engagés à les respecter, il convient de donner raison à celui qui souhaite porter le différend devant [le cadi désigné par la *jamāʿa*] ». Cependant, al-Jantūrī relativise cette obligation en déclarant :

> Il ne saurait tenu pour obligatoire que ce qui correspond à un droit subjectif (*lā yalzam illā mā wāfiq al-ḥaqq*). Si [le cadi] a confirmé par un jugement un tel droit (*fa-in ḥakama bi'l-ḥaqq*), celui-ci est obligatoire. Mais si, en revanche, il a commis une erreur (*akhṭāʾ*), sachez qu'un droit subjectif ne peut résulter d'une erreur (*fa'l-ḥaqq lā yakhṭāʾ*)[122].

En d'autres termes, seul un jugement irréprochable du point de vue des normes du *fiqh* sera considéré comme valide. Le mufti va encore plus loin ; il refuse d'être investi comme l'unique instance de contrôle des décisions rendues en faisant valoir un vice de forme :

> En ce qui concerne la question de soumettre [les actes du cadi] à mon expertise, sachez qu'il ne saurait s'agir d'une clause formelle (*sharṭ*), puisqu'une telle clause doit toujours se rapporter à un droit subjectif (*innamā al-sharṭ muwāfiqa al-ḥaqq*). Ce qui est correct dans cette question, c'est que les appuis sont à chercher là où ils se trouvent [123]!

La mise en œuvre d'un dispositif préventif en matière de juridiction se heurte donc à deux obstacles. Elle doit affronter la réticence des sujets sociaux à se plier aux décisions du collectif quand cela porte préjudice à leurs intérêts. De ce point de vue, la régulation communautaire se trouve aux prises avec un individualisme profond qui est sans doute encouragé par la relative absence de moyens coercitifs en ce domaine. Mais l'initiative de la *jamāʿa* dans l'exemple exposé est également contrecarrée par la position du mufti. Car celui-ci s'applique en premier lieu à faire respecter les normes procédurales, telles qu'elles sont stipulées dans les livres de *fiqh*, et qui tendent à protéger les droits individuels contre l'emprise du collectif.

---

122 *Ibid.* Nous tenons à remercier Christian Müller de son aide pour la compréhension de ce passage.

123 *Ibid.*

### L'ambiguïté de la figure du juge

Revenons à l'assertion d'al-Jantūrī, citée plus haut, selon laquelle la priorité en matière de juridiction appartient toujours au juge le plus proche géographiquement, pour autant que la réputation de ce dernier soit conforme aux critères d'une déontologie professionnelle qui est véhiculée notamment à travers le genre littéraire des « bonnes manières du cadi » (*ādāb al-qāḍī*)[124]. Si nous rapportons cette position au scepticisme affiché ailleurs par le jurisconsulte à l'égard du corps des magistrats gourariens, nous sommes placés devant une situation quelque peu paradoxale. Dans plusieurs de ses consultations, al-Jantūrī exprime son opposition plus ou moins tranchée aux pratiques des cadis de sa région. La notice qui lui est dédiée dans la *Fahrasa* de ʿAbd al-Raḥmān b. Baʿumar al-Tinilānī consacre même toute une section aux tensions caractérisant les rapports entre l'érudit d'Aguentour et les juges des alentours[125]. Selon les dires de son ancien élève, al-Jantūrī se serait lancé dans un conflit ouvert qui, en fin de compte, semble lui avoir coûté la vie :

> Il lançait ses diatribes contre [ces cadis], ainsi que contre tous ceux qui leur étaient liés parmi les gens du commun, et s'attelait, de manière exemplaire, à faire triompher les opprimés[126]. Il agissait ainsi selon ses capacités en recourant tant à la plume qu'à la parole, au point que les disputes le submergeaient. Mais son objectif n'était que de faire éclater la vérité, sans en tirer le moindre profit matériel (*bi-ghayr nafʿ*). Au vrai, il ne craignait pas d'être désapprouvé pour son action. On raconte même qu'il est mort empoisonné par quelqu'un dont il avait auparavant critiqué le comportement[127]. Mais Dieu seul sait si cela est juste [128]!

Quels sont les reproches qu'al-Jantūrī adresse aux cadis du Gourara ? Au début de ses *Nawāzil* figure une longue liste de critiques qui nous permet d'y voir clair[129]. Le compilateur du recueil, Muḥammad b. Aḥmad al-Jarrārī, nous précise par ailleurs que son maître avait consacré à ce sujet plus d'une vingtaine de consultations, dont, lui, al-Jarrārī, n'a finalement retenu que les points les

---

124 Voir Schneider, Irene, *Das Bild des Richters in der Adab al Qadi Literatur*, Frankfurt am Main, Peter Lang, 1990.

125 Ba ʿUthmān, *Fahrasat ʿAbd al-Raḥmān al-Tinilānī al-Tuwātī, op. cit,*, pp. 123–124.

126 « *yunkiru ʿalayhim wa ʿalā man yataʿaṣṣabu lahum min al-ʿawwām wa yaqūmu bi-naṣr al-maẓlūm aḥsan al-qiyyām* »

127 « *ḥatta qīla sabab wafātihi kānat ʿalā yadd baʿḍ man sammahu li-inkārihi ʿalayhi* »

128 *Ibidem*, p. 124.

129 *Nawāzil al-Jantūrī, ms. cit.*, ff. 6–9.

plus controversés. En premier lieu vient une condamnation de la trop grande liberté que les cadis s'arrogent à l'égard des normes judiciaires. Par exemple, lors d'un procès, nous dit-on, les magistrats du Gourara invitent certes par écrit le défendeur à se présenter au prétoire, mais si ce dernier s'abstient ensuite de se manifester, ils ne tardent pas à prononcer un jugement contre cette personne (*ḥakamū ʿalayhi*), au lieu d'adresser une nouvelle missive qui spécifie les charges portées contre lui[130]. Un tel manque de rigueur dans l'application des règles procédurales est souvent dénoncé par les muftis oasiens. Ils s'offusquent en particulier de l'habitude de certains cadis d'appuyer leurs jugements uniquement sur les transcriptions écrites de dépositions de témoins, sans convoquer ceux-ci en personne au tribunal pour qu'ils confirment leurs déclarations[131].

Al-Jantūrī passe par la suite à des accusations d'ordre moral. Il reproche aux juges d'exiger indûment des plaideurs une rémunération (*ujra*) pour leurs décisions (*aḥkām*), voire de se livrer de manière générale à toute sorte d'abus financiers. De nombreux cadis réclameraient par exemple des sommes injustifiées pour la rédaction de la copie d'un jugement rendu que la partie perdante entend soumettre pour vérification à un jurisconsulte[132]. Pire, certains magistrats ne se seraient même pas gênés pour monnayer leur service versatile en déclarant : « Si tu me verses un tel montant, le jugement sera en ta faveur, autrement je donnerai raison à ton compagnon, car en ce qui concerne votre contentieux il y a divergence (*khilāf*) entre les juristes ! »[133]. À la rapacité s'ajoute la complaisance à l'égard de pratiques sociales condamnées par la charia. Al-Jantūrī y allègue le cas des orphelins ou d'autres personnes dont les propriétés sont placées sous tutelle. Selon le jurisconsulte, les cadis délaisseraient, d'une manière irresponsable, leur devoir d'exercer un contrôle strict sur la gestion de ces propriétés par les tuteurs[134] :

> C'est une pratique fréquente chez les cadis de notre région[135] de rendre des jugements en faveur du tuteur (*waṣī*), lorsque celui-ci souhaite mettre à la charge de son protégé (*muḥāsaba maḥjūrihi*) toutes ses dépenses courantes […] comme s'il n'avait aucun travail (*khidma*) à accomplir pour

130 *Ibidem*, f. 7.

131 Voir *Ghunya*, *ms. cit.*, f. 514, f. 646, f. 652 et *Nawāzil al-Zajlāwī*, *ms. cit.*, f. 124.

132 *Nawāzil al-Jantūrī*, *ms. cit.*, f. 5. Voir aussi *Ghunya*, *ms. cit.*, f. 419.

133 « *in ʿaṭaytanī kadhā ḥakamtu laka wa illā ḥakamtu li-ṣāḥibika min ḥaythu inna fīʾl-masʾala khilāfan* »

134 *Nawāzil al-Jantūrī*, *ms. cit.*, f. 9.

135 « *wa mimmā jarā bihi ʿamal quḍātinā ahl baladinā* »

> son propre compte, comme si [au regard de ses dépenses] il ne faisait aucune différence qu'il soit un homme aisé (*ghanī*) ou un pauvre besogneux (*faqīran muḥtājan*). Tout cela constitue une dérogation à l'enseignement de notre école[136].[137]

À la lumière de ces différents points de critique soulevés, la question se pose de savoir s'il existe vraiment, à l'échelle locale, des magistrats dignes de confiance. De plus, l'attitude d'al-Jantūrī est partagée par nombre de ses collègues. Commentant l'activisme de son ancien professeur, ʿAbd al-Raḥmān al-Tinilānī estime :

> [Les cadis du Gourara] méritent ces [critiques], si l'on tient compte de l'ampleur de leur ignorance, de leur injustice, de leur dérogation au modèle prophétique, ainsi que des multiples violations de la loi sacrée (*sharīʿa*) dont ils se sont rendus coupables dans nombre de leurs jugements[138].

ʿAbd al-Raḥmān allonge encore la liste des griefs dressée par son maître. Selon lui, de nombreux cadis procéderaient à la vente forcée de biens appartenant à des ksouriens endettés en omettant de convoquer au préalable (*iʿdhār*) ceux-ci au tribunal pour leur donner l'opportunité de prendre position face aux réclamations de leurs créanciers. D'autre part, le jurisconsulte de Tinilane se scandalise du fait que certains juges autorisent des partages successoraux sans veiller à ce que le décès de la personne ainsi que le nombre exact des héritiers soient d'abord établis par une preuve testimoniale[139]. Enfin, il les accuse de rendre des jugements douteux contre des absents (*ghāʾib*) ou contre des orphelins, car les noms des témoins sur lesquels le verdict se fonde n'y sont pas explicitement mentionnés[140]. De cette situation préoccupante, le mufti tire même des conséquences pour la procédure judiciaire. En s'appuyant sur la

136 « *wa hādhā khilāf al-madhhab* »

137 *Ibidem.* Voir aussi *Ibid.*, f. 4.

138 « *wa hum maḥqūqūn bi-dhālika li-shidda jahlihim wa jawrihim wa mukhālafatihim al-sīra wa taghayyirihim al-sharīʿa fī kathīrin min aḥkāmihim* » : Ba ʿUthmān, *Fahrasat ʿAbd al-Raḥmān al-Tinilānī al-Tuwātī, op. cit*, p. 123, Nous avons comparé le passage avec la copie du manuscrit dont nous disposons. Au lieu de *muḥaqqiqūn* nous lisons *maḥqūqūn*. Cf. al-Tinilānī, ʿAbd al-Raḥmān, *Fahrasa*, ms. privé, fonds *khizāna* Aḥmad b. Yūsuf, Tinilane, Wilaya d'Adrar, f. 30–31.

139 « *annahum yaḥkumūna fīʾl-mawārith min ghayr taklīf ithbāt al-mawt wa ʿiddat al-wuratha* »

140 Ba ʿUthmān, *Fahrasat ʿAbd al-Raḥmān al-Tinilānī al-Tuwātī, op. cit*, p. 124.

doctrine du raisonnement préférentiel (*istiḥsān*), qui, normalement, n'appartient pas à l'arsenal des mālikites, mais des hanafites, il reconnaît à la partie perdante (*al-maḥkūm ʿalayhi*) lors d'un procès le droit de solliciter auprès du cadi ou de la partie gagnante (*al-maḥkūm lahu*) la délivrance d'une copie (*nuskha*) du jugement (*ḥukm*), en vue de faire vérifier la décision par un juriste :

> En tenant compte du bien public, notre cheikh Abū Zayd […] adopte la position (*yastaḥsanu*) selon laquelle [une copie du jugement] doit être remise aux plaideurs[141]. Il justifie (*yuʿallil*) cela en argumentant que les cadis de l'époque ont tendance à ne pas respecter l'obligatoire consultation [d'un jurisconsulte] (*mushāwara*). Quelques personnes du commun (*ʿawwām*) l'ont en effet informé de cette pratique. Ils lui ont demandé s'il leur était loisible de solliciter une copie [du jugement], afin de soumettre celle-ci pour vérification à un des juristes (*fuqahāʾ*) qui, d'ordinaire, doivent impérativement être consultés avant l'émission d'un tel jugement[142].

Le même point de vue est adopté – sans surprise – par al-Jantūrī qui stipule dans une de ses fatwas qu'aucun cadi, ni mufti ne saurait interdire l'émission d'une telle copie en raison des « graves soupçons qui pèsent sur les cadis de ce temps »[143]. Au vrai, ces remarques et critiques ne font qu'articuler une méfiance généralisée, si ce n'est une aversion, que les oulémas de l'archipel oasien nourrissent à l'égard des cadis exerçant dans la région. ʿAbd al-Raḥmān b. Baʿumar s'exclame : « En somme, celui qui souhaite se mettre à l'abri des dégâts qu'un jugement dans ce pays est susceptible de causer, qu'il ne recourt pas aux décisions des cadis de notre époque, surtout pas ceux du Gourara[144].»

Dans ce tableau sombre de la judicature oasienne, seuls les juges membres des lignages savants réputés, notamment les *qāḍī al-jamāʿa* al-Bakrī-s et al-Balbālī-s, font figure d'exception. Leur prestige en tant qu'érudits religieux les place au-dessus de tout soupçon aux yeux des milieux lettrés de l'époque. Contre la masse des autres juges qui, soulignons-le, restent pour la plupart anonymes dans nos sources, les charges sont en revanche nombreuses et confère une profonde ambiguïté au corps des cadis ksouriens. ʿAbd al-Raḥmān al-Janturī va jusqu'à autoriser le versement de gratifications illicites aux juges

141 « *bi-ʿaṭāʾihā wa tamkīn al-khaṣam* »

142 *Ghunya, ms. cit.*, f. 623.

143 « *lī-qawī al-tuhma fī'l-quḍāt fī hādhā'l-zamān* » : *Nawāzil al-Jantūrī, ms. cit.*, f. 5.

144 « *wa bi'l-jumla, fa-man arāda al-salāma mimman ittabala bi-ḥukm fī hādhihi'l-bilād, fa-lā yaʿtamidu ʿalā aḥkām quḍāt hādhā'l-zamān, khuṣūṣan quḍāt Tijurārīn* » : *Ghunya, ms. cit.*, f. 617.

(*rashwa*), si l'on craint de devenir autrement victime d'une injustice[145]. Notons en passant que la fatwa énonce, sous la forme d'une formule elliptique bien sentie, un principe similaire à celui que Baber Johansen a mis en évidence à propos des cadis hanafites de Boukhara au Moyen Âge : « [Le dessous-de-table] est permis pour celui qui verse, mais interdit pour celui qui prend. [146]»

La défiance à l'égard des juges locaux n'est effectivement en rien spécifique au Grand Touat. En vérité, la figure du mauvais cadi ou du juge corrompu se rencontre tout au long de l'histoire de l'institution judiciaire en terre d'Islam[147]. En ce qui concerne le Maghreb moderne, la critique des cadis s'inscrit dans un pessimisme culturel plus large, profondément enraciné dans les milieux lettrés de l'époque, celui de la « déliquescence des temps » (*fasād al-zamān*). Dans un monde en proie aux bas désirs (*hawā'*) et à l'ignorance (*jahl*) de la masse (*'āmma*), le respect porté à l'égard de la loi ne serait plus que l'apanage d'une minorité d'élus[148]. Al-Jantūrī affirme ainsi dans une autre fatwa : « Honorer les exigences de la charia dans ce temps qui est la nôtre est une épreuve pour le croyant, car trop souvent ceux qui s'en réclament ne font en vérité que suivre les contradictions de leurs passions (*khilāf hawā'*)[149].» Partant, il incomberait au musulman de s'édifier à l'aide de la parole du Coran et du Prophète pour ne pas céder aux pulsions de son environnement dépravé. Ce discours religieux, aux accents apocalyptiques, nous semble traduire avant tout une conflictualité sociale. Il fait entrevoir que le zèle mis par les jurisconsultes oasiens à reproduire à l'échelle locale les codes d'une justice citadine se heurte à des pratiques d'acteurs réfractaires aux normes des manuels du droit.

### Un climat litigieux

La concomitance entre, d'une part, la relative liberté des oasiens en matière de recours à la justice, et, d'autre part, l'existence d'une multitude d'instances juridictionnelles, aux pratiques parfois douteuses, rend la clôture des litiges extrêmement difficile. Par surcroît, ni l'accord sur un cadi ni l'émission d'un jugement par un personnage réputé intègre ne mettent nécessairement un

145 *Nawāzil al-Jantūrī, ms. cit.*, f. 19.

146 « *jā'iza li'l-dāfi', ḥarām li'l-akhadh* » : *Ibidem*. Cf. Johansen, Baber, « La corruption : un délit contre l'ordre social : les qāḍī-s de Bukhārā » in *Annales H. S. S.*, vol. 57, n° 5, pp. 1561–1589, en particulier pp. 1587–1588.

147 Gerber, Haim, *Islamic Law and Culture 1600–1840*, Leyde, Brill, 1999, p. 40.

148 Cf. Touati, *Entre Dieu et les Hommes*, *op. cit.*, pp. 133–159.

149 *Nawāzil al-Jantūrī, ms. cit.*, f. 98.

terme au différend. Au contraire, le premier procès ne marque souvent que le début d'une véritable succession d'attaques et de ripostes qui se prolongent dans le temps en impliquant généralement plusieurs générations. En effet, les recueils de *nawāzil* examinés ne laissent aucun doute sur le fait que les actes des magistrats locaux sont régulièrement contestés, voire tout simplement ignorés par les personnes concernées. C'est parce que les moyens – juridiques s'entend[150] – pour se défendre d'un jugement incommode ne manquent pas. La partie perdante peut s'adresser à un second cadi pour solliciter une nouvelle décision[151] ou bien soumettre le verdict à l'expertise d'un jurisconsulte quelconque. Celui-ci ne tardera pas à trouver un vice de forme qui permettra d'invalider le jugement. Nous reviendrons dans un instant sur ce dernier point. La même remarque vaut aussi pour les actes performatifs tels que les partages successoraux (*qisma*) ou l'authentification des habous (*ithbāt*). Celui qui estime ses intérêts lésés allègue alors qu'une irrégularité a été commise par le cadi et, pour cette raison, il réclame un renouvellement de la procédure auprès d'un autre magistrat[152]. Enfin, si l'auteur du jugement n'est qu'un arbitre (*muḥakkim*), la partie déboutée peut toujours objecter qu'en vérité, elle n'a jamais consenti à accepter la sentence. Cette tactique est prometteuse, car selon la fatwa d'un juriste, compilée dans la *Ghunya*[153], tout accord (*riḍā*) à ce sujet doit être documenté par une preuve testimoniale pour être considéré comme contraignant.

Les défaites au prétoire se digèrent donc mal et, fréquemment, les perdants multiplient les démarches afin d'invalider (*naqaḍa*) le jugement subi, quitte à essuyer des remontrances de la part des jurisconsultes auxquels ils s'adressent, ce dont témoigne le passage suivant glané dans la *Ghunya* :

> Dans la correspondance que le juriste Abū'l-Qāsim al-Balbālī[154] a entretenue à propos du contentieux de Sayyid Aḥmad b. Sayyid Qabḍ [?] se trouve la réponse suivante :
>
> J'ai interdit (*nahaytu*) à plusieurs reprises au sous-mentionné Sīdī Aḥmad de continuer de porter plainte dans cette affaire. Je lui ai claire-

---

150 Inutile de dire que les locaux sont également susceptibles de recourir à des moyens moins pacifiques.

151 *Nawāzil al-Jantūrī, ms. cit.*, f. 193.

152 *Ibidem*, f. 198.

153 *Ghunya, ms. cit.*, f. 635.

154 Nous n'avons réussi à identifier ce personnage. À en juger ses apparitions dans la *Ghunya*, il s'agit d'un homme du XVIII^e^ siècle qui a vécu avant l'investiture de Muḥammad b. 'Abd al-Raḥmān comme *qāḍī al-jamā'a*.

> ment dit: « Après le jugement (*ḥukm*) de notre maître Abū'l-Ḥafṣ[155], il ne te reste plus de moyens de recours. Peu importe le jurisconsulte auquel tu t'adresseras dans ce pays, il ne défiera pas la décision [d'Abū'l-Ḥafṣ]. Sache que personne n'est habilité à l'invalider, ni même à la remettre en question ! [156]»

L'existence d'une telle solidarité de corps, pour ainsi dire, qui appuie l'implantation des décisions de la justice ne devrait pourtant pas être surévaluée. La réputation de science et de piété dont jouit un jurisconsulte est certes un facteur crucial pour garantir les actes juridictionnels à défaut d'un appareil de contrainte de type étatique, d'une autorité contraignante et modératrice (*wāziʿ*), comme dirait Ibn Khaldūn[157]. Interrogé au sujet d'un contentieux portant sur un transfert de dette (*ḥawāla*), ʿAbd al-Raḥmān al-Tinilānī déboute sèchement la contestation d'un jugement rendu dans cette affaire par un magistrat apparemment de renom – la transcription omet toutefois de nous citer son nom – en soulignant l'autorité intellectuelle et morale de ce dernier :

> Le créancier n'est pas habilité à faire valoir des réclamations contre celui qui a transféré sa dette, à partir du moment où la cession a été formellement établie (*baʿd ithbāt al-ḥawāla*) […] d'autant plus que le jugement dans ce cas d'espèce (*al-ḥukm fī'l-nāzila*) a été rendu par notre maître susmentionné. Celui-ci figure en effet parmi les personnes les plus intègres de son temps et les plus instruites de sa contrée[158].[159]

Il est vrai aussi que nous recensons des cas d'espèce où les jurisconsultes oasiens s'attachent explicitement à garantir la pérennité des actes juridictionnels. Ainsi, ʿAbd al-Raḥmān al-Jantūrī appose à un jugement (*ḥukm*) qu'il avait prononcé en tant que *muḥakkim* une note par laquelle il vise à engager les plaideurs à respecter la décision :

> Compte tenu du fait que les mentionnés se sont mis d'accord sur une personne qui tranche leur litige et que cette personne a par la suite rendu son jugement à propos de l'affaire exposée, il ne reste alors plus aucun

155 Il s'agit de Abū'l-Ḥafṣ ʿUmar b. ʿAbd al-Qādir al-Tinilānī.

156 « *fa-kullu man tarāfaʿatum ilayhi min fuqahā' hādhihi'l-bilād lā yataʿaddī ḥukmahu wa lā yumkinnahu naqḍahu wa lā taʿaqqabahu* » : *Ghunya, ms. cit.*, f. 624.

157 Cf. Ibn Khaldûn, *Discours sur l'histoire universelle, op. cit.*, p. 284.

158 « *wa huwa aʿdal ahl zamānihi wa aʿlamahum fī quṭrihi* »

159 *Nawāzil al-Jantūrī, ms. cit.*, f. 60.

> moyen de recours (*lā kalām*) pour une des parties, si celle-ci souhaite faire annuler la sentence ou la remettre en cause […][160].

Le document a été signé par les parties en litige, puis il a été soumis pour validation et authentification (*muqābalihi*) au cadi ʿUmar b. ʿAbd al-Qādir al-Tinilānī.

De telles mesures de prévention contrastent cependant avec la diatribe de ce même ʿUmar contre ses collègues :

> Si j'ai essayé d'échapper autant je pouvais à la charge de la judicature, j'ai seulement agi ainsi en raison du fait que tout ce qui vient des oulémas de notre époque ne sert en vérité qu'à ranimer les disputes et à attiser le feu de la contestation entre les gens, qui engendre des meurtres et toute sorte de discorde civile[161].

Il faut savoir qu'une fatwa de ʿAbd al-Raḥmān al-Jantūrī a provoqué l'ire de l'illustre magistrat. Al-Jantūrī avait déclaré invalide (*abṭala*) un habous dont les actes notariés (*rusūm*) venaient pourtant d'être authentifiés (*thubūt*) par ʿUmar qui les avait consignés (*sajjala*) dans ses archives (*dīwān*)[162].

Ces dissensions entre juristes n'ont rien d'exceptionnel. Un nombre considérable des cas d'espèce documentés dans les recueils de *nawāzil* ont précisément pour l'objet la révision de jugements ou de toute autre décision d'un magistrat. Tout porte à croire que les parties déboutées lors d'un procès soumettent systématiquement une copie de la sentence à l'expertise d'un jurisconsulte de leur choix. En conséquence, chaque acte judiciaire, quelque soit sa nature, est en principe menacé d'être déclaré, après coup, irrégulier (*fāsid*), voire invalide (*bāṭil*), notamment pour des vices de forme ou de procédure[163]. Dans un litige opposant les propriétaires associés (*shurakāʾ*) d'une foggara, ʿAbd al-Raḥmān al-Tinilānī convie ainsi le *qāḍī al-jamāʿa* de Tamentit, ʿAbd al-Ḥaqq al-Bakrī, à reconsidérer son *ḥukm* en raison de plusieurs irrégularités

160 *Ghunya*, *ms. cit.*, ff. 487–488.

161 « *inni mā farrartu min al-qaḍāʾ kulli'l-firār ilā mā yabdū min ʿulamāʾ al-waqt min iḥyāʾ al-khaṣam wa ayqādh nār al-nizāʿ bayna'l-nās alladhī minhu yanshā al-qatl wa anwāʿ al-fitna* » : *Ghunya*, *ms. cit.*, f. 637.

162 Cf. Hallaq, « The "Qāḍī's Dīwān (Sijill)" Before the Ottomans », *art. cit.*, et Johansen, Baber, « Formes de langage et fonctions publiques : stéréotypes, témoins et offices dans la preuve par l'écrit en droit musulman » in *Arabica*, 1997, vol. 44, n° 3, pp. 350–351.

163 Sur cette question, se référer aussi à Powers, David S., « On Judicial Review in Islamic Law » in *Law and Society Review*, 1992, vol. 26, n° 2, pp. 315–342.

que le mufti a relevées dans les témoignages présentés[164]. Une autre fois, al-Tinilānī est confronté à deux jugements portant sur un même litige qui concerne la transaction de parts d'eau (*ḥabba*) à l'intérieur des installations d'irrigation oasiennes. L'examen des différents actes qui lui ont été communiqués conduit alors le jurisconsulte à invalider une des deux sentences : « J'ai attentivement lu les deux jugements en question. [...] S'agissant du jugement de Sayyid Muḥammad ʿAbd al-Karīm, j'en conclus de l'examen de ce document (*fī naẓīr hādhā'l-rasm*) qu'il est irrecevable (*lā yaṣiḥḥ*). [165]» De nouveau, une irrégularité dans l'administration de la preuve testimoniale (*bayyina*) est alléguée à titre de justification. Selon le mufti, le jugement en question s'appuierait sur des témoignages contradictoires, l'un affirmant que le vendeur est de caractère irréprochable, alors que l'autre le décrit comme une personne incapable de discernement. De plus, un des témoins avait par la suite reconnu être lui-même soumis au statut de personne n'ayant pas le discernement nécessaire, ce qui entraîne forcément la disqualification de son témoignage du point de vue des règles procédurales du *fiqh*[166]. À ʿAbd al-Raḥmān, il ne reste qu'à conclure : « Le jugement est nul, à moins que [la partie perdante] y accorde son consentement (*illā idhā raḍiya bihi*). [167]»

### Un jardin au Gourara

On pourrait multiplier les exemples, ils iraient tous dans le même sens : rien n'est plus fréquent dans les oasis au XVIIIe siècle que l'abrogation d'un acte de justice par une autre instance[168]. Cette situation a pour corollaire que les interactions entre jurisconsultes tendent à s'encastrer dans une conflictualité sociale qui déborde le cadre du prétoire. La procédure judiciaire risque de se déployer selon un rythme qui lui est imposé par des confrontations plus larges, et d'ailleurs parfois violentes, entre acteurs locaux. La reconstitution, à partir d'une demande de consultation adressée à ʿAbd al-Raḥmān b. Baʿumar al-Tinilānī, d'un conflit autour de la propriété d'un jardin de palmiers (*janān*),

164 *Ghunya, ms. cit.*, f. 631.

165 *Ibidem*, ff. 643–644.

166 Cf. *infra*, pp. 250–253.

167 *Ghunya, ms. cit.*, f., f. 644.

168 Houari Touati fait une observation similaire à propos du cas de Constantine au XVIIe siècle. Cf. Touati, *Entre Dieu et les hommes, op. cit.*, pp. 104–106.

survenue au Gourara, nous permettra de mesurer l'ampleur de ce type d'affrontements[169].

Le préambule de l'*istiftā'* souligne d'emblée la gravité du conflit : « Un grand malheur nous a frappés, qui doit être jugulé »[170], pour conjurer ensuite l'autorité morale du corps des oulémas comme seule barrière contre les désordres terrestres : « Que Dieu soit loué de ne cesser de préserver sa religion par l'action des guides vers le droit chemin qui repoussent les falsifications des imposteurs et l'ignorance des sots. [171]» Mais suivons le fil du récit des faits tel qu'il est noué par le questionneur[172]. Deux hommes originaires du Gourara et installés à Fès s'adonnent en tant qu'associés à diverses activités commerciales. Un jour, l'un d'eux rentre dans son village natal et y acquiert un jardin de palmiers. Plus tard, l'autre émigré revient également. Les partenaires dissolvent alors leur association en s'entendant sur une remise mutuelle en ce qui concerne le règlement de leurs dettes réciproques. Ensuite – le texte ne met qu'un vague *thumma* –, l'un d'eux tombe gravement malade. Il charge son ancien compagnon, c'est-à-dire celui qui avait acheté le jardin, de recouvrer des créances qui lui sont dues par d'autres personnes. Puis, l'homme finit par succomber à sa maladie. Pendant un certain temps non déterminé – mais il peut s'agir de plusieurs années – la situation reste inchangée, jusqu'à ce que les héritiers du défunt portent plainte auprès du cadi local (*qāḍī al-waqt*) en prétendant que l'acquisition du jardin mentionné a encore été réalisée dans le cadre de l'ancienne association. Le magistrat, sans surprise, déboute leur plainte au motif que la justesse de la remise des dettes a été établie devant lui et que celle-ci comprend également le terrain en question. Puis, il expose son jugement à un autre cadi qui ratifie alors tant la décision de son collègue que la précédente remise de dette, avant de déposer l'ensemble des documents dans ses archives.

Pour autant, cela ne suffit pas à décourager les héritiers. Ils reviennent vers le deuxième cadi pour que celui-ci procède à la négociation d'un compromis (*ṣulḥ*), ce que l'ancien partenaire, le propriétaire du jardin, refuse catégoriquement en se réclamant du bien-fondé du premier jugement. De plus, il émet des doutes quant à la respectabilité du magistrat sollicité. Ce dernier autorise en

169 *Nawāzil al-Jantūrī*, *ms. cit.*, f. 79.

170 « *faqad dahat dāhiya fayālihā min nāhiyya* »

171 « *al-ḥamdu li-llāh lam yazal ḥāfiẓan li-hādhā'l-dīn bi-iqāmat al-a'immat al-hudā yanfūna 'anhu taḥrīf al-mubṭilīn wa jahl al-jāhilīn* »

172 Il s'agit d'un des élèves d'al-Jantūrī, qui demeure anonyme. Dans l'*istiftā'*, les noms des personnes impliquées ont également été enlevés. À notre avis, il ne fait toutefois pas de doute que nous avons affaire à un cas historique.

conséquence les parties à se mettre d'accord sur l'intervention d'un troisième juge de leur choix pour trancher l'affaire. On convient alors d'aller voir un cousin paternel de l'associé qui détient une investiture comme cadi[173]. Après s'être acquitté de l'obligatoire consultation d'un mufti[174], ce troisième magistrat rend son verdict en déboutant à son tour la réclamation des héritiers. Ensuite, il expose l'acte du jugement à ʿAbd al-Raḥmān al-Jantūrī qui confirme la décision.

L'enchaînement, jusque-là régulier, de procédures judiciaires bascule soudainement vers l'affrontement. Pour des raisons que le récit omet – hélas – de préciser, le propriétaire du jardin finit par se retrouver à couteaux tirés avec le deuxième cadi[175]. Peut-être en conséquence de cette situation, encore que le texte ne permet pas de le savoir, le cadi rouvre le procès concernant le terrain convoité et convie (*fa-daʿāhu*) – notons bien qu'il ne s'agit pas, selon le *mustaftī*, d'une sommation formelle (*iʿdhār*[176]) – le propriétaire à s'y présenter. Ce dernier refuse, car il craint une injustice de la part de ce cadi qui est devenu son ennemi. Il se peut très bien que le juge ait misé sur une telle réaction. En tout cas, soulagé par l'absence du défendeur, le cadi prononce un jugement favorable à la revendication des héritiers. Expliquant les motifs de sa décision, il précise dans la notice qui accompagne le dépôt (*sijjil*) du *ḥukm* dans les archives du tribunal[177] : « Étant donné que [le défendeur] refuse de se présenter [au tribunal], [le juge] est habilité à prononcer un verdict à son encontre en s'appuyant sur la justesse de la preuve testimoniale avancée par la partie adverse[178].»

Le jugement émis, il est aussitôt présenté par le propriétaire du jardin à ʿAbd al-Raḥmān al-Jantūrī. Celui-ci ne tarde pas à l'invalider en évoquant plusieurs raisons techniques parmi lesquelles figure notamment l'accusation selon laquelle le juge en question n'aurait en vérité organisé qu'une parodie de procès pour autant qu'il ait omis de prononcer une convocation du défendeur au tribunal[179]. Les arguments avancés tant par le cadi que par al-Jantūrī

---

173 « *lahu fī khiṭṭat al-qaḍāʾ fī ʿaṣrihi* »

174 « *baʿd mushāwara man tajibu mushāwaratuhu* »

175 « *waqaʿat ʿadāwa wa waḥsha baynahumā* »

176 Sur la notion de *iʿdhār*, se référer à Hentati, Nejmeddine, « L'*iʿdhār* : une procédure judiciaire dans le droit musulman » in *Islamic Law and Society*, 2006, vol. 13, n°. 3, 2006, pp. 392–409.

177 « *wa dhakara fī sijjil ḥukmihi mustanadāt ḥukmihi* » : *Nawāzil al-Jantūrī*, *ms. cit.*, f. 79. Il nous est – hélas – impossible de dire quelles pratiques archivistiques précises se cachent derrière l'expression.

178 *Nawāzil al-Jantūrī*, *ms. cit.*, f. 79.

179 « *wa minhā ḥakama ḥīlatan bi-mujarrad ibāyatihi ḥuḍūr majlisihi min ghayr iʿdhār ilayhi* »

procèdent donc d'un raisonnement strictement juridique en ciblant d'éventuels vices de forme dans les différentes procédures judiciaires engagées. Cela n'a pas empêché le litige de dégénérer en un conflit violent opposant deux lignages : « Chacune des deux parties s'est attelée à mobiliser ses parents et partisans (*ahluhu*). Ainsi, la discorde (*fitna*) s'est installée entre les deux groupes pendant que chacune se réclamait du jugement qui avait été prononcé en sa faveur. [180]»

Au regard de cette situation sans doute extrêmement tendue, al-Jantūrī se résout à intervenir en personne. Il se rend à la maison du cadi et tente de convaincre le juge de revenir sur sa décision (*ʿalā al-rujūʿ ʿan ḥukmihi*), à moins qu'il soit en mesure de réfuter les diverses objections que lui, al-Jantūrī, avait soulevées dans son expertise du *ḥukm*. Les deux magistrats parviennent alors à s'entendre sur un compromis. Ils s'engagent tous les deux à s'abstenir dorénavant de tout acte susceptible d'attiser le conflit, de même qu'ils s'obligent mutuellement à déchirer tout écrit qu'ils avaient rédigé en relation avec le contentieux[181]. La trêve ne dure guère, car « après un certain temps, la discorde s'est avivée et le feu s'est rallumé après avoir été éteint. [182]» Le cadi allègue soudainement que les critiques soulevées par al-Jantūrī à l'encontre de son jugement sont en vérité infondées et que, de ce fait, il maintient sa décision. L'on ne saurait dire avec certitude si l'assertion est responsable de cette nouvelle détérioration ou s'il s'agit, au contraire, d'un positionnement qui réagit à la reprise des hostilités. Quoi qu'il en soit, le conflit entre les deux parties ba[t] son plein.

L'*istiftāʾ* s'achève ici pour laisser place, sur quatre feuilles, à la fatwa de ʿAbd al-Raḥmān al-Tinilānī[183]. Nous renonçons à commenter cette dernière[184]. L'essentiel pour notre propos est dans le récit d'un simple et banal litige autour d'un jardin de palmiers virant, pour ainsi dire, à la 'guerre tribale'. L'affaire nous permet en effet de faire le point sur nos observations.

---

180 « *fataʿaṣṣaba li-kulli min al-khaṣmayn ahluhu wa waqaʿat bi-sabab dhālika al-fitna baynaʾl-fariqayn, kull yaḥtāju bi-ḥukmi man ḥakama lahu* »

181 *Ibidem*, f. 80.

182 « *baʿda mudda taḥarrakat al-fitna wa astaʿalat al-nār baʿd khumūdihā* »

183 *Ibidem*, ff. 80–84.

184 Disons, de façon très schématique, que le mufti se contente d'insister – diverses références doctrinales à l'appui – sur l'obligation morale des deux parties de s'accorder sur une modalité de réconciliation (*ṣulḥ*).

### Un champ d'affrontement

Il ressort d'emblée du récit du litige la pluralité d'acteurs de justice sur le plan local, ainsi que le jeu de consensus et d'initiatives entre sujets sociaux lorsque ceux-ci saisissent l'instance judiciaire islamique. Nous observons l'intervention de pas moins de trois cadis et d'un mufti, qui ont tous été sollicités directement par les parties au litige – si l'on fait abstraction de la réconciliation tentée par al-Jantūrī au moment où le conflit dégénère. De plus, la reconstitution des faits, telle qu'elle est proposée par le questionneur, aborde de toute évidence le cours des événements exclusivement du point de vue du propriétaire du jardin. Les modalités de l'exposé inclinent même à penser que c'est ce dernier qui a soumis l'*istiftāʾ* à al-Tinilānī. Cela importe peu au fond, mais, dès lors, il faut tenir compte de la possibilité que la partie adverse ait à son tour requis encore des fatwas d'autres jurisconsultes oasiens sans que cela ait été mentionné dans notre source.

L'intervention de plusieurs juristes et magistrats dans le litige montre que le recours à l'institution judiciaire participe intrinsèquement de l'évolution du conflit. L'éphémère compromis entre al-Jantūrī et le cadi en témoigne. Il stipule précisément que chacun des deux hommes s'abstient dorénavant d'intervenir, de même qu'il prévoit l'effacement de la mémoire des actes juridictionnels précédents. L'intention de ces engagements est nette. Il s'agit d'éviter à tout prix de nourrir de nouvelles revendications en fournissant des arguments supplémentaires aux parties adverses. C'est effectivement ce qui se produit lorsque le compromis échoue et que les hostilités reprennent. Le champ juridique s'agite aussitôt. Le cadi prétend pouvoir réfuter les objections du mufti d'Aguentour, pendant qu'une requête est déposée auprès de ʿAbd al-Raḥmān al-Tinilānī pour solliciter une évaluation de la situation du point de vue du *fiqh*. Le maintien en ces circonstances d'un cadre judiciaire peut sembler paradoxal, car les actes juridictionnels, qu'il s'agisse du compromis ou des divers jugements rendus, ne parviennent manifestement pas à mettre un terme au conflit. En vérité, la question se pose de savoir s'il est vraiment pertinent, en termes d'analyse sociologique, de penser le prétoire uniquement comme le lieu de sollicitation et d'administration d'une décision par laquelle une des parties en litige obtient gain de cause. Ne serait-il pas plus judicieux de concevoir l'auditoire du juriste musulman, cadi ou mufti, comme un espace de compétition qui permet d'investir les revendications sociales d'un sens juridique, voire religieux, et de fabriquer ainsi un cadre légitimant pour l'ensemble des actes par lesquels l'acteur tâche de donner satisfaction à son 'bon droit' ?

Les procès devant les magistrats ksouriens sont partie prenante de configurations conflictuelles plus vastes au sein desquelles ils s'enchevêtrent et interfèrent avec d'autres dispositifs d'action. On comprend alors pourquoi les débats juridiques ne cessent de se perpétuer alors même que les « troubles » (*fitna*) font rage et les collectivités lignagères (*ʿaṣaba*) semblent passer aux armes. Tout au moins pour ce qui est des litiges au-dessus des frictions anodines du quotidien, le prétoire constitue un espace d'affrontement discursif où se normativisent et se catégorisent les pratiques et les intérêts d'acteurs[185]. À l'inverse, et il importe d'insister là-dessus, la morphologie sociopolitique de l'archipel oasien a ceci de particulier que l'inscription d'un conflit dans le champ juridique ne détermine aucunement sa résolution. De fait, le litige autour du jardin de palmiers laisse entrevoir les limites de l'emprise des jurisconsultes sur les dynamiques sociales locales. Le compromis tenté par ʿAbd al-Raḥmān al-Jantūrī tourne à l'échec en dépit de la grande notoriété de ce dernier comme homme de science et de piété. Pire encore, l'autorité intellectuelle du savant est même ouvertement défiée par le cadi quand celui-ci récuse le bien-fondé des points de critique soulevés. Il n'en va pas autrement des divers jugements, fatwas et confirmations qui précèdent l'escalade finale. Aucune ne parvient en vérité à faire plier la détermination des héritiers à entrer en possession du jardin.

Il y a plus. Dans notre exemple, les différents juristes sont bien loin d'afficher cette impartialité neutre que l'anthropologie sociale du Maghreb a tendance à projeter sur la figure de l'homme de religion en contexte rural[186]. Au contraire, ils s'alignent, au moins jusqu'à un certain degré, à l'une ou l'autre des deux parties en conflit. Lorsque la dispute entre le propriétaire du jardin et le cadi éclate, celui-ci ne tarde pas à légitimer par son verdict la réclamation des héritiers de l'ancien associé. À l'inverse, le défendeur n'hésite pas à proposer un parent à lui comme juge pour trancher le litige, avant de parvenir à obtenir le soutien d'al-Jantūrī. Envisagée sous cet angle, l'affaire exposée diverge donc fortement du paradigme explicatif selon lequel les compétitions entre lignages dans les sociétés dites sans État sont équilibrées par la médiation de spécialistes religieux qui se situeraient au-dessus des clivages de leur environnement[187].

185 Cf. Bourdieu, Pierre, « The Force of Law: Towards a Sociology of the Juridical Field » in *The Hastings Law Journal*, 1987, vol. 38, p. 833.

186 Sur ce point, voir aussi la critique pertinente d'Abdellah Hammoudi à propos du modèle gellnérien : Hammoudi, Abdellah, « Segmentarité, stratification sociale, pouvoir politique et sainteté : réflexions sur les thèses de Gellner » in *Hespéris-Tamuda*, 1974, vol. 15, p. 147–180.

187 Voir Gellner, Ernest, *Les saints de l'Atlas*, *op. cit.*, Jamous, Raymond, *Honneur et baraka : les structures sociales traditionnelles dans le Rif*, Paris, Éd. de la Maison des Sciences de l'Homme, 1981 et Akbar S. Ahmed, Hart, David M. (éd.), *Islam in Tribal Societies: From the Atlas to the Indus*, Londres, Routledge and Kegan Paul, 1984.

Certes, comme il est habituel dans la littérature jurisprudentielle musulmane, nous ignorons tout des suites du conflit. Qu'un compromis négocié par un homme de religion ait pu finalement mettre un terme aux tensions demeure une hypothèse envisageable, peut-être même probable. Mais l'enjeu n'est pas là. L'affaire suggère que les dispositifs de médiation, tout comme ceux de juridiction, ne sauraient être analysés dans les termes d'un fonctionnalisme abstrait, selon lequel les hommes de religion contribuent invariablement à la stabilité de l'ensemble en constituant une sorte d'espace tiers neutre. Leur efficacité se décide dans les rapports de force au sein d'une configuration sociale singulière où les spécialistes religieux s'inscrivent eux-mêmes comme acteurs et, de ce fait, sont nécessairement exposés aux répercussions de ces rapports. À cet égard, l'apparente 'neutralité' détachée de l'homme au chapelet procède plutôt d'un effet de « langage de la règle », pour parler avec Pierre Bourdieu[188]. Son affirmation, par n'importe quel acteur, est consubstantielle aux engagements que celui-ci assume dans le jeu social, mais qui articulent toujours et nécessairement des intérêts et des contraintes. Les magistrats ksouriens les magistrats ksouriens, tant par leurs filiations que par leurs aspirations, s'inscrivent dans les réseaux gentilices dont se compose le tissu social des oasis. Ils ne sont pas des allogènes à la marge de la vie des 'profanes', mais des sujets pris dans les vicissitudes de ce que Giovanni Levi nommait la « politique de la vie quotidienne »[189]. Par conséquent, leurs interventions doivent être envisagées comme des pratiques contingentes et contextualisées qui se déploient dans l'espace des possibles du champ social.

---

188 Cf. Bourdieu, Pierre, *Esquisse d'une théorie de la pratique / Trois études d'ethnologie kabyle*, Paris, Seuil, 2000 (1972), p. 118.

189 Levi, Giovanni, *Le pouvoir au village : histoire d'un exorciste dans le Piémont du XVIII^e^ siècle*, Paris, Gallimard, 1989 (1985), p. 9.

CHAPITRE 4

# Autopsie d'un regard normatif : la pratique de l'*iftāʾ*

Au fil de ses nombreuses études consacrées aux formes de normativité ayant cours dans les sociétés nomades de l'aire arabo-musulmane, Aharon Layish développe la thèse selon laquelle la fréquentation régulière des tribunaux islamiques entraîne une adaptation progressive des pratiques sociales aux normes du droit musulman qui finissent ainsi par supplanter les conventions coutumières[1]. De ce fait, l'institution du cadi occuperait une position-clé à l'intérieur des processus de judiciarisation et d'islamisation qui travaillent les communautés bédouines en voie de sédentarisation depuis la première moitié du XX^e^ siècle. S'appuyant sur le dépouillement des archives de deux tribunaux libyens, l'historien estime qu'en raison de son pragmatisme et de son attitude conciliante envers les formes de normativité communautaire, le cadi est le principal instigateur de la diffusion de la charia en contexte bédouin. Il est responsable de « la création d'un climat favorable dans lequel une population attachée à la coutume se résoudra spontanément à recourir à l'autorité judiciaire du *sharʿ* »[2]. Par contraste, le jurisconsulte musulman, dans sa fonction de mufti, ne joue qu'un rôle mineur dans un tel processus d'acculturation. À moins que son intervention ne soit explicitement sollicitée, il se tient à distance de la pratique judiciaire, présentant le profil d'un théoricien, « retranché dans sa tour d'ivoire » dont les écrits casuistiques, trop souvent, ne reflètent pas les réalités locales et dont les consultations, dépourvues d'effets contraignants, n'ont guère d'impact social[3].

Les cadres de vie des ksouriens agriculteurs-marchands du Grand Touat aux XVIII^e^ et XIX^e^ siècles diffèrent certes sensiblement des contextes contemporains étudiés par Aharon Layish. Ne serait-ce qu'en raison du fait que les institutions de la justice islamique s'y perpétuent déjà depuis plusieurs siècles. Mais la question ne se pose pas moins de savoir si nos matériaux confirment

1 Voir Layish, Aharon, « The Qāḍī's Role in the Islamization of Sedentary Tribal Society » in Hoexter, Miriam, Eisenstadt, Shmuel, Levtzion, Nehemia, *The Public Sphere in Muslim Societies*, New York, State University of New York Press, 2002, pp. 83–107, ainsi que *Legal Documents from the Judean Desert: The Impact of the Sharīʿa on Bedouin Customary Law*, Leyde, Brill, 2011, pp. 12–15, 29–47 et *Sharīʿa and Custom in Libyan Tribal Society*, *op. cit.*, pp. 3–6.

2 « *the creation of a favorable climate in which a custom-bound population will spontaneously resort to a sharʿī judicial authority* » : Layish, *Sharīʿa and Custom in Libyan Tribal Society*, *op. cit.*, pp. 6–7.

3 Layish, *Divorce in the Libyan Family*, *op. cit.*, p. XXI.

 | DOI 10.1163/9789004341265_006

l'assertion d'Aharon Layish quant au rôle décisif du cadi sur celui du mufti. Peut-on vraiment dire que l'émission de fatwas (*iftāʾ*) soit marginale pour le processus d'acculturation d'une société rurale au droit musulman ? En ce qui concerne l'archipel oasien, les cas d'espèce examinés jusqu'à présent semblent suggérer autre chose. Au contraire, il apparaît qu'un des principaux enjeux de l'*iftāʾ* consiste précisément à promouvoir l'observation des règles du *fiqh* dans toute forme de transaction et de rapport social. Dans ce qui suit, nous allons donc serrer de plus près les modalités du travail normatif dans lequel les principaux jurisconsultes de la région s'engagent lorsqu'ils revêtent l'habit du mufti. Il s'agira de comprendre de quelles manières l'expertise juridico-religieuse intervient en tant que discours performatif dans la diffusion de l'islam normatif à l'échelle locale.

## Droit et morale

Une logique dogmatique soutient l'ensemble du processus de l'*iftāʾ*. Comme Jacques Berque l'a justement souligné à propos des *Nawāzil* de Mazouna, les jurisconsultes musulmans soumettent leur environnement « à une grille analogique, censée rétablir contre toutes les infractions ou déviations la norme de l'Islam »[4]. Dans cet effort, ils oscillent constamment entre deux attitudes : d'un côté, ils décryptent les interactions sociales quant à leur conformité aux normes du *fiqh*, de l'autre, ils interpellent la conscience de leur auditoire, actualisant par là l'idéal de la *ḥisba*, de l'impératif « d'ordonner le bien et d'interdire le mal »[5]. Autrement dit, la pratique consultative participe d'un travail d'instruction religieuse et juridique. Elle aspire à un réajustement de l'intégralité des rapports que l'homme entretient à son corps et à son milieu de vie aux normes de la loi sacrée.

Le jurisconsulte entend renseigner sur une orthopraxie dont l'objectif est une mise en règle du comportement humain à travers l'investissement de deux principaux champs d'intervention. Il s'agit tout d'abord d'enserrer le moindre

4 Berque, *L'intérieur du Maghreb*, *op. cit.*, p. 26.

5 « *al-amr bi'l-maʿrūf wa'l-nahī ʿan al-munkar* ». Sur ce principe, voir Cook, Michael, *Commanding Right and Forbidding Wrong in Islamic Thought*, Cambridge, Cambridge University Press, 2006 et Tyan, *L'histoire de l'organisation judiciaire en pays d'Islam*, *op. cit.*, pp. 617–622. Pour un exemple de la mobilisation de la notion de *ḥisba* dans le contexte saharien, se référer à Ould Cheikh, *Elements d'histoire de la Mauritanie*, *op. cit.*, pp. 23–39 et Hunwick, John O., « Notes on a Late Fifteenth-Century Document Concerning al-Takrūr » in Allen, Christopher, Johnson, R. W. (éd.), *African Perspectives: Papers in the History, Politics and Economics of Africa Presented to Thomas Hodgkin*, Cambridge, Cambridge University Press, 1970, pp. 7–33.

détail de la corporéité et de l'expressivité dans une posture de dévot. En témoignent, en premier lieu, les consultations rassemblées dans les chapitres dédiés à la pureté rituelle (*ṭahāra*) et aux actes de dévotion (*ʿibādāt*), comme celles qui s'interrogent sur les menaces de souillure pesant sur le musulman lors de ses pratiques dévotionnelles : *quid* si un geste maladroit ou un défaut de prononciation risque d'invalider l'accomplissement de la prière canonique ? *Quid* si le contact avec un animal considéré 'impur' rend inutilisable l'eau dédiée aux ablutions rituelles[6]? À l'écartement du danger de l'impureté, notamment à travers le contrôle des orifices humains[7], s'ajoute la préoccupation de procéder à une régularisation des rapports à l'invisible au point de mathématiser actes pieux et bénédictions du ciel : quelles sont les prières et invocations surérogatoires les plus propices à permettre au croyant d'accumuler des actes méritoires (*ḥassanāt*) en vue de l'évaluation de sa vie le jour du jugement dernier ? Ou, à l'inverse, de quelles pratiques dévotionnelles doit-il s'abstenir pour autant qu'elles relèvent d'une « innovation blâmable » (*bidʿa*), voire qu'elles s'apparentent à « l'associationnisme » (*shirk*) [8]?

Plus significatif pour notre propos ici est toutefois le second champ d'intervention, à savoir la soumission des interactions sociales aux exigences d'une normativité qui est perçue comme l'expression d'une volonté divine. Cela concerne, à un premier niveau, la normalisation du comportement individuel dans l'espace public, comme l'illustre cette fatwa de Muḥammad al-ʿĀlim al-Zajlāwī : « Celui qui promet de faire l'aumône d'un plat de nourriture à un homme pieux n'a droit de manger de ce plat que la quantité qu'impose la convenance au moment même de la prestation. [9]» De façon similaire, le mufti de Zaglou proscrit aux travailleurs, qui, bien entendu, se recrutent majoritairement parmi la population des haratins, le port de vêtements faits de

6 Cf. *Ghunya*, *ms. cit.*, ff. 26–34 et *Nawāzil al-Zajlāwī*, *ms. cit.*, ff. 1–10. Rappelons que les *Nawāzil* d'al-Jantūrī ignore ce type de chapitre. Sur la notion de *ṭahāra*, se référer à Bousquet, Georges-Henri, « La pureté rituelle en Islam (étude de fiqh et de sociologie religieuse) » in *Revue de l'histoire des religions*, 1950, vol. 138, n° 1, pp. 53–71, Gauvain, Richard, « Ritual Rewards: A Consideration of Three Recent Approaches to Sunni Purity Law » in *Islamic Law and Society*, 2005, vol. 12, n° 3, p. 333–393, Maghen, Ze'ev, *Virtues of the Flesh: Passion and Purity in Early Islamic Jurisprudence*, Leyde, Brill, 2005.

7 Cf. Douglas, Mary, *De la souillure : études sur la notion de pollution et de tabou*, Paris, François Maspero, 1971 (1967), en particulier pp. 131–137.

8 Il est vrai que ces questions sont peu thématisées dans les *nawāzil* du Grand Touat. En revanche, elles constituent un enjeu majeur dans les *Ajwiba* d'Ibn Nāṣir dont nous avons déjà évoqué la circulation à l'intérieur des milieux savants oasiens. Cf. al-Darʿī, *al-Ajwibat al-Nāṣiriyya*, *op. cit.*, pp. 213–268.

9 *Nawāzil al-Zajlāwī*, *ms. cit.*, f. 135.

laine provenant de bêtes sacrifiées (*aḍḥiya*)[10]. Une autre fois, il somme à la pénitence une femme mariée, accusée d'avoir proféré, dans la chaleur d'une dispute, des propos blasphématoires s'apprêtant au *kufr*[11]. L'admonestation peut effectivement se condenser en une interpellation directe, comme l'illustre l'extrait d'une lettre de ʿUmar b. ʿAbd al-Qādir al-Tinilānī à l'adresse d'une ksourienne issue d'une famille maraboutique :

> À la dame de condition libre (*al-ḥurra*), Khadīja, fille du shaykh ʿAbd al-Raḥmān, que la paix soit sur vous ! Votre époux, al-Sayyid Abū'l-Qāsim b. al-Ḥājj ʿAbd al-Raḥmān, vient de s'adresser à nous en se plaignant du fait que vous multipliez les sorties du domicile. Sachez qu'il relève d'un comportement honteux et indécent, si une femme se montre excessive dans sa fréquentation de l'espace public [12]!

Dans ce contexte, il convient aussi d'insister sur l'étroite interrelation que les juristes musulmans établissent entre la conduite morale d'une personne et ses moyens d'action juridiques. Cette superposition de la morale au droit est particulièrement saillante dans les nombreux débats à propos de la faculté de témoigner (*shahāda*), sur lesquels nous aurons à revenir dans le chapitre VII. Soulignons ici seulement qu'aux yeux des juristes oasiens, le comportement public constitue un facteur décisif pour évaluer la recevabilité du témoignage d'un individu. Muḥammad al-ʿĀlim al-Zajlāwī estime ainsi que le fait d'assister aux célébrations annuelles des saints (*ziyāra*), voire de participer au baroud, c'est-à-dire à la 'danse aux fusils', invalide nécessairement la faculté de témoigner (*ibṭāl al-shahāda*) en raison de la promiscuité entre sexes qui règne dans ces occasions où les contraintes interactionnelles ordinaires sont momentanément mises entre parenthèses[13]. Et, sans surprise, le juriste ajoute qu'il n'en va pas autrement des rites ludiques (*laʿb*) organisés lors de la fête de l'Achoura[14]. Son collègue ʿAbd al-Raḥmān al-Tinilānī est plus indulgent. On l'interroge un jour sur la recevabilité du témoignage d'un nomade de la tribu des Dhawīʿ

---

10 *Ibidem*, f. 16.

11 Cf. *ibid.*, f. 127–128.

12 *Ghunya*, *ms. cit.*, ff. 59–60. Soulignons que le cadi s'adresse directement à la femme par voie écrite, ce qui fait penser qu'à l'époque, au moins certains groupes de la population féminine, notamment les élites maraboutiques et chérifiennes, sont alphabétisées, même si, bien entendu, il n'est pas à exclure que la lettre a été lue à son destinataire.

13 *Nawāzil al-Zajlāwī*, *ms. cit.*, f. 125. L'historien de la culture notera en passant que la fatwa atteste l'existence, au XVIIIe siècle, de ce rituel encore largement pratiqué de nos jours.

14 *Ibidem*. Sur la fête de l'Achoura, voir Hammoudi, Abdellah, *La victime et ses masques : essai sur le sacrifice et la mascarade au Maghreb*, Paris, Seuil, 1988.

Manīʿ. Cet homme a l'habitude fâcheuse, pendant ses séjours dans les oasis, d'entrer dans des maisons de personnes qui lui sont « étrangères », auxquelles aucun lien de parenté ne le rattache[15]. Le maître de Tinilane se contente d'un simple « *lā ba's* », « cela ne fait pas de mal », si le nomade agit avec l'autorisation des habitants de la maison (*idhn ahl al-dār*). Même, poursuit-il, le témoignage d'un sorcier qui se livre à des pratiques de divination mettant en œuvre la technique de l'écriture sur le sable (*al-khaṭṭ ʿalā'l-raml*) est recevable sous certaines conditions[16]. Bien entendu, nous butons ici sur la configuration religieuse d'une société dans laquelle certaines formes de magie sont sinon recommandées, du moins tolérées par les gardiens de la loi[17].

Les quelques exemples passés en revue nous renvoient au fait qu'en tirant sa légitimité d'une revendication de sacralité, la normativité conceptualisée sous le terme de charia transcende les cadres d'un système de droit prémoderne comme l'est, par exemple, le droit romain[18]. La réflexion proprement juridique s'y intègre dans une formation normative plus complexe qui se comprend à la fois comme discours de salut, comme modèle de société et comme système de droit. Autrement dit, les exigences que le *fiqh* – la science de l'interprétation de cette formation normative – impose aux croyants relèvent à la fois de registres religieux, éthique et juridique. Sur le plan individuel, l'imbrication de ces registres est véhiculée à travers des notions comme celle de « l'esprit de scrupule » (*waraʿ*) qui devrait guider le croyant dans sa vie de tous les jours. Lorsqu'ils s'érigent en censeurs et commentateurs du comportement humain, les juristes oasiens visent précisément à propager cet idéal du dévot qui évalue chacun de ses actes à la lumière des sources normatives de l'islam au risque de s'aliéner de la société des hommes[19].

### Le rappel de la procédure

Allons plus loin : par le recours au dispositif de l'*iftā'*, les jurisconsultes n'entendent pas moins renseigner sur les normes d'un système juridique et, surtout, veiller à leur application à l'échelle locale. Une fois, le cadi de Tamentit, ʿAbd

15 *Ghunya, ms. cit.*, f. 652.

16 *Ibidem.*

17 Cf. Touati, *Entre Dieu et les hommes, op. cit.*, pp. 270–278.

18 Sur ce point, voir aussi Johansen, Baber, *Contingency in a Sacred Law: Legal and Ethical Norms in the Muslim Fiqh*, Leyde, Brill, 1999, pp. 1–72, Weiss, *The Spirit of Islamic Law, op. cit.*, pp. 145–171.

19 Cf. Berque, *L'intérieur du Maghreb, op. cit.*, pp. 185–188, Touati, *Entre Dieu et les Hommes, op. cit.*, pp. 153–159.

al-Ḥaqq al-Bakrī, condamne à une lourde amende un témoin dont on lui a rapporté une fausse déclaration concernant la prise en possession d'une donation (*ṣadaqa*) par le bénéficiaire[20]. Il s'avère toutefois que la communication du témoignage au cadi par voie écrite n'a pas été effectuée en conformité aux strictes conditions régissant ce type de déposition indirecte dans le *fiqh*[21]. Interrogé sur l'affaire, 'Abd al-Raḥmān al-Tinilānī accuse alors 'Abd al-Ḥaqq, ainsi qu'un parent de ce dernier, Muḥammad al-Ḥājib, également membre du conseil de délibération de la *shūrā*, d'avoir commis une erreur regrettable. Selon le mufti, la sanction ordonnée par le cadi constituerait une dérogation à la doctrine établie de l'école (*manṣūṣ*). De plus, al-Tinilānī ne peut s'empêcher de remarquer que 'Abd al-Ḥaqq et son collègue auraient dû connaître le passage correspondant dans le *Mukhtaṣar* de Khalīl. En conclusion, il insiste sur la nécessité d'observer les règles définissant les critères de recevabilité d'un tel témoignage :

> Sachez que la prise en possession, qui constitue, bien entendu, une condition pour la validité de la donation, n'est formellement établie qu'avec le recours à un témoin et en observant les exigences d'une authentification par communication. Une telle communication est pourtant irrecevable [si le témoin] réside sur place et se trouve en bonne santé[22].

De fait, les consultations compilées dans les *nawāzil* oasiens montrent une nette tendance à associer à l'examen d'un cas d'espèce l'exposé précis des normes et des règles qui s'y rapportent. Les oulémas ne cessent de rappeler, dans leurs interventions discursives, les exigences procédurales stipulées par la charia (*al-mūjibāt al-shar'iyya*). Deux niveaux sont alors à distinguer. D'un côté, il s'agit de clarifier, souvent par des définitions succinctes, les catégories juridiques par lesquelles le *fiqh* appréhende, évalue et qualifie les faits empiriques. Une fatwa de 'Abd al-Raḥmān b. Ba'umar al-Tinilānī explicite, par exemple les critères formels servant à établir le statut légal du « prodigue »

20 *Ghunya*, *ms. cit.*, f. 520.

21 Sur la pratique de la communication de témoignages au cadi par voie écrite (*shahādat al-naql*), voir Hallaq, Wael, « Qāḍīs Communicating: Legal Change and the Law of Documentary Eavidence » in *Al-Qanṭara : revista de estudios árabes*, 1999, vol. 20, n° 2, p. 437–466 et Layish, Aharon, « Shahādat Naql in the Judicial Practice in Modern Libya » in Masud et *alii*, *Dispensing Justice in Islam*, *op. cit.*, pp. 495–516.

22 « *fa-inna'l-ḥiyāzat allatī hiya sharṭ fī ṣiḥḥat al-ṣadaqa lam tathbit illā bi-shāhid 'alā farḍ thubūtihā bi'l-naql 'anhu illā fa-lā yaṣaḥḥu al-naql 'anhu ma' ḥuḍūrihi wa ṣiḥḥatihi* »

(*safīh*), c'est-à-dire de la personne qu'on estime ne pas être en mesure de disposer de son patrimoine avec discernement[23] :

> Le statut du prodigue se caractérise soit par le fait que la personne dépense ses biens avec immodération et pour des choses illicites, soit qu'elle s'avère incapable de réaliser des transactions commerciales dans son propre intérêt. Une femme qui exerce un métier artisanal ne devrait pas être considérée comme majeure, jusqu'à ce qu'elle sache conserver les profits et ne débourse que ce qui est indispensable[24].

L'affaire porte en l'occurrence sur une femme qui, ayant atteint l'âge de la majorité légale (*rushd*), exige la résiliation d'une vente effectuée sur ses biens lorsqu'elle était encore soumise à une tutelle et sans qu'une autorisation (*idhn*) de la part du tuteur eût validé la transaction à l'époque.

D'un autre côté, les procédures à respecter dans les différentes opérations judiciaires sont exposées. Abū ʿAbd Allāh al-Balbālī[25] souligne dans une consultation que l'assignation du statut de prodigue à un individu (*tasfīh*) doit impérativement être couverte par la déposition d'au moins deux personnes reconnues comme « témoins honorables » (*shāhid ʿadl*)[26]. Ces témoins sont alors tenus de déclarer explicitement au prétoire : « Nous savons qu'untel n'est pas en mesure de réaliser des transactions commerciales dans son intérêt, ou qu'il est incapable d'augmenter son patrimoine ou qu'il dépense ses biens sans en tirer bénéfice[27].» L'évaluation d'un cas d'espèce par ʿAbd al-ʿAzīz al-Balbālī rendra plus clair cet aspect de l'*iftāʾ*[28]. Le nommé Sulaymān b. ʿAlī revendique la propriété d'un jardin de palmiers. Celle-ci serait un bien dont l'usufruit reviendrait à Sulaymān en tant que parent généalogiquement le plus proche du fondateur (*al-aqrab min al-muḥabbis*). Cependant, l'objet convoité se trouve déjà en possession privée (*milk*) d'une autre famille. Il a appartenu à une certaine Ṭawush. Après sa mort, son mari et ses filles ont reçu le jardin en héritage. C'est contre eux que Sulaymān porte plainte. La fatwa de ʿAbd al-ʿAzīz

---

23 Sur la notion du *safīh*, voir Linant de Bellefonds, Yvan, *Traité de droit musulman comparé*, Paris, La Haye, Mouton, 1965–1973, 3 vol., 1, pp. 254–258.

24 « *ḥāl al-safīh huwa an yuṣarrifu mālahu fīʾl-ṣarf aw fīʾl-maʿāṣī aw kāna lā yuḥsinu al-bayʿ waʾl-shirāʾ wa kawn al-marʾa dhāta ṣanaʿa lā takūnu bi-dhālika rashīda ḥatta taḥfaẓu mā yadkhuluhā yaddayhā wa tuṣarrifuhu fī-mā lā budda minhu* » : *Ghunya, ms. cit.*, f. 264.

25 Nous n'avons malheureusement pas pu établir la biographie du personnage.

26 Sur la notion d'honorabilité (*ʿadāla*), voir aussi *infra*, pp. 176–179.

27 « *naʿrifu fulānan lā yuḥsinu al-bayʿ waʾl-shirāʾ wa lā yaʿrifu tanmīya mālihi aw annahu yuṣarrifu mālihi fī ghayr maṣāliḥihi* » : *Ghunya, ms. cit.*, f. 240.

28 *Ibidem*, f. 356.

al-Balbālī déboute la réclamation, tout en explicitant, par le même mouvement, les aspects procéduraux sous-jacents au litige :

> Il [Sulaymān] n'a pas de droit de recours et sa réclamation ne sera pas entendue, étant donné que l'objet en question est la propriété privée des héritiers de la femme mentionnée. Par ailleurs, il ne leur est pas imposé de fournir une preuve testimoniale pour justifier cette possession effective. À l'inverse, l'affirmation que Sulaymān fait partie des parents [du fondateur du habous] mentionnés n'est recevable que si elle est formellement établie devant un juge. Cette authentification doit alors prouver l'existence d'un consensus quant à l'identité de l'ancêtre commun. [...]
>
> Quant au habous, son existence n'est établie qu'à l'issue d'une procédure de renouvellement. Pour cela, il faut également garantir l'honorabilité des témoins qui fournissent les preuves nécessaires pour tous les actes relatifs au habous depuis la date de la fondation jusqu'au décès [du fondateur]. Cela concerne la prise en possession par le bénéficiaire initial de l'usufruit de l'objet, s'il s'agit d'une personne majeure, ainsi que le justificatif que le fondateur était effectivement en propriété de l'objet au moment de la création du habous, au cas où il aurait donné le terrain à bail à un tiers. Enfin, dans l'éventualité où l'on repère l'acte de fondation [du habous], mais que celui-ci est détérioré au point que son libellé est devenu complètement illisible, il ne saurait être allégué comme indice[29].

Il est indéniable que les séances du tribunal présidé par le cadi (*majlis al-sharʿ*) assument une fonction clé dans le rapprochement des populations locales au droit musulman[30]. Mais, d'un autre côté, les consultations que nous venons de lire n'en montrent pas moins que les muftis ksouriens sont loin de se tenir à l'écart de la pratique judiciaire, comme le soutient Aharon Layish. Autrement, on ne comprendrait pas leur insistance à exposer en détail les différentes normes procédurales et institutions juridiques à l'attention des cadis et « des musulmans en général »[31]. En vérité, à travers ses consultations, le corps des jurisconsultes oasiens s'engage dans un travail d'encadrement qui ne manque pas de contribuer, au même titre que l'action des juges, à l'islamisation des pratiques normatives vernaculaires.

29 *Ibid.*, ff. 356–357.

30 Cf. chapitre VII.

31 « *li'l-muslimīn ʿāmma* » : comme l'écrit ʿAbd al-Raḥmān al-Tinilānī dans une de ses lettres au cadi de Tamentit. Cf. *Ghunya*, *op. cit.*, f. 629.

De plus, rappelons-le, le groupe des cadis est stigmatisé par une réputation ambiguë. Si, dans le cadre d'une institution comme le conseil de la *shūrā*, nous avons affaire à des débats entre 'égaux', pour ainsi dire, il en va tout autrement des rapports entre les membres des grandes maisons de science et la masse de magistrats villageois voués pour la plupart à l'anonymat dans nos sources. À travers les consultations des érudits ksouriens, ces juges apparaissent au contraire comme des personnages soupçonnés de vertus douteuses et, plus encore, d'un manque de rigueur dans l'application des règles du *fiqh*[32]. En vérité, c'est aussi à cause de leur méfiance à l'égard des cadis de l'archipel oasien que les jurisconsultes comme ʿAbd al-Raḥmān al-Tinilānī ou son maître al-Jantūrī s'intéressent de si près aux pratiques juridictionnelles. Il s'agit d'affirmer l'autorité de la doctrine contre la défaillance de nombreux juges dans la région. Par là, leurs interventions soulèvent une autre question centrale pour l'analyse de la pratique de l'*iftāʾ* à l'échelle locale, à savoir celle des rapports internes aux milieux lettrés. Or, dans l'évaluation des différents cas d'espèce, la définition de ce qui y constitue la position de l'école qu'il convient de maintenir contre tout comportement déviant ne fait pas toujours l'unanimité parmi les juristes du Grand Touat.

### Une dispute entre doctes

L'exposé de règles et de normes ne relève pas uniquement d'une volonté d'encadrement juridico-religieux dont les populations locales sont les premières visées. Il véhicule au même degré des débats internes où se négocie le travail quotidien de la justice oasienne. Tout l'enjeu de ces discussions se situe dans la construction et la perpétuation d'un savoir-faire soutenant les actes judiciaires. En d'autres termes, les diverses fatwas, ainsi que les échanges épistolaires entre oulémas concourent, à l'instar de l'enseignement maître-disciple, à l'acculturation des milieux savants au *fiqh*. L'*iftāʾ* constitue un dispositif grâce auquel le jurisconsulte se dote d'un double profil. Il exerce, d'un côté, comme herméneuticien 'libre', se plaçant au service de la communauté, de l'autre, comme membre d'un corps de métier et consultant à l'intérieur d'une institution. Envisagée sous cet angle, l'émission de fatwas procède d'une logique jurisprudentielle qui s'apparente à la théorie de l'auto-observation (*Selbstbeobachtung*) du droit développée par le sociologue allemand Niklas Luhmann[33]. Deux dimensions s'y articulent simultanément. Les rapports aux ressources épistémologiques et

32 Voir *supra*, pp. 113–117.

33 Luhmann, Niklas, *Das Recht der Gesellschaft*, Frankfurt am Main, Suhrkamp, 1995, p. 57.

littéraires de l'école (*madhhab*) sont actualisés à travers la pratique consultative, pendant que les multiples opérations circulaires, par lesquelles le système du droit (*Rechtssystem*) interagit avec son environnement (*Umwelt*), sont soumises à un processus autoréflexif[34]. De telles propositions peuvent certes paraître abstraites. En vérité, elles nous renvoient à un climat de discussion, voire de confrontation, intellectuelle.

En effet, les choses deviennent intéressantes à partir du moment où la fatwa d'un érudit rencontre des résistances au sein du corps doctoral. Au mufti alors d'affronter les critiques lancées contre lui et de solliciter éventuellement le concours d'autres juristes à l'appui de son point de vue. Une excellente illustration de l'étendue des chaînes de solidarité entre savants que de tels débats sont susceptibles d'activer nous est fournie par la discussion d'un cas d'espèce documentée dans la *Ghunya*[35]. Le contentieux est somme toute ordinaire. Il porte sur les modalités de la répartition de l'usufruit (*ghilla*) d'un habous familial (*ḥubus ahlī*) parmi les bénéficiaires, quand la deuxième génération des descendants du fondateur (*muḥabbis*) entre en lice[36]. Nous l'apprenons à partir de plusieurs fatwas que ʿAbd al-ʿAzīz al-Balbālī, lui-même un des protagonistes de l'affaire, a jugé utile de rassembler et de transcrire en les accompagnant de quelques remarques personnelles. On nous excusera une éventuelle lourdeur dans la restitution des faits du litige, mais celle-ci est indispensable pour comprendre les enjeux du débat qui va suivre.

Un certain Aḥmad b. Yaʿīsh al-Būdāwī établit un habous en faveur de ses quatre fils : al-Taqī, al-Ḥabīb, Muḥammad Ḍamā et Muḥammad Fatḥa. Il s'agit sans doute d'un jardin de palmiers, bien que notre source ne spécifie pas la nature de l'objet. Notons d'emblée que la descendance féminine est exclue de l'usufruit du habous, en conformité à une coutume, très répandue au Grand Touat de l'époque, qui apporte avec elle son propre lot de problèmes juridiques et sociaux[37]. À la mort de leur père, les quatre frères partagent entre eux le habous. L'un d'eux, al-Taqī, décède jeune sans laisser de fils. Ses frères exploitent par la suite ensemble la part du défunt en divisant l'usufruit en trois parties. Puis, s'éteignent successivement Muḥammad Ḍamā, père de deux fils, et Muḥammad Fatḥa, dépourvu de descendance mâle. Un conflit éclate. Le dernier survivant des trois frères, al-Ḥabīb, exige une révision complète de la

34 Cf. *ibidem*, p. 34 et p. 41.

35 *Ghunya, ms. cit.*, ff. 602–603.

36 Sur ce problème classique de la jurisprudence mālikite, se référer à Layish, Aharon, « The Māliki Family Waqf According to Wills and Waqfiyyāt » in *Bulletin of the School of Oriental and African Studies*, 1983, vol. 46, n° 1, pp. 13–21.

37 Voir chapitres VII et VIII.

division initiale. Il réclame pour lui seul la part de Muḥammad Fatḥa ainsi que celle d'al-Taqī, au motif que le fondateur du habous aurait stipulé, dans l'acte de fondation du habous, que « la part de celui qui meurt sans descendance mâle reviendra aux frères de celui-ci »[38]. Toujours est-il que les enfants de Muḥammad Ḍamā se mobilisent contre la revendication de leur oncle. Ils parviennent à lui arracher un compromis qui accorde les deux tiers de la part de Muḥammad Fatḥa à al-Ḥabīb et le tiers restant aux fils de Muḥammad Ḍamā. Dernier acte de la mise en scène du litige : al-Ḥabīb meurt à son tour. Une dispute ne tarde alors à opposer ses quatre fils à leurs cousins. Les enfants d'al-Ḥabīb réclament, à l'instar de leur père, le contrôle exclusif sur la part de leur oncle Muḥammad Fatḥa. Selon eux, la participation des deux fils de Muḥammad Ḍamā n'aurait été que temporaire, car uniquement due au compromis conclu. En vérité, puisque leur père était vivant au moment de la mort de Muḥammad Fatḥa, la part de ce dernier lui serait revenue de droit (*shar'an*). Par conséquent, ils auraient eu plus de droits que leurs cousins. À l'opposé, les deux fils de Muḥammad Ḍamā exigent la division en parts égales des portions détenues par les deux oncles qui sont décédés sans laisser de descendance mâle.

Pour des raisons que nous ignorons, l'affaire attire l'attention des oulémas oasiens. Il se peut très bien que cela soit dû à l'initiative des parties en litige soucieuses d'assortir leurs positions respectives d'arguments juridiques. On notera par contre qu'aucun des muftis qui interviennent au cours du débat ne cautionne ouvertement la réclamation des enfants d'al-Ḥabīb à propos d'un contrôle exclusif des portions de leurs deux oncles. La discussion est technique et porte sur les détails de la distribution des parts de l'usufruit parmi l'ensemble des petits-fils du fondateur du habous. 'Abd al-'Azīz al-Balbālī est le premier jurisconsulte à se prononcer sur l'affaire. Il appuie la revendication des fils de Muḥammad Ḍamā en prônant une bipartition : « La division en deux est exécutoire. [...] Dès lors, la part du habous revenant aux deux parties mentionnées – c'est-à-dire la moitié – sera partagée entre les enfants des deux frères selon les modalités de la première division entre leurs pères. [39]» À la suite de cette première fatwa, dont al-Balbālī précise qu'elle a été confirmée par un collègue, mais sans fournir le nom de ce juriste (« *wa tabā'anī 'alayhi ghayrī* »), un ouléma originaire du village de Bouali au Bas-Touat, Muḥammad b. 'Abd al-Raḥmān al-'Ālim, prend la parole. S'il refuse aussi d'accorder un monopole

38 « *man māta 'an ghayr 'aqab dhakar raja'a nasībuhu li-ikhwānihi* », *Ghunya*, *ms. cit.*, f. 604.

39 « *yaqtaḍī qismatuhu baynahum inṣāfan, fa-yakūn naṣīb al-madhkūrayn min al-ḥubus, wa huwa nisfuhu, maqsūman 'alā awlād akhīhimā ka-qismat al-niṣf alladhī li-wālidayhimā minhu wa huwa maqsūm 'alayhim 'alā 'adad abīhim inṣāfan* » : *Ghunya*, *ms. cit.*, f. 603.

sur l'usufruit à une des deux branches des descendants du fondateur[40], le modèle de division qu'il propose diffère considérablement de celui avancé par al-Balbālī :

> Aux fils d'al-Ḥabīb reviennent les deux tiers de l'usufruit et aux fils de Muḥammad le tiers restant. Cela est évident et ne pose aucune difficulté puisque le créateur du habous a stipulé [dans l'acte de fondation] « ensuite [l'usufruit sera transmis] à travers la descendance agnatique ». Il n'a pas déclaré que [l'usufruit] sera partagé par tête de père[41].

Il faut savoir que l'insertion de la tournure « par tête » (*'alā ru'ūs*) dans le libellé d'un acte de habous stipule que les bénéficiaires participent de manière égalitaire à l'usufruit[42]. Contre la bipartition préconisée par al-Balbālī et plutôt favorable aux enfants de Muḥammad Ḍamā, le juriste de Bouali oppose donc une solution qui accorde un net avantage aux quatre fils d'al-Ḥabīb. La fatwa est, comme il se doit, confirmée par trois autres oulémas. Il nous est par ailleurs précisé que deux sont des parents du mufti. Ainsi défié par ce personnage d'une réputation plutôt modeste[43], al-Balbālī ne tarde à réagir :

> Lorsque le cas d'espèce a été soumis au juriste mentionné et que la réponse de ce dernier a divergé [de la mienne], j'ai écrit au juriste Sīdī Aḥmad b. 'Abd al-Raḥmān b. 'Īsā al-Iklāwī, résidant à Kef al-Ma'qūda (?), dans la région de la Saoura, afin de le consulter sur l'affaire[44].

Le jurisconsulte sollicite donc une autorité extérieure, et pas la moindre. Al-Balbālī se plaît à mentionner que ce « savant consciencieux et circonspect » a étudié auprès d'un éminent maître de l'école de Fès, Muḥammad al-Tawudī b. Sūda (m. 1209/1795)[45]. Le libellé de la requête est partiellement transcrit. Nous apprenons qu'al-Balbālī a lui-même invité son adversaire à examiner le cas d'espèce. Le mufti de Bouali n'aurait pourtant produit qu'un amas

---

40 *Ibidem*, f. 602.

41 « *Fa-awlād al-Ḥabīb al-thulthān min ghillatihi wa li-waliday Muḥammad al-thulth wa hādhā ẓāhir lā ishkāl fīhi li-qawl al-muḥabbis ' thumma 'alā 'āqābihim wa lam yaqul fīhi innahu yaqsimu 'alā ru'ūs al-abā'* »

42 Cf. Layish, « The Māliki Family Waqf According to Wills and Waqfiyyāt », *art. cit.*, p. 23.

43 Aucun détail sur sa vie ne nous est communiqué par les sources à notre disposition.

44 *Ghunya, ms. cit.*, f. 603.

45 Sur b. Sūda, se référer à la notice qui lui est consacrée dans le *Salwat al-anfās* : al-Kittānī, Muḥammad b. Ja'far, *Salwat al-anfās wa muḥādathat al-akyās bi-man uqbira min al-'ulamā' wa'l-ṣulaḥā' bi-Fās*, Casablanca, Dār al-thaqāfa, 2006, 4 vol., 1, pp. 118–120.

d'« erreurs évidentes et de divagations éclatantes »[46]. Il incomberait par conséquent au juriste de la Saoura de remettre les choses à leur place : « Examinez donc avec soin ce cas et dissipez la difficulté par des références univoques [47]!» À l'évidence, le débat ne va pas sans polémique. Sans surprise, al-Iklāwī confirme la justesse de la fatwa d'al-Balbālī en exigeant une répartition égalitaire de l'usufruit :

> Il n'y a aucun doute quant au fait que c'est la première réponse qui tranche la question. Celui qui la contredit agit à tort et à travers. En effet, dans ce cas d'espèce, il n'y a pas lieu de prendre en considération des larmoiements, car le fondateur du habous a explicitement déclaré que les descendants agnatiques sont comptés au rang des fils naturels. Or, en ce qui concerne les fils naturels, il est stipulé qu'ils seront traités de manière égalitaire. En conséquence, cela doit aussi être appliqué aux descendants agnatiques : chacun d'entre eux ne prend que ce qui a été concédé à son père, indépendamment du fait que le nombre des descendants augmente ou diminue. Si les clauses établies par le fondateur sont ainsi, il faut les suivre [48]!

Pour autant, la consultation ne parvient pas à régler le différend, puisqu'al-Iklāwī rédige encore une fatwa par la suite. Cette fois, le compilateur de la *Ghunya* n'indique pas l'identité du questionneur. Il se contente de remarquer : « Le cas s'est de nouveau posé au juriste Sīdī Aḥmad al-Iklāwī ». Nous observons néanmoins que la seconde réponse d'al-Iklāwī est nettement plus circonstanciée. Elle s'appuie sur l'examen d'une copie de l'acte du habous, de même qu'elle contient un résumé du litige. Enfin, elle mobilise une autorité d'école : l'Égyptien al-Laqqānī (m. 958/1551) est mis à contribution. Son avis est présenté comme étant celui qui fait consensus en la matière. La citation est opposée à une opinion du commentateur du *Mukhtaṣar* de Khalīl, al-Ḥaṭṭāb (m. 954/1547) qu'un autre juriste impliqué dans l'affaire avait apparemment alléguée[49]. La discussion se complexifie. Sans nous étendre inutilement sur les arguties du raisonnement, relevons seulement qu'il s'agit pour le mufti de démontrer qu'en l'absence de stipulations explicites de la part du fondateur du habous, la doctrine de l'école mālikite prévoit que, tant qu'un des oncles est

---

46 « *min al-ghalaṭ al-wāḍiḥ wa'l-wahm al-lā'iḥ* »

47 « *fa-am'anū al-naẓar wa azīlū al-ishkāl bi-nuṣūṣ ṣarīḥa* »

48 *Ghunya*, *ms. cit.*, f. 603.

49 Néanmoins nous n'avons pas trouvé trace de la citation dans les documents transcrits par le compilateur de la Ghunya.

encore vivant, les enfants ne sauraient prendre la place de leur père défunt dans le partage des portions d'un habous dont les bénéficiaires originels sont morts sans avoir laissé d'héritiers mâles[50]. Le mufti s'attaque donc à l'accord conclu lors du premier litige qui a opposé al-Ḥabīb à ses neveux. Selon al-Iklāwī, le compromis aurait été uniquement motivé par la crainte de voir le litige dégénérer en un conflit violent entre les deux branches.

Loin de s'achever, le débat se déplace encore plus vers le nord et le nombre des intervenants se multiplie. Un juriste du Tafilalet, du nom d'al-Madanī b. al-Kabīr al-Filālī, se mêle à l'affaire et contredit ouvertement la fatwa de son collègue de la Saoura :

> La portion du bénéficiaire d'un habous qui meurt sans enfants, comme dans le cas d'espèce sur lequel porte la question, revient à ses frères et à leurs fils. Un frère n'a pas le droit de réclamer pour lui seul la portion en excluant ses neveux [...]. La portion sera au contraire partagée entre tous les bénéficiaires présents, qu'il s'agisse des neveux ou des autres [...][51].

Une lettre de soutien par un cadi de la région confirme la réponse du Filalien. La transcription de cette lettre est alors immédiatement suivie de l'extrait de la fatwa d'un autre mufti consulté[52] qui estime à son tour : « Les agnats mentionnés suivent leurs ascendants en ce qu'ils prennent de l'usufruit du habous en question, indépendamment du fait que leur nombre augmente ou diminue. En vérité, ils n'ont droit qu'à la portion de leurs pères, selon ce qui est stipulé par le créateur du habous dans l'acte de fondation. [53]» Cette fois, un avis du Tunisois Ibn ʿArafa (m. 801/1401) sert de couverture doctrinale[54]. Énoncée de manière aussi abstraite et elliptique, la réponse est difficile à situer dans le contexte du débat. La discussion semble néanmoins regagner les milieux let-

---

50 *Ghunya*, *ms. cit.*, f. 604.

51 « *fa'inna naṣīb man māt min ahl al-ḥubus min ghayr walad fī'l-nāzilat al-su'āliya yarjaʿu li-akhīhi wa li-abnā' akhīhi wa lā yakhtaṣṣu bihi al-akh dūna abnā' akhīhi* [...], *bal yaqsimu bayna man kāna mawjūdan min ahl al-ḥubus min bunayhi wa ghayrahum* ».

52 Le nom du cadi est Muḥammad al-Ṣarūf. Le mufti est un certain ʿAbd Allāh b. Muḥammad ʿAbd Allāh. Nous n'avons malheureusement pas pu identifier les deux personnages.

53 « *Inna al-aʿqāb al-madkhūr tābaʿa li-aṣlihi fī-mā ya'khudhuhu min al-waqf al-madhkūr taʿaddada aw infarada wa inna laysa lahu illā mā li-aṣlihi ḥasbamā yaẓharu min ishtirāṭ al-wāqif fī waqfihi.* » On remarquera l'emploi inhabituel du terme « *waqf* » au lieu de « *ḥubus* ».

54 Cf. Ghurāb, Saʿd, *Ibn Arafa et le mālikisme en Ifriqiya au VIIe/XIVe siècle, tome 1*, Tunis, Publications de la faculté des lettres de la Manouba, 1992.

trés de l'archipel oasien, puisque la consultation est approuvée par un juriste de la maison de Zaglou[55].

La série des consultations rassemblées par ʿAbd al-ʿAzīz al-Balbālī s'achève abruptement ici. Il est vrai qu'en particulier la transcription des deux dernières fatwas prend une forme plutôt fragmentaire, comme si al-Balbālī avait soudainement hâte de clore le dossier. De même, nous ignorons à peu près tout des circonstances sociales sous-jacentes à l'affaire, ou de la question à propos d'éventuelles interventions d'autres juristes, ce qui est par ailleurs probable. Encore moins sommes-nous renseignés sur l'aboutissement de tant d'échanges doctes. Une solution du litige a-t-elle pu être négociée ? De ce point de vue les limites de la documentation jurisprudentielle pèsent une fois de plus sur notre perception du cas d'espèce. Il n'empêche que les consultations transcrites laissent entrevoir comment un conflit, d'allure plutôt banale, suscite une effervescence intellectuelle si intense qu'elle finit par déborder du cadre local.

De ce jeu de contradictions et de confirmations transparaissent quelques schèmes culturels fondamentaux à travers lesquels les milieux lettrés oasiens entretiennent leur propre performativité intellectuelle. Soulignons d'abord le recours à l'autorité et à l'érudition d'oulémas d'autres régions. Il reflète, en fin de compte, l'enjeu des relations entre centre et périphérie, dans la mesure où le débat monte en direction de foyers de savoir plus réputés[56]. Cet appel à la métropole, pour ainsi dire, se double de l'instrumentalisation argumentative des ressources littéraires de l'école juridique (*madhhab*) au fil d'une controverse qui va vers une technicité croissante. En même temps, la discussion s'enserre dans les rapports de compétition et d'alliance entre juristes. Le défi lancé par le mufti de Bouali à un des principaux jurisconsultes du Grand Touat déclenche la mobilisation, par chaque partie, de véritables chaînes de solidarité. Cela s'exprime, en particulier, à travers les diverses confirmations mentionnées à la fin de chaque fatwa transcrite. Enfin, ce qui est également important à souligner, c'est que le débat s'articule sur un litige concret et non sur un cas fictif ou sur un point de théorie[57]. En dépit de l'abstraction croissante des arguments avancés, l'échange érudit vise, au moins en principe, le dénouement d'un conflit qui s'est effectivement posé à un moment à la justice. Il convient maintenant de se pencher sur la question de savoir comment de

---

55 Il s'agit d'un des fils de Muḥammad al-Zajlāwī, du nom d'al-Ḥassan.

56 Par ailleurs, nous avons relevé plusieurs cas d'espèce où les juristes locaux écrivent aux oulémas des grandes villes comme Fès ou Tlemcen, voire Le Caire, en vue de trouver du soutien à leur position. Cf., par exemple, *Ghunya, ms. cit.*, ff. 248–249.

57 Il est bien entendu que ce type de discussion ne manque pas dans les recueils de jurisprudence examinés.

telles expertises s'intègrent dans une 'opérationnalité' encore plus institutionnalisée, c'est-à-dire lorsqu'elles ont pour objectif l'encadrement de l'action du cadi à travers le dispositif de la consultation en contexte judiciaire (*mushāwara*).

## Le mufti et son cadi

Un jour, l'un des compilateurs de notre principal corpus de *nawāzil*, Muḥammad b. 'Abd al-Raḥmān al-Balbālī, est confronté à un dossier épineux[58]. Le litige tourne autour d'un jardin situé à Tinilane. À l'origine, un certain Aḥmad b. Nāṣir détenait le terrain en copropriété avec le mari de sa sœur, le nommé al-Ḥājj Aḥmad. À un moment, le jardin a toutefois fait l'objet de plusieurs transactions dont l'enchaînement est assez complexe. Aḥmad b. Nāṣir a d'abord voulu vendre la moitié de sa part – c'est-à-dire un quart de la propriété – à un tiers. À l'époque, son partenaire a néanmoins fait valoir un droit de préemption (*shufʿa*) afin d'acquérir lui-même ce quart. Ensuite, il a encore acheté l'autre quart du jardin de son beau-frère. Devenu ainsi propriétaire de l'ensemble du terrain, il l'a pourtant revendu plus tard par l'intermédiaire d'Aḥmad b. Nāṣir. C'est le recours au droit de préemption qui constitue la pierre d'achoppement du litige. Al-Ḥājj Aḥmad nie avoir exercé ce droit. Cependant, il se trouve contredit par le témoignage d'une autre personne citée nominativement dans notre source qui atteste que la préemption a bel et bien été réalisée. Il n'empêche que les héritiers de l'acheteur initial, qui, entretemps, est décédé, sautent sur l'occasion et portent plainte. Ils allèguent que leur parent n'a restitué le quart du jardin qu'en raison de la préemption. Si celle-ci n'avait jamais eu lieu, l'achat effectué resterait valable et, par conséquent, ferait partie de la succession. Pour compliquer encore les choses, un autre témoin affirme qu'Aḥmad b. Nāṣir a reconnu qu'il a concédé à sa sœur – c'est-à-dire à l'épouse d'al-Ḥājj Aḥmad – un quart de la part qu'il détient du jardin l'année précédant les transactions controversées.

Le cadi décide de consulter le mufti Muḥammad b. 'Abd al-Raḥmān al-Tinilānī sur l'affaire. Il semble tout à fait indisposé par le litige, comme le laisse entendre le début de sa requête : « Cette affaire me préoccupe, sa chaleur me brûle et je désire ardemment de m'en défaire. » L'exposé des faits s'ensuit et s'achève par la demande formelle d'une expertise :

> Il est indispensable que vous examiniez [le cas d'espèce] en vue de répondre à la question de savoir quelle norme juridique (*al-ḥukm al-sharʿī*) s'y

58 *Ghunya*, *ms. cit.*, f. 391.

> applique. Détaillez cela, soit par un principe de base, soit par une règle dérivée (*bi'l-naṣṣ al-aṣlī aw al-far'ī*), afin de lever toute difficulté. [Mais sachez encore] que les choses ne deviennent intelligibles que par des exemples concrets [59]!

Al-Balbālī attend des instructions claires sur la manière de procéder pour trouver, dans cette affaire touffue, un jugement convenable qui, en outre, serait impeccable du point de vue de la doctrine mālikite. La forme technique de l'interrogation sert alors d'occasion à al-Tinilānī de donner au cadi une leçon de méthodologie juridique :

> Sachez que les difficultés dans ce type de question ne viennent la plupart du temps que d'un manque de conceptualisation (*taṣawwur*) et d'une négligence en ce qui concerne le discernement des différents aspects impliqués. Il incombe à l'homme, quand il est confronté à un cas d'espèce, de scruter celui-ci en regardant ses conditions (*shurūṭihā*), ses causes (*asbābihā*), ses significations (*mawāni'ihā*), ainsi que ses caractéristiques propres (*khawwāṣihā*). Si l'on procède de cette manière, il devient aisé de distinguer les problèmes juridiques en jeu et d'appliquer en conséquence les normes appropriées[60].

À la suite de ces prolégomènes pédagogiques, al-Tinilānī se penche sur le cas. Il procède à une analyse de plusieurs transcriptions de témoignages que le cadi a jointes à sa demande d'expertise[61]. Le résultat invalide autant la préemption que la réclamation des héritiers de l'acheteur. Le mufti conclut que le témoignage controversé porte uniquement sur la restitution du quart par l'acheteur initial. Elle ne concerne pas la récupération de ce quart par al-Ḥājj Aḥmad en tant que personne habilitée à exercer un droit de préemption. Pourtant, « il est bien connu qu'il fait partie des conditions de la recevabilité d'un témoignage au sujet d'une préemption que celui-ci porte autant sur l'homme qui exerce son droit de préemption que sur l'acheteur. [62]» Cela ne signifie pas pour autant que les héritiers puissent récupérer la part jadis acquise par leur parent :

59 *Ibidem.*

60 *Ibid.*

61 Sur la question des témoignages écrits, voir aussi *infra*, p. 229.

62 « *wa qad 'ulima an min sharṭ ṣiḥḥat al-shahāda bi'l-shuf'a kawnuhā 'alā'l-shafī' wa'l-mushtarī* » : *Ghunya*, *ms. cit.*, f. 391.

> Étant donné que [l'acte du témoignage] portant sur la personne ayant exercé un droit de préemption a été égaré, celui sur l'acheteur ne saurait par conséquent être allégué comme preuve. De même, le témoignage, authentifié devant le cadi, qui atteste le droit des héritiers de l'acheteur sur l'objet est irrecevable, car il ne répond pas aux règles établissant une revendication de propriété[63].

En restituant le quart du jardin qu'il avait acquis, l'acheteur aurait abandonné ses droits, d'autant plus qu'il a par la suite omis de protester formellement contre la transaction. Pendant longtemps, il aurait gardé le silence, acceptant ainsi l'état de fait. Cela exclut maintenant toute possibilité de réclamation pour ses héritiers. Il faut savoir que les règles du *fiqh* stipulent des délais fixes pour l'émission de revendications dans le cadre de ventes. À l'échéance de ces délais, intervient le principe selon lequel « silence vaut consentement » (*al-sukūt yaʿuddu al-riḍā* ; *al-sukūt yadullu ʿalā'l-riḍā*)[64], à moins qu'une contrainte majeure ait empêché la personne concernée de contester la transaction. Nous aurons l'occasion de rencontrer encore à plusieurs reprises au gré de notre enquête cette maxime que les juristes oasiens opposent à la fréquence des revendications tardives.

Nous quittons ici l'affaire qui se poursuit de la même manière que le conflit autour du jardin habousé exposé ci-dessus. Plusieurs fatwas s'affrontent sans qu'un dénouement se dégage de notre source. À vrai dire, l'intérêt de ce cas d'espèce se situe au niveau de l'interaction entre le cadi et le mufti. Le récit de l'échange laisse entrevoir plusieurs éléments décisifs du travail du jurisconsulte quand celui-ci intervient comme expert consultant (*mushāwwir*) au service des juges de la région. Al-Tinilānī examine en premier lieu des documents qui lui sont envoyés par le cadi. Il s'agit en l'occurrence de la transcription de dépositions de témoins, mais de très nombreux autres cas montrent qu'un tel dossier comporte aussi fréquemment des actes notariés, comme les contrats de vente ou les titres de créance[65]. Par ailleurs, les jurisconsultes ont tendance à ouvrir leurs expertises en précisant qu'ils ont soigneusement compulsé les différentes pièces qui leur ont été envoyées. Sollicité par ʿAbd al-Ḥaqq al-Bakrī au sujet de la transmission de l'usufruit du habous d'une zaouïa, ʿAbd

---

63 « *fa-ḥaythu faqadat ʿalā'l-shafīʿ lam tanfaʿa ʿalā'l-mushtarī wa lā yalzamu min dhālika thubūt ḥaqq li-wurathā al-mushtarī li-ʿadam shurūṭ istiḥqāqihim* »

64 Cf. *Nawāzil al-Jantūrī*, *ms. cit.*, f. 108, *Nawāzil al-Zajlāwī*, *ms. cit.*, f. 81 Sur ce principe, voir Linant de Bellefonds, *Traité de droit musulman comparé*, *op. cit.*,1, p. 143.

65 Cf. *Ghunya*, *ms. cit.*, f. 468, f. 497, f. 505, f. 513, f. 523, f. 546, f. 548, f. 548, f. 549, f. 574, f. 590, f. 591, f. 610, pour indiquer seulement quelques occurrences relevées dans la *Ghunya*.

al-Raḥmān al-Tinilānī entame par exemple son évaluation du cas en déclarant : « J'ai méticuleusement examiné ce qui a été écrit sur la feuille ci-dessus [c'est-à-dire dans la demande de consultation (*istiftā'*)] ainsi que les actes notariés joints[66].» Pour autant que le recours aux actes notariés représente une arme très appréciée par les locaux pour défier leurs adversaires au tribunal[67], il est important d'insister sur le fait que la communication ainsi que la vérification de ce type de document constituent des étapes sensibles de la procédure de consultation en contexte judiciaire. De ce fait, elles sont prises au sérieux par les juristes oasiens. Sollicité à propos d'une transaction foncière controversée, 'Abd al-Raḥmān al-Tinilānī refuse ainsi d'examiner la copie d'un acte notarié tant que l'authenticité du document ne lui est pas prouvée. Il ne répond qu'à une question doctrinale contenue dans la demande d'expertise qui porte sur un aspect du droit des contrats[68].

Une telle vigilance se comprend dans la mesure où la documentation mise à disposition par le cadi constitue la base sur laquelle le mufti construit son évaluation du cas d'espèce. En s'interdisant toute initiative inquisitoire, le jurisconsulte ne perçoit le contentieux qu'à partir des traces matérielles que l'on expose devant lui[69]. D'où l'importance pour lui de procéder à des vérifications préliminaires. À cet égard, les correspondances épistolaires du conseil de délibération juridique (*shūrā*) permettent d'entrevoir à quel point 'Abd al-Raḥmān al-Tinilānī, le maître de Tinilane, travaille en liaison étroite avec le cadi al-Bakrī.

> Dans la demande de consultation que vous m'avez envoyée hier vous avez écrit que l'épouse d'al-Ḥājj Muḥammad b. 'Umar a acheté de lui [de son mari] le jardin sur lequel porte le litige actuel, et qu'elle lui a versé le prix de vente sous forme de branches de palmier (?) (*khulāla*). Or, Abū'l-Qāsim est venu me voir et m'a appris qu'al-Ḥājj Muḥammad a formellement reconnu devant les deux témoins [présentés par l'épouse] que c'était lui qui a versé le montant pour le jardin avec des branches de palmiers qu'il devait à la femme. Par la suite, il [Abū'l-Qāsim] a consulté al-Ḥājj 'Abd al-Nabī, un des deux témoins, à ce propos, mais celui-ci l'a mis en garde contre le fait que son témoignage n'a porté que sur la reconnaissance. Il n'aurait pas vu l'épouse et, pour cette raison, il n'atteste rien

---

66 « *faqad taṣafaḥtu mā bi-maḥwal al-warqa wa mā bi-a'lāhā wa'l-arsām al-maṣḥūba bihā wa waqaftu 'alā dhālika kulla* »: *ibidem*, f. 518.

67 Cf. chapitre VII.

68 *Ghunya*, *ms. cit.*, f. 146.

69 Cf. Powers, *Law, Society, and Culture in the Maghrib*, *op. cit.*, pp. 20–22.

> à son sujet. Regardez donc tout cela ! S'il est effectivement ainsi, cela veut dire que la reconnaissance concerne le transfert de la propriété et vous savez que cela équivaut à une vente […][70].

L'ordre de vérifier le contenu de la reconnaissance (*iqrār*) que ʿAbd al-Raḥmān al-Tinlānī donne au cadi nous conduit à mettre en exergue un autre aspect essentiel de l'expertise engagé par le mufti. À partir des documents à sa disposition, le mufti évalue et classifie les divers actes performatifs, oraux ou écrits, dont le litige se compose. En définitive, nous retrouvons ici le travail de l'herméneuticien évoqué plus haut. À chaque séquence du litige est assignée une qualité normative dont la mise en relation globale détermine l'évaluation finale du cas. Cependant, cette activité d'exégète s'intègre, cette fois, dans un cadre institutionnel précis. Les conclusions que le mufti tire de son analyse et qu'il communique par sa fatwa constituent une directive, sinon contraignante, du moins impérative pour la décision du magistrat à venir, dans la mesure où elles garantissent l'inscription de cette décision dans un système juridico-normatif perçu comme sacré[71].

### Une confraternité conflictuelle

Dans une famille de chorfa quelque part au Touat a lieu un jour un mariage qui ne fait pas unanimité[72]. Notre source ne l'explicite pas, mais il semble qu'un membre du groupe ait déposé une plainte auprès du *qāḍī al-jamāʿa* ʿAbd al-Ḥaqq al-Bakrī. La contestation porte sur un vice de forme. Selon le demandeur, le tuteur de la mariée (*walī*) n'aurait pas le droit d'assumer cette fonction puisqu'il ne serait qu'un cousin parallèle, fils de l'oncle paternel de la femme. Notons qu'à la différence de ses parents mâles, celle-ci reste sans nom. L'argument est retenu par le cadi qui lance alors une diatribe acerbe contre le juriste ayant autorisé la conclusion du contrat de mariage. Nous n'apprenons rien sur l'identité de ce personnage, mais les charges dont al-Bakrī accable son collègue sont lourdes pour autant qu'elles mêlent des reproches d'incapacité professionnelle et de faute morale[73].

---

70 *Ghunya, ms. cit.*, f. 146. C'est de nouveau ʿAbd al-Raḥmān b. Baʿumar qui s'adresse à ʿAbd al-Ḥaqq al-Bakrī.

71 Cf. aussi Müller, *Gerichtspraxis im Stadtstaat Cordoba, op. cit*, p. 151.

72 *Ghunya, ms. cit.*, ff. 62–63.

73 *Ibidem*, f. 63.

ʿAbd al-Raḥmān b. Baʿumar al-Tinilānī intervient dans l'affaire en tant qu'expert consultant. Il corrobore que l'homme en question n'a pas le droit de conclure le mariage de sa cousine, étant donné qu'il ne fait pas partie de sa « parenté proche » (*ʿashīra*). Renvoyant à une opinion du shāfi'ite Ibn Fākihānī (m. 734/1333), al-Tinilānī souligne que celui qui assume le tutorat lors d'un mariage doit impérativement figurer parmi les agnats proches de la mariée. Il s'ensuit un exposé des structures de parenté chez les « Arabes » qui ferait sans doute le bonheur des théoriciens de la segmentarité :

> [Le système de la parenté] chez les Arabes est hiérarchique (*inna al-ʿarab ṭabaqāt*). Au sommet figure le peuple (*shaʿb*), puis viennent la tribu (*qabīla*), le clan (*ʿamāra*), le sous-clan (*baṭn*), la fratrie (*fakhdh*), la fraction (*faṣīla*), la communauté locale (*ḥayy*) et la parenté proche (*ʿashīra*). Il n'y a pas de doute qu'à ce dernier niveau, les fils de Mawlāy al-Zwīn ne figurent pas ensemble avec la personne ayant contractée mariage, à savoir Mawlāy al-Shaykh, comme cela est notoirement connu chez eux[74].

Le mufti allègue encore d'autres références, y compris l'exemple prophétique, mais le verdict est de toute manière sans équivoque. Le juriste n'aurait pas dû admettre le cousin comme tuteur, d'autant plus que des parents plus proches auraient été disponibles pour contracter l'union. De ce fait, le mariage doit être dissolu.

Curieusement, ʿAbd al-Ḥaqq adresse une deuxième lettre au maître de Tinilane. Un brin réprobateur, il demande à ʿAbd al-Raḥmān pourquoi il a omis de prendre aussi en compte les propos de l'Andalou Ibn Sahl (m. 486/1093), auteur d'une compilation de *nawāzil* célèbre, que le juge avait allégué pour justifier son annulation du mariage. La réponse de ʿAbd al-Raḥmān nous apprend alors que l'intervention du cadi de Tamentit n'était pas restée sans répliques : « J'ai abrégé ce que j'ai écrit, afin de réfuter les arguments avancés par la personne qui a validé ce mariage en estimant que le tuteur de la mariée est un parent proche, alors que, moi, je le considère comme un allogène[75]. » Pour parer à cette contre-attaque, dont les détails ne nous sont pas précisés, il aurait fallu mobiliser l'argument juridique le plus probant (*ablagh*). Dès lors, ʿAbd al-Raḥmān se serait avisé que la stratégie la plus judicieuse serait d'argumenter dans le sens que le tuteur ne fait pas partie du groupe des parents proches et, de ce fait, doit être considéré comme un « allogène » (*ajnabī*). Une telle argumentation serait d'autant plus pertinente que la divergence entre les

74 *Ibid.*, f. 62.

75 *Ibid.*

juristes mālikites concernant la capacité d'un « allogène » de contracter mariage pour une femme est « forte » (*qawī*), au point d'avoir été intégrée par l'Égyptien Khalīl dans son *Mukhtaṣar* quatre siècles plus tôt. Par contraste, l'opinion d'Ibn Sahl serait beaucoup moins appropriée à cet égard, car le mufti ne l'a pas repérée chez d'autres auteurs de l'école.

Un tel exposé de stratégies argumentatives nous renvoie au climat compétitif qui prévaut au sein des milieux de juristes de l'époque. Chaque acte judiciaire risque d'être contesté et, de ce fait, provoque des joutes entre savants, lesquelles, on l'a déjà vu, sont susceptibles de s'insérer dans des affrontements beaucoup moins pacifiques. Dans l'exemple présenté, cadi et mufti se coordonnent en vue de contrecarrer les arguments de leur adversaire. Cela arrive souvent et la *Ghunya* nous renseigne même sur un litige où, à la demande de ʿAbd al-Ḥaqq, ʿAbd al-Raḥmān al-Tinilānī transmet l'ensemble des propos (*kalām*) que lui et le cadi ont tenus à ce sujet à deux autorités de Fès, Muḥammad al-Tāwudī b. Sūda (m. 1209/1795) et ʿUmar al-Fāsī (m. 1188/1774–5)[76], afin de solliciter des consultations à l'appui de leur point de vue[77]. Le contentieux porte ici sur la succession d'un chérif fortuné, sur laquelle une partie des héritiers entendent faire valoir des dettes[78]. Renseignant le cadi sur l'envoi des documents au Maroc, le mufti ne peut toutefois s'empêcher de réprimander aussi le comportement d'al-Bakrī dans l'affaire. Il affirme que les remises en cause auxquelles les deux juristes sont actuellement exposés ne seraient finalement dues qu'à une négligence fâcheuse de la part du cadi. Al-Bakrī avait oublié de mentionner dans son jugement les noms des différents témoins attestant la dette. Cela aurait par la suite fourni l'occasion à la partie déboutée d'alléguer un vice de forme.

Il s'en faut de beaucoup que la contrariété du mufti soit un cas isolé. L'étroite coopération au sein du conseil de la *shūrā* implique souvent que les deux juristes s'accrochent sur l'évaluation des différents litiges qui leur sont soumis, voire qu'ils tombent en désaccord total, comme l'illustre l'exemple suivant. Une femme gratifie d'un quart entier de ses biens son jeune neveu – il s'agit du fils de son frère – au moment où celui-ci achève la mémorisation (*ḥifẓ*) d'une partie du Coran. Cependant, elle continue jusqu'à sa mort de disposer de ce quart, alors que les règles de l'école mālikite exigent, pour les libéralités entre

76 Pour la biographie de ʿUmar al-Fāsī, voir al-Kittānī, *Salwat al-anfās*, *op. cit.*, 1, pp. 384–386.

77 *Ghunya*, *ms. cit.*, f. 248.

78 Relevons au passage que la lettre de ʿAbd al-Raḥmān énumère les différents éléments dont se compose l'héritage d'un notable ksourien de l'époque : les propriétés foncières, les esclaves, le bétail, les armes, les meubles, les graines, les dattes. Le cas d'espèce nous renseigne ainsi utilement sur les sources de richesse dans l'archipel oasien au XVIIIe siècle.

vifs, que le donateur se défasse de l'objet et que le bénéficiaire en prenne possession[79]. Sans que le document le dise, la pratique est, à coup sûr, à mettre en rapport avec les diverses stratégies développées par les populations rurales, et urbaines, afin de détourner les règles strictes du *fiqh* en matière d'héritage (*al-farāʾiḍ*). Cela semble d'autant plus plausible qu'il s'agit, à en croire notre source, d'un usage (*ʿāda*) très répandu à l'échelle régionale, intervenant lorsque l'enfant termine, « à force de coups et de claustration »[80], l'apprentissage de la deuxième sourate « la Vache ». En dépit de cela, ʿAbd al-Ḥaqq al-Bakrī déclare le transfert exécutoire en vertu de la règle selon laquelle « les donations pour récompenser l'apprentissage du Coran n'exigent pas nécessairement une prise en possession »[81]. ʿAbd al-Raḥmān en est interloqué et ne tarde pas à exprimer sa colère dans une lettre cinglante :

> Quand j'ai vu cela, je m'en suis détourné, car j'étais très étonné que de pareils propos puissent émaner de votre part ! Puis, je me suis moi-même blâmé pour ma critique précipitée et, maintenant, j'aimerais examiner les arguments juridiques sur lesquelles vous vous êtes appuyés dans cette question[82].

À ces mots, le maître de Tinilane s'attèle toutefois à une réfutation implacable de l'indulgence du cadi à l'égard de la donation. Sans nous attarder sur les détails de l'argumentation, notons seulement que al-Tinilānī reproche *grosso modo* au juge d'attribuer une portée générale (*muṭlaq*) à un avis circonstancié (*muqayyid*), ce qui marquerait une dérogation nette par rapport à l'enseignement des théoriciens des fondements du raisonnement juridique (*ahl al-uṣūl*)[83]. La critique culmine dans une accusation inouïe. Au lieu de se livrer à une investigation approfondie dans la littérature de référence (*baḥth*), ʿAbd

79 *Ibidem*, f. 521. Sur cette question, voir Linant de Bellefonds, *Traité de droit musulman comparé, op. cit.*, pp. 310 – 411, en particulier pp. 324–326.

80 « *biʾl-sijn waʾl-ḍarb* ». L'on ne peut s'empêcher de noter ce détail ethnographique intrigant. Sur le *kuttāb* saharien, voir Fortier, Corinne, « Le corps comme mémoire : du giron maternel à la férule du maître coranique » in *Journal des africanistes*, 1998, vol. 68, n° 1–2, pp. 197–224 et « 'Une pédagogie coranique' : modes de transmission des savoirs islamiques (Mauritanie) » in *Cahiers d'études africaines*, 2003, vol. 43, n° 1–2, pp. 235–260.

81 « *ṣadaqat al-Qurʾān lā taftaqiru li-ḥawz* » : *Ghunya, ms. cit*, f. 521. Pour un cas similaire, voir *ibidem*, ff. 480–481.

82 *Ibidem*, f. 521.

83 Cf. aussi Fadel, Mohammad, « "Istiḥsān is Nine-tenths of the Law" »: The Puzzling Relationship of Uṣūl to Furūʿ in the Māliki Madhhab" » in Weiss, Bernard G. (éd.), *Studies in Islamic Legal Theory*, Leyde, Brill, 2002, pp. 161–176.

al-Ḥaqq se serait contenté d'imiter d'une manière aveugle son ancêtre, le cadi Muḥammad al-Bakrī, dont al-Tinilānī avait effectivement lu une fois une fatwa similaire. Quel comportement indigne, s'exclame le mufti, pour le descendant d'un lettré aussi distingué sur le plan du savoir et de la piété[84] !

Quelle a été la réaction du cadi confronté à de telles charges ? Nous l'ignorons, puisque le compilateur n'a pas jugé utile de reproduire également l'éventuelle réplique du correspondant. Il semble cependant improbable que ʿAbd al-Ḥaqq n'ait pas répondu aux critiques qui lui ont été faites. Une autre lettre de ʿAbd al-Raḥmān al-Tinilānī montre que les taquineries sont en vérité réciproques. L'échange porte une fois de plus sur un jardin dont la propriété est controversée. Une partie prétend avoir acheté le terrain, alors que l'autre allègue que l'objet serait un habous[85]. Mais seule nous intéressera ici l'interaction entre cadi et mufti. Le maître de Tinilane est conduit à prendre position contre toute une série de reproches que ʿAbd al-Ḥaqq lui a adressés dans une missive antérieure. Par chance, ʿAbd al-Raḥmān évoque chaque point de critique avant d'y répondre, ce qui nous permet de mieux saisir la complexité des dissensions susceptibles de survenir dans le cadre de la *mushāwara*.

Les plaintes du cadi s'articulent autour de trois ressorts. Elles ciblent d'abord la forme de la fatwa qu'al-Tinilānī a émise en tant qu'expert consultant au sein du conseil de la *shūrā*, puis se tournent vers des aspects techniques de la procédure judiciaire supervisée par lui, avant de s'achever sur un ton moralisateur. À l'évidence, ʿAbd al-Ḥaqq n'a guère apprécié la fatwa qu'il a reçue de son principal mufti. Celle-ci aurait été trop sommaire et rédigée dans un style pédantesque[86]. De plus, ʿAbd al-Raḥmān aurait abrégé de façon abusive le libellé de la demande d'expertise du cadi et, par là, déformé l'exposé. ʿAbd al-Ḥaqq semble en outre contrarié de la manière dont le jurisconsulte assume son rôle de consultant. ʿAbd al-Raḥmān se serait abstenu de répondre à toutes les questions contenues dans la demande, de même qu'il aurait caché certaines informations relatives à l'affaire au juge. Or, selon ʿAbd al-Ḥaqq, un mufti est dans l'obligation de communiquer toutes les données dont il dispose concernant le cas d'espèce (*masʾala*) soumis par le cadi. La réplique de ʿAbd al-Raḥmān al-Tinilānī à ces critiques nous interpelle par son aplomb :

> Je ne sais pas en quoi j'aurais abrégé votre exposé. J'ai seulement répondu en fonction de ce que je connais, de même que je me suis abstenu de parler des choses que j'ignore, comme cela se doit. Peut-on s'offusquer de

84 *Ghunya, ms. cit.*, f. 521.

85 *Ibidem*, ff. 629–630.

86 « *Innakum mukhāṭibūn bi'l-tanbīh.* »

quelqu'un qui accomplit l'obligatoire ? […] En vérité, je vous ai adressé cette fatwa en vue de rendre service, à vous en particulier et aux musulmans en général. Je ne vois pas ce qui pourrait m'interdire d'agir de la sorte et je suis confiant à ce sujet. […] Je vous dis que je n'ai rien écourté, puisque j'ai seulement répondu en fonction des informations dont je disposais. Il n'y a aucun intérêt à reproduire la réponse en l'associant à la question. En vérité, toute éventuelle simplification ne vient que de votre part, car vous avez omis d'exposer les actes notariés (*mustanadāt*) sur lesquels votre jugement est fondé afin que je puisse les examiner, comme cela est l'habitude du conseil consultatif[87].»

Au reproche d'avoir rédigé une fatwa défectueuse, le mufti rétorque donc que c'est au contraire la demande de consultation initiale qui n'a pas été conforme aux normes. Par ailleurs, il semble que ʿAbd al-Raḥmān ait déjà critiqué ce point dans sa première fatwa, puisque ʿAbd al-Ḥaqq s'en justifie en alléguant qu'il a seulement retenu une partie de la documentation afin de rendre sa demande d'expertise plus claire. Mais ʿAbd al-Raḥmān n'en veut rien entendre et se montre effectivement professoral sur ce point :

> Quelle est l'utilité d'une expertise sans discussion de l'ensemble des actes notariés sur lesquels le jugement est fondé ? Si vous aviez respecté les manières de faire des cadis honorables, vous auriez exposé [ces actes] dans votre réponse. Les *Aḥkām* d'Ibn Sahl, ainsi que d'autres ouvrages, ont pris le soin de les présenter. À vrai dire, toutes les consultations [contenues dans ces livres] se conforment à ce principe, car [à leurs auteurs] le recours à l'autocritique s'imposait de manière évidente, pour autant qu'ils cherchaient à se mettre à l'abri de l'erreur. Vous-même, vous avez agi ainsi avant cette affaire[88]!

Un glissement s'aperçoit à ce point dans la lettre de ʿAbd al-Raḥmān. Au début, le mufti, quoique convaincu de son point de vue, semble néanmoins sur la défensive. Il va même jusqu'à s'excuser d'avoir éventuellement réagi de manière précipitée :

> À propos de ce qui vous a été rapporté au sujet de Sayyid ʿAbd al-Karīm, à savoir que je lui aurais dit « rend ton jugement ! Tu es sur le droit chemin » – je ne me souviens pas d'avoir professé ces paroles. Si je l'ai fait, il

87 *Ibidem*, f. 629.

88 *Ibid.*

> s'agit effectivement d'une erreur de ma part et je demande à Dieu qu'Il me pardonne[89].

Pourtant, à mesure que ʿAbd al-Raḥmān développe sa critique d'un manque de rigueur dans l'*istiftā'*, la configuration initiale s'inverse progressivement. C'est désormais le mufti qui se prend ouvertement à la manière dont le cadi traite le litige :

> En ce qui concerne votre allégation qu'une première preuve testimoniale vous ait été soumise au début du procès, je vous dis que cette preuve n'est pas mentionnée dans la copie du jugement que vous m'avez fait parvenir. Vous y avez seulement résumé ce qui vous a été transmis du témoignage de Sayyid Manṣūr et mon exposé s'est par conséquent référé à cela. L'abrègement vient donc de votre part ! [...]
>
> Quand vous écrivez que ceux qui se sont réclamés de l'acte de témoignage de Sayyid Manṣūr n'en ont pourtant pas fait usage devant vous, je vous demande ce que cela signifie : « ils n'en ont pas fait usage ». Vous avez en vérité écourté ce témoignage dans le jugement que vous désirez soumettre à l'examen des oulémas. Mais comment ceux-ci peuvent-ils savoir autrement quels sont les actes sur lesquels vous vous êtes fondé ?
>
> Enfin, pour ce qui est de la question de la convocation (*iʿdhār*), vous seul portez la responsabilité d'avoir omis d'appeler devant vous tous les hommes majeurs qui résidaient sur place [...] Maintenant, vous prétendez que vous avez ignoré cela. Mais je vous dis sincèrement que si vous aviez bien lu l'acte du habous le jour où les plaideurs l'ont exhibé, vous auriez remarqué que tous les bénéficiaires mentionnés [dans l'acte] auraient dû être convoqués[90].

Le mufti réaffirme donc sans aucune concession les reproches qu'il a soulevés dans sa fatwa, et repousse énergiquement toute tentative de la part du cadi de se justifier. Le débat devient maintenant plus technique. ʿAbd al-Ḥaqq a fait valoir dans sa lettre que, selon la doctrine de l'école mālikite, le serment (*yamīn*) accompagnant la réclamation d'un droit de propriété (*istiḥqāq*) ne saurait être retardé. ʿAbd al-Raḥmān ne réplique alors pas seulement qu'il a été incapable d'identifier le passage allégué par le cadi en guise de preuve dans la littérature de référence. Il enchaîne lui-même toute une série de citations et de

89 *Ibid.*

90 *Ibid.*, f. 630.

renvois défavorables à la position du juge. En dernier lieu, le registre du religieux est mobilisé : ʿAbd al-Raḥmān se défend contre la présomption de mauvaise foi dans ses prières pour le cadi. Le mufti insiste alors sur la grande nécessité de multiplier ce type d'invocation dans « des temps si difficiles » pour la communauté islamique et clôture sa réplique en déclarant sèchement que « si vous estimez pouvoir vous passer de mes prières, moi, j'en ai besoin des vôtres ![91]» On l'aura compris : ʿAbd al-Raḥmān n'entend pas laisser la moindre place aux arguments de son interlocuteur.

Que conclure de ce fragment de dispute entre ʿAbd al-Ḥaqq al-Bakrī, *qāḍī al-jamāʿa* du Grand Touat, et ʿAbd al-Raḥmān b. Baʿumar al-Tinilānī, chef de la puissante maison de Tinilane ? De prime abord, nous observons deux juristes en train de se quereller à propos de leurs compétences respectives dans le cadre de la procédure judiciaire. La discussion est technique. Elle porte sur l'appréhension et le traitement juridico-normatif des différents éléments d'un litige soumis à la magistrature. Mais, en même temps se dessine une compétition intellectuelle qui oppose deux éminentes figures des milieux lettrés oasiens de l'époque. Envisagée sous cet angle, la controverse peut aussi se lire comme le reflet d'une rivalité sous-jacente entre le cadi de Tamentit et le maître de la zaouïa de Tinilane.

91 *Ibid.*

CHAPITRE 5

# Les ksouriens et leurs magistrats

Un juge s'installe dans un petit ksar du Gourara, jusqu'alors dépourvu d'instance judiciaire[1]. Avant cela, une autre agglomération plus importante, située au centre de la région, servait de lieu de juridiction (*maḥall al-qaḍā'*) et, nous dit-on, « depuis des lustres un cadi [y] tranchait les différends ». Le nouveau venu a lui-même d'abord exercé dans cette bourgade avant de prendre la décision de transférer son auditoire vers le ksar de taille plus modeste. Sa présence ne tarde pas à perturber la paisible vie du village. Des plaideurs affluent de tous lieux et les clameurs de leurs disputes brisent la quiétude ambiante. Les allées et venues incessantes de personnes étrangères mettent en péril l'intimité des foyers familiaux : entendre par là surtout qu'ils fragilisent 'l'invisibilité' des femmes[2]. Mais les allées et venues des justiciables au prétoire du juge posent un problème autrement plus grave à la communauté oasienne. Les conventions coutumières alors en vigueur au Grand Touat stipulent que chaque étranger séjournant dans un ksar est en droit d'attendre d'être logé et nourri pendant trois jours. Les frais occasionnés par cette prestation, que l'idiome local nomme de nos jours encore de manière générique « l'hospitalité » (*ḍiyāfa*) sont répartis entre les notables composant l'assemblée villageoise (*jamāʿa*)[3]. Le ksar, par sa taille réduite et par ses ressources alimentaires

1 *Ghunya, ms. cit.*, f. 304.

2 Sur les pratiques de claustration de femmes notables dans le Maghreb saharien, on lit avec profit l'analyse de l'anthropologue Remco Ensel à propos d'un village dans la vallée du Drāʿ au Maroc. Voir Ensel, *Saints and Servants in Southern Morocco*, *op. cit.*, en particulier pp. 185–187.

3 Cf. *Ghunya, ms. cit.*, f. 282. Un rapport de l'administration coloniale française, daté du 4 juillet 1904, fournit une description détaillée de l'institution : « Au Touat, tout individu qui possède quelque bien contribue à la nourriture des hôtes de passage dans son ksar ; des jours déterminés par le cours de l'année entière lui sont affectés en nombre proportionnel à son état de fortune, généralement estimé par la part d'eau dont il est propriétaire. Les 365 jours de l'année sont donc repartis entre tous les habitants du ksar qui peuvent fournir la diffa ; la liste en est dressée par écrit et sert pour plusieurs années ; il n'y est apporté de modifications qu'en cas de décès ou de vente. Les hôtes sont nourris par l'habitant dont c'est le tour le jour où ils se présentent à condition que leur nombre total ne dépasse pas un certain chiffre, variable suivant les ksour. [...] Lorsque les hôtes sont en nombre supérieur au chiffre fixé, ils sont nourris par l'ensemble des habitants du ksar. Dans chaque ksar un local spécial est affecté aux hôtes de passage et à leurs montures. Les hôtes ne sont en général hébergés qu'un seul jour, quelquefois deux jours et rarement trois. Ils perçoivent un ou deux repas par jour suivant leur qualité.

 | DOI 10.1163/9789004341265_007

restreintes[4], est rapidement confronté à l'impossibilité de prendre en charge un flux aussi conséquent de visiteurs allogènes. La situation devient d'autant plus préoccupante que les multiples tâches liées à l'organisation de cette hospitalité institutionnalisée conduisent les villageois à délaisser l'entretien de leurs plantations et de leurs champs. En un mot, la communauté est menacée de disette.

Ce que nous venons de résumer est une demande de consultation anonyme à l'adresse de trois jurisconsultes marocains du XVIII$^{e}$ siècle[5]. Elle bute sur la question de savoir si, dans ces circonstances, le cadi se trouve dans l'obligation de rentrer dans son lieu de juridiction originel[6]. En dépit de leurs ratiocinations affables et érudites[7], les réponses, transcrites à la suite de la demande d'expertise, demeurent assez évasives. Certes, les muftis admettent volontiers que l'existence d'un tribunal de cadi constitue une lourde charge pour n'importe quelle communauté. Les conséquences nuisibles que cette présence risque d'entraîner pour la collectivité sont formellement assimilées à un préjudice (*ḍarar*), comme l'explique un des juristes sollicités :

> Il est vrai que tout lieu de juridiction d'un cadi est connu pour attirer un nombre toujours croissant de plaideurs, ce qui va nécessairement de pair avec une forte affluence de personnes, ainsi qu'avec la formation d'attroupements sur les lieux. Dès lors, il ne saurait faire de doute qu'une telle situation risque de causer des préjudices considérables aux voisins

---

S'ils restent au-delà de la limite fixée, ils doivent se débrouiller seuls, soit qu'ils connaissent un des habitants, soit qu'ils paient le prix de la nourriture qu'il se font donner [...] » : Archives nationales d'outre-mer, Aix-en-Provence, 22H48.

4 « *qillat al-qūṭ bi'l-ṣaḥrā* » : *Ghunya, ms. cit.*, f. 304. La grande pauvreté de la région est régulièrement remarquée par les géographes et militaires de la première moitié du XX$^{e}$ siècle. Voir Martin, *Les oasis sahariens, op. cit.*, pp. 349–353 et Suter, Karl, « Etude sur la population et l'habitat d'une région du Sahara algérien : le Touat » in *Revue de géographie alpine*, 1953, vol. 41, n° 3, p. 445 et pp. 450–451.

5 Le compilateur ne précise pas les circonstances de la demande ni l'identité de ses auteurs. Il se contente d'un lapidaire « question adressée aux juristes du Maroc ». De même, dans les trois fatwas répondant à la question qu'il transcrit, seule l'identité d'un des trois muftis nous est fournie. Il s'agit d'un certain Aḥmad b. Muḥammad al-Khiyyāṭ b. Abī'l-Qāsim b. Ibrāhīm al-Dukkālī. Nous n'avons malheureusement pas réussi à identifier ce personnage dont la *nisba* nous renvoie néanmoins vers le Nord marocain.

6 *Ghunya, ms. cit.*, f. 304.

7 La première fatwa transcrite contient un passage du *Miʿyār* et relate une anecdote mettant en scène le calife omeyyade ʿUmar b. ʿAbd al-ʿAzīz (règne 99–101/717–720). Les deux autres muftis se réfèrent à plusieurs autorités médiévales comme l'Andalou Ibn Lubaba (m. 314/926) de Cordoue et l'Ifriqiyien al-Burzulī (m. 841/1438).

> du fait que ces derniers ne disposent d'aucun moyen pour se protéger contre la multiplication des entrées et des sorties [...] et, surtout, contre l'exposition de l'intimité de leurs domiciles. [...] S'il s'avère donc qu'un tel préjudice existe, il convient d'y mettre un terme[8].

En revanche, aucune des consultations transcrites ne va jusqu'à sommer explicitement le cadi de revenir dans son village d'origine. Quant à la menace de disette qui pèse sur la communauté, force est de constater que les trois fatwas n'en disent mot. Tout porte à croire que seule la question de savoir comment préserver l'"honneur' de la population féminine du ksar en proie à des regards inconvenants a préoccupé les juristes marocains.

Le récit de la demande de consultation laisse au premier chef entrevoir une tension qui paraît consubstantielle au fonctionnement de la judicature oasienne. Dans la mesure où celle-ci est privée de l'appui de l'État, ses capacités d'intervention dépendent étroitement du concours des notables ksouriens prêts à mettre à la disposition de la justice les diverses institutions communautaires telles que le service alimentaire. Autrement dit, la collectivité du ksar, ou plus précisément, ses figures prépondérantes (*al-aʿyān*) fournissent aux jurisconsultes musulmans les cadres matériels essentiels à l'instauration d'un régime judiciaire islamique[9]. D'un autre côté, la doléance des ksouriens au sujet de ce cadi qui épuise les ressources du village nous met devant l'évidence qu'une telle coopération ne saurait se réaliser sans heurts. Aux prises avec des conditions environnementales extrêmes dans lesquelles le problème de l'insuffisance des ressources se pose constamment, le groupe défend âprement ses intérêts collectifs face à toute menace extérieure. Pour dire les choses crûment, l'oligarchie villageoise est certes d'accord pour concourir à faire entendre la loi religieuse parmi les siens, mais pas au point d'en mourir de faim. Le raisonnement qui suit propose de sonder cette tension à la lumière d'une analyse des modalités d'interaction entre institutions communautaires et magistrature musulmane dans les ksour du Grand Touat au XVIIIe siècle.

8 *Ghunya, ms. cit.*, f. 305. Le passage est tiré de la fatwa d'Aḥmad al-Dukkālī. Le cas d'espèce figure dans le chapitre consacré aux préjudices (*masāʾil al-ḍarar*). Sur la maxime juridique « de la suppression du préjudice » (*rafʿ al-ḍarar*), voir aussi Kamali, Mohammad Hashim, *Shari'ah Law: An Introduction*, Oxford, Oneworld Publications, 2008, pp. 35–36 et pp. 146–147.

9 L'entretien des deux autres institutions censées opérer la jonction entre l'univers villageois et la « grande Tradition » de l'islam, à savoir l'école coranique (*kuttāb, maḥḍara*) et la mosquée du vendredi (*jāmiʿ*) est également assuré par l'assemblée villageoise, ce dont témoignent plusieurs cas d'espèce dans les *nawāzil* examinées. Voir *Ghunya, ms. cit.*, f. 440, f. 445, *Nawāzil al-Zajlāwī, ms. cit.*, f. 9.

## La légitimation de l'assemblée communautaire

La relative absence d'une autorité étatique centralisée est un défi heuristique aux jurisconsultes autochtones. Il s'agit de penser, au sein d'une société de type lignager travaillée par une distribution fragmentée du pouvoir politique, la construction d'un ordre normatif fondé sur la charia, laquelle suppose, en théorie, l'égide d'un Souverain (*al-imām al-aʿẓam*)[10]. Les réponses que les oulémas locaux ont proposées pour remédier à ce dilemme articulent un réalisme pragmatique. Il est, en quelque sorte, caractéristique du raisonnement de ces docteurs rustiques confrontés à un environnement social si éloigné de l'idéal de la cité islamique. En parcourant les recueils de *nawāzil* nous apercevons que les juristes ksouriens s'attachent à légitimer les institutions sociopolitiques existant à l'échelle régionale, en les enserrant dans le tissu législatif du *fiqh*. L'enjeu primordial est d'investir les notables locaux d'un pouvoir créateur de structures normatives. En s'appuyant sur plusieurs autorités mālikites, Muḥammad al-ʿĀlim al-Zajlāwī établit ainsi dans une de ses consultations :

> Pour ce qui est de la question de l'investiture, par le collectif, d'un juge compétent dans les domaines habituellement confiés à la juridiction des cadis, cheikh Sālim[11] a rapporté du *Tahdhīb al-Ṭālib*[12] le principe selon lequel, dans les contrées échappant à l'autorité du Souverain, il revient aux personnes vertueuses du lieu de prendre la place du Prince. De même, al-Nafrāwī[13] écrit dans son commentaire de la *Risāla*[14]*:* « Celui à qui il revient d'ordinaire d'investir les cadis, c'est le Souverain ou son représentant local, mais à condition que ce dernier soit un homme intègre. En l'absence de ces deux autorités, il appartient à la communauté des musulmans de procéder [à l'affectation], de même qu'il lui incombe d'exercer les autres droits régaliens. [15]»

---

10 Cf. Weiss, *The Spirit of Islamic Law*, *op. cit.*, p. 180.

11 Il s'agit sans doute de l'Égyptien Sālim al-Sanhūrī (m. 1010/1602).

12 Le mufti fait probablement référence à un commentaire de la *Mudawwana* de Saḥnūn (m. 240/854–55) par le juriste fassi médiéval ʿAbd al-Ḥaqq b. Muḥammad al-Ṣqallī (m. 466/1073) et intitulé *Tahdhīb al-ṭālib fī sharḥ al-Mudawwana*.

13 Il s'agit de l'Égyptien Aḥmad b. Ghānim al-Nafrāwī (m. 1124/1712). Le commentaire, en trois volumes, auquel al-Zajlāwī semble faire référence est intitulé *al-Fawākih al-duwānī ʿalā risālat Ibn Abī Zayd al-Qayrawānī.*

14 C'est-à-dire l'*Épitre* célèbre d'Abū Zayd al-Qayrawānī (m. 386/996).

15 *Ghunya*, *ms. cit.*, f. 616.

Nous retrouvons ici la norme juridique, laquelle concède à l'assemblée villageoise le droit de s'entendre de manière autonome sur des personnes compétentes en matière de juridiction, sans être obligée de solliciter au préalable l'accord du Souverain. Cependant, les conséquences que cette règle entraîne au regard des structures sociopolitiques existant à l'intérieur des oasis transcendent de loin la seule question de la nomination de juges communautaires. À vrai dire, les juristes du Grand Touat ne réalisent, à travers leurs interventions consultatives, rien de moins qu'une régularisation de la principale institution politique à l'échelle locale : la *jamāʿa*.

Cette régularisation s'opère doublement. D'une part, une existence légale est conférée à l'assemblée de notables villageois dans la mesure où celle-ci est appréhendée à travers le concept de la « communauté de musulmans » (*jamāʿat al-muslimīn*). D'autre part, cette institution communautaire fondamentale dans l'organisation sociale de l'espace rural maghrébin se voit assigner une raison d'être formulée en termes religieux et juridiques. Assumant le rôle de garant de la mise en place d'un ordre normatif islamique, elle est conçue comme l'unique acteur institutionnel, à l'échelle locale, à même de pallier légitimement l'absence d'une autorité princière, sans que le lien symbolique avec la cité des croyants se défasse pour autant[16]. Partant, les compétences en matière de régulation normative concédées aux conseils villageois ne se cantonnent pas à la seule investiture des juges. En vérité, les oulémas locaux accordent aux *jamāʿa*-s une grande partie des prérogatives que la doctrine du *fiqh* réserve habituellement au cadi[17]. Muḥammad b. ʿAbd al-Raḥmān al-Tinilānī établit, par exemple, ce qui suit, à l'occasion d'une consultation au sujet de la surveillance exercée par les *jamāʿa*-s sur le transfert de droits successoraux rattachés à un objet foncier vers un autre plus rentable :

> Le conseil mentionné, à condition qu'il se recrute parmi les éléments du village les plus distingués sur le plan de la piété et de l'intelligence, est habilité à prendre la place du cadi dans des endroits où il n'existe pas de magistrature ou bien où le juge est un homme dépourvu du statut d'honorabilité[18].

Muḥammad al-ʿĀlim al-Zajlāwī va encore plus loin dans cette légitimation du pouvoir communautaire. Un jour il est interrogé à propos d'une affaire dans

16 Cf. Touati, « Le prince et la bête », *art. cit.*, p. 112–113.

17 Sur le profil du cadi comme administrateur civil, voir Tyan, *Histoire de l'organisation judiciaire en pays d'Islam*, *op. cit.*, pp. 342–429.

18 *Ghunya*, *ms. cit.*, f. 643.

laquelle les parts héréditaires de deux orphelins de père ont été aliénées de façon illégale par le frère aîné. Ce dernier a été auparavant investi comme curateur (*muqaddim*) par la *jamāʿa*, puisqu'aucun juge résidant dans la région n'était en mesure d'intervenir sur place[19]. L'interlocuteur du juriste souhaite alors savoir si la *jamāʿa* est habilitée, en pareil cas, à procéder à la nomination d'un autre curateur. La situation est toutefois compliquée par le fait qu'au moins certains membres de l'assemblée en question ne jouissent pas du statut de l'honorabilité (*ʿadāla*), ce qui les disqualifie en principe pour suppléer à l'absence du cadi. En dépit de ces insuffisances en ce qui concerne les exigences de la doctrine, le mufti de Zaglou finit par cautionner l'affectation d'un nouveau curateur :

> Une telle nomination par les notables dont est composée l'assemblée du village et qui pallient l'incapacité du cadi à intervenir est correcte et contraignant (*lāzim*), lors même qu'il s'agit de personnes dépourvues de l'intégrité obligatoire. Il en est ainsi, car nous avons affaire à une nécessité impérative (*ḍarūra*) dont les enjeux sont comparables à ceux qui ont rendu recevable le témoignage collectif (*lafīf*)[20].

Dès lors, la *jamāʿa* est libre d'agir comme une sorte d'administrateur civil. Les jurisconsultes oasiens lui reconnaissent par exemple le droit d'exercer un contrôle sur l'expansion de la propriété individuelle (*milk*) vers les terres mortes (*mawwāt*), ainsi que de superviser les différentes opérations liées à la vivification (*iḥyā'*) de ces terrains en friche[21]. Une question adressée à Abū'l-Anwār al-Tinilānī, le fondateur d'une importante zaouïa à Aoulef dans le Tidikelt, relate ainsi le cas d'un homme qui a procédé à la construction d'une foggara et à l'aménagement d'une plantation de palmiers sur un terrain dont la

19 *Nawāzil al- Zajlāwī, ms. cit.*, f. 71. Voir aussi *Ghunya, ms. cit.*, f. 634.

20 *Ibidem*. Pour une introduction utile au concept de « nécessité impérative » dans le fiqh, se référer à Izzi Dien, Mawil, *Islamic Law: From Historical Foundations to Contemporary Practice*, Edinburgh, Edinburgh University Press, 2004, pp. 82–94.

21 Cf. *Ghunya, ms. cit.*, f. 463, f. 472. Il s'agit là d'une problématique sociologique très accusée dans les recueils examinés qui mériterait à elle seule une analyse approfondie. Sur le statut des terres mortes, voir le numéro spécial de la REMMM, coordonné par Sylvie Denoix en 1996, et, en particulier, l'excellente présentation de Yahya Ould al-Bara et d'Abdel Wedoud Ould Cheikh à partir du cas mauritanien : Ould al-Bara, Yahya, Ould Cheikh, Abdel Wedoud, « Il faut qu'une terre soit ouverte ou fermée : à propos du statut des biens fonciers collectifs en islam (exemple de la Mauritanie) » in *Revue du monde musulman et de la Méditerranée*, 1996, n° 79–80, pp. 157–180.

valeur avait été établie au préalable par l'assemblée du lieu[22]. Une vingtaine d'années plus tard, le défrichage est mis en cause par une autre personne prétendant détenir des droits de propriété plus anciens sur l'objet. Dans sa fatwa, le jurisconsulte d'Aoulef récuse cependant toute possibilité de recours en argumentant que l'homme en question aurait dû faire part de ses objections au moment de l'évaluation du terrain par la *jamāʿa*. Pour Abū'l-Anwār al-Tinilānī, le principe, selon lequel « silence vaut consentement », s'applique en l'occurrence[23]. Aux yeux du mufti, l'action de la *jamāʿa* a créé un fait juridique qui, en conséquence, doit être évalué conformément aux règles du *fiqh*.

Dans une perspective similaire, les interventions des assemblées villageoises visant à préserver les infrastructures agricoles locales reçoivent également l'aval des magistrats musulmans, comme l'illustre le passage suivant glané dans les *Nawāzil* d'al-Jantūrī :

> Un homme parti à l'étranger détient dans son lieu d'origine des terres cultivables qui commencent à se dessécher. La détérioration de la situation fait entrer en lice l'assemblée communautaire, car celle-ci craint la perte définitive du terrain. Par conséquent, elle soumet l'affaire au cadi qui est en même temps le représentant légal sur place de l'absent. On demande au juge de désigner une personne chargée de l'irrigation de l'objet. À titre de récompense, il est convenu que cette personne est autorisée à disposer de l'usufruit du terrain à sa guise. Et, effectivement, quelqu'un est sélectionné et, par la suite, achemine de l'eau avec le consentement du cadi et de l'assemblée[24].

À l'encadrement de l'exploitation des ressources agricoles s'ajoute la régulation du tissu relationnel au sein du ksar, quand les vicissitudes d'une « vie fragile », pour emprunter à Arlette Farge le titre de l'un de ses livres[25], mettent hors jeu les mécanismes de prise en charge des individus par leur lignage respectif. Ainsi les recueils de *nawāzil* rapportent-ils plusieurs cas où la *jamāʿa* – à défaut de l'existence d'un cadi sur place – désigne un tuteur (*walī*) compétent pour contracter le mariage de jeunes filles, dont le père est parti à l'étranger ou décédé, et pour lesquelles la collectivité se préoccupe de leurs conditions de vie[26]. Chaque fois, les muftis interrogés à ce sujet finissent par valider l'action

---

22 *Nawāzil al- Zajlāwī, ms. cit.*, f. 87.

23 « *man sakata ʿan ḥaqq, fa-sukūtuhu ka'l-idhn al-maṣraḥ* » : *ibidem*. Voir aussi *supra*, p. 145.

24 *Nawāzil al-Jantūrī, ms. cit.*, f. 207.

25 Farge, Arlette, *La vie fragile : violence, pouvoirs et solidarités à Paris au XVIIIe siècle*, Paris, Seuil, 1992 (1986).

26 Cf. *Ghunya, ms. cit.*, f. 67, *Nawāzil al-Jantūrī, ms. cit.*, f. 142, *Nawāzil al- Zajlāwī, ms. cit.*, f. 19.

de l'assemblée, même s'ils ne manquent pas d'insister sur le caractère exceptionnel des circonstances susceptibles d'autoriser ce type d'intervention[27]. En ce qui concerne l'absence du tuteur parental par exemple, il doit être prouvé que la personne séjourne effectivement dans un endroit trop éloigné pour qu'elle puisse être mise au courant de l'alliance envisagée[28]. Un raisonnement analogue est adopté pour un cas où une femme se plaint de ne pas recevoir des subsides (*nafaqa*) de son mari résidant à l'étranger, sans qu'il y ait une instance judiciaire proche à laquelle la doléance pourrait être adressée. De nouveau, les jurisconsultes concèdent à la *jamāʿa* du lieu la faculté d'assumer les compétences d'un cadi, ce qui implique le pouvoir d'accorder éventuellement à l'épouse un divorce pour l'absence de pension alimentaire[29].

Cette emprise du collectif sur la vie interne des foyers familiaux ne va bien entendu pas sans engendrer des tensions. Observons quelques cas glanés dans les *Nawāzil* d'al-Jantūrī[30]. Un homme meurt et laisse trois enfants, deux filles et un garçon, encore mineurs. La *jamāʿa* choisit comme tuteur un oncle paternel. La décision ne fait pas l'unanimité. Il faut savoir que le fils s'approche de la maturité. Par conséquent, la veuve du défunt exige que la tutelle soit confiée à ce fils ainé ou bien qu'elle soit elle-même autorisée à veiller aux affaires de ses enfants. La *jamāʿa* récuse cette proposition en insistant, d'une part, sur les qualités morales de l'oncle, d'autre part, sur la norme selon laquelle « l'oncle paternel est plus habilité [d'exercer une tutelle] que la mère ou le frère »[31]. Dans sa réponse, al-Jantūrī déboute, à son tour, également la plainte de la mère en réitérant la doctrine d'investiture de l'assemblée comme remplaçant du cadi :

> La mère n'a pas droit à un recours, parce qu'elle ne saurait faire valoir les mêmes prérogatives sur ses enfants que le père. De plus, l'organisation de la prise en charge d'enfants besogneux relève des ressorts de la juridiction du cadi. De ce fait, il est impératif qu'elle soit confiée à une personne pour laquelle l'assemblée témoigne qu'il s'agit d'un des hommes les plus vertueux et intègres de la communauté[32].

---

27 Sur cette question, voir aussi *infra*, pp. 254–257.

28 *Nawāzil al-Zajlāwī, ms. cit.*, f. 19.

29 Cf. *Nawāzil al-Jantūrī, ms. cit.*, f. 188. Nous discuterons plus en détail de ce type de contentieux dans le chapitre VIII.

30 *Nawāzil al-Jantūrī, ms. cit.*, f. 39.

31 « *Fa'l-ʿamm awlā min al-umm wa'l-akh* »

32 « *lā kalām li'l-umm ḥaythu lam yakun lahā ʿalā'l-awlād ayḍān min qabl abīhim wa'l-naẓar fī muhammalayn li'l-qaḍā' wa wājib ʿalayhim tawliya man shahidat al-jamāʿa bi-annahu aṣlaḥ wa assad* »

Malgré leur attitude conciliante envers les institutions communautaires, les jurisconsultes de l'archipel oasien observent donc de près les interventions des assemblées villageoises. Surtout, ils ne cessent de rappeler que la délégation de compétences qui sont habituellement réservées au cadi n'est qu'un pis-aller rendu nécessaire par des considérations d'intérêt général (*maṣlaḥa*). En cas de doute, la priorité revient toujours aux magistrats islamiques. En conséquence, ʿAbd al-Raḥmān al-Jantūrī n'hésite pas à déclarer illégal un compromis qui a été négocié par une *jamāʿa* dans le cadre d'un litige portant sur les propriétés d'une personne absente (*ghāʾib*). Le conseil avait omis de demander l'autorisation du cadi local avant d'intervenir[33]. Dans une autre fatwa, al-Jantūrī explique, de façon plus générale, que n'importe quel acte judiciaire, pour être exécutoire (*iqtiḍāʾ*), doit se conformer aux normes de la charia en matière de droit procédural[34]. Or, seul le cadi est habilité à établir qu'un tel acte a été effectué en respect des règles du *fiqh*. Par contraste, la *jamāʿa* ne saurait en aucun cas procéder à cette vérification, tant qu'il existe une instance judiciaire à proximité, « et beaucoup s'en faut que ce pays se désemplisse de cadis »[35].

## La *jamāʿa* comme justiciable

Il convient maintenant de se pencher sur les modalités d'interférence des assemblées de notables dans les procédures judiciaires. Les recueils de jurisprudence oasiens laissent apparaître la *jamāʿa* dans un double rôle. Elle se présente tantôt comme un agent de la justice islamique, tantôt comme un justiciable sollicitant l'intervention de cette même institution. On commentera d'abord ce dernier point. La *Ghunya* contient plusieurs cas d'espèce où le conseil d'un ksar s'adresse formellement à des jurisconsultes pour leur soumettre un litige survenu dans le village, comme l'illustre l'extrait suivant d'une déclaration notariée, faite par Muḥammad b. ʿAbd al-Raḥmān al-Tinilānī et datée de Ramadan 1161 (août 1728) :

> Que celui qui examine cet écrit sache que les notables d'une assemblée m'ont sollicité ainsi que le docte al-Ḥājj ʿAbd al-Raḥmān b. Muḥammad al-Tāmartī, afin que nous rendions ensemble un jugement (*ḥukm*) dans le litige opposant al-Sayyid Muḥammad b. ʿUmar à Bābā Aḥmad b. ʿAbd al-Raḥmān al-Winyāwī au sujet des revendications de

33 *Nawāzil al-Jantūrī, ms. cit.*, f. 58.

34 *Ibidem*, f. 36.

35 « *wa lam takhlā hādhihi'l-bilād min al-qāḍ* »

> ce dernier à l'encontre du premier portant sur des biens fonciers. [La demande d'intervention a été formulée] après que le conflit est devenu inextricable[36].

En insistant sur le caractère insoluble du contentieux, la déclaration fait penser que la demande d'intervention adressée aux deux magistrats n'intervient qu'en dernier recours, après que les dispositifs de résolution internes à la communauté se sont avérés incapables d'apaiser un conflit qui commençait à peser sur la vie publique[37]. Dans cette optique, la collectivité villageoise aurait délégué en quelque sorte son pouvoir juridictionnel à un acteur situé à l'extérieur de l'espace social communautaire. Tout au début de la période coloniale, les premiers rapports des administrateurs militaires français font état de procédures judiciaires similaires. En 1910, l'auteur du rapport annuel sur le district du Gourara écrit par exemple :

> Les Djemâas règlent les différends qui se produisent entre les ksouriens. Si les parties acceptent les décisions de la Djemâa, l'affaire est réglée. Sinon, les parties obtiennent l'autorisation d'exposer leur cas à un jurisconsulte (*Fakih*) qui, après avoir examiné l'affaire qui lui est soumise, donne son avis par écrit à la Djemâa[38].

L'exemple nous place ainsi devant une difficulté. Certes, l'interposition d'une instance communautaire dans les relations entre particuliers et judicature n'a rien de surprenant : le phénomène s'observe dans de nombreux contextes ruraux du monde musulman, et ce jusqu'à nos jours[39]. Cependant, les litiges

---

36 *Ghunya*, *ms. cit.*, f. 222.

37 Sur cette question, se référer aussi aux travaux consacrés au droit coutumier du Sud marocain qui décrivent des réalités sans doute similaires à celles du Grand Touat. Voir notamment Bousquet, George Henri, « Le droit coutumier des Aït Haddidou des Assif Melloul et Isselaten (confédération des Aït Yafelmane) : notes et réflexions » in *Annales de l'Institut d'études orientales*, 1956, vol. 14, pp. 113–230, Hart, David M., « A Customary Law Document from the Ait 'Atta of the Jbil Saghru » in *Revue de l'Occident musulman et de la Méditerranée*, 1966, n° 1, pp. 91–112 et Mezzine, *Le Tafilalt*, *op. cit.*. Voir aussi chapitre VI.

38 Archives nationales d'outre-mer, Aix-en-Provence, 23H89.

39 Travaillant sur l'institution du cadi à Zanzibar au XXe siècle, l'anthropologue Erin Stiles met par exemple en exergue une procédure de résolution de conflit en trois étapes (*three-part process of dispute resolution*), où le litige est d'abord examiné par deux instances communautaires – le Conseil des Anciens, puis le chef de la communauté (*sheha*) – avant d'être transféré au tribunal du juge islamique. Cf. Stiles, Erin Elizabeth, *An Islamic Court*

documentés dans les *nawāzil* oasiennes indiquent clairement que les plaideurs s'adressent en général directement à la justice islamique, sans passer par l'assemblée de leur village. Comment résoudre l'énigme ? Avouons que le caractère fragmentaire de nos sources nous empêche d'y apporter une réponse satisfaisante. En attendant une enquête historique approfondie sur les modalités de l'organisation communautaire dans les ksour du Grand Touat avant 1900, nous avançons donc, avec prudence, l'hypothèse selon laquelle ce type de médiation par le conseil de notables intervient en premier lieu lors qu'un litige est susceptible de porter atteinte aux intérêts de la collectivité.

Un autre acte notarié, également compilé dans la *Ghunya*, corrobore cette hypothèse[40]. Il nous permet de restituer un conflit dans lequel les intérêts les plus vitaux des communautés ksouriennes se trouvent mis en jeu, à savoir la protection contre des forces politiques externes. Les gens – entendre les notables de l'assemblée villageoise – de Zaouiet Mraguen, une bourgade située non loin de l'actuel Adrar, déposent une plainte contre la famille gestionnaire des fonds de la zaouïa à laquelle le lieu doit son nom[41]. La dispute porte sur la question sensible de savoir comment répartir équitablement les différents charges et tributs (*al-ḍiyāfa wa'l-mudārāt*) que les habitants du ksar sont obligés de verser comme collectif aux divers 'hôtes' de passage, c'est-à-dire aux agents du Makhzen ainsi qu'aux tribus nomades des alentours, qui ponctionnent avec une régularité implacable les oasis du Grand Touat aux XVIII^e^ et XIX^e^ siècles[42]. Confrontée à l'impossibilité de trouver une solution par ses propres moyens, l'assemblée se tourne vers le cadi ʿUmar b. ʿAbd al-Qādir al-Tinilānī. Celui-ci ne tarde pas à prononcer un jugement établissant le montant de la contribution à laquelle chaque partie est redevable. La décision est par la suite confirmée par l'autre *qāḍī al-jamāʿa* de l'époque, ʿAbd al-Karīm b. Muḥammad al-Bakrī. Mais lisons un extrait de l'acte :

---

*in Context: An Ethnographic Study of Judicial Reasoning*, New York, Palgrave Macmillan, 2009.

40 *Ghunya, ms. cit.*, f. 282. Il s'agit de la déposition écrite de deux témoins qui sont mentionnés nominativement. Le document est daté de *shawwāl* 1125 (novembre 1713).

41 « *arbāb al-zāwiya wa mutawallī umūrihā* ». Aujourd'hui, le terme de zaouïa ne figure plus dans le nom du village.

42 Ce dont témoignent de nombreux fragments de chronique traduits par A. G. P. Martin. Pour une analyse de ces formes de fiscalité tribale à partir du cas mauritanien, voir Bonte, *L'émirat de l'Adrar mauritanien, op. cit.*, pp. 415–450 et W. as-Sa'd, Muhammad al-Muhtar, « Emirats et espace émiral maure : le cas du Trārza aux XVIII^e^ – XIX^e^ siècle » in *Revue des mondes musulmans et de la Méditerranée*, 1989, vol. 54, n° 1, p. 67 et pp. 72–79.

> Il [ʿUmar b. ʿAbd al-Qādir al-Tinilānī] a rendu le jugement suivant pour départager les deux parties : tout ce qui relève du service alimentaire (*jamīʿ al-ṭaʿām*) n'incombe qu'aux personnes apparentées à la zaouïa en fonction des montants établis par l'usage local (*ʿāda*), alors que tout ce qui l'excède doit être assuré par l'ensemble de la population du village. Pour ce qui est des redevances, s'il existe une réglementation coutumière à ce sujet, la communauté (*jamāʿa*) n'est obligée de verser que ce qu'elle a l'habitude de verser depuis le vieux temps des ancêtres. Si les redevances surpassent toutefois les sommes fixées par la coutume, cet excédant doit être réuni par l'ensemble des habitants y compris tous les propriétaires de la zaouïa (*jamīʿ arbāb al-zāwiya*). [...] Ainsi a-t-il jugé entre eux et mis un terme à leur dispute.
>
> De ce qui vient d'être dit se portent témoins ʿAbd al-Raḥmān b. ʿAbd al-Qādir et Abū Bakr b. Muḥammad b. Aḥmad à la mi-Shawwāl 1125 [début novembre 1713]. Que Dieu soit loué ! L'acte et son contenu ont été authentifiés par le serviteur de son seigneur, qu'Il soit exalté, ʿUmar b. ʿAbd al-Qādir al-Tinilānī. Que Dieu le protège ! Annotant le document, Sayyid ʿAbd al-Karīm b. al-Bakrī a reconnu [la justesse] de ce qui précède et a déclaré le jugement obligatoire (*muwajjiban*). [...] En conséquence, il n'existe plus aucune possibilité de recours ni de contestation dans cette affaire en vertu des lois de la charia et de la doctrine mālikite (*ʿalāʾl-qānūn al-sharʿī waʾl-madhhab al-mālikī*)[43].

La configuration conflictuelle qui se dessine à travers le libellé du document est fréquente à l'échelle locale : une famille de notables conteste l'accord du collectif villageois sur la répartition interne des diverses redevances pesant sur la communauté. Le sujet est hautement sensible, car, à défaut de satisfaire les exigences des 'visiteurs', le ksar s'expose à des représailles violentes[44]. On comprend alors pourquoi les oulémas oasiens apportent dans ce domaine un soutien sans réserve aux assemblées ksouriennes, au point d'autoriser la vente

43 *Ghunya*, *ms. cit.*, f. 282.

44 Comme l'illustre, de manière saisissante, un extrait de chronique traduit par A. G. P. Martin relatant des événements qui ont eu lieu vers le milieu du XVIIe siècle : « C'est à cette époque que les Beraber et les Ghenanma devinrent les suzerains, en quelque sorte, du Touat, car ils imposèrent des contributions à tous les ksour ; ce devint un usage que chacun payât pour sa sauvegarde ; ceux qui payèrent furent protégés et ceux qui s'y refusèrent furent pillés, ruinés, capturés eux-mêmes, ainsi que leurs enfants, emmenés et vendus comme esclaves » : Martin, *Quatre siècles d'histoire marocaine*, *op. cit.*, p. 55.

forcée de biens appartenant à des personnes absentes[45]. Ils sont conscients du caractère indispensable de ces prélèvements, afin de « garantir la sécurité des musulmans » et d'empêcher que « le mal ne s'abatte sur les gens du pays »[46]. En revanche, l'exemple cité témoigne du fait que le recouvrement des contributions au niveau communautaire est susceptible de susciter des résistances de la part de groupes lignagers issus des élites chérifiennes et maraboutiques qui, pour des raisons généalogiques, revendiquent un statut social particulier les dispensant des charges collectives[47]. Envisagée sous cet angle, la décision de ʿUmar b. ʿAbd al-Qādir al-Tinilānī rappelle avec force la position adoptée par les oulémas locaux à ce sujet : contre l'individualisme fiscal des gestionnaires de la zaouïa, le magistrat affirme péremptoirement les prérogatives normatives du groupe, trouvant leur légitimité dans la continuité ancestrale, de même qu'il insiste sur l'existence d'une responsabilité collective qui astreint à la solidarité tous les membres de la communauté, y compris les notables religieux.

Dès lors, les modalités de l'intervention du cadi appellent à leur tour quelques commentaires. Recours est fait à un professionnel du droit qui, de plus, jouit d'une réputation de sainteté, résultat d'une vie de piété exemplaire[48]. Sa décision obtient l'aval de l'autre grande autorité religieuse de la région, le *qāḍī al-jamāʿa* de Tamentit, ʿAbd al-Karīm b. al-Bakrī. Sur le plan historique, le cas d'espèce nous suggère ainsi que la collaboration entre la maison des al-Bakrī-s et celle des al-Tinilānī-s s'observe déjà au premier tiers du XVIII^e^ siècle. Mais sa signification sociologique est encore plus importante. La stratégie adoptée par l'assemblée et les deux oulémas pour mettre un terme définitif

45 Pour les juristes oasiens, il est acquis que chaque personne, présente ou absente, qui détient des propriétés immobiles dans son village natal, doit cotiser aux tributs pesant sur la communauté. Cf. *Ghunya, ms. cit.*, f. 281 et f. 283.

46 Pour paraphraser une fatwa émise par le Gourarien ʿAbd al-Raḥmān al-Jantūrī. Voir *Ghunya, ms. cit.*, f. 280. Dans une autre consultation, le même mufti associe l'obligation pour chaque membre de la communauté de contribuer à ces redevances, en dépit de leur caractère illégal, à un acte de justice relevant de l'intérêt public et trouvant sa justification dans le principe qui consiste à choisir « entre deux maux le moindre » (*fa-mudārāt al-ẓālim min al-siyāsat al-maʿmūl bihā irtikāban li-akhaff al-ḍararayn*). Cf. aussi *ibidem*, f. 284–285 et *Nawāzil al-Jantūrī, ms. cit.*, f. 25. Sur ce point, voir Kamali, *Shari'a Law, op. cit.*, p. 147. Sur le concept de *siyāsa* en droit musulman, se référer à l'utile résumé de Masud, Khalid Muhammad, « The Doctrine of Siyāsa in Islamic Law » in *Recht van de Islam*, 2001, vol. 18, pp. 1–29.

47 Une consultation de Muḥammad b. ʿAbd al-Raḥmān al-Balbālī discute en détail cette polémique. Voir *Ghunya, ms. cit.*, ff. 283–284. Cf. aussi *Nawāzil al-Jantūrī, ms. cit.*, f. 18.

48 Rappelons que le titre honorifique de « pôle » (*quṭb*) lui est concédé par ses contemporains. Cf. *supra*, p. 44–45.

au litige laisse entrevoir une superposition opérée entre légitimité religieuse et légitimité juridique, pour autant qu'elle vise à joindre à l'expertise du juriste l'exemplarité du dévot. L'évocation conjointe de l'autorité sacrée du *sharʿ* et de l'autorité doctrinale des traditions mālikites, afin exclure d'emblée tout renouveau de la contestation à l'avenir, traduit, à notre avis, également cette superposition. Ce qui est alors remarquable, c'est que l'intervention du cadi ne relève pas d'un compromis (*ṣulḥ*). Il s'agit au contraire d'un jugement (*ḥukm*) sanctionnant la subordination d'un groupe lignager aux normes communautaires. En quelque sorte, la dimension éthico-morale inhérente au religieux est mise au service de la fabrique d'une sentence.

## Jugement, compromis et médiation sociale

Les demandes adressées par les collectivités villageoises aux jurisconsultes soulèvent un thème classique de l'anthropologie sociale du Maghreb rural, à savoir l'intervention des gestionnaires du sacré comme médiateurs[49]. Les recueils de jurisprudence du Grand Touat renferment de nombreuses traces d'arbitrages et de compromis réalisés par ceux qui maîtrisent la magie sociale de la « grâce » (*baraka*). Les *Nawāzil* d'al-Jantūrī en contiennent un bel exemple, aux accents gellnériens, qui relate comment l'arrivée d'un groupe de chérifs dans une contrée apaise les hostilités entre deux tribus locales[50]. Ces interventions reçoivent, en général, l'appui des milieux de juristes oasiens, comme le montre un conflit opposant deux frères, dont la *Ghunya* a préservé la mémoire[51]. L'enjeu précis n'est pas spécifié, mais nous apprenons que la dispute met en péril la cohésion de la communauté où résident les deux hommes. Dès lors, des personnes appartenant « aux gens du bien et de la vertu » (*unās min ahl al-faḍl wa'l-khayr*) interviennent afin de pousser les adversaires à conclure un compromis (*ṣulḥ*). Plus tard, l'honorabilité de ces médiateurs est toutefois mise en question ; ce qui provoque une vive réaction de la part du mufti, ʿAbd al-Raḥmān b. Baʿumar al-Tinilānī, interrogé à ce sujet :

49 L'étude de référence reste sans doute celle d'Ernest Gellner sur les saints du Haut Atlas que nous avons déjà évoqué à plusieurs reprises. En ce qui concerne l'espace saharien, elle est à comparer avec la monographie de Charles C. Stewart sur le jurisconsulte et maître soufi mauritanien Sidiyā al-Kabīr (m. 1284/1868). Par ailleurs, en matière de droit pénal, l'auteur assimile l'application de la charia explicitement à une forme de médiation sociale. Voir Stewart, *Islam and Social Order in Mauritania*, *op. cit.*, pp. 73–75.

50 *Nawāzil al-Jantūrī*, *ms. cit.*, f. 97.

51 *Ghunya*, *ms. cit.*, f. 229.

> Un musulman n'a pas à contester l'intégrité de ceux qui négocient un compromis, car il s'agit là d'un acte pieux (*ṭāʿa*) pour lequel la récompense est énorme, selon ce que nous indique le Livre saint et la Sunna. [...] En effet, ceux qui s'efforcent d'arbitrer entre les gens ne sauraient être mis en question quant à leur capacité de témoigner. Cela s'ensuit de la nature même de leur acte et il n'existe aucun doute là-dessus[52].

La documentation à notre disposition suggère que ce type de médiation sociale tend à être réalisé par des hommes saints au pouvoir thaumaturgique ou par leurs héritiers plutôt que par des jurisconsultes liés aux maisons de science locales et exerçant les charges de la judicature[53]. À vrai dire, dans la majorité des cas repérés, les requêtes adressées aux oulémas des grandes zaouïas traduisent autre chose qu'une demande de médiation doublée d'une exhortation morale. Pour les juristes de l'archipel oasien, il ne s'agit pas tant d'intervenir en vue de rétablir l'équilibre fragile des relations sociales que de répartir droits et obligations entre litigants au moyen d'une procédure judiciaire[54]. Cela ressort, par exemple, de la transcription d'une lettre de ʿAbd al-Raḥmān b. Baʿumar al-Tinilānī au cadi ʿAbd al-Ḥaqq al-Bakrī qui porte de nouveau sur les tributs communautaires à verser aux tribus nomades :

> [...] Les habitants d'al-Shāriq m'ont prié de t'écrire pour que tu tranches entre eux et leurs adversaires, selon ce que Dieu t'indique comme étant la vérité[55]. Le contentieux concerne les différentes redevances ayant cours (*al-mudārāt al-jāriya*) à l'échelle de l'ensemble du territoire du Gourara et du Touat. La partie adverse prétend que rien ne lui incombe à cet égard bien qu'elle soit associée [avec les habitants du village en question] dans

---

52 *Ibidem.*

53 Ainsi les fragments de chroniques compilés par A. G. P. Martin contiennent-ils plusieurs exemples de médiations opérées par les 'saints du Touat'. Pour ne citer qu'un cas : une notice anonyme relate comment, en 1622, un conflit violent opposant plusieurs ksour du Touat aux gens de Tamentit a été apaisé selon des modalités qui s'apparentent au paradigme gellnérien : « Enfin, des Merabtines et des chorfa intervinrent et firent réfugier les survivants à Tamentit, où ils exigèrent d'eux l'abandon du butin qu'ils avaient conservé ; les Merabtines de Maghrès-Aggou conduisirent devant la djemâa du Timmi une députation de Tamentit, qui égorgea des moutons en signe de soumission et implora la paix. » : Martin, *Quatre siècles d'histoire marocaine*, *op. cit.*, pp. 46–47.

54 Sur ce point, voir aussi *infra*, pp. 214–218.

55 « *bi-mā arāka Allāh min al-ḥaqq* »

> l'exploitation d'une foggara dont il est à craindre qu'elle soit soumise au versement d'un tribut aux nomades [...][56].

De fait, les populations locales savent très bien distinguer entre la résolution d'un différend par un jugement (*ḥukm*) et le recours à un arrangement à l'amiable (*ṣulḥ*). Au début de la *Ghunya* figure la transcription d'une lettre adressée par un chérif de Kali au Gourara, un certain Mawlāy Muḥammad al-Fatḥa b. Mawlānā ʿAbd al-Ḥayy, au cadi Muḥammad b. ʿAbd al-Raḥmān al-Balbālī[57]. Nous y lisons que, juste avant, la *jamāʿa* de Timimoun a invité al-Balbālī à se rendre au Gourara pour résoudre un litige survenu au ksar de Badriane, situé à une vingtaine de kilomètres à l'est de Timimoun[58]. L'annonce de l'intervention prochaine du magistrat déplaît cependant au chérif de Kali qui exhorte al-Balbālī, dans un style moralisant, verset coranique à l'appui, à procéder plutôt à un compromis qu'à émettre un jugement.

Il est vrai que, confrontés au choix entre l'émission d'un jugement et la négociation d'un compromis (*ṣulḥ*), certains oulémas du Grand Touat semblent effectivement préférer la dernière option. La chronique familiale des al-Bakrī-s rapporte ainsi à propos du *qāḍī al-jamāʿa* Muḥammad al-Bakrī :

> La plupart du temps, il départageait les plaideurs qui se présentaient devant lui en négociant un accord à l'amiable. Il avait l'habitude d'alléguer à ce propos [...] : 'Le Touat est un pays faible. Ses habitants n'ont pas la force (*qudra*) d'implanter des jugements fondés sur la charia (*ḥukm al-sharʿ*). Pour cette raison, le recours au compromis me semble plus approprié (*awlā*) et plus adapté (*aṣlaḥ*) aux besoins des gens[59].

À l'inverse, les différents cas d'espèce passés en revue jusqu'à présent ont déjà montré qu'en dépit de cette attitude sceptique à l'égard de l'efficacité de l'émission de jugements, ceux-ci n'en constituent pas moins des options de juridiction pour les magistrats locaux. Mais il y a plus : l'emploi du terme *ṣulḥ* dans les recueils de *nawāzil* est polysémique. L'expression peut certes référer à des médiations sociales, nous venons d'en donner quelques exemples. La réconciliation des parties en conflit est alors effectivement au cœur de la procédure normative engagée. Dans la majorité des occurrences relevées dans nos cor-

56 *Ghunya*, *ms. cit.*, f. 282.

57 *Ibidem*, f. 8. Sur les chérifs de Kali, se référer à Bellil, *Les oasis du Gourara*, *op. cit.*, 1, pp. 157–167.

58 Pour l'histoire de Badriane, voir *ibidem*, 1, pp. 257–258, 2, pp. 73–75.

59 *al-Kawākib al-barriyya*, *ms. cit.*, f. 39.

pus, le *ṣulḥ* désigne pourtant un compromis ou un arrangement à l'amiable dont les modalités obéissent à des règles fixes et qui est associé à un type de contrat (*ʿaqd*) par les juristes musulmans[60].

L'exposé d'une séquence narrative, glanée dans les *Nawāzil* d'al-Jantūrī, rendra plus claire cette distinction. La consultation porte sur un procès tenu devant un cadi du Gourara[61]. Deux personnes s'opposent au sujet de la vente d'un terrain agricole. Le vendeur prétend après coup que l'acheteur est en vérité soumis au statut d'un « interdit d'action » (*maḥjūr*), ce qui revient à dire qu'il ne dispose pas de la capacité légale à réaliser lui-même des transactions, puisque ses biens sont administrés par un tuteur[62]. Par conséquent, la vente doit être résiliée. Le vendeur appuie son assertion sur une preuve testimoniale et, curieusement, l'acquéreur reconnaît lui-même l'état des choses. Le cadi procède alors à l'annulation de la transaction et ordonne la restitution du prix de vente à l'acheteur. Pour justifier cette restitution directe, il avance l'argument juridique selon lequel il faudrait présumer que l'« interdit d'action » est capable de gérer raisonnablement le montant qui lui est restitué jusqu'à preuve du contraire. Néanmoins, s'il s'avère que la personne en question risque de porter préjudice à ses propres intérêts, la transaction reste annulée, mais le vendeur n'est pas obligé de verser la somme directement au *maḥjūr*. En conséquence, les deux parties s'affrontent sur la question de savoir si l'acheteur est capable de discerner ce qui relève de ses intérêts ou non. Sans surprise, chacune prétend disposer des preuves testimoniales en faveur de sa position. Pour des raisons laissées en suspens par la source, al-Jantūrī est amené à intervenir :

> Quand j'ai contemplé la situation, il m'est apparu qu'un compromis y est plus approprié afin de départager les deux parties. J'ai donc négocié un accord qui prévoit que le jardin, objet de la transaction, sera scindé avec la récolte qui se trouve sur le terrain. Dès lors, le vendeur n'a pas à rembourser le prix de vente. [...] En ce qui concerne le *ʿash* [?] du palmier, les deux parties se sont mises d'accord pour que l'acheteur restitue au vendeur ses semences et que celui-ci garde le prix de vente. Après cela, aucune nouvelle exigence ne sera plus recevable[63].

---

60 Sur l'institution du *ṣulḥ* dans le droit musulman, se référer à Othman, Aida, « "And Amicable Settlement Is Best" : Sulh and Resolution in Islamic Law » in *Arab Law Quartely*, 2007, vol. 21, n° 1, pp. 64–90, en particulier p. 70, et Tamdogan, Isik, « Sulh and the 18th Century Ottoman Courts of Üsküdar and Adana » in *Islamic Law and Society*, 2008, vol. 15, pp. 55–83. Cf. Othman, « "And Amicable Settlement Is Best" », *art. cit.*, p. 70.

61 *Nawāzil al-Jantūrī, ms. cit.*, f. 40.

62 Sur les enjeux de la soumission au statut de *ḥajr*, voir *infra*, pp. 250–253.

63 *Nawāzil al-Jantūrī, ms. cit.*, f. 40, f. 54, f. 56, f. 58.

L'exemple montre clairement que, d'une part, le *ṣulḥ* constitue une procédure judiciaire dans le cadre de la justice islamique, et que, d'autre part, il revêt la forme d'un contrat créant des obligations matérielles bilatérales. De plus, en tant qu'institution juridique, un tel arrangement à l'amiable est régi par des règles qui affectent directement son application dans les litiges traités au prétoire. Le recours au *ṣulḥ* doit se faire en respect de normes établies par le droit mālikite, au risque d'être contesté par la suite pour vice de forme. Les *Nawāzil* d'al-Jantūrī relatent à ce propos le cas d'une ksourienne qui exige l'annulation d'un *ṣulḥ* conclu par son représentant légal (*wakīl*) en alléguant qu'elle n'a jamais délégué de telles compétences à un tiers[64]. Dans une autre affaire, provenant cette fois de la *Ghunya*, le compromis est attaqué au motif que l'acte notarié auquel il a donné lieu ne contient pas l'ensemble des stipulations faisant partie de l'arrangement[65]. Partant, il n'est guère surprenant de relever que les occurrences de litiges où l'accord trouvé est invalidé par un magistrat pour des raisons formelles abondent dans nos sources[66].

Bien entendu, ces contraintes de forme s'appliquent également aux initiatives prises par les jurisconsultes oasiens eux-mêmes en la matière. Nous venons d'évoquer l'intervention de ʿAbd al-Raḥmān b. Baʿumar al-Tinilānī et d'un autre juriste dans un litige foncier à la demande de l'assemblée d'un ksar. Or, dans la déclaration notariée mentionnée, al-Tinilānī nous renseigne sur la suite de l'affaire :

> Il nous est apparu que le recours à un compromis est plus approprié qu'un jugement en raison de la proximité généalogique existant entre les deux adversaires et des frictions que le cas d'espèce est par là même susceptible de causer. En conséquence, nous avons réglé le différend en négociant un accord à l'amiable que nous avons ensuite imposé par la force (*jabran*). Plus tard, j'ai pourtant découvert qu'un juge (*ḥākim*) n'est pas autorisé à contraindre des parties adversaires. Il peut seulement les inciter à respecter le compromis. Dès lors, j'ai imploré le pardon divin pour avoir rendu cette décision et je m'en suis rétracté[67].

---

64 *Ibidem*, f. 98.

65 *Ghunya*, *ms. cit.*, f. 224.

66 Voir *Ghunya*, *ms. cit.*, f. 228, f. 626, *Nawāzil al-Jantūrī*, *ms. cit.*, f. 98, f. 100, f. 165, *Nawāzil al-Zajlāwī*, *ms. cit.*, ff. 56–58, ff. 68–69.

67 *Ghunya*, *ms. cit.*, f. 222. L'imposition des arrangements à l'amiable constitue un sujet controversé entre les juristes oasiens, dans la mesure où les pratiques locales s'y heurtent fortement aux normes stipulées dans la littérature juridique. Dans un autre litige documenté par la *Ghunya*, l'oncle de ʿAbd al-Raḥmān, le cadi ʿUmar b. ʿAbd al-Qādir charge par exemple un juge villageois (*ḥākim*) d'imposer par la force (*jabran*) un compromis qu'il

Dans la pratique des prétoires oasiens, le *ṣulḥ* apparaît donc comme un outil juridictionnel auquel il convient de recourir quand l'émission d'un jugement risque d'être 'contre-productif' pour la résolution du litige[68]. Tout l'enjeu est d'éviter l'escalade du conflit, de conjurer la menace de la discorde (*fitna*). Confronté à un différend entre deux notables chorfa, le cadi de Zaouiet Kounta, Muḥammad b. ʿAbd al-Mu'min substitue ainsi un compromis au jugement rendu dans un premier temps, car autrement, dit-il, une aggravation de la situation (*tafāqum al-amr*) serait à craindre[69]. En guise de justification doctrinale, Muḥammad reproduit dans une note déposée dans ses archives de cadi (*tasjīl*) un passage du commentaire de l'Égyptien al-Khirshī (m. 1101/1690) sur le *Mukhtaṣar* de Khalīl où nous lisons effectivement : « Si le cadi redoute par l'émission d'un jugement d'aggraver encore la situation (*ittisāʿ al-amr*) et de déclencher ainsi un conflit violent (*fitna*) entre le plaideur et le défendeur, il doit impérativement recourir à la négociation d'un compromis. [70]»

Les cas d'espèce de ce type sont nombreux dans notre documentation. Ils indiquent tous que les juristes oasiens perçoivent le *ṣulḥ* comme un dispositif permettant de rendre plus souple le processus de prise de décision juridictionnelle. En revanche, de même que n'importe quel autre outil judiciaire, le compromis ou l'arrangement à l'amiable ne doit pas moins répondre aux exigences contraignantes imposées par le droit en tant que « système autoréférentiel » (*selbstreferentielles System*)[71].

## Le rôle des notables dans les procédures judiciaires

Tout en assumant la posture de collectif soumis à une justice sacrée qui aspire à se situer au-dessus des clivages communautaires, les jurisconsultes collaborent étroitement avec les notables ksouriens lors des différentes procédures judiciaires. Voyons un conflit d'héritage, débattu dans le cadre de la *shūrā*[72]. Nous le reconstituons à partir de la transcription d'une lettre de ʿAbd al-Raḥmān

avait négocié, ce qui provoque une vive discussion dans le corps doctoral ksourien. Cf. *ibidem*, ff. 225–226.

68 Sur cette question, voir aussi Müller, Christian, « Settling Litigation without Judgment: The Importance of a Ḥukm in Qāḍī Cases of Mamluk Jerusalem » in Masud et *alii*, *Dispensing Justice in Islam*, *op. cit.*, pp. 47–70.

69 *Nawāzil al- Zajlāwī*, *ms. cit.*, f. 117.

70 *Ibidem.*

71 Pour emprunter un concept à la sociologie juridique de Niklas Luhmann. Voir Luhmann, *Das Recht der Gesellschaft*, *op. cit.*, pp. 51–54.

72 *Ghunya*, *ms. cit.*, f. 236–237.

b. Baʿumar al-Tinilānī au cadi ʿAbd al-Ḥaqq al-Bakrī. Deux frères, appartenant à la branche des chorfa Awlād Ḥammu Bi'l-Ḥājj de Zaouiet Kounta, se disputent sur l'héritage de leur père défunt. Devenu adulte, le cadet a saisi l'assemblée du lieu pour réclamer sa part successorale qui, jusque-là, avait été administrée par son frère aîné. En réaction, ce dernier exige d'être dédommagé pour les diverses dépenses qu'il avait effectuées durant son tutorat. Un tel télescopage entre la réclamation du paiement de la part d'héritage par des personnes désormais émancipées et la réplique des anciens parents tuteurs faisant valoir l'argument de leur débours revient fréquemment dans les litiges documentés par nos sources en matière successorale. En l'espèce, les deux frères sont empêchés de venir en personne défendre leurs intérêts devant l'assemblée et, de ce fait, l'aine exige qu'un tiers soit chargé d'évaluer le montant des sommes qu'il a dépensées pour l'entretien du cadet. La requête déclenche alors une procédure où juristes et notables du ksar travaillent main dans la main :

> Māwlāy al-Zayn b. ʿAbd [la deuxième partie du nom manque] et Ubba Ḥammu b. ʿAbd al-Raḥmān ont été nommés agents (*wākil*-s) en présence et avec le consentement de l'assemblée mentionnée [celle des chorfa Sīdī Ḥammu Bi'l-Ḥājj] et de son cadi al-Sayyid Muḥammad b. ʿAbd al-Mu'min[73]. Ils ont ensuite procédé à un prélèvement du montant des dépenses effectuées sur l'ensemble de l'héritage du père et ont assigné à Māwlāy al-ʿArabī sa part successorale après déduction des frais occasionnés par la tutelle. [Al-ʿArabī] s'est acquitté de ce qu'il devait à son frère en lui concédant des propriétés foncières ainsi que d'autres objets. [...] À la fin du procès, l'aîné m'a posé la question en présence de l'assemblée, de son doyen (*akbaruhā*), Māwlāy ʿAbd al-Raḥmān b. ʿAlī ainsi que du cadi mentionné, si la réclamation de Māwlāy al-ʿArabī contre lui a vraiment été éconduite. Je lui ai alors répondu que tel est effectivement le cas et qu'il s'agit d'un acte exécutoire et irrévocable[74].

ʿAbd al-Raḥmān b. Baʿumar et le cadi Muḥammad b. ʿAbd al-Mu'min assurent donc conjointement avec l'assemblée des notables chérifiens le déroulement du procès initié par le cadet. La citation laisse ainsi entrevoir un aspect

---

73 « *fa-wukila Māwlāy al-Zayn b. ʿAbd* [...] *wa Ubba Ḥammu b. ʿAbd al-Raḥmān bi-muwāfaqat al-jamāʿat al-madhkūra wa qāḍīhā Muḥammad b. ʿAbd al-Muʾmin wa ḥuḍurihim* ». D'autres consultations dans les corpus examinés permettent d'identifier ce Muḥammad b. ʿAbd al-Mu'min comme un juriste rattaché à la zaouïa des al-Raqqādī-s et élève de ʿUmar al-Raqqādī. Par contre, nous ignorons tout de sa biographie.

74 *Ghunya, ms. cit.*, f. 236.

fondamental du fonctionnement interne de la judicature islamique dans les oasis : la *jamāʿa* participe activement au traitement de litiges par l'appareil judiciaire. En effet, il ne suffit pas de concevoir les conseils villageois uniquement comme un acteur collectif sollicitant des services scripturaires et juridiques auprès de l'intelligentsia ksourienne. Ils constituent de plus un soutien institutionnel indispensable pour la justice islamique à l'échelle locale. En parcourant les différents cas d'espèce compilés dans les recueils à notre disposition, nous observons ainsi une sorte de division du travail entre oulémas des zaouïas et notables ksouriens en matière de juridiction. S'il revient aux premiers d'assumer les charges de cadi et de mufti, les seconds gardent la haute main sur les auxiliaires de justice, à savoir les témoins instrumentaires (*shuhūd*), et les experts judiciaires (*ʿurrāf*), dont les services sont bien entendu rémunérés[75].

Examinons d'abord la question des *shuhūd*. Plusieurs consultations montrent que la nomination de témoins instrumentaires habilités à conférer aux diverses transactions sociales et économiques conclues au sein de la communauté villageoise (ventes, contrats de mariage, création de habous, etc.) un fondement juridique se réalise, de manière consensuelle, dans le cadre de la *jamāʿa*. La pratique s'aperçoit par exemple dans une fatwa de ʿAbd al-Raḥmān b. Baʿumar al-Tinilānī :

> Les habitants de chacun des villages de la région du Timmi et des environs ont procédé à la nomination de témoins instrumentaires pour leurs transactions marchandes et leurs mariages. Par conséquent, le témoignage [de ces professionnels] est obligatoire tandis que celui qui allègue la déposition de témoins externes au village doit être regardé avec circonspection[76].

75 Voir *Ghunya, ms. cit.*, f. 438, f. 441, f. 443 f. 620, 753, *Nawāzil al-Zajlāwī, ms. cit.*, f. 93. Pour une mise en perspective de ces fonctions dans l'histoire du droit musulman, se référer à Shaham, Ron, *The Expert Witness in Islamic Courts: Medecine and Crafts in the Service of the Law*, Chicago, University of Chicago Press, 2010, Tyan, Emile, *Le notariat et le régime de la preuve par écrit dans la pratique du droit musulman*, Beyrouth, Faculté de droit de l'université de Beyrouth, 1959 et Van Staëvel, Jean-Pierre, *Droit mālikite et habitat à Tunis au XIVe siècle : conflits de voisinage et normes juridiques d'après le texte du maître-maçon Ibn al-Rāmī*, Le Caire, Publications de l'IFAO, 2008, pp. 545–579.

76 « *wa qad naṣaba ahl kull qarya min qurrā Tīmmī wa ghayrihā shuhūd li-bayʿihim wa ankiḥatihim, fa'l-tamḍi ʿalayhim shahādatahum wa'l-ātī bi-shahāda ghayr shuhūd baladihi rayba* » : *Ghunya, ms. cit.*, f. 670. Pour un autre exemple, voir *ibidem*, f. 651.

Selon un rapport de l'administration française de l'Algérie, daté du 13 juillet 1876, qui résume diverses données ethnographiques recueillies sur le Grand Touat, les *shuhūd* villageois se recruteraient parmi les imams des mosquées locales[77]. L'analyse des *nawāzil* ne fournit pas d'indices allant dans ce sens. Au contraire, il semble que les témoins instrumentaires appartiennent en majorité aux notables du ksar, tandis que les imams sont le plus souvent des étrangers engagés par la communauté sur une base contractuelle[78]. L'illustration de ce point nécessite néanmoins quelques développements, pour autant qu'il nous renvoie à une variante locale d'un débat classique en droit musulman, à savoir la question de la recevabilité des témoins en milieu rural.

Selon les règles du *fiqh*, tout témoin doit être intègre et probe (*ʿadl*), une qualité sociale et morale conférée par le groupe et validée par le juge[79]. À défaut d'une telle reconnaissance publique comme homme adulte dont les vertus civiques et religieuses ne sauraient être mises en doute, son témoignage doit être récusé. Dans la mesure où les qualifications associées à la notion d'« honorabilité » (*ʿadāla*) se déclinent selon les critères d'une culture citadine, leur existence, ou plutôt leur absence, dans les campagnes maghrébines, constitue un sujet âprement disputé parmi les juristes mālikites au fil des siècles. Le Grand Touat n'y fait pas exception et ses jurisconsultes du XVIIIe siècle se montrent aussi pessimistes sur cette question que leurs collègues septentrionaux. La conception prédomine, selon laquelle la présence de « témoins honorables » (*ʿudūl*) au sein d'un village constitue plutôt l'exception que la norme. La remarque vaut en particulier pour les témoins instrumentaires exerçant dans les différents ksour de l'archipel oasien. Les consultations où les muftis fustigent « l'ignorance » (*jahl*) – entendons par là surtout le manque de connaissances techniques en matière de rédaction d'actes notariés –, voire la corruption des témoins locaux, sont nombreuses[80]. Certains juristes comme Muḥammad al-ʿĀlim al-Zajlāwī vont même jusqu'à affirmer, qu'« en ces temps dépravés », force est de reconnaître l'impossibilité générale de repérer des *shuhūd* dont les écrits puissent être tenus pour fiables[81]. Bien entendu, une telle attitude sombre traduit le pessimisme culturel que nous avons déjà évo-

77 Archives nationales d'outre mer, Aix-en-Provence, 22H26.

78 Cf. *Ghunya, ms. cit.*, f. 10, f. 439–441, f. 445–446, f. 481.

79 Pour une discussion lucide du lien entre les significations éthico-religieuses et civiques impliquées par le terme *ʿadl*, voir Peirce, Leslie, *Morality Tales: Law and Gender in the Ottoman Court of Aintab*, Berkeley, University of California Press, 2003, en particulier pp. 177–180.

80 Voir *Ghunya, ms. cit.*, f. 659, f. 660 et f. 665.

81 *Nawāzil al-Zajlāwī, ms. cit.*, f. 125. Cf. aussi *Ghunya, ms. cit.*, f. 659.

qué et qui, dans les milieux lettrés de l'époque, est conceptualisé à travers la notion de la « corruption des temps » (*fasād al-zamān*).

L'accusation de déchéance pesant sur les mondes ruraux, mais aussi sur les villes, quoique dans une mesure moindre, exige de la part du jurisconsulte une méfiance accrue à l'égard des témoignages allégués comme preuve (*bayyina*). De même, elle rend impératif un examen scrupuleux de la réputation de chaque témoin (*tazkīya*)[82]. Répondant à une demande d'expertise émise par le cadi Ṭāhir b. Muḥammad ʿAbd al-ʿAzīz al-Fiʿūnī[83], Muḥammad b. ʿAbd al-Raḥmān al-Tinilānī refuse en bloc le corps de témoins-notaires de toute une région (*nāḥiya*) « car, ignorant leur statut légal, je ne saurais me fier à eux »[84]. Et lorsque Muḥammad b. ʿAbd al-Raḥmān al-Balbālī accède à l'office de *qāḍī al-jamāʿa*, le maître de Tinilane exhorte le nouveau magistrat à la même rigueur :

> Puisque Dieu t'a accablé de cette charge détestable qui est la judicature, sache qu'il est indispensable que tu scrutes avec soin la réputation des témoins instrumentaires. En effet [le respect] des droits de chacun repose sur eux. De nombreux conflits et fractures résultent du fait que certaines personnes ne font qu'inciter les juges et les témoins à suivre leurs caprices. Pour cette raison, celui dont te paraît certaine l'intégrité, considère son témoignage comme étant obligatoire pour toi, tandis que, dans le cas contraire, écarte la personne[85] !

Pour autant, la vie communautaire ne peut se passer de l'existence d'un corps de témoins stable dont les actes sont juridiquement reconnus. Autrement, l'économie oasienne se retrouverait en grande partie paralysée, de même qu'aucun contrat de mariage ne pourrait être *a priori* tenu pour valable. Comment suppléer donc à la défection de l'honorabilité citadine ? On sait que, pour parer à cette difficulté, le *fiqh* mālikite a engendré au cours de son histoire plusieurs techniques d'accommodement et d'assouplissement. La mieux étudiée jusqu'à présent est sans doute l'admission, par les juristes marocains du XVIIe siècle, du témoignage collectif (*lafīf*) à l'intérieur de communautés

82 Sur la procédure de la *tazkīya*, se référer à Messick, *The Calligraphic State*, *op. cit.*, pp. 178–182 et Müller, *Gerichtspraxis im Stadtstaat Cordoba*, *op. cit.*, p. 179.

83 Nous n'avons malheureusement pas réussi à identifier ce personnage.

84 *Ghunya*, *ms. cit.*, f. 654. Voir aussi *ibidem*, f. 660.

85 *Ibid.*, f. 664.

rurales dépourvues de témoins réputés intègres[86]. Le Grand Touat aussi connaît le *lafīf* et le pratique[87]. Mais, relevant plutôt de la procédure judiciaire *stricto sensu*, le témoignage collectif ne se prête guère à accréditer le travail quotidien des témoins instrumentaires. C'est pourquoi les juristes oasiens se sont approprié un autre principe de l'école mālikite qui résout le problème d'une manière tout à fait pragmatique. Celui-ci stipule : « Dans toutes les contrées où il est impossible de trouver des témoins honorables, le témoignage de ceux qui comptent parmi les meilleurs [éléments de la communauté] sera accepté[88].»

Énoncée de cette façon, la règle constitue une citation empruntée à un grand juriste du v^e^/xi^e^ siècle, Aḥmad b. Naṣr al-Dāwudī (m. 402/1011), qui, originaire de Msila dans l'Est algérien, a étudié à Kairouan et a fait école à Tlemcen[89]. Elle sert d'appui doctrinal pour la consultation de ʿAbd al-Raḥmān b. Baʿumar al-Tinilānī, déjà évoquée, au sujet de la nomination des témoins instrumentaires par la collectivité villageoise. Seuls sont donc autorisés à exercer les charges liées au notariat ceux qui se sont distingués comme les plus illustres (*afḍal*) de leur milieu sur le plan moral et religieux, bien qu'ils ne puissent prétendre à l'excellence impliquée par la notion de *ʿadāla*. Le même principe est également allégué dans d'autres fatwas. Interrogé par le cadi ʿAbd al-Ḥaqq al-Bakrī à propos de l'établissement d'un fait de renommée commune (*al-samāʿ al-fāshī*) par la procédure du *lafīf*, ʿAbd al-Raḥmān b. Baʿumar al-Tinilānī estime par exemple :

> Pour ce qui est de son établissement par le témoignage collectif, sache que, dans la plupart des cas, les conditions régissant le statut de l'honorabilité juridique ne sont pas réunies dans ce pays et ces temps. Dès lors [l'exécution du serment] revient aux plus vertueux du pays en fonction du degré par lequel leur mode de vie se rapproche du respect de la religion. Il en est ainsi, car les « personnes honorables » qui existent dans tout autre lieu servent de modèle à ces gens, comme cela a été établi par plusieurs autorités de l'école mālikite[90].

86 Cf. Berque, *Structures du Haut Atlas*, *op. cit.*, pp. 334–335, *Ulémas, fondateurs, insurgés du Maghreb*, *op. cit.*, pp. 215–217, *L'intérieur du Maghreb*, *op. cit.*, p. 28.

87 Cf. *Ghunya*, *ms. cit.*, f. 646, 660, 674 et *Nawāzil al-Jantūrī*, *ms. cit.*, f. 174.

88 *Ghunya*, *ms. cit.*, f. 670.

89 Cf. Ibn Farḥūn, *al-Dībāj al-mudhhab*, *op. cit.*, p 94.

90 *Ghunya*, *ms. cit.*, f. 661.

Ne nous laissons pas abuser par ce langage abstrait. En filigrane s'y dessine une reconnaissance des structures de pouvoir telles qu'elles existent *de facto* au niveau local. C'est qu'une fois ramenée aux contextes de son énonciation, l'expression « les personnes les plus éminentes du village » (*afḍal al-balad*) traduit des visées tout à fait concrètes. À l'instar de la doctrine en vertu de laquelle la *jamāʿa* devient le substitut de l'autorité sultanienne, il s'agit en dernier ressort de consacrer l'oligarchie des notables chérifiens et maraboutiques dans les villages, dont, soulignons-le, les auteurs des fatwas citées font eux-mêmes partie. En concédant ainsi aux notables un droit de contrôle sur l'institution des témoins instrumentaires et du témoignage collectif, les juristes finissent par sanctionner la répartition des pouvoirs à l'intérieur de l'ordre statutaire. Car les groupes subalternes, notamment les haratins, sont les premiers à être exclus de la noblesse religieuse et généalogique qu'implique le terme *afḍal*.

### Des agents de jonction

Les enjeux pratiques de ces accommodements deviennent plus clairs si l'on se penche sur le rôle du corps des témoins instrumentaires dans les processus de résolution de conflits internes à la communauté villageoise. Il apparaît que les témoins, à côté de leur fonction de notaire et de scribe, peuvent également se muer en agents chargés par la *jamāʿa* d'apaiser des contentieux mettant en péril l'ordre public. Une demande de consultation adressée à ʿAbd al-Raḥmān al-Jantūrī relate par exemple comment les témoins instrumentaires de l'assemblée de Timimoun (*shuhūd al-jamāʿa*) se réunissent dans la mosquée d'al-Barka attenante au sanctuaire de Sīdī Aḥmad b. ʿUthmān al-Timimūnī pour négocier un compromis dans un litige entre deux habitants du ksar. L'intervention est devenue nécessaire après que l'une des parties a accusé le cadi local de nourrir du ressentiment à son égard[91]. Dans un autre cas, également soumis à l'expertise du mufti d'Aguentour, les témoins d'un village se mobilisent pour s'interposer à l'occasion d'une dispute conjugale. Une femme a fui de la maison de son conjoint et trouvé refuge auprès de sa mère. En réaction, le mari abandonné envoie deux témoins au domicile de sa belle-mère, afin qu'ils convainquent l'épouse de retourner chez lui[92].

Ces efforts d'apaisement de conflits peuvent céder la place à des interventions plus musclées, comme l'illustre un autre récit d'une dispute conjugale

91 *Nawāzil al-Jantūrī*, *ms. cit.*, f. 176.

92 *Ibidem*, f. 152.

dans les *Nawāzil* d'al-Jantūrī[93]. Une femme est maltraitée physiquement par son mari qui, de plus, ne subvient pas à son entretien (*nafaqa*)[94]. La situation se détériore au point que l'épouse supplie son oncle paternel et ses frères de venir à son secours. Ceux-ci exigent d'avoir accès au domicile du mari pour voir ce qui en est des plaintes de leur parente. Lorsqu'ils arrivent sur les lieux, l'homme leur refuse l'entrée. Il agit encore de la même manière quand les témoins du village se postent également devant sa porte pour s'enquérir de l'état de santé de la femme. On sollicite l'expertise d'al-Jantūrī pour savoir si, en l'espèce, les témoins ont le droit de recourir à la force pour pénétrer dans la maison. Et, en effet, al-Jantūrī autorise l'épouse martyrisée à les laisser entrer en dépit du refus obstiné de son mari. La fatwa du juriste gourarien confère ainsi une légitimité, à la fois juridique et religieuse, à l'intervention contraignante d'un pouvoir communautaire. L'ampleur de l'irruption du groupe dans les affaires individuelles est considérable pour autant que la perquisition n'implique rien de moins qu'une suspension momentanée de l'inviolabilité sacrée de l'intimité du foyer familial. Par là, l'épisode nous rappelle que les collectivités rurales au Maghreb moderne se sont dotées d'agents de régulation sociale puissants dont l'autorité est couverte par l'institution de la *jamāʿa*[95]. Tout l'enjeu des élaborations doctrinales que les oulémas ksouriens développent autour de l'intervention des témoins instrumentaires réside précisément dans la normalisation de ce pouvoir exécutif communautaire. Il s'agit de le penser dans les termes du *fiqh* afin d'être en mesure d'en disposer à l'intérieur des procédures judiciaires.

Cette orientation du discours juridique vers la légitimation et vers l'appropriation des instruments de l'ordre communautaire se vérifie encore plus dans le cas du groupe des experts judiciaires (*ʿurrāf-s*, sg. *ʿarrāf*). Renvoyant à l'expertise de personnes qualifiées dans le cadre de la procédure judiciaire, la notion générique de *ʿurrāf* est d'ordinaire associée aux contextes urbains[96]. Chez les juristes du Grand Touat, elle sert toutefois à conceptualiser l'expertise des divers agents communautaires chargés de veiller sur les accords, toujours précaires, entre les volontés individuelles et les intérêts de la collectivité. Sans surprise, les tâches relevant de la compétence de ces experts concernent au premier chef la gestion des interactions se nouant autour des deux ressources essentielles à la vie oasienne : l'eau et la terre. Ainsi, il existe des personnes nommées par la communauté pour veiller sur les systèmes d'irrigations et les

93 *Ibid.*, f. 179.

94 Sur la question de *nafaqa*, voir *infra*, pp. 261–264.

95 Cf., par exemple, Bedoucha, *L'eau, l'amie du puissant*, *op. cit.*, pp. 33–34.

96 Voir Van Staëvel, *Droit mālikite et habitat à Tunis au XIVe siècle*, *op. cit.*, pp. 545–579.

registres publics (*zmām*) contenant les débits de l'eau au sein des foggaras[97]. D'autres exercent une fonction de contrôle sur la tenure du sol. Ils évaluent la valeur (*taqwīm*) de terrains faisant objet d'une transaction quelconque, ou sont sollicités comme consultants lorsqu'il s'agit de déterminer le statut juridique d'une terre dans les environs du ksar ou de démêler les différents droits de propriété qui s'y rattachent[98]. Enfin, l'institution du marché communal exige aussi un certain nombre d'agents investis par la *jamāʿa* afin d'assurer un minimum de sécurité dans les échanges commerciaux. L'ensemble de ces divers personnages est subsumé par le terme de *ʿurrāf* dans une seule catégorie pour penser leur intervention comme experts dans le cadre de la procédure judiciaire.

Quel est donc le rôle des *shuhūd* et *ʿurrāf* devant les prétoires des magistrats oasiens ? Leur intervention concerne en premier lieu l'établissement et l'évaluation des faits matériels sur lesquels porte un litige. Cela ressort par exemple de l'épisode suivant glané dans la *Ghunya*. Un homme fait l'acquisition d'un chameau qui meurt pourtant quatre jours après la conclusion du marché. Outré par cette perte, il prétend que l'animal est entaché d'un vice (*ʿayb*) dissimulé au moment de la transaction[99]. De ce fait, l'acheteur réclame la résiliation de la vente et la restitution du prix versé. Cela lui est concédé par Muḥammad b. ʿAbd al-Raḥmān al-Balbālī auquel l'homme s'est adressé, mais à condition que l'ampleur du vice ait été préalablement établie par au moins deux témoins instrumentaires[100]. Le même type de raisonnement est appliqué dans des affaires sensiblement plus sérieuses. En ce qui concerne l'indemnisation de lésions corporelles survenues dans une rixe, ʿAbd al-Raḥmān b. Baʿumar al-Tinilānī stipule que l'amont du prix du sang (*diya*) s'évalue en fonction de l'estimation (*taqdīr*) de la gravité de la blessure réalisée par les *ʿurrāf*[101]. Sans surprise, ce type d'expertise est particulièrement demandé dans le domaine des transactions matérielles. Lors d'un litige portant sur la restitution d'une paire de bracelets accordés comme prêt à long terme (*ʿāriya*) dans le cadre de

97 *Ghunya, ms. cit.*, f. 313, f. 406, f. 574, *Nawāzil al-Zajlāwī, ms. cit.*, f. 98. Cf. aussi Bisson, *Le Gourara, op. cit.*, p. 104.

98 *Ghunya, ms. cit.*, f. 420, f. 460, *Nawāzil al-Jantūrī, ms. cit.*, f. 53, f. 60, f. 76–77, *Nawāzil al-Zajlāwī, ms. cit.*, f. 32, f. 100.

99 Sur la notion de vice dans les transactions économiques, se référer à Linant de Bellefonds, *Traité du droit musulman comparé, op. cit.*, 1, pp. 331–344.

100 *Ghunya, ms. cit.*, f. 152.

101 *Ibidem*, f. 720. Sur le concept du prix du sang, voir Daaïf, Lahcen, « Le prix du sang (diya) au premier siècle de l'islam » in *Hypothèses*, 2006, vol. 1, pp. 329–342 et Peters, Rudolph, *Crime and Punishment in Islamic Law: Theory and Practice from the Sixteenth to the Twenty-First Century*, Cambridge, Cambridge University Press, pp. 49–54.

la constitution d'un trousseau de mariage (*jihāz*), les bijoux sont pesés en présence de plusieurs témoins pour déterminer leur valeur[102]. C'est sans doute pour éviter un tel conflit qu'un certain Muḥammad al-Barbūshī fait accompagner le cortège apportant le trousseau à la future épouse de son fils par des témoins. Quand le cortège atteint le cimetière aux abords du ksar de Tinilane, le marié indique aux *shuhūd* que, parmi les objets envoyés, figure un tissu en velours qui est un présent sollicité sous forme de *ʿāriya* par les tuteurs de la mariée[103].

L'épisode cité nous conduit à un deuxième aspect du rôle de ces auxiliaires de justice que sont les témoins instrumentaires. Il s'agit de formaliser les transactions pour se prémunir contre d'éventuelles mises en cause ultérieures. Ce rôle de créateur de faits juridiques assumé par les *shuhūd* et les *ʿurrāf* ne doit pas être sous-évalué, comme l'illustre le cas des contentieux touchant aux propriétés foncières sous régime de habous. Il faut savoir qu'au Grand Touat, une grande partie, sinon la majorité, des terrains agricoles et des installations hydrauliques est soumise au statut de bien de mainmorte[104], faisant ainsi l'objet d'un « séquestre lignager », selon l'heureuse expression de Jacques Berque[105], afin de protéger les patrimoines familiaux en les soustrayant du marché foncier. Dans la gestion de ces habous familiaux (*ahlī*) et dans les litiges qui peuvent opposer les bénéficiaires de ces terres « immobilisées », l'intervention de témoins ou d'experts s'avère d'une importance capitale[106]. Confronté à un cas où un homme est accusé d'avoir laissé à l'abandon un jardin 'habousé', ʿAbd al-Raḥmān al-Jantūrī juge que le défendeur doit procéder à la réparation des dégâts commis (*iṣlāḥ*), dès lors que leur ampleur a été établie par les témoins instrumentaires du village[107]. De même, plusieurs consultations de juristes oasiens exigent que les cadis de la région doivent impérativement recourir aux *ʿurrāf* pour déterminer si un terrain 'habousé' a perdu sa rentabilité (*ʿadam al-manfaʿa*). Une telle attestation est indispensable lorsque les bénéficiaires de l'objet en question désirent être autorisés à échanger le terrain tombé en décrépitude contre un nouveau plus fertile qui assurerait la pérennité du habous. Il s'agit là d'une opération fréquente à l'échelle régionale qui

102 *Nawāzil al-Jantūrī*, *ms. cit.*, f. 35.

103 *Ghunya*, *ms. cit.*, f. 33.

104 Cf. Bisson, *Le Gourara*, *op. cit.*, pp. 113–114.

105 Cf. Berque, *Structures sociales du Haut Atlas*, *op. cit.*, pp. 363–367.

106 Une bonne introduction à la problématique des habous familiaux au Maghreb est fournie par Ben Achour, Mohamed El Aziz, « Le habous ou waqf : l'institution juridique et la pratique tunisoise » in Ferchiou, Sophie (éd.), *Hasab wa nasab : parenté, alliance et patrimoine en Tunisie*, Paris, Éd. du CNRS, 1992, pp. 50–78.

107 *Ghunya*, *ms. cit.*, f. 538.

est conceptualisée juridiquement sous le terme de *muʿāwaḍa*, compensation d'un bien par un autre[108]. De fait, témoins instrumentaires et experts judiciaires sont censés surveiller tout changement s'appliquant aux terrains sous régime de habous. Considérons un cas où un jardin 'habousé' est menacé d'assèchement suite à l'insuffisance du débit des parts d'eau (*ḥabba*) assignées à son irrigation[109]. Une partie des bénéficiaires entendent alors réaliser un transfert (*naql*) d'autres parts d'eau en vue de rétablir la rentabilité de l'objet. Le projet ne manque pas de soulever des protestations auprès du reste des usufruitiers. Pourtant, selon la fatwa rendue par Muḥammad b. ʿAbd al-Raḥmān dans cette affaire, il est légitime, à partir du moment où le risque de détérioration est prouvé par des témoins instrumentaires. Ensuite, il revient aux *ʿurrāf* de cautionner par leur expertise le fait que le transfert envisagé augmentera la productivité du terrain, puis de procéder à l'opération[110].

Investis par la *jamāʿa* et confirmés dans leurs fonctions par les jurisconsultes locaux, les témoins instrumentaires et les experts judiciaires sont des acteurs dont le travail opère une jonction entre la magistrature islamique et les institutions communautaires. Issus des élites de la société ksourienne, ils assurent un faisceau de tâches tant à l'intérieur de leurs communautés respectives que dans le cadre de la justice où leur action se situe précisément au niveau de la conversion des faits matériels en faits juridiques. Pris ensemble, *shuhūd* et *ʿurrāf* assument donc la même fonction d'intermédiaire culturel (*cultural broker*) entre les populations locales et le système normatif du *fiqh* que Léon Buskens a récemment mis en évidence pour le cas des témoins-notaires dans le Maroc contemporain[111]. D'un autre côté, ce rôle de médiateur doit aussi être envisagé du point de vue des juristes autochtones. La reconnaissance d'agents communautaires comme témoins instrumentaires ou experts judiciaires ne manque de renforcer l'alliance entre élites religieuses et notables ksouriens que nous avons évoquée au début de ce chapitre. Elle traduit le même pragma-

108 Le dispositif de la *muʿāwaḍa* a été analysé par Tal Shuval pour le cas d'Alger à l'époque ottomane. L'auteur y voit une spécificité de l'école hanafite qui serait même frappée d'interdit chez les mālikites. Les compétences nous manquent pour nous prononcer sur la question. Notons toutefois que pour les juristes du Grand Touat la *muʿāwaḍa* est recevable sous certaines conditions. Voir Shuval, Tal, « La pratique de la muʿâwaḍa (échange de biens habûs contre propriété privée) à Alger au XVIIIe siècle » in *Revue du monde musulman et de la Méditerranée*, 1996, vol. 79, n° 1, pp. 55–72.

109 *Ghunya, ms. cit.*, f. 574.

110 *Ibidem*, ff. 574–575.

111 Cf. Buskens, Léon, « Tales According to the Book: Professional Witnesses (ʿUdul) as Cultural Brokers in Morocco » in Dupret et *alii*, *Narratives of Truth in Islamic Law*, *op. cit.*, p. 148 et p. 157–158.

tisme qui entend normaliser ce qu'il ne saurait contrôler. Certes, la légitimation de la *jamāʿa* et de ses agents procède d'une transposition vernaculaire de l'idéal de l'ordonnancement des rapports sociaux au sein de la cité des croyants. Mais cela n'empêche qu'elle relève aussi d'une nécessité faite vertu. Les oulémas ksouriens parviennent ainsi à s'accommoder de l'autonomie *de facto* des communautés locales tout en s'assurant d'un appui institutionnel qui seul est susceptible de rendre possible l'imposition des décisions de justice.

CHAPITRE 6

# Ce que coutume veut dire au Grand Touat

Interrogé un jour au sujet des contrats de fermage (*musāqāt*) ayant cours dans l'archipel oasien, Muḥammad b. ʿAbd al-Raḥmān al-Tinilānī donne une réponse inattendue à son interlocuteur resté anonyme : « Dans la mesure où les contrats de fermage dans cette contrée ne sont pas régis selon les principes de la charia (*qawāʿid al-sharʿ*), les gens s'appuient uniquement sur leurs usages (*ʿawāʾid*). Regardez donc ce que ces usages stipulent chez vous à ce sujet ! [1]» Le mufti fait référence à un aspect fondamental de l'espace social ksourien : absolument prééminent sur le plan symbolique, le *sharʿ*, la loi religieuse, n'en coexiste pas moins avec d'autres sources et formes de normativité. La judicature islamique opère dans un contexte travaillé par ce que l'anthropologie anglo-saxonne nomme un pluralisme juridique ou normatif (*legal pluralism* ; *normative pluralism*)[2]. Elle doit composer avec une multitude de normes tantôt concur-

1 *Ghunya, ms. cit.*, f. 436. Sur les contrats de fermage en droit musulman, voir Bonte, Pierre, « Droit musulman et pratiques foncières dans l'Adrâr mauritanien » in *Études rurales*, 2001, n° 155–156, pp. 93–106, en particulier p. 100, et Peters, Rudolph, « Sharecropping in the Dakhla Oasis: Shari'a and Customary Law in Ottoman Egypt » in Bearman, Peri, Heinrichs, Wolfhart, Weiss, Bernard G. (éd.), *The Law Applied: Contextualizing the Islamic Sharia, a Volume in Honor of Frank E. Vogel*, Londres, New York, Tauris, 2008, pp. 79–91.

2 La genèse de ce concept s'est accompagnée de débats passionnés entre juristes et anthropologues sur la distinction entre norme sociale et norme juridique et, plus généralement, autour de la question de savoir à partir de quel moment un système normatif peut être considéré comme étant la loi d'une société. Voir surtout Griffiths, John, « What is Legal Pluralism? » in *Journal of Legal Pluralism and Unofficial Law*, 1986, n° 24, pp. 1–55, Merry, Sally Engle, « Legal Pluralism » in *Law and Society Review*, 1988, vol. 22, n° 5, pp. 869–896, Tamanaha, Brian Z., « Understanding Legal Pluralism: Past to Present, Local to Global » in *Sydney Law Review*, 2007, vol. 29, pp. 375–411, en particulier pp. 377–386, pp. 390–396 et Woodman, Gordon R., « Ideological Combat and Social Observation: Recent Debate about Legal Pluralism » in *Journal of Legal Pluralism and Unofficial Law*, 1998, vol. 42, pp. 21–59. Depuis la fin des années 1990, le concept suscite aussi l'intérêt grandissant des spécialistes des mondes musulmans. Voir Berger, Maurits, Dupret, Baudouin, al-Zwaini, Laila (éd.), *Legal Pluralism in the Arab World*, Le Hague, Kluwer Law International, 1999, Rapoport, Yossef, « Legal Diversity in the Age of Taqlīd: The Four Chief Qadis under the Mamluks » in *Islamic Law and Society*, 2003, vol. 10, n° 2, pp. 210–228, Shahar, Ido, « Legal Pluralism and the Study of Shariʿa Courts » in *Islamic Law and Society*, 2008, vol. 15, n ° 1, pp. 112–141. Pour une utilisation de ce concept dans l'historiographie maghrébine, voir Oualdi, M'hamed, « Le « pluralisme juridique » : au fil d'un conflit de succession en Méditerranée à la fin du XIXe siècle » in *Revue d'histoire du XIXe siècle*,

 DOI 10.1163/9789004341265_008

rentes, tantôt complémentaires auxquelles les communautés ksouriennes reconnaissent force de droit. Notamment en ce qui concerne la gestion des ressources naturelles et le maintien de l'ordre public, les recueils de *nawāzil* nous renseignent sur le fait qu'au niveau de chaque ksar des chartes et des conventions existent stipulant les règles de base du vivre ensemble[3]. Ce qui est alors remarquable dans la réponse du mufti que nous venons de citer, c'est que celle-ci suggère que l'hétérogénéité normative, caractérisant l'espace social, n'est pas condamnée. Au contraire, en invitant son interlocuteur à se renseigner sur les conventions de son village, le jurisconsulte la traite comme un fait social dont il faut tenir compte et auquel une certaine valeur référentielle peut même être concédée.

Nous voilà au cœur du vaste débat sur les rapports entre droit musulman et institutions coutumières en Afrique du Nord. Depuis l'ouvrage magistral d'Hanoteau et Letourneux sur la Kabylie, paru dans les années 1870[4], la question des coutumes figure au centre de la réflexion sur les structures normatives de l'intérieur maghrébin. Durant toute la période coloniale, divers acteurs universitaires, militaires et administratifs ont conduit de grandes enquêtes en milieu rural pour dresser l'inventaire des règles et conventions censées régir la vie dans les douars et tribus. Il s'agissait de 'codifier' les expressions d'une normativité que l'on assimilait à une sorte de prédroit, d'essence orale et d'ascendance 'berbère', à un immense réservoir d'archaïsmes sociaux opposant une résistance tenace à la loi religieuse des citadins[5]. Le résultat en a été la constitution progressive d'un corpus documentaire volumineux où se mêlent perspectives

2014, vol. 48, pp. 93–106. Nous tenons à remercier M'hamed Oualdi de nous avoir aimablement communiqué le manuscrit de son article.

3 Dans une demande de consultation adressée à Muḥammad b. ʿAbd al-Raḥmān al-Balbālī nous lisons par exemple : « Un homme a planté un palmier sur un terrain en friche à proximité d'un village. L'usage de ce village (*ʿāda tilka al-bilād*) stipule que celui qui souhaite procéder à des plantations dans un tel terrain ne saurait être empêché de le faire » : *Ghunya*, *ms. cit.*, f. 376. L'étude de référence reste celle de Larbi Mezzine sur les communautés oasiennes du Tafilalet entre le XVII^e^ et le XIX^e^ siècle qui propose également une édition et traduction de quelques règlements communautaires de villages de la région. Cf. Mezzine, *Le Tafilalt*, *op. cit.*.

4 Cf. Hanoteau, Adolphe, Letourneux, Aristide, *La Kabylie et les coutumes kabyles*, Paris, Imprimerie nationale, 1872–1873, 3 vol..

5 La notion de prédroit a été employée à plusieurs reprises par Jacques Berque pour rendre compte des systèmes normatifs en espace rural. Voir, par exemple, Berque, Jacques, *Maghreb : histoire et sociétés*, Alger, S.N.E.D., 1974, p. 96. Le terme a été forgé par le philologue hellénisant Louis Gernet (1882–1962) dans un article célèbre : Gernet, Louis, « Droit et prédroit en Grèce ancienne » in *L'Année sociologique*, 1948–1949, troisième série, t. III, pp. 21–119.

ethnographiques, juridiques et historiques[6]. Bien entendu, l'intérêt scientifique suscité par les systèmes coutumiers n'était pas innocent. Il articulait des visées stratégiques concrètes, dans la mesure où il participait étroitement à l'encadrement et au contrôle des populations autochtones. La proclamation du célèbre dahir berbère, le 16 mai 1930, a, plus que toutes les mesures antérieures, manifesté au grand jour les motivations politiques de ces enquêtes[7].

Après les indépendances, la production scientifique sur le sujet a sensiblement diminué. Les grandes collectes de données ethnographiques n'ont pas été renouvelées, de même que la question de la genèse historique des institutions coutumières au-delà du XIX<sup>e</sup> siècle a presque disparu de l'agenda de la recherche. L'approche privilégiée a été celle d'une analyse anthropologique d'interactions sociales observées sur le terrain qui s'est prolongée d'une lecture critique de la production savante de l'époque coloniale. Ainsi, de nos jours, à l'exception de l'ouvrage précieux de Larbi Mezzine sur le Tafilalet, l'étude des normativités coutumières au Maghreb articule en premier lieu un travail sur le présent et ses antécédents coloniaux. En particulier les systèmes coutumiers des sociétés berbérophones ont donné lieu à quelques publications majeures s'intéressant aux institutions judiciaires communautaires, telles que le prix du sang (*diya*) et le témoignage collectif (*lafīf*), ou encore à la régulation des échanges économiques et matrimoniaux[8].

Pourtant, à la lecture des différentes études réalisées, l'on ne peut s'empêcher de ressentir un certain malaise conceptuel. Le plus souvent, les formations normatives observables en contexte rural ne sont envisagées qu'à travers un concept unique, celui du droit coutumier, pour lequel, de surcroît, aucune définition précise n'est proposée[9]. Il en découle une représentation largement

6 On citera seulement quelques travaux à titre indicative : Bousquet, « Le droit coutumier des Aït Haddidou », *art. cit.*, Hart, David M., *Emilio Blanco Izaga: Colonel in the Rif: A Selection of His Material, Published and Unpublished, on the Sociopolitical Structure of the Rifians of Northern Morocco*, New Haven, Human Relations Areas Files, 1975, Milliot, Louis, « Le qanoun des M'âtqâ » in *Revue Hesperis*, 1922, n° 2, pp. 193–208, Morand, Marcel, *Les kanouns du Mzab*, Alger, Éd. Jourdan, 1903.

7 Sur ce point, voir Shinar, Pessar, « A Major Link between France's Berber Policy and its "Policy of Races" in French West Africa: Commandant Paul Marty (1882–1938) » in *Islamic Law and Society*, 2006, vol. 13, n° 1, pp. 33–62.

8 Nous songeons notamment aux travaux d'Ernest Gellner, David M. Hart et de Raymond Jamous sur le Maroc, ainsi que ceux de Pierre Bourdieu sur la Kabylie.

9 Voir Gahlouz, Mustapha, « Droit coutumier et régulation dans la société kabyle de la fin du XIXe siècle » in *Droit et cultures*, 2010, vol. 60, pp. 177–209, Mahe, Alain, *Histoire de la grande Kabylie XIX<sup>e</sup> – XX<sup>e</sup> siècle : anthropologie historique du lien social dans les communautés villageoises*, Saint Denis, Éd. Bouchène, 2001, pp. 96–144, ainsi que le numéro

antithétique de l'espace normatif maghrébin : expression des 'couches profondes' de la société rurale, synonyme de l'emprise du groupe sur ses membres, le droit coutumier est érigé en rival irréductible de la charia, 'fille de la cité', qui, elle, est perçue comme étant fondamentalement allogène aux contextes locaux[10]. Au mieux, une sorte de symbiose vernaculaire est admise. Celle-ci aurait donné lieu à la formation d'une « loi hybride » (*hybrid law*), selon les mots de l'historien Aharon Layish, dénaturant peu ou prou la doctrine 'pure' des manuels du *fiqh*[11]. Envisagées sous cet angle, les études portant sur les aires berbérophones laissent tout particulièrement apercevoir une continuité étonnante avec l'ethnographie de l'époque coloniale. Car les approches analytiques mobilisées demeurent en fin de compte largement tributaires de l'ancienne conception de l'existence d'un 'droit coutumier berbère' qui singulariserait, sur le plan normatif, des régions comme la Kabylie de l'espace arabophone ambiant, et, surtout, des villes conquises aux préceptes du droit musulman.

Ce modèle d'un grand partage entre deux systèmes souverains et, au fond, antagoniques nous paraît questionnable à plus d'un titre. Il ne permet pas de rendre compte de la complexité des interactions entre les formes de normativité coutumière et la culture juridico-religieuse du *fiqh* telle qu'elle s'est perpétuée dans les milieux d'oulémas. Depuis les années 1970, plusieurs études

---

spécial des *Études rurales* publié en 2000 sous la coordination de Geneviève Bédoucha et intitulé « Prégnance du droit coutumier ». Cf. en particulier Albergoni, Gianni, « Écrire la coutume : une tribu bédouine de Cyrénaïque face à la modernité », Bedoucha, Geneviève, « L'irréductible rural : prégnance du droit coutumier dans l'aire arabe et berbère » et « Libertés coutumières et pouvoir central : l'enjeu du droit de l'eau dans les oasis du Maghreb » in *Études rurales*, 2000, vol. 155–156, pp. 25–49, pp. 11–24 et pp. 117–142. Une approche nettement plus nuancée est adoptée par Wolfgang Kraus étudiant les Ayt Hdiddu du Haut Atlas. Cf. Kraus, Wolfgang, « Tribal Law in the Moroccan High Atlas: Precolonial Legal Practice and its Transformations » in Dostal, Walter, Kraus, Wolfgang (éd.), *Shattering Tradition: Custom, Law and the Individual in the Muslim Mediterranean*, Londres, I. B. Tauris, 2005, pp. 146–188, en particulier pp. 149–152 et pp. 154–157.

10 Cette position se décèle même chez un auteur aussi perspicace et érudit que Jacques Berque. Dans *Maghreb histoire et sociétés*, Berque caractérise de manière suivante l'espace normatif maghrébin au XX^e^ siècle, après avoir exposé l'impact de la législation européenne depuis la colonisation : « Mais bien des réalités locales restent dominées par une éthique et une culture islamiques, plus encore que par ce droit d'allure savante, imbu d'un mystère encore prestigieux, le fiqh. Un vieux fond africain, ou « berbère », variablement tenace selon les régions, se compose plus ou moins directement avec les deux autres sources [le droit musulman et le droit occidental]. Enfin une poussée créatrice, issue du milieu, cherche à compenser la pesée externe qu'il subit par la déviation ou l'originalité, et parfois par des revanches » : Berque, *Maghreb histoire et sociétés, op. cit.*, p. 89.

11 Voir Layish, *Legal Documents from the Judean Desert, op. cit.*, pp. 14–15.

d'anthropologie juridique se sont attelées à démontrer les limites du concept de droit coutumier, dans la mesure où celui-ci implique une autosuffisance et une cohérence artificielle là où règne en réalité une profusion de pratiques hétérogènes. Travaillant sur des contextes africains et nord-américains, Sally Falk Moore parle à ce propos d'un véritable « mythe de la coutume » (*myth of custom*) fabriqué en grande partie par le personnel administratif des différentes puissances coloniales[12]. Or, selon Sally Falk Moore, pour autant que chaque groupe social (*corporatif group*) soit capable de se doter de règles exerçant des effets de contrainte, toute société se compose d'une multitude de régimes normatifs qui se superposent et s'imbriquent. Au lieu d'opposer schématiquement 'loi' et 'coutume', l'anthropologue américain propose alors de concevoir l'espace normatif au sein d'une configuration sociale donnée comme un « champ semi-autonome » (*semi-autonomous field*)[13]. Par cette notion, l'auteur fait référence à l'idée que les configurations sociales engendrent certes des formes de normativité qui leur sont propres, mais que ces formes n'en restent pas moins exposées à des influences externes qu'elles soient d'ordre juridique, politique ou social. En vérité, différents régimes externes et internes s'enchevêtrent à travers les usages que les acteurs locaux en font, au point que l'ensemble de ces pratiques normatives devient en quelque sorte la 'coutume' d'un champ semi-autonome donné[14].

Ce chapitre propose d'évaluer la pertinence de ces remarques pour penser les rapports entre *fiqh* et formations coutumières à partir de l'exemple du Grand Touat. Dans un premier temps, nous analyserons les manières dont les concepts de « coutume » (*'urf*) et d' « usage » (*'āda*) sont mobilisés dans les

12 Moore, Sally Falk, *Law as Process: An Anthropological Approach*, Londres, Routledge and Kegan Paul, 1978, p. 14.

13 *Ibidem*, p. 55.

14 *Ibid.*, p. 79. L'imbrication entre différentes formes de normativité est telle que certains anthropologues, comme John Griffiths, ont pu considérer que le pluralisme juridique est la situation 'normale' caractérisant n'importe quel type de société : « Une situation de pluralisme juridique – la situation omniprésente et normale, prévalant au sein de toute société humaine – signifie que la loi et les institutions juridiques n'y sont pas toutes subsumables sous un seul 'système', mais que leurs sources résident dans les activités autorégulatrices d'un ensemble de champs sociaux très divers qui existent à un moment donné ; ces activités sont susceptibles de se soutenir mutuellement, de se compléter, de s'ignorer, voire de se contrecarrer, de sorte que la 'loi' qui est effectivement opératoire au 'bas de l'échelle' d'une société constitue le résultat de schèmes et de modèles énormément complexes et, d'ordinaire, pratiquement imprévisibles, de compétition, d'interaction, de négociation, de l'isolationnisme et ainsi de suite. » : Griffiths, « What is Legal Pluralism? », *art. cit.*, p. 39.

recueils de jurisprudence locaux, pour ensuite nous pencher sur la question de l'intégration de normes communautaires dans les procédures judiciaires. Précisons tout de suite que les deux termes par lesquels le *fiqh* mālikite appréhende les formations coutumières au sein d'une région donnée ne sont pas synonymes. Selon Christian Müller, ils renvoient à deux concepts juridiques distincts[15]. En cas de litige, seul un fait social identifié par le juriste comme « coutume » est susceptible d'être traité comme une présomption, tandis que les « usages » doivent être prouvés et évalués selon les normes du *fiqh* avant d'être admis comme argument. Autrement dit, si le terme *ʿurf* implique déjà la reconnaissance du statut référentiel de la norme coutumière, la catégorie de la *ʿāda*, quant à elle, « n'était en fait utilisée que pour décrire un phénomène récurrent qui pouvait exister »[16]. Ces nuances, quoique substantielles, nous intéresseront toutefois moins ici. Ce qui importe c'est la question de savoir quels types de pratiques coutumières sont conceptualisés par le recours aux catégories de *ʿurf* et de *ʿāda*.

## Traduire l'universel, déchiffrer le local

Commençons notre enquête par un examen de pratiques normatives qualifiées de « coutume » (*ʿurf*) ou d' « usage » (*ʿāda*) dans le domaine des alliances matrimoniales. Comme ailleurs dans l'aire islamique, les modalités de la conclusion du contrat de mariage sont entourées d'un faisceau de règles qui ajustent la procédure juridique aux sensibilités locales. Il va presque sans dire que certains de ces ajustements modifient considérablement le rituel tel qu'il est défini dans les manuels de droit. Dans une de ses consultations, Muḥammad al-ʿĀlim al-Zajlāwī valide par exemple l'usage à Zaglou qui prévoit qu'au moment de la conclusion du contrat de mariage (*ʿaqd al-nikāḥ*), les témoins n'établissent pas *de visu* l'identité de la mariée, mais qu'ils se contentent de l'attestation d'une parente[17]. Une fatwa de ʿAbd al-Raḥmān b. Baʿumar al-Tinilānī nous renseigne même sur l'existence de coutumes conférant à la conclusion de fiançailles (*khuṭba*) valeur de contrat, ce qui n'a pas manqué de susciter des débats entre les jurisconsultes oasiens[18]. Le poids des conventions

15 Cf. Müller, « Us, coutumes et droit coutumier dans le fiqh mālikite », *art. cit.*, pp. 46–49.

16 *Ibidem*, p. 48.

17 *Nawāzil al-Zajlāwī*, *ms. cit.*, f. 17. Pour un autre exemple de l'interférence entre normes du fiqh et normes locales dans le rituel de la conclusion du mariage, voir *Ghunya*, *ms. cit.*, f. 50.

18 *Ghunya*, *ms. cit.*, f. 30. Voir aussi *Nawāzil al-Jantūrī*, *ms. cit.*, ff. 178–179.

coutumières est particulièrement saillant dans l'organisation des échanges matériels entre les groupes impliqués par l'union[19]. Cela concerne, bien sûr, la règlementation de l'échelle des dons nuptiaux (*ṣadāq*) pratiqués au sein d'un ksar ainsi que celle des divers objets dont le trousseau de la mariée (*jihāz*) se compose[20]. Nous apprenons qu'il tient de coutume (*ʿurf*), dans certains villages de la région, que les parties au mariage s'abstiennent de dresser un acte notarié fixant le montant du don nuptial (*rasm al-ṣadāq*)[21]. Il est sans doute ainsi parce que les sommes à verser y sont stipulées de manière forfaitaire par des règlementations internes au niveau de chaque ksar. De même, la prestation d'autres présents, en sus du don nuptial, à laquelle le futur époux est astreint à l'égard de sa fiancée, ou plutôt de sa belle-famille, est également régie par des normes communautaires[22].

Il importe de souligner dans ce contexte que les concepts de *ʿāda* et de *ʿurf* ne s'appliquent pas seulement à des conventions de collectivités villageoises. Elles peuvent aussi servir à rendre compte des normes internes aux groupes de parenté. Voyons à ce sujet un cas d'espèce tiré des *Nawāzil* d'al-Jantūrī[23]. Le jurisconsulte d'Aguentour est interrogé à propos de l'usage en vigueur dans un lignage du Gourara, qui stipule que le montant du don nuptial et la nature des autres présents à verser par le futur époux doivent être évalués en fonction de l'identité de ce dernier. Dans le cas où il s'agit d'un « étranger » (*ajnabī*) – entendre un non-parent –, la famille réclame une somme nettement supérieure

---

19 Sur ce point, voir aussi Idris, Hady Roger, « Le mariage en Occident musulman : d'après un choix de Fatwās médiévales extraites du "Mi'yār" d'al Wanšarīšī » in *Studia Islamica*, 1970, n° 32, pp. 157–167 et « Le mariage en Occident musulman : analyse de fatwas médiévales extraites du "Mi'yar" d'Al-Wancharichi » in *Revue de l'Occident musulman et de la Méditerranée*, 1972, vol. 12, n° 12, pp. 45–62.

20 *Ghunya, ms. cit.*, f. 57 et f. 61.

21 *Ghunya, ms. cit.*, f. 55. Au caractère oral du contrat conclu fait aussi écho l'observation suivante du géographe suisse Karl Suter enquêtant dans la région pendant les années 1950 : « Les mariages ne se concluent pas devant un personnage officiel et nulle pièce écrite n'est signée. Un contrôle exact est donc impossible. Lors d'un mariage, deux ou plusieurs personnalités de la localité, qui servent de témoins (chehoud), sont invitées par le fiancé à venir manger le kous-kous dans sa maison. C'est là seulement qu'ils apprennent le but de l'invitation. Le père du fiancé, puis celui de la fiancée donnent leur consentement à l'union de leurs enfants, les chehoud murmurent quelques versets du Coran et le mariage est conclu. Dans Adrar-village cependant, où habitent les indigènes, venus du dehors, les noces sont sanctionnées par le cadi qui rédige un document. Mais les ksour ne connaissent pas de cadi. » : Suter, « Étude sur la population et l'habitat d'une région du Sahara algérien : le Touat », *art. cit.*, p. 446.

22 *Nawāzil al-Jantūrī, ms. cit.*, f. 183.

23 *Ibidem*, f. 130–131.

à celle qui serait exigée si l'homme était un cousin paternel de la mariée. La suite du récit de la demande de consultation fournit alors un cas concret d'application de la règle, mais aussi des difficultés sur lesquelles celle-ci peut buter. On nous relate l'histoire d'un homme qui veut épouser une fille du groupe en question. Il obtient l'accord des agnats (*ʿaṣāba*) et, au moment des fiançailles (*khuṭba*), les conditions pour les non-parents (*sharṭ al-barrāniyīn*) en matière de don nuptial lui sont imposées. Cependant, la séance de la conclusion du contrat de mariage crée une certaine ambiguïté, car, durant la cérémonie, le tuteur de la mariée déclare soudainement qu'il considère le mari comme un 'cousin'. En conséquence, celui-ci prend le tuteur au mot et réclame une révision du montant du don nuptial. Son interlocuteur nie pourtant énergiquement avoir voulu faire allusion aux stipulations relatives au *ṣadāq*. Il allègue qu'il aurait seulement agi de la sorte, afin de rendre hommage à la solennité de l'assemblée nuptiale (*majlis al-nikāḥ*). L'affaire finit par être soumise à l'expertise d'al-Jantūrī qui se prononce plutôt en faveur du caractère contraignant de la convention[24]. Selon le jurisconsulte gourarien, une révision du montant est uniquement envisageable dans le cas où l'époux serait capable de prouver par voie testimoniale que l'application des conditions internes au groupe de parenté lui a été explicitement concédée par le tuteur.

Les stipulations coutumières citées jusqu'à présent reçoivent l'aval des jurisconsultes oasiens interrogés à leur sujet. Il est pourtant d'autres pratiques relatives à la conclusion des mariages qui sont frappées sans équivoque de nullité, pour autant qu'elles obéissent manifestement à des normes contraires à la loi religieuse, comme l'illustre une autre affaire glanée dans les *Nawāzil* d'al-Jantūrī[25]. Un homme accorde, sur son lit de mort, la main de sa fille au fils de son frère ainé. L'union est conclue et, afin de l'officialiser, l'ainé fait parvenir à son cadet quelques objets symboliques : un quart de viande de mouton et un peu d'huile d'olive. Tout cela s'effectue bien entendu sans qu'un contrat de mariage ait été formellement dressé en présence de témoins-notaires. Néanmoins, nous dit-on, la nouvelle de cette alliance et des transactions auxquelles celle-ci a donné lieu se répand au village. Il s'agit donc de toute évidence d'une forme de mariage 'coutumier', à l'instar de ceux observés dans des contextes bédouins par des chercheurs comme Aharon Layish ou Emrys

24 « Si le mari était au courant de la coutume appliquée aux non-parents, il ne lui reste pas de moyens de recours, car la coutume tient lieu de clause contractuelle » : *ibid.* Sur l'argument d'assimiler la coutume à une clause contractuelle, voir *infra*, p. 202.

25 *Nawāzil al-Jantūrī*, *ms. cit.*, f. 178.

Peters[26]. Notons toutefois qu'en insistant sur le fait que l'information a circulé au niveau communautaire, l'auteur de la demande de consultation avance, au moins implicitement, un argument juridique validé par le *fiqh*, à savoir celui de la « renommée commune » (*al-samāʿ al-fāshī*) qui établirait que le mariage aurait bien eu lieu. La pratique se mue en cas d'espèce lorsque le mari meurt et que la question d'un remariage rapide de la veuve – sans doute encore en jeune âge – semble se poser au groupe de parenté. On demande alors à ʿAbd al-Raḥmān al-Jantūrī, si la femme doit observer le délai de viduité (*ʿidda*) ou non. Cette fois, le mufti se montre intransigeant en déclarant l'union nulle et non advenue[27].

Les quelques exemples que l'on vient de passer en revue révèlent que l'usage des notions de *ʿurf* et de *ʿāda* par les juristes oasiens est hautement polysémique. En matière matrimoniale, les deux termes sont susceptibles de faire référence non seulement à des pratiques et institutions normatives très diverses, dont certaines – il est vrai – sont en contradiction avec la loi religieuse, mais aussi à des conventions communautaires qui relèvent de l'interprétation locale des dispositions du *fiqh*. Dans un cas comme dans l'autre, « coutume » et « usage » apparaissent comme des repères conceptuels par lesquels les jurisconsultes s'exercent à appréhender la complexité d'un champ normatif où éléments islamiques et éléments coutumiers sont étroitement imbriqués.

L'examen d'autres domaines de la vie sociale oasienne nous permettra d'approfondir la réflexion engagée. Les recueils de jurisprudence laissent entrevoir l'existence d'un grand nombre de conventions communautaires ayant pour objet d'expliciter le caractère souvent abstrait des prescriptions du *fiqh*. Il apparaît alors que les notions de *ʿurf* et de *ʿāda* sont systématiquement employées afin de conceptualiser ces règles qui procèdent à une adaptation locale, à une 'vernacularisation' pour ainsi dire, de la doctrine juridique. Deux exemples relatifs aux rapports patrimoniaux entre époux rendront plus claire l'assertion. Les *Nawāzil* d'al-Jantūrī nous renseignent sur le fait que « coutumes et usages » règlent les modalités du droit de participation du mari aux

---

26 Cf. Layish, *Sharīʿa and Custom in Libyan Tribal Society*, *op. cit.*, Peters, Emrys L., *The Bedouin of Cyrenaica : Studies in Personal and Corporate Power*, Cambridge, Cambridge University Press, 1990, pp. 191–213.

27 « Puisque la conclusion du contrat de mariage n'a pas été attestée par des témoins, mais seulement par la renommée commune, l'union n'est pas légalement établie. L'envoi de viande et d'huile d'olive ne prouve strictement rien à ce propos quand bien même il est formellement établi que le père [de la mariée] ait consenti au mariage ! » : *Nawāzil al-Jantūrī*, *ms. cit.*, f. 178. Un cas similaire est documenté dans les *Nawāzil al-Zajlāwī*, *ms. cit.*, ff. 29–30.

bénéfices réalisés par sa femme à l'intérieur du foyer conjugal[28], de même qu'il leur revient de spécifier ce qui est inclus dans la pension alimentaire (*nafaqa*) qu'un père de famille est obligé de verser à son épouse et à ses enfants. Une fatwa du docteur gourarien établit à ce propos ce qui suit :

> Le père doit veiller à l'entretien de son fils en ce qui concerne la nourriture, les vêtements, ses draps [...], le bois à brûler, les éventuels déplacements et ainsi de suite, selon ses capacités et en fonction de ce que stipule la coutume dans son village (*bi-qadr wāsiʿ al-ab wa ʿurf al-balad*[29])

L'observation se vérifie aussi pour des aspects relevant de la judicature islamique proprement dite. La rémunération du personnel de la justice, c'est-à-dire le cadi, les témoins instrumentaires (*shuhūd*) et les experts judiciaires (*ʿurrāf*), est, dans nos sources, présentée comme une affaire régie par des « coutumes » (*ʿurf*)[30]. La procédure judiciaire elle-même ne saurait se passer de normes et de pratiques conceptualisées comme « coutumes » assurant la transposition des règles du *fiqh* aux contextes locaux. Chaque ksar est par exemple obligé de se concerter sur les modalités de la prestation du serment (*yamīn*). Cela ne va pas sans poser toute une série de problèmes d'ordre pratique : quel sanctuaire convient comme lieu du rituel ? Sur quel support, codex coranique (*muṣḥaf*) ou copie du *Ṣaḥīḥ* d'al-Bukhārī, le serment doit-il s'effectuer ? Peut-on exiger d'un jurant qu'il se déplace afin d'accomplir son devoir, en particulier si la personne concernée est une femme issue des élites sociales ?[31] À chaque fois, les jurisconsultes du Grand Touat renvoient au *ʿurf* du lieu pour répondre à ce type de questions et ils en font autant pour établir le montant du prix de sang (*diya*) ou évaluer le statut socioéconomique d'une personne impliquée dans un procès.

Bien entendu, de telles traductions s'opèrent aussi dans un sens inverse, c'est-à-dire que les oulémas peuvent tenir compte des normes locales pour décider si une action est susceptible d'entraîner des conséquences du point de vue du *fiqh*. Ainsi, quand un homme profère une parole ambiguë qui pourrait être assimilée à une formule de répudiation (*ṭalāq*), la question d'une éventuelle dissolution du lien conjugal s'évalue en référence aux expressions

28 *Nawāzil al-Jantūrī*, *ms. cit.*, ff. 181–182. Voir aussi f. 121.

29 *Ibidem*, f. 156.

30 *Ghāyat al-amānī*, *ms. cit.*, f. 32.

31 Cf. *Ghunya*, *ms. cit*, f. 654, *Nawāzil al-Jantūrī*, *ms. cit.*, f. 121.

vernaculaires similaires conceptualisées comme coutume (*ʿurf*)[32]. Cet usage du parler local comme référence pour déterminer la portée juridique d'un énoncé linguistique équivoque s'aperçoit en particulier dans les consultations traitant du domaine des écrits notariés, lorsqu'il s'agit d'éclaircir le contenu d'un titre de propriété ou d'un acte de habous ambivalent[33]. Abd al-Raḥmān b. Baʿumar al-Tinilānī relate par exemple :

> On m'a posé la question au sujet d'un homme qui a établi un habous portant sur une plantation de palmiers. [Dans l'acte de habous] il a délimité le terrain en déclarant que celui-ci s'étend « du bas » jusqu'à la fin de la zone couverte de constructions ou bien jusqu'au *ḥarīm*[34] du terrain. Or, en ce qui concerne le sens des deux termes employés, il tient d'une coutume répandue dans toute la région que l'expression « en bas du jardin » désigne ce qui n'est pas atteint par les constructions à l'intérieur de la plantation[35].

Nous touchons là à un champ où l'intervention de conventions communautaires est particulièrement sensible, à savoir la transmission et la gestion des surfaces cultivables. Les occurrences des termes *ʿurf* et *ʿāda* dans notre documentation rendent en effet très souvent compte de ce que l'on pourrait nommer une 'normativation' des manières locales de gérer l'exploitation des ressources naturelles[36]. C'est dire qu'il existe de vastes réglementations régissant l'entretien des infrastructures agricoles et hydrauliques[37] ou encore la coordination des labours[38]. La polysémie est de nouveau frappante. *ʿUrf* et *ʿāda* font tantôt référence à des normes coutumières, liées ou non à des dispositifs relevant

32 *Ghunya, ms. cit.*, f. 93.

33 Sur cette question, voir *infra*, pp. 230–232.

34 Dans ce contexte, le terme *ḥarīm* réfère à la terre qui entoure un terrain exploité. Cf. Bonte, « Droit musulman et pratiques foncières dans l'Adrâr mauritanien », *art. cit.*, p. 99.

35 « *faqad su'iltu ʿaman ḥabasa janānan wa ḥadda min asfalihi bi-muntahā al-ʿamārat aw ilā ḥarīm arḍihi wa kullā al-lafẓayn al-ʿurf jār shāʿ fī'l-balad an asfal al-janān mā lam taṣilhu al-ʿamāra mundarij fī'l-janān* » : *Ghunya, ms. cit.*, f. 608. Voir aussi *ibidem*, f. 610.

36 Bien entendu, le fait de cerner les normes communautaires en la matière comme « coutumes » et « usages » n'a rien pour nous étonner. Les documents édités et traduits par Larbi Mezzine pour le cas des villages du Tafilalet aux XVIII^e^ et XIX^e^ siècles constituent une excellente illustration de l'interventionnisme du collectif dans l'organisation de l'agriculture oasienne. Cf. Mezzine, *Le Tafilalt, op. cit.*, pp. 182–225.

37 *Ghunya, ms. cit.*, f. 291, f. 312, f. 375–376, f. 443, f. 462, f. 474, f. 690, *Nawāzil al-Jantūrī, ms. cit.*, f. 173, *Nawāzil al- Zajlāwī, ms. cit.*, f. 90.

38 *Ghunya, ms. cit.*, f. 382 et f. 450

du droit musulman[39], voire à de véritables institutions juridiques autonomes telles que les contrats de métayage[40], tantôt ils désignent seulement des habitudes observées dans les pratiques agricoles : les rites accompagnant la récolte de dattes, l'alternance entre cultures estivales et hivernales, la topographie des champs et jardins dans les oasis. Une même terminologie est employée pour penser juridiquement les dispositifs normatifs des populations locales et leurs manières de faire en matière d'agriculture, comme l'illustre aussi la consultation suivante de Muḥammad b. ʿAbd al-Raḥmān al-Tinilānī à propos de la rémunération des imams villageois :

> Il est de coutume dans notre contrée le Touat de diviser la récolte revenant à l'imam d'une mosquée en deux parties. La première est versée en été et se compose de dattes et de *tāsfawt* (?). L'autre est payée en hiver Elle consiste en blé et en orge[41].

On l'aura compris : les recours aux notions de *ʿurf* et de *ʿāda* relèvent de la conceptualisation de règles coutumières et d'habitudes sociales[42]. Parfois, la distinction entre habitude et règle s'estompe même, comme dans cette lettre du cadi ʿAbd al-Ḥaqq al-Bakrī à propos des contrats de métayage où nous apprenons qu'« il est de coutume dans ce pays qu'un métayer reste auprès de

39 Il revient par exemple au *ʿurf* de régler la dévolution de l'usufruit d'un objet sous régime de habous à travers les générations de descendants du fondateur, si ce dernier a omi d'apporter des précisions à l'acte notarié établissant le habous. Cf. *Ghāyat al-amānī*, *ms cit.*, f. 21. De même, maints détails dans les transactions impliquant des terrains agricoles comme la question de l'attribution de la récolte d'un jardin qui vient d'être vendu, son fixés par des coutumes. Voir *Ghunya*, *ms. cit.*, f. 166, *Nawāzil al- Zajlāwī*, *ms. cit.*, f. 47.

40 À l'évidence, en terre maghrébine, ce sont les contrats de *khammāsa* et de *maghārasa* qui représentent des cas de figure récurrents de cette institution vernaculaire tolérée, *nolens volens*, par le corps des oulémas. Voir Müller, « Us, coutumes et droit coutumier dans le fiqh mālikite », *art. cit.*, pp. 38–43, ainsi que les références indiquées par l'auteur. Sur les contrats de *khammāsa* et *maghārasa* au Grand Touat, se référer à Bisson, *Le Gourara, op. cit.*, pp. 118–125, Granier, Jean Claude, « Rente foncière et régulation économique dans le Courara algérien » in *Tiers-Monde*, 1980, vol. 21, n° 83, pp. 655–659, Guillermou, Yves « Survie et ordre social : les oasis du Touat-Gourara-Tidikelt en Algérie » in *Cahiers des sciences humaines*, 1993, vol. 29, n° 1, pp. 131–133.

41 « *al-ʿurf al-jārī ʿindanā biʾl-bilād al-tuwātiyya an ghillat al-imām tanqasimu ʿalā qismayn ṣayfiyya wa shitāʾiyya. Faʾl-ṣayfiyya hiya al-thamar waʾl-tāsfawt waʾl-shitāʾiyya al-qamḥ waʾl-shaʿīr* » : *Ghunya*, *ms. cit.*, f. 440.

42 Sur cette distinction entre règle et habitude du point de vue de la philosophie du droit voir l'ouvrage classique de Hart, Herbert L. A., *The Concept of Law*, Oxford, Clarendon Press, 1961, pp. 54–57.

son créancier tant qu'il n'a pas remboursé sa dette »[43]. Une pratique similaire s'aperçoit dans une consultation de Muḥammad al-ʿĀlim al-Zajlāwī au sujet d'un homme, appartenant au groupe des haratins, qui est incapable de rembourser ses dettes. On souhaite savoir si le créancier a, dans ce cas, le droit de contraindre le débiteur à travailler pour son compte. Al-Zajlāwī répond par l'affirmative en revoyant à l'usage local obligeant le haratin à s'acquitter de sa créance en offrant le seul bien qu'il possède : sa force de travail[44]. Dans les deux fatwas, les rapports de dépendance, à travers lesquels s'articule, bien entendu, le pouvoir des élites chérifiennes et maraboutiques sur les groupes subalternes, sont donc envisagés à la fois comme des habitudes sociales et comme des éléments normatifs se rattachant à des institutions de servage coutumières.

De cet aperçu de l'occurrence des termes *ʿurf* et *ʿāda* dans les recueils de jurisprudence de l'archipel oasien, il ressort un constat décisif. Alors que les références aux normes et pratiques communautaires sont omniprésentes dans notre documentation, les domaines d'intervention qui se dessinent sont, en même temps, fortement travaillés par l'action du *fiqh*. L'espace normatif est moins marqué par un éventuel clivage entre les règlementations coutumières et la loi religieuse que par différents modes d'interaction entre deux pôles de normativité, l'un enraciné dans une culture de pratiques normatives vernaculaires, l'autre relevant d'une culture juridique livresque. D'un côté, les « coutumes » peuvent contribuer à rendre intelligibles les catégories et concepts du *fiqh* et, par là, participent précisément à leur application *in situ*. Nous touchons ici, bien entendu, aux cas de figure où les normes coutumières, reconnues comme *ʿurf*, acquièrent un statut de référence complémentaire concédé par les juristes musulmans[45]. D'un autre côté, nous apercevons effectivement des secteurs où charia et conventions communautaires sont susceptibles de diverger, voire d'entrer en conflit. De même, le cas des contrats

43 « *wa qad jarā al-ʿurf wa'l-ʿāda fī'l-balad an man kāna khammāsan ʿinda man lahu ʿalayhi tabāʿa, lā yakhruju ʿalayhi ilā an yaqḍā lahu mā ʿalayhi* » : *Ghunya, ms. cit.*, f. 259.

44 « Le travail physique lui est obligatoire chez nous puisque c'est ainsi qu'ils [les haratins] participent aux échanges économiques. S'ils n'avaient pas leur force de travail à vendre, personne ne s'engagerait à faire du commerce avec eux et ils seraient à la charge des musulmans. » : *Ghayāt al-Amānī, ms. cit.*, f. 9. Soulignons que le passage constitue un des rares témoignages directs sur la condition des populations métissées dans les oasis à l'époque moderne.

45 Sur les modalités techniques de cette incorporation, voir l'article de Baber Johansen concernant le cas de l'école hanafite : Johansen, Baber, « Coutumes locales et coutumes universelles : aux sources des règles juridiques en droit musulman hanéfite » in *Annales islamologiques*, 1993, n° 27, pp. 29–35.

de fermage évoqué en ouverture de ce chapitre montre l'existence de zones où les règlementations internes aux groupes locaux exercent un pouvoir direct et exclusif. Dans tous les cas cependant, la conceptualisation en termes de *ʿurf* et de *ʿāda* s'opère sur des matériaux d'une hétérogénéité considérable. Elle laisse apparaître le 'droit coutumier' comme un amas de normes et de règles, mais aussi, plus globalement, de toutes les formes de régularité observées à l'échelle des pratiques sociales. De ce point de vue, il serait inapproprié d'aborder le problème du pluralisme juridique au Grand Touat en opposant schématiquement droit coutumier et charia comme deux systèmes distincts. En vérité, l'espace normatif oasien doit être conçu comme une seule entité façonnée par l'interaction, souvent tendue, entre normes du *fiqh*, normes coutumières et habitudes sociales.

Cette interaction traduit aussi la rencontre entre deux modes de pensée normative. Reposant sur un principe de transmission intergénérationnelle à travers la parole et les actes, les pratiques normatives coutumières interfèrent avec un système ancré dans la matérialité de l'écriture. Leur caractère oral implique que l'application de n'importe quelle règle ou norme est inséparable d'un travail de création sociale, pour autant que l'explicitation du sens d'une coutume s'élabore nécessairement à travers des processus de négociation à l'échelle communautaire[46]. Cette dynamique créative inhérente à l'oralité affecte aussi l'implantation de la loi religieuse, dès lors que celle-ci engage des notions dont le sens vernaculaire est à définir par le groupe. À l'inverse, la conceptualisation opérée par le discours juridique confère une existence abstraite aux dispositifs coutumiers qui les arrache à la « souplesse de la pratique », pour emprunter une expression à Sally Falk Moore[47]. C'est ce qui permet à certaines coutumes d'être décontextualisés et de devenir des normes acceptées par le *fiqh*, alors que d'autres sont associées à une justice des hommes qui défie la justice de Dieu et, de ce fait, sont frappées d'anathème. La question se pose maintenant de savoir comment les oulémas du Grand Touat perçoivent, en tant que magistrats et consultants, les rapports entre les deux pôles de normativité structurant l'espace social oasien, ainsi que les potentialités correctives des références scripturaires à leur disposition.

---

46 Sur le rapport entre norme coutumière et négociation sociale, voir Moore, Sally Falk, *Social Facts and Fabrications: "Customary" Law on Kilimanjaro, 1880–1980*, Cambridge, Cambridge University Press, 1986, pp. 39–41.

47 *Ibidem*, p. 40.

### Une souplesse circonstanciée

Dans un article paru dans la revue *Islamic Law and Society* en 1995, l'anthropologue Lawrence Rosen développe la thèse selon laquelle, au Maghreb, la perception populaire de ce qui relève du droit musulman fait *de facto* coïncider prescriptions religieuses générales et pratiques coutumières localisées. Cette vision des choses serait, bien entendu, partagée tant par les « profanes » (*laymen*) que par les juristes :

> Le droit musulman est donc perçu comme un point de jonction et d'interférence entre coutume (*qāʾida*) [sic] et religion (*dīn*), comme un domaine certes conceptuellement distinct, mais dans lequel fait coutumier et fait religieux ne se superposent pas moins. Pour cette raison, les procédures et principes coutumiers ne sont pas considérés comme étant séparés du droit musulman, mais comme des catégories légitimées par l'islam et susceptibles de rendre compte de l'ensemble des pratiques locales qui ne sont pas explicitement frappées d'interdit par la *sharīʿa*. En outre, c'est précisément parce que, dans cet ordre conceptuel, loi et coutume sont si étroitement liées, que les gens ordinaires et ceux chargés de l'application officielle de la *sharīʿa* peuvent se concevoir comme les praticiens d'une *sharīʿa* qui est simultanément localisée et universalisée[48].

L'anthropologue américain a certainement raison d'insister sur le fait que les acteurs locaux perçoivent rarement les normes investissant leurs pratiques sociales comme étant en infraction avec le *sharʿ*, et encore moins comme dérogeant au dogme religieux. En quelque sorte, Lawrence Rosen nous renvoie ici aux remarques lucides de Baudouin Dupret quant à la nécessité de concevoir le droit en premier lieu comme une activité pragmatique[49]. Au lieu de procéder à une appréciation artificielle des pratiques normatives à l'aune des manuels du *fiqh* en vue de déterminer ce qui relève du *sharʿ* et ce qui lui est étranger, il serait plus judicieux d'observer ce que font les acteurs quand ils se réfèrent aux catégories du droit musulman, et de quelles manières ils le font. En revanche, la thèse de Lawrence Rosen sur l'existence d'une « mentalité fusionniste » (*amalgamative mentality*), tant chez les juristes que chez les profanes, qui logerait droit musulman et normes coutumières dans « une

48 Rosen, Lawrence, « Law and Custom in the Popular Legal Culture of North Africa » in *Islamic Law and Society*, 1995, vol. 2, n° 2, p. 195.

49 Dupret, Baudouin, « What Is Islamic Law? A Praxiological Answer and an Egyptian Case Study » in *Theory, Culture and Society*, 2007, vol. 24, n° 2, p. 85.

même catégorie conceptuelle » laisse plus dubitatif[50]. En vérité, la question est beaucoup plus complexe. Les oulémas développent à l'égard des coutumes une attitude qui oscille constamment entre quatre postures : ils valident, tolèrent, condamnent ou soutiennent la norme locale soumise à leur expertise. Autrement dit, ils s'attachent à un travail d'interprétation selon une grille de lecture définie par les textes du *fiqh*. Un principe conducteur régit cette évaluation. Seuls sont reconnus légitimes les coutumes et usages qui « jouissent de l'agrément » (*dhāta riḍā*). Cela signifie qu'un « usage doit être agréé par la charia, qu'il ne doit pas être en contradiction avec celle-ci, mais qu'il existe, au contraire, des indices [au sein du *fiqh*] recommandant son application », comme le résume une citation empruntée par ʿAbd al-Raḥmān al-Jantūrī au shāfi'ite égyptien Ibrahīm al-Barmāwī (m. 1106/1695)[51].

De fait, la catégorisation de faits coutumiers participe du regard juridico-normatif que le jurisconsulte porte sur sa société. Le *faqīh* s'érige en censeur de mœurs et de pratiques qu'il observe dans l'espace social[52] et qu'il évalue selon les normes du droit musulman, tout en tenant compte du bien commun de sa communauté (*maṣlaḥa*), comme l'illustre l'extrait suivant des *Nawāzil* d'al-Zajlāwī :

> Il est d'usage (*ʿāda*) chez certains notables, lorsqu'ils accordent l'hospitalité à des gens pauvres, de peser pour ces derniers la viande de leurs brebis et de leur promettre comme cadeau un bouc [vivant] quand [les nomades] viendront avec leurs ovins [dans les oasis]. Pourtant, du point de vue de la charia, cela n'est pas permis, ni sous forme de vente ni sous forme de donation[53]. Probablement pour cette raison le père [Muḥammad al-ʿĀlim al-Zajlāwī] [...] m'a raconté que notre maître Sīdī ʿAbd al-Salām [al-Balbālī[54]] lui avait posé une fois la question au sujet du troc de la

50 Rosen, « Law and Custom in the Popular Legal Culture of North Africa », *art. cit.*, pp. 207–208.

51 « *yatakūna tilka'l-ʿāda marḍiyya fī'l-sharʿ. Laysa fīhi mā yunāfīhā, bal fī'l-sharʿ mā yadullu ʿalā'l-rujūʿ ilayhā* » : *Nawāzil al-Jantūrī, ms. cit.*, f. 188.

52 Le compilateur des *Nawāzil* d'al-Zajlāwī exprime cette régularité en recourant à la tournure « il arrive fréquemment chez nous » (*min al-wāqiʿ ʿindanā kathīran*). Voir, par exemple, *Nawāzil al-Zajlāwī, ms. cit.*, f. 37.

53 « *wa huwa lā yajūzu sharʿan lā ʿalā wajh al-bayʿ wa lā ʿalā wajh al-hadīya* »

54 À part le fait qu'il s'agit d'un membre de la famille al-Balbālī qui a vécu au XVIIIe siècle, nous ignorons malheureusement tout de la biographie de ce personnage.

> viande d'une bête contre un animal du même genre afin de savoir s'il n'existait pas une opinion autorisant [cette transaction][55].[56]

Tantôt, les jurisconsultes s'attachent donc à chercher une solution au sein de leur école juridique pour légitimer les pratiques coutumières, tantôt, ils les condamnent sans ambages. Entre censure et accommodement, il existe toutefois des nuances. Regardons une autre fatwa glanée dans les *Nawāzil* d'al-Zajlāwī. Elle porte aussi sur le commerce de bétail, secteur de l'économie oasienne dans lequel les tensions entre normes du *fiqh* et normes communautaires sont particulièrement accusées :

> Il arrive souvent chez nous et je ne crois pas que le cas ne se soit pas posé un jour au père dans ses contacts avec les locaux, que quelqu'un verse des dirhams à une autre personne qui a l'intention d'abattre un bouc ou un autre animal. Le montant est défini en fonction de la quantité de viande que la personne en question veut acheter. Bien entendu, tout cela a lieu avant l'abattage. Il se peut ainsi que [les contractants] vendent pour une somme déterminée une livre de viande à une période précédant la mise à mort de l'animal[57].

L'arrangement exposé, il convient de répondre à la question. Relève-t-il d'une promesse (*wa'd*) auquel cas aucune interdiction n'y saurait être opposée (*lā maḥdhūr fīhi*) ? Ou bien, serait-elle un contrat (*'aqd*), « puisque les deux parties ont recours au pesage [58]» ? Dès lors, l'on aurait affaire à la vente d'un bien 'absent' dont on ignore les caractéristiques[59]. Une telle vente est proscrite selon les normes du *fiqh*, car il s'agit d'une transaction entachée de « gain spéculatif » (*ribā*)[60]. C'est ce qu'al-Zajlāwī objecte à la pratique locale en citant un passage correspondant dans la *Mudawwana* de Saḥnūn (m. 240/855) ainsi qu'un avis d'Ibn al-Mawwāz (m. 269/882 ou 281/894) qu'il a extrait du commentaire d'al-Ḥaṭṭāb (m. 954/1547) sur le *Mukhtaṣar* de Khalīl. Le maître de Zaglou refuse donc de la normaliser en l'assimilant à un *wa'd*, mais, d'un autre côté, il ne jette pas non plus l'anathème sur elle. La conclusion de la fatwa

55 « *'an bay' al-laḥm bi'l-ḥaywān min jinsihi fīhi qawlan bi'l-jawāz* »

56 *Nawāzil al-Zajlāwī*, *ms. cit.*, f. 40.

57 *Ibidem*, ff. 36–37.

58 « *li-dukhūlihim fīhi 'alā'l-wazn* ».

59 « *bay' al-laḥm al-mughīb ma' jahl ṣiffatihi* »

60 Sur cette question, voir Osswald, *Schichtengesellschaft und islamisches Recht*, *op. cit.*, pp. 341–354.

exprime plutôt l'aveu d'une impuissance à déroger aux règles tracées par les autorités de l'école :

> La cause efficiente (*ʿilla*) exposée dans les passages que nous venons de citer est celle qui régit, à mon avis, le cas d'espèce posé par la pratique chez nous, et je ne trouve pas d'expédient à ce propos pour les gens, mise à part la possibilité qu'ils recourent à ce qui est stipulé dans le *Tawḍīḥ*[61] [...][62].

L'évaluation de telles pratiques communautaires implique aussi un jugement sur leur statut juridique en cas de litige. Quel crédit faut-il accorder à l'argument de la « coutume » ou de l'« usage » lorsqu'il est avancé dans le cadre d'une procédure judiciaire ? Au premier abord, notre documentation semble confirmer ici la thèse de Lawrence Rosen. Les juristes ksouriens reconnaissent une grande autorité aux institutions coutumières locales. En vertu du principe selon lequel « coutume vaut clause contractuelle » (*al-ʿurf ka'l-sharṭ*), un caractère obligatoire est concédé à de nombreuses conventions et normes communautaires[63]. À moins qu'un dispositif ne contredise ouvertement les préceptes de la loi religieuse, ses stipulations ont tout au moins valeur de référence, ce dont témoigne une consultation de ʿAbd al-Raḥmān b. Baʿuman al-Tinilānī au sujet d'un conflit d'héritage qui porte sur la propriété de l'espace immédiat entourant un palmier (*ḥarīm*) : « S'il existe une coutume stipulant que celui qui reçoit un palmier à la suite d'un partage de succession, l'espace entourant le palmier ne lui revient pas, la division en question est illégale, car la coutume vaut, dans ce cas, clause contractuelle. [64]»

---

61 Al-Zajlāwī fait référence au commentaire que Khalīl a consacré au *Mukhtaṣar* d'Ibn al-Ḥājib. Voir al-Jundī, Khalīl b. Isḥāq, *Al-tawḍīḥ sharḥ Mukhtaṣar Ibn al-Ḥājib*, éd. Abū'l Faḍl al-Dimyāṭī, Beyrouth, Dār Ibn Ḥazm, 2012, 6 vol..

62 « *wa hādhihi ʿillat allattī dhukirahā fī hādhā'l-naṣṣ hiya al-ḥāmilat ʿalā dhālika ʿindanā fī-mā aẓunnuhu wa lā ajidu li'l-nās fīhi makhrajan illā an yabnū ʿalā mā fī'l-Tawḍīḥ* » in *Nawāzil al-Zajlāwī*, *ms. cit.*, f. 37.

63 L'expression « *al-ʿurf ka'l-sharṭ* » apparaît à plusieurs reprises dans les recueils de *nawāzil* oasiens. Voir, par exemple, *Ghunya*, *ms. cit.*, f. 426. Nous avons également repéré des passages où l'usage (*ʿāda*) est associé à une clause contractuelle. Cf. *ibidem*, f. 382, *Nawāzil al-Zajlāwī*, *ms. cit.*, f. 41 et f. 42. Sur cette question, se référer aussi à Johansen, « Coutumes locales et coutumes universelles », *art. cit.*, p. 30.

64 « *fa-idhā kāna al-ʿurf an man ṣārat lahu nakhla bi'l-qisma fa-lā yakūn lahu ḥarīmuhā, fa'l-qisma fāsida li-anna'l-ʿurf ka'l-sharṭ* » : *Ghunya*, *ms. cit.*, f. 426. Pour un autre exemple, voir *ibidem*, f. 382. Cette fois, c'est l'usage (*ʿāda*) qui est assimilé à une *sharṭ*.

Une telle validation de normes communautaires à titre d'argument juridique reflète la position bienveillante que les juristes musulmans ont fini par adopter sur la question durant la période postclassique. La citation du shāfi'ite al-Barmāwī, évoquée ci-dessus, dresse à ce propos une longue liste de tous les domaines de la vie sociale où « le recours à la coutume » (*rujūʿ ilā'l-ʿurf*) est autorisé. Il faut noter que sur cette liste ne figurent pas seulement des entrées attendues, comme le montant des dons nuptiaux ou les dispositions contractuelles variant d'une région à l'autre. Al-Barmāwī associe également à la notion de coutume des aspects relevant de la corporalité humaine et de la pureté rituelle, tels que le sang menstruel (*ḥayḍ*), le volume de la chevelure (*kathāfa al-shaʿr*) ou la souillure de l'eau (*taghayyur al-māʾ*), qui, de la sorte, sont investis d'une valeur référentielle en cas de litige. Par là, la citation laisse apercevoir à la fois le pragmatisme dont font preuve les oulémas de l'époque dans leur admission de critères normatifs vernaculaires et la polysémie de la notion de coutume dans les textes juridiques sur laquelle nous avons insisté dans la première partie de ce chapitre[65].

Il y a plus : une fois validées comme *ʿurf* ou *ʿāda* « jouissant de l'agrément », les normes communautaires sont susceptibles de jouer un rôle clé dans les procès devant les cadis oasiens, comme l'illustre un cas d'espèce tiré de la *Ghunya*[66]. Deux frères administrent en tant qu'associés l'héritage de leur père défunt. À un moment, l'un d'eux décide d'émigrer vers l'ouest – entendons les plaines du Maroc – chargeant son frère de gérer ses affaires au Touat en tant que fondé de pouvoir (*nāʾib*). Plus précisément, le frère doit, d'une part, assurer l'entretien de leur mère et celui des enfants que l'émigré a laissés sur place ; d'autre part, il lui est ordonné de s'acquitter des redevances dues au Makhzen qui pèsent sur la propriété foncière commune[67]. Pour tout cela, l'émigré lui envoie une somme d'argent, apparemment d'une valeur considérable, qu'il fait accompagner d'une lettre stipulant la répartition de cet argent parmi les siens. Peu de temps après, l'homme meurt au Maroc et des querelles autour de sa succession ne tardent pas à éclater. Une fille du défunt porte plainte contre l'oncle l'accusant de retenir sa part de la somme naguère envoyée par le père. Muḥammad b. ʿAbd al-Raḥmān al-Tinilānī est alors sollicité en tant que

65 La consultation d'al-Jantūrī d'où est tirée le passage discute longuement cette question en transcrivant également les avis de deux autres juristes des XVIe et XVIIe siècles : l'Égyptien al-Ajhūrī (m. 961/1554 ?) et le Marocain al-Manjūrī. Cf. *Nawāzil al-Jantūrī*, *ms. cit.*, f. 187–189.

66 *Ghunya*, *ms. cit.*, f. 299.

67 *« illā idhā ashhada al-ʿurf wa'l-ʿāda li-ʿammihā an man yursilu li-akhīhi min al-gharb shayʾan, fa-innamā yaqṣidu bihi al-ṣila »*

mufti[68]. Sa fatwa donne certes raison à la fille, mais à condition que « la coutume et l'usage ne témoignent pas en faveur [de la position] de son oncle, dans la mesure où ils stipulent que si une personne émigrée à l'ouest envoie quelque chose à son frère, l'intention y est toujours une donation à titre gracieux »[69]. Si tel est le cas, l'oncle n'a qu'à prêter serment qu'une telle norme coutumière existe effectivement sur place, et, pour autant que « le témoignage de l'usage » (*shahādat al-ʿāda*) soit ainsi établi, la plainte de la fille sera déboutée.

Alléguons un second exemple, provenant cette fois-ci des *Nawāzil* d'al-Jantūrī. Si, dans le premier cas d'espèce, la coutume est envisagée comme une preuve partielle qui doit être appuyée par un serment (*yamīn*), elle est en l'occurrence mobilisée pour évaluer des preuves testimoniales contradictoires. Un jour, ʿAbd al-Raḥmān al-Jantūrī est amené à se prononcer sur un litige opposant une jeune orpheline de père à son oncle paternel. Pendant longtemps, ce dernier a géré les biens appartenant à la fille en tant que tuteur[70]. Après son mariage, la plaignante réclame le versement de sa part d'héritage administrée par l'oncle qui exige alors d'être remboursé pour les frais engagés dans le cadre de la tutelle. Le cadi local parvient à négocier un compromis et l'affaire semble réglée. Des années plus tard, le litige ressurgit entre les descendants des deux parties. Ceux-ci se disputent sur une éventuelle remise que l'oncle aurait finalement accordée à sa nièce en ce qui concerne les frais de la tutelle. Chaque camp exhibe des actes notariés ainsi que des preuves testimoniales à l'appui de sa position. Dès lors, pour démêler les différentes déclarations, ʿAbd al-Raḥmān al-Jantūrī mobilise l'argument de la coutume locale, selon laquelle une telle remise n'est pas obligatoire si elle a été concédée dans le cadre d'un litige[71].

Pour autant, d'autres cas d'espèce glanés dans les recueils oasiens révèlent qu'en dépit de toute souplesse, les oulémas ksouriens distinguent strictement

68 L'identité de l'auteur de la demande de consultation reste malheureusement inconnue.

69 *Ghunya*, *ms. cit.*, f. 299.

70 *Nawāzil al-Jantūrī*, *ms. cit.*, f. 164.

71 « Si l'une des preuves testimoniales présentées établit qu'il [l'ancien tuteur] avait déclaré qu'il n'a pas fait valoir ses dépenses auprès de celui parmi les enfants de son frère qui, plus tard, a porté plainte contre lui, tandis que l'autre allègue le contraire, les deux témoignages peuvent être raccordés. Car, d'ordinaire, celui qui porte plainte contre une personne ou ses héritiers [pour exiger le remboursement de débours] est simultanément l'objet de la même réclamation. Cela ressort des coutumes ayant cours dans notre région. Nous trouvons en effet beaucoup de gens qui, confrontés à une revendication, s'exclament : « je suis dans mon bon droit » (*fa-anā ʿalā ḥaqqī*). Il n'y a donc pas de doute que, si une personne exonère l'autre des frais occasionnés par la tutelle, la coutume témoigne en sa faveur dans le sens où elle établit qu'une telle déclaration sera seulement contraignante tant qu'elle n'intervient pas dans le cadre d'un litige » : *ibidem*.

entre des normes coutumières acceptables au regard de la charia et celles auxquelles tout effet juridique est refusé. Nous avons déjà évoqué l'exemple des formes de mariage coutumier qui sont sévèrement condamnées par les jurisconsultes oasiens. On pourrait y ajouter le cas de certains types de contrats relevant de l'économie pastorale à l'échelle régionale. Qualifiant d'« usage illégal » (*ʿāda fāsida*) un arrangement sur l'élevage de bétail, Muḥammad al-ʿĀlim al-Zajlāwī invite son interlocuteur, resté anonyme, à se référer aux écrits de ʿUmar b. ʿAbd al-Qādir al-Tinilānī « si tu souhaites savoir ce qui est autorisé dans la pratique de gens dans ce domaine et ce qui ne l'est pas »[72]. De même, son collègue gourarien ʿAbd al-Raḥmān al-Jantūrī est un jour interrogé à propos d'un contrat d'association conclu entre deux personnes en anticipation de futurs achats de moutons auprès de nomades visitant l'oasis[73]. Le questionneur justifie l'accord en renvoyant aux usages locaux, mais le mufti ne l'entend pas ainsi : « Une telle association sans capital est illégale, tranche-t-il, conformément à ce qui est stipulé dans le *Mukhtaṣar* [de Khalīl] et ailleurs. De ce fait, l'argument de l'usage n'y est pas recevable. [74]»

La validation de pratiques coutumières en contexte judiciaire n'a donc rien d'un automatisme. Elle doit être décidée de manière individuelle pour chaque cas d'espèce qui est porté devant le magistrat musulman. Contrairement à la thèse soutenue par Lawrence Rosen sur l'existence d'une « mentalité fusionniste », les oulémas oasiens procèdent à des opérations de dissociation. Il s'agit de filtrer de l'observation des pratiques sociales locales ce qui relève d'une norme vernaculaire, de définir le statut de cette norme par rapport au système du *fiqh* pour ensuite la classer en distinguant entre coutume recevable et coutume irrecevable. Ces opérations s'effectuent selon une méthodologie précise, comme le rappelle énergiquement le passage d'une autre consultation de ʿAbd al-Raḥmān al-Jantūrī :

> Sachez que le sujet de la coutume se divise en domaines généraux et en questions particulières (*abwāb maʿluma wa masāʾil makhṣūṣa*). Il a des fondements fermement établis, des principes solides, des indices globaux et spécifiques (*uṣūl muʾassasa wa qawāʿid muḥakkama wa adilla mujammala wa adilla mufaṣṣala*). Quiconque sort de ce cadre dressé, en chargeant la coutume de plus que ce qui lui revient, chevauche une monture aveugle et sera frappé par l'obscurité[75].

72 *Nawāzil al- Zajlāwī, ms. cit.*, f. 88.

73 *Nawāzil al-Jantūrī, ms. cit.*, f. 84.

74 *Ibidem.*

75 *Ibid.*, f. 189.

En dernier lieu, l'évaluation d'une coutume par un juriste relève d'un travail d'interprétation dans lequel convergent sa compréhension du *fiqh*, sa connaissance des contextes vernaculaires, ainsi que ses sensibilités éthico-religieuses personnelles. Un tel exercice herméneutique ne manque alors pas de provoquer, à l'occasion, des dissensions au sein du corps doctoral quant à la place qu'il convient d'accorder aux normes coutumières. Par exemple, le cadi ʿAbd al-Ḥaqq al-Bakrī se prononce un jour au sujet d'une donation, accordée par une mère à sa fille, dont on soupçonne qu'il s'agisse en vérité d'un subterfuge (*ḥīla*) en vue d'esquiver les règles d'héritage coraniques[76]. L'expertise rendue par ʿAbd al-Ḥaqq ne condamne pas seulement, de manière péremptoire, toute pratique coutumière liée à ce type de libéralités fictives. Il met également en garde tous ceux parmi ses collègues – sans, bien entendu, citer des noms –, qui lui semblent trop complaisants à l'égard des normes vernaculaires[77]. En revanche, à une autre occasion, le cadi de Tamentit est lui-même confronté à des reproches similaires. Dans la question déjà évoquée quant à l'obligation du khammès de rester auprès de son créancier jusqu'à ce qu'il ait remboursé ses dettes, le cadi donne son aval à la pratique locale. Par là, il s'attire les foudres de ʿAbd al-Raḥmān b. Baʿumar al-Tinilānī. Ce dernier estime qu'au contraire, l'usage contredit ouvertement la lettre du Coran et, de ce fait, ne saurait en aucun cas être pris en considération[78].

Concluons. Les oulémas oasiens reconnaissent certes aux normes communautaires une fonction de complémentarité qui autorise l'intégration d'une grande partie de ces normes dans les procédures de la justice islamique, mais cette complémentarité n'articule nullement une équivalence qualitative, comme le postule Lawrence Rosen. Tout au moins en ce qui concerne le Grand Touat au XVIIIe siècle, droit musulman et coutumes ne participent pas d'« une même catégorie conceptuelle », même si, dans les pratiques judiciaires, ils interagissent et s'influencent réciproquement, façonnant ainsi la morphologie de l'espace normatif oasien. En vérité, il ne saurait en être autrement, car, pour tous les acteurs sociaux, juristes et profanes, les prescriptions du *fiqh* trouvent leur raison d'être dans la référence au sacré, tandis que les coutumes sont l'expression d'une normativité née de la vie de la collectivité. Ce sont les considérations de tradition et d'intérêt général qui confèrent une légitimité

---

76 *Ghunya*, *ms. cit.*, f. 614. Sur la question des libéralités fictives, voir *infra*, pp. 243–247.

77 Le cadi écrit en effet : « Celui qui, dans chacun de ses jugements, suit ce que les coutumes et les usages locaux stipulent commet une grave erreur, car il se rend coupable d'autoriser l'illicite vers lequel l'usage pousse les gens, comme l'usure, la consommation du vin, l'ignorance, et ainsi de suite » : *ibidem*.

78 *Ibid.*, f. 259.

bien fragile aux activités législatives du groupe. Par conséquent, la question de savoir dans quelle mesure la normativité coutumière peut s'allier à la loi religieuse, voire interférer sur son application à l'échelle locale, constitue un débat sensible et controversé où l'unanimité est rarement atteinte. Cependant, dans tous les cas, la validation de règles communautaires par les jurisconsultes relève d'une posture où le dogme de l'universalité de la charia reste l'axiome du raisonnement, même si, dans les faits, cela n'exclut aucunement une grande souplesse, témoin d'un pragmatisme assumé.

CHAPITRE 7

# Au prétoire : les séances judiciaires en milieu oasien

Depuis l'ouvrage classique d'Émile Tyan, *L'histoire de l'organisation judiciaire en pays d'Islam*, publié pour la première fois en 1938[1], les recherches sur le développement de l'institution du cadi ont fait des progrès notables. À partir des années 1980, un véritable renouveau disciplinaire s'est amorcé engendrant une production monographique soutenue. Il a été rendu possible par la mise à contribution de sources inédites, mais aussi par l'ouverture progressive de l'islamologie, entendue au sens large, aux apports des sciences sociales. Certains de ces travaux se distinguent en effet par une réorientation épistémologique importante, dans la mesure où ils s'insèrent dans ce qu'on a nommé le « tournant pragmatique » (*pragmatic turn*), qui s'est opéré dans les sciences sociales dès la fin des années 1970[2]. Qu'il s'agisse de l'analyse de recueils de *fatāwā* ou de l'examen des archives des tribunaux de cadi ottomans, l'enquête s'inscrit souvent dans une perspective praxéologique[3]. Tout l'enjeu est de démontrer à quel point le prétoire constitue un lieu d'interaction charnière pour la fabrique de l'espace normatif au sein des sociétés musulmanes.

Le renouveau a permis de mettre en question le modèle d'appréhension de la normativité du *fiqh*, tel que l'avaient forgé les fondateurs de l'étude du droit musulman en Occident, comme Snouk Hurgronje (1857–1936), Joseph Schacht

---

1 Tyan, *L'histoire de l'organisation judicaire en pays d'Islam*, *op. cit.*

2 Revel, Jacques, *Un parcours critique : douze exercices d'histoire sociale*, Paris, Galaade Editions, 2006, p. 25. Voir encore sur ces questions, Lepetit, Bernard (éd.), *Les formes de l'expérience une autre histoire sociale*, Paris, Albin Michel, 1995 et Revel, *Jeux d'échelles*, *op. cit.*

3 Cf. Agmon, Iris, Shahar, Ido, « Shifting Perspectives in the Study of Shariʿa Courts Methodologies and Paradigms » in *Islamic Law and Society*, 2008, vol. 15, n° 1, pp. 1–19, Berque Jacques, Chevallier, Dominique (éd.), *Les Arabes par leurs archives : XVI^e - XX^e siècles*, Paris, Éd. du CNRS, 1976, Doumani, Beshara, « Palestinian Islamic Court Records: A Source for Socioeconomic History » in *Middle East Association Bulletin*, 1985, vol. 19, n° 2, pp. 155–172 Motzki, Harald, « Muslimische Kinderehen in Palästina während des 17. Jahrhundert : "fatāwā" als Quellen zur Sozialgeschichte » in *Die Welt des Islam*, 1987, vol. 27, n° 1–3, pp. 82–90, Powers David S., « Fatwas as Sources for Legal and Social History: A Dispute over Endowment Revenues from Fourteenth-Century Fez » in *Al-Qantara : revista de estudios árabes*, 1990, vol. 11, n ° 2, pp. 295–342, Ze'evi, Dror, « The Use of Ottoman Sharīʿa Court Records as a Source for Middle Eastern Social History: a Reappraisal » in *Islamic Law and Society*, 1998, vol. 5, n° 1 pp. 35–56.


DOI 10.1163/9789004341265_009

(1902–1969) ou Norman Anderson (1908–1994). Pour ces éminentes figures de l'islamologie du XXe siècle, le système normatif du *fiqh* se présente comme le produit d'un intellectualisme d'érudits, sclérosé et immuable, une fois qu'il a trouvé une forme définitive vers le VIe/XIIe siècle. Expression d'un idéalisme juridico-religieux abstrait, le droit musulman se serait progressivement déconnecté des réalités locales : les effets exercés par ses dispositifs sur les pratiques sociales auraient été entachés d'une fragilité chronique[4]. Joseph Schacht croit ainsi déceler l'existence d'un perpétuel contraste entre théorie et pratique à travers l'histoire du droit musulman[5]. Pour Norman Anderson, la charia, en dépit de sa prétention à l'universalité, « n'a jamais été mise en pratique dans sa pureté et son intégralité à travers tous les domaines de la vie sociale »[6]. De telles propositions ont exercé un fort ascendant sur l'interprétation que les historiens et anthropologues des années 1960 et 1970 ont donné du rôle du droit musulman dans l'évolution des différentes sociétés islamiques[7]. Les recherches des trente dernières années ont pourtant démontré que le système du *fiqh* ne saurait être réduit à un dédale de ratiocinations entre lettrés enfermés dans leur tour d'ivoire. En vérité, la discussion s'est transportée sur un autre terrain de confrontation épistémologique. Il s'agit désormais d'élucider les multiples manières dont les normes du *sharʿ* ont été mises en application.

En ce qui concerne le Maghreb, il revient à Jacques Berque d'avoir anticipé en quelque sorte ce nouveau débat, même s'il est à déplorer que les travaux du grand homme de l'islamologie française ne soient plus guère évoqués à ce sujet[8]. En effet, Berque, dans son magistral *L'intérieur du Maghreb*, soulève à un moment une question décisive pour le développement des études sur les tribu-

4 Sur ce point, voir aussi Johansen, *Contingency in a Sacred Law*, *op. cit*, pp. 42–72.

5 Cf. Schacht, Joseph, *Introduction au droit musulman*, Paris, Maisonneuve et Larose, 1983, pp. 69–75.

6 Anderson, James Norman Dalrymple, *Islamic Law in the Modern World*, Londres, Stevens and Sons Limited, 1959, p. 20. Voir aussi Linant de Bellefonds, *Traité de droit musulman comparé*, *op. cit*, 1, pp. 46–50.

7 Toute une enquête serait par exemple à mener pour élucider l'impact du livre classique de Schacht, *Introduction au droit musulman*, sur l'historiographie du Maghreb moderne et contemporaine. Elle s'imposerait d'autant plus que le manuel n'a pas encore trouvé de véritable successeur, au moins en langue française, et sert toujours de référence incontournable pour quiconque souhaite s'initier à l'étude du fiqh.

8 Cf. Clément, Anne, « New Perspectives on the Legal History of the Middle East ? Rediscovering Jacques Berque, the "Field Historian" » in *History Compass - Middle & Near East*, 2014, vol. 12, n° 2, pp. 187–196. Nous tenons à remercier Anne Clément de nous avoir communiqué le manuscrit de son article.

naux de cadi en terre d'Islam : « Mais le cadi tranche-t-il ?»[9]. En d'autres termes, le cadi mobilise-t-il les ressources du *fiqh* dans la perspective d'un jugement qui départagerait les plaideurs ? Analysant un dictionnaire biobibliographique sur les cadis de la ville de Kairouan, Berque a répondu par la négative. Pour lui, le cadi fait plutôt figure de notaire au service de sa communauté. De façon encore plus significative pour notre propos, il intervient comme médiateur permettant « à chacune des parties [d'un litige] de faire miroiter ses propres vraisemblances »[10]. L'enjeu de l'institution du juge est donc moins de mettre en application un système normatif en vue de la découverte d'une vérité matérielle que de s'ériger en régulateur et stabilisateur[11].

Les propositions de Berque revêtent une actualité insoupçonnée, la conception du juge comme manipulateur de forces sociales se situant au cœur d'un débat passionné, voire polémique, parmi les spécialistes du droit musulman. Les débuts en remontent à la publication, en 1989, d'un recueil d'essais par l'anthropologue américain Lawrence Rosen[12]. Ce petit livre ne propose rien moins que la révision du concept classique de la Kadijustiz de Max Weber[13] sur

9 Berque, *L'intérieur du Maghreb*, *op. cit.*, p. 233.

10 *Ibidem*, p. 234

11 *Ibid.*, p. 239. Un raisonnement similaire a déjà trouvé place dans son *Essai sur la méthode juridique maghrébine*, publié en 1944. Berque y développe l'idée selon laquelle la justice des cadis ne vise pas tant à dénouer les conflits par une opération d'objectivation juridique du cas d'espèce qu'à capter sur le vif les forces sociales impliquées pour les canaliser ensuite au moyen de divers dispositifs judiciaires. Le pouvoir normatif d'un procès devant le cadi se situerait ainsi moins dans la prise d'une décision fondée sur l'analyse de la matérialité des faits à l'aune de la doctrine que dans la gestion d'une dynamique interactionnelle entre parties en litige. Elle aboutirait *in fine* à la cristallisation de ce que Berque assimile à une « vérité subjective telle qu'elle se construit des forces religieuses ou morales, que véhiculent les groupes, les personnes, les rites ». Cf. Berque, Jacques, *Essai sur la méthode juridique maghrébine*, Rabat, M. Leforestier, 1944, repris dans *Opéra minora*, Paris, Éd. Bouchène, 2001, p. 308.

12 Cf. Rosen, Lawrence, *The Anthropology of Justice: Law as Culture in Islamic Society*, Cambridge, Cambridge University Press, 1989. Il s'agit de la publication des Lewis Henry Morgan Lectures données par Lawrence Rosen à l'université de Rochester en 1985. Les thèses développées lors de ce cycle de conférences ont par la suite été reprises dans une série d'articles que Rosen a rassemblés dans un ouvrage paru en 2000 : Rosen, Lawrence, *The Justice of Islam: Comparative Perspectives on Islamic Law and Society*, New York, Oxford University Press, 2000.

13 Max Weber évoque le concept de la Kadijustiz à plusieurs reprises dans son ouvrage magistral *Économie et société*, publié de façon posthume en 1921 : Weber, *Wirtschaft und Gesellschaft*, *op. cit.*, en particulier pp. 157–158, p. 486 et pp. 563–564. Par ailleurs, le terme Kadijustiz est emprunté par Weber au juriste allemand Richard Schmidt (1862–1944) qui l'a introduit, dans un article paru en 1908 dans la *Zeitschrift für Politik*, afin de rendre

la base d'une étude de cas qui lui est offerte par le tribunal du cadi de la ville de Sefrou dans le Maroc des années 1960 et 1970[14]. Dans cet opuscule, Lawrence Rosen adopte une attitude proche de celle de Berque. Certes, l'argumentation pèche par essentialisme, pour autant que le cadi de Sefrou soit présenté comme l'archétype de tous les juges de l'Islam des origines jusqu'à nos jours. De même, elle méconnaît les enjeux techniques sous-jacents aux procédures judiciaires, là où Berque y revenait avec insistance. Lorsqu'il s'agit d'évaluer le rôle social du cadi, les conclusions de l'anthropologue américain rappellent néanmoins tout à fait celles de Jacques Berque.

Pour Lawrence Rosen, n'importe quel système juridique s'encastre dans un ensemble culturel plus large, comme un « système qui, en dépit des particularismes de son histoire institutionnelle et de ses formes, se nourrit de notions traversant de nombreux domaines de la vie sociale [...], comme une quête de concepts au moyen desquels une communauté d'individus humains catégorise et groupe ses expériences d'un univers autrement indifférencié en des paquets de sens, saisis et manipulés symboliquement dès lors que [cette communauté] se met à arranger ses rapports sociaux quotidiens »[15]. Ce constat général conduit Lawrence Rosen à analyser le travail du cadi, non comme l'application d'un raisonnement abstrait fondé sur l'analogie jurisprudentielle et le maniement d'une méthodologie juridique sophistiquée, mais comme relevant de la manipulation habile et rationnelle – et c'est ici que Lawrence Rosen va à l'encontre du concept wébérien de la Kadijustiz – des différentes ressources dont l'univers culturel vernaculaire se compose. S'appuyant sur sa connaissance intime des enjeux locaux, le cadi interviendrait de manière intuitive dans les disputes de sa communauté, afin de remettre les plaideurs en position de rené-

compte de systèmes judiciaires considérés comme « irrationnels ». Pour une discussion approfondie de la notion et de la conception wébérienne de l'islam, voir Huff, Toby E., Schluchter, Wolfgang (éd.), *Max Weber and Islam*, New Brunshwick, New Jersey, Transaction Publishers, 1999, Johansen, *Contingency in a Sacred Law*, *op. cit*, pp. 47–51, Turner, Bryan S., *Weber and Islam: A Critical Study*, Londres, Routledge and Kegan Paul, 1974, en particulier pp. 107–121.

14 Lawrence Rosen a fait partie de l'équipe d'anthropologues américains qui, sous la houlette de Clifford Geertz, a mené des enquêtes ethnographiques dans la région de Sefrou pendant les années 1960 et 1970. Cf. Geertz, Clifford, Geertz, Hildred, Rosen, Lawrence (éd.), *Meaning and Order in Moroccan Society: Three Essays in Cultural Analysis*, Londres, Cambridge University Press, 1979. Pour une mise en contexte de cette enquête, se référer à la présentation de Daniel Cefaï du grand texte de Geertz sur le marché de la ville. Voir Geertz, Clifford, *Le souk de Sefrou : sur l'économie de bazar*, trad. et présentation de Daniel Cefaï, Saint-Denis, Éd. Bouchène, 2003.

15 Rosen, *The Anthropology of Justice*, *op. cit.*, p. 5.

gocier leurs relations hors du tribunal. Il serait plus attentif aux conséquences sociales de son verdict qu'aux 'règles abstraites' du *fiqh*[16]. Loin de tirer sa cohérence et sa prévisibilité d'une pensée juridique savante, l'application du droit musulman se présenterait donc comme un jeu sur des catégories procédant du sens commun[17], jeu dans lequel le cadi excellerait à traduire des assomptions générales en critères normatifs recevables pour l'ensemble des acteurs du conflit[18].

Cette interprétation du rôle du cadi comme celui d'un agent assurant la perpétuation et, le cas échéant, le rétablissement de l'équilibre social à l'échelle communautaire a connu quelques développements stimulants[19]. Elle s'est néanmoins rapidement heurtée à de fortes oppositions de spécialistes du droit musulman, mais aussi de chercheurs étudiant les systèmes juridiques dans les pays arabes contemporains. Parmi les premiers, une critique particulièrement virulente en a été faite par Haim Gerber[20]. L'ottomaniste qualifie sans ambages les propositions de Lawrence Rosen d'« inacceptables » non sans accuser l'anthropologue de perpétuer une « conception orientaliste de l'islam comme un système intellectuel primitif »[21]. L'accusation a été reprise, quelques années plus tard, par le juriste et islamologue américain Khaled Abou El Fadl qui, dans un long compte rendu du recueil d'articles *The justice of Islam*, construit une critique implacable, mais pertinente, du raisonnement culturaliste de Lawrence Rosen, dénonçant la tendance de l'auteur à « absorber dans une seule masse

16 *Ibidem*, pp. 30–31.

17 Nous employons la notion de « sens commun » (*common sense*) en référence à l'article classique de Clifford Geertz sur le sujet. Cf. Geertz, Clifford, « Common Sens as a Cultural System » in *Local Knowledge: Further Essays in Interpretive Anthropology*, New York, Basic Books, 1983, pp. 73–93.

18 Ainsi écrit-il : « La régularité ne réside pas dans le développement d'un assemblage de doctrines qui sont cohérentes avec d'autres éléments de ce même corpus, mais plutôt dans la correspondance entre les décisions du juge musulman et les concepts culturels et les relations sociales auxquels elles sont inextricablement liées. Ce que les juges doivent par conséquent accomplir dans un tel système, s'ils veulent atteindre leur objectif de remettre les plaideurs en route vers la négociation autonome de leurs rapports sociaux, c'est de caractériser ces rapports, pris à tout moment, et d'implanter leurs conséquences habituelles en alignant leurs évaluations à ces assomptions caractéristiques qui traversent le cours de la vie telle qu'il se manifeste chaque jour. » : Rosen, *The Anthropology of Justice*, *op. cit.*, p. 18.

19 La monographie consacrée par Leslie Peirce au tribunal ottoman de la ville d'Aintab durant le XVI^e^ siècle fait par exemple à plusieurs reprises allusion aux thèses de L. Rosen. Cf. Peirce, *Morality Tales*, *op. cit.*, p. 5 et 123.

20 Gerber, *Islamic Law and Culture*, *op. cit.*, pp. 9–14.

21 *Ibidem*, p. 13.

indifférenciée Marocains, Musulmans, Berbères, Arabes, droit musulman et tout ce qui s'y rapporte »[22].

De manière plus sereine, plusieurs études réalisées depuis les années 1990 se sont efforcées de démontrer que le travail du cadi implique bel et bien la mise en œuvre d'une technicité juridique sophistiquée, tout au moins pendant la période prémoderne, avant les transformations du XIXe siècle[23]. Pour le cas maghrébin, retenons ici en particulier l'analyse que David Powers propose d'une dispute de paternité survenue au XIVe siècle dans la région de Fès[24]. En se fondant sur une lecture serrée du dossier compilé par al-Wansharīsī dans son *Miʿyār*, l'islamologue américain illustre comment la prise en considération de normes socioculturelles locales s'intègre dans le cadre d'une approche analytique qui traduit au premier chef la formation du cadi en tant que technicien appliquant les règles et les procédures du *fiqh*. David Powers en conclut que le travail des juges musulmans implique au même degré le recours aux savoirs vernaculaires, afin de déterminer les faits du litige débattu, et la mise à contribution des ressources littéraires du mālikisme. Selon David Powers, cette préoccupation de faire accompagner chaque décision judiciaire d'un effort de « justification raisonnée » (*reasoned justification*) apporte un démenti formel tant au concept wébérien de la Kadijustiz qu'à l'image du cadi comme un magistrat uniquement guidé par son interprétation personnelle du paysage social local[25].

Voici, résumé dans ses grandes lignes, un débat historiographique qui est loin d'être clos. Dans le chapitre qui suit, nous verrons ce que l'étude des auditoires de cadi au Grand Touat au XVIIIe siècle peut y apporter comme éléments de réflexion nouveaux. Par contre, nous proposons d'inverser la perspective. Au lieu de nous pencher uniquement sur le travail des jurisconsultes et sur la question de savoir si celui-ci relève d'une mise en application des normes du *fiqh* à l'échelle locale, nous prenons pour point de départ les usages que les populations oasiennes font de l'instance judiciaire islamique. Bien entendu, une telle analyse est inséparable de l'étude des réactions que l'appropriation

22 Cf. Abou El Fadl, Khaled, « Islamic Law and Ambivalent Scholarship: Book Review The justice of Islam: Comparative Perspectives on Islamic Law and Society » in *Michigan Law Review*, 2002, vol. 100, n° 6, p. 1442.

23 Voir, entre autres, Bogac, Ergene A., *Local Court, Provincial Society and Justice in the Ottoman Empire: Legal Practice and Dispute Resolution in Çankırı and Kastamonu (1652–1744)*, Leyde, Brill, 2003, Müller, Christian, *Der Kadi und seine Zeugen : Studie der mamlukischen Haram-Dokumente aus Jerusalem*, Wiesbaden, Harrassowitz, 2013, *Gerichtspraxis im Stadtstaat Cordoba, op. cit.*, Powers, *Law, Society, and Culture in the Maghrib, op. cit.*.

24 Powers, *Law, Society, and Culture in the Maghrib, op. cit.*, pp. 23–52.

25 *Ibidem*, p. 52.

du prétoire par les ksouriens suscite auprès des magistrats qui y siègent. Il s'agit donc de comprendre dans quelle mesure le recours à la justice engendre des pratiques et des stratégies d'acteurs qui sont propres à l'espace judiciaire. En fin de compte, cela revient à s'interroger sur le rôle des dynamiques interactionnelles face au juge dans la fabrique d'une culture du droit vernaculaire.

## Un procès

ʿAbd al-Raḥmān al-Jantūrī est sollicité un jour à propos d'un procès tenu au prétoire d'un cadi au Gourara, probablement quelques mois auparavant[26]. Comme souvent dans les procès locaux, le jugement rendu par le cadi n'a pas tardé à susciter de vives protestations de la partie déboutée, de sorte que la dispute s'est prolongée jusqu'à atteindre le jurisconsulte demeurant au ksar d'Aguentour. L'auteur de la question posée au mufti reste malheureusement anonyme tout comme les protagonistes du conflit. En revanche, l'exposé de l'affaire dans la demande de consultation est suffisamment détaillé pour nous permettre d'entrevoir les contours interactionnels d'une séance judiciaire à un moment donné de la première moitié du XVIIIe siècle. Le litige met en jeu les intérêts de deux ksouriens, originaires d'un même village. L'un accuse l'autre de lui avoir causé des pertes pendant qu'il effectuait un séjour dans la zone sahélienne (*bilād al-sūdān*). À son retour, le sinistré saisit un cadi afin de réclamer une importante indemnité. Le problème est que l'accusé ne réside pas sur place. Au terme d'environ quatre ans d'une vaine attente, l'ancien agent exige la vente des propriétés foncières de l'absent pour récupérer son dû. Dès lors, la famille de l'accusé se mobilise. Un frère s'oppose à l'aliénation et il demande à son père d'assumer, en tant que représentant légal, la confrontation devant le cadi.

Le récit du procès qui suit mérite d'être cerné au plus près. Le juge laisse d'abord le plaignant exposer son point de vue, puis il accorde au défendeur le droit de réplique. L'auteur de la demande de consultation ne mentionne qu'indirectement cette étape initiale, notant que le cadi « a compris leurs dépositions »[27]. L'objet du litige étant formellement porté à la connaissance du juge, la phase de l'examen et de l'évaluation des preuves s'ensuit. Après avoir entendu les deux parties, le cadi invite le plaignant à « présenter ses témoins prouvant le bien-fondé de sa requête »[28]. Celui-ci exhibe alors les dépositions

26 *Nawāzil al-Jantūrī, ms. cit.*, f. 189–190.

27 *Ibidem*, f. 189.

28 « *yastaẓharu shuhūdahu ʿalā ṣihha daʿwāʾihi* » : *ibid.*

écrites de plusieurs témoins. En dépit du grand nombre des documents présentés par le demandeur, le cadi ne retient finalement que la déposition d'un seul témoin dont il affirme connaître l'écriture et qui, de plus, est résidant dans la région. Convoqué au tribunal, ce témoin réitère sa déposition en présence du cadi[29]. Dernière étape de l'administration de la preuve : le juge convie le plaignant à démontrer la probité de son témoin. Celui-ci laisse donc formellement établir que la personne en question est un homme réputé « intègre » (*ʿadl*) dont le témoignage est reconnu[30]. Vient le moment charnière de l'interpellation finale (*iʿdhār*) du représentant légal de l'accusé par le cadi : il est invité à présenter, dans un délai de trois jours, des éléments de réfutation des charges portées à l'encontre de l'absent. Mais rien ne se fait. Constatant que la partie adverse n'est pas en mesure de produire un argument qui invaliderait la preuve testimoniale du plaignant, le cadi procède alors à la sentence. Il fait prêter serment au sinistré quant au bien-fondé de ses allégations[31], puis condamne l'absent à payer l'indemnisation réclamée[32]. Acte final du procès : le cadi ordonne l'exécution du droit du plaignant, en décrétant la mise en vente des propriétés foncières de l'absent.

Le lecteur averti aura décelé dans ce récit l'enchaînement presque scolaire des principaux éléments dont se compose la procédure judiciaire en droit musulman : audition de la plainte, déclaration contradictoire, administration de la preuve testimoniale, vérification des témoins, interpellation finale, serment du demandeur, prononciation et exécution de la sentence[33]. Notons en particulier que le cadi n'omet pas de convoquer l'auteur du témoignage admis pour que celui-ci réitère oralement sa déposition devant lui. Une telle rigueur dans l'application des règles de la doctrine juridique ne va pas de soi dans une région où de nombreux jurisconsultes accusent précisément les cadis d'accepter d'office des témoignages écrits sans juger nécessaire de convoquer leurs auteurs[34]. Certes, nous ignorons si les choses se sont vraiment passées d'une manière aussi exemplaire, d'autant plus que nous les apprenons uniquement

29 « *fa-addā shahādatahu ladā'l-qāḍī* »

30 « *fa-kallafa al-qā'im tazkīya shāhidihi fa-zakīya bi-annahu ʿadlun marḍin* »

31 « *baʿda yamīn kamāl al-niṣāb wa yamīn al-qaḍā'* »

32 « *fa-ḥakama ʿalayhi bi'l-gharam.* »

33 Pour une utile mise au point à partir du cas yéménite, voir Messick, Brinkley, « Evidence: From Memory to Archive » in *Islamic Law and Society*, 2002, vol. 9, n° 2, pp. 231–270. Sur le droit procédural dans l'école mālikite, voir aussi Scholz, Peter, *Malikitisches Verfahrensrecht : eine Studie zu Inhalt und Methodik der Scharia mit rechtshistorischen und rechtsvergleichenden Anmerkungen am Beispiel des malikitischen Verfahrensrechts bis zum 12. Jahrhundert*, Frankfurt am Main, Berlin, Peter Lang, 1997.

34 Voir *infra*, p. 229.

sous l'angle de l'action du plaignant. Une fois de plus, il convient d'insister sur les limites de notre documentation qui n'est pas archivistique, mais qui procède d'une reconstruction littéraire après-coup retenant en premier lieu les éléments juridiquement pertinents.

Toujours est-il que la suite de l'affaire laisse penser que le récit articule bel et bien un fonds historique. Deux mois après le jugement, le frère de l'absent dépose une nouvelle plainte. Il entend obtenir une annulation de la sentence en attaquant la probité du témoin dont les déclarations ont servi de base à la décision du cadi. Le frère allègue que la personne en question ne serait autre que le mari d'une sœur du plaignant et, de ce fait, n'aurait pas le droit d'agir comme témoin. De plus, il s'adonnerait au tabac, ce qui mettrait en cause son honorabilité. Le cadi rejette le recours en égrenant toute une série de raisons juridiques. *Primo*, l'objection aurait dû être faite lors de la procédure de vérification des témoins (*tazkiya*)[35]. Une fois rendu, le jugement est exécutoire (*māḍin*) en vertu de la règle selon laquelle « silence vaut consentement »[36]. *Secundo*, le frère s'adonnerait lui-même à la consommation de tabac. *Tertio*, la déposition en question aurait été effectuée par le témoin quand celui-ci était parti à l'étranger, et ce au moins un an avant que le plaignant ait épousé la sœur. De plus, les rapports entre le plaignant et son beau-frère se seraient entretemps dégradés au point que les deux hommes sont devenus des ennemis jurés. C'est cette deuxième décision qui est soumise à l'appréciation d'al-Jantūrī. Tout en reconnaissant le caractère problématique du témoignage ayant servi de preuve, le mufti conclut néanmoins, à l'issue d'un exposé technique laborieux, que le cadi a agi correctement.

L'argumentation d'al-Jantūrī ne nous intéresse pas ici. Ce qui importe ce sont les détails qui transparaissent du récit quant à la procédure judiciaire supervisée par le magistrat. Celui-ci semble déterminé à tenir un procès en bonne et due forme s'achevant par l'énoncé d'un jugement (*ḥukm*). De plus, il dispose des moyens nécessaires pour assurer l'application de sa décision (*iqtiḍā'*). A la différence de ses collègues kairouannais étudiés jadis par Jacques Berque, le cadi tranche en l'espèce et fait exécuter sa sentence en ordonnant une vente forcée[37]. Les vives constatations que le jugement soulève aussitôt auprès de la partie déboutée montrent, d'autre part, que l'intervention du cadi ne vise pas à remettre les plaideurs dans une position à partir de laquelle ceux-ci pourraient renégocier leurs rapports sociaux. Elles contredisent donc ouvertement

35 Sur la procédure de la vérification de l'intégrité des témoins (*tazkīya* ; *taʿdīl*) dans l'école mālikite, voir Müller, *Gerichtspraxis im Stadtstaat Cordoba*, *op. cit.*, p. 148 et p. 179.

36 Cf. *supra*, p. 145.

37 Cf. Berque, *L'intérieur du Maghreb*, *op. cit.*, pp. 233–239.

la théorie développée par Lawrence Rosen. Il s'agit au contraire de statuer pour savoir si le demandeur est en droit d'exiger le paiement de l'indemnisation par une aliénation forcée ou non. L'acte de l'énonciation du jugement génère une partie perdante. Celle-ci n'essuie pas seulement une défaite cuisante au prétoire. Elle doit encore subir des dégâts matériels appréciables. Le cas d'espèce illustre ainsi comment un modeste magistrat oasien canalise, par le dispositif judiciaire qu'il dirige, l'affrontement entre deux parties dans la perspective d'une disjonction définitive et non dans celle d'une conciliation à l'amiable. Les paradigmes explicatifs de la médiation et du compromis, sollicités souvent dans l'analyse des formes de normativité prémoderne au Maghreb, s'avèrent en l'occurrence inopérants.

Cela nous conduit à un second aspect de cette joute qui se déroule devant le juge. Derrière le binôme plaignant – défendeur se profile un conflit entre groupes familiaux. Certes, tel que l'auteur de la demande de consultation le restitue, le litige se résume à la confrontation en justice de deux personnes, dont l'une est représentée légalement en raison de son absence physique. Il ne peut en être autrement étant donné que le *fiqh* prend pour point de départ l'individu lorsqu'il s'agit de déterminer droits et obligations. Évaluée en fonction d'un référent superposé – le « croyant adulte » (*mu'min bāligh*) –, la responsabilité du sujet tend effectivement à gommer les diverses formes sociales du collectif dans les textes du *fiqh*. Néanmoins, dans le cas examiné ici, l'absence de l'accusé déclenche une réaction solidaire de ses parents afin de préserver des intérêts qui sont sans doute considérés par les personnes concernées comme collectifs. D'abord, le frère s'oppose à la vente de la propriété – peut-être tenue en indivision (*mushāʿ*) – en désignant le patriarche comme représentant devant le juge. Ensuite, quand cette première tentative de défense échoue, c'est encore le même frère qui tente d'obtenir une annulation du verdict.

Nous avons vu que les litiges exposés au prétoire sont susceptibles d'aboutir à des affrontements violents entre groupes lignagers. Ici, l'activation d'une solidarité 'clanique' s'articule toutefois autrement. Elle ne vise pas la mobilisation de dispositifs d'action qui chercherait à trancher le conflit par une épreuve de force en dehors de la justice[38], mais elle s'inscrit dans le contexte même de la procédure judiciaire. Le groupe s'efforce – en vain – d'empêcher la vente de la propriété de son membre en recourant à deux instruments juridiques : la représentation légale (*wikāla*) et la demande d'une révision du jugement pour

38 Il est bien entendu possible, voire probable, que de telles mobilisations se déroulent à l'arrière-plan, sans que le rédacteur de la demande de consultation juge opportun de les énoncer.

vice de forme. Par ailleurs, du côté de la partie plaignante, il semble également probable que la saisine en justice ait été préméditée dans un cadre familial élargi. Le mariage entre le témoin et la sœur du plaignant – dont, soulignons-le, le cadi ne nie pas l'existence – laisse au moins songer à des liens d'alliance matrimoniale renforcés quand bien même le caractère partiel de notre documentation nous interdit de pousser plus loin l'hypothèse.

## L'admissibilité des témoins

La récusation du témoin par le frère de l'absent constitue un 'coup' que l'on rencontre fréquemment dans les récits de litige conservés par nos sources. L'exemple cité laisse entrevoir que cette stratégie de disqualification (*tajrīḥ*) s'opère selon deux modalités. Il s'agit, d'une part, de soulever des vices de procédure ou de forme qui rendent le témoignage techniquement irrecevable – en l'occurrence le lien de parenté par alliance existant entre le demandeur et le témoin convoqué –, d'autre part, de déconstruire la réputation d'intégrité (*'adāla*) du témoin à travers l'accusation de consommer du tabac, qui, sans être interdite, attente à la moralité du témoin[39].

L'analyse d'autres cas d'espèce dans les recueils à notre disposition permet d'apporter quelques nuances à ce propos. Nous apercevons par exemple que les litigants visent soit l'exclusion d'un certain groupe de personnes en tant que témoins, soit la disqualification d'un témoignage particulier auquel la partie adverse recourt. Autrement dit, l'affrontement autour des preuves testimoniales (*bayyina*) porte autant sur le statut de différents types de collectivité que sur celui d'individus singuliers, de même qu'il peut accentuer des éléments propres au cas ou bien véhiculer des évaluations sociojuridiques globales. Ainsi, dans une demande de consultation soumise à 'Abd al-Raḥmān al-Jantūrī, l'argument d'une conflictualité endémique au sein des membres d'une tribu est allégué par une des parties du litige en vue d'interdire d'emblée tout témoignage entre contribules[40]. En vertu du principe selon lequel des personnes

---

39 Ce dont témoigne tout un débat parmi les juristes mālikites de l'époque moderne à propos de la licéité de la consommation de tabac. Voir Batran, Aziz A., *Tobacco Smoking Under Islamic Law: Controversy Over Its Introduction*, Beltsville, Maryland, Amana Publications, 2003. Le livre contient une traduction des consultations juridiques de plusieurs éminents juristes mālikites du XVIIe siècle sur le sujet, tels que Aḥmad Bābā al-Tinbuktī (m. 1036/1627), Ibrāhīm al-Laqqānī (1041/1631) et Nūr 'Alī al-Ajhūrī (m. 1066/1656).

40 La demande de consultation se lit : « Il a été interrogé à propos d'une tribu qui s'était déchirée dans des luttes internes avant la venue d'un groupe de chorfa dans le pays. À leur arrivée, les chorfa ont pu négocier la fin des hostilités entre les gens, de sorte que la

issues de groupes sociaux ennemis s'excluent mutuellement comme témoins, al-Jantūrī lui donne raison en estimant irrecevable tout témoignage entre les membres de la tribu en question.

De tels affrontements sur des témoignages présentés au prétoire se complexifient encore davantage lorsque leurs auteurs sont décédés et qu'il n'en reste que des actes notariés anciens. Examinons à ce propos un contentieux survenu au sein d'un groupement tribal nommé Awlād ʿAbd al-Ṣamad[41]. Un homme saisit le cadi Muḥammad b. ʿAbd al-Raḥmān al-Balbālī afin de mettre en question la possession d'une maison détenue par une femme qui est probablement une apparentée, encore que cela ne soit pas spécifié dans le texte. Le mari de l'accusée intervient à titre de représentant légal devant le juge. Il prétend que son beau-père aurait fait donation de l'objet à son épouse. Le plaignant allègue au contraire qu'il s'agit d'un bien de mainmorte et exhibe à cet effet l'acte de création du habous, daté de la fin du mois hégirien *Jumādā al-Awwal* 1127 (mai-juin 1715), dont le compilateur de la *Ghunya* cite un extrait rendu anonyme. Sans surprise, le mari récuse le document en pointant du doigt trois vices de forme. Il relève d'abord que le témoin a omis d'établir l'étendue exacte du habous par des témoignages supplémentaires, puis il réclame de la partie adverse qu'elle fournisse une preuve que le père a vraiment été propriétaire du bien lors de la fondation du habous. Enfin, il exige une vérification de l'écriture des témoins ainsi que de leur probité.

Le tour est bien joué puisque le plaignant se retrouve effectivement en mauvaise posture. Il s'avère incapable d'établir l'étendue précise des parts de la maison originellement mises en retraite. Encore moins est-il en mesure de fournir une preuve attestant la propriété au moment de la fondation du habous qui, bien entendu, remonte à au moins une cinquantaine d'années. Néanmoins, il parvient à identifier les témoins de l'acte et revendique pour eux une réputation d'honorabilité irréprochable qui ferait unanimité au sein de la communauté locale. Mais le mari riposte aussitôt en dénonçant le fait que les personnes en question sont décédées bien avant la date indiquée dans le document. Le récit du litige débouche sur une série de questions sur lesquelles le cadi consulte un

discorde, les meurtres et la haine ont cessé de faire des ravages. Les aïeuls [de la tribu] sont morts désormais, mais une certaine ambiguïté persiste néanmoins entre leurs descendants. Certains se sont en effet accordé des témoignages favorables tandis que d'autres ont fait des déclarations testimoniales portant préjudice à leurs contribules. Les derniers se sont alors mis à contester ces témoignages en renvoyant à l'ancienne inimitié entre leurs ancêtres. L'argument peut-il leur être utile ? » : *Nawāzil al-Jantūrī, ms. cit.*, ff. 97–98.

41 *Ghunya, ms. cit.*, f. 549.

mufti. Ce dernier valide la position défendue par le mari en refusant à l'acte allégué toute force probante.

Ce qu'il convient de retenir de l'exemple c'est que l'argumentation développée par les litigants laisse transparaître une connaissance substantielle des normes et des règles en matière de preuve testimoniale. En effet, chaque partie s'appuie sur des concepts juridiques précis. Afin de contrecarrer la mise en cause des témoins de l'acte du habous, le plaignant mobilise l'argument de la « commune renommée » (*al-samāʿa al-fāshī*) et celui de l'« excellence morale » (*tabrīz*)[42]. Pour ce qui est de la stratégie du défendeur, force est de constater qu'en discréditant le fond, la forme ainsi que la contextualisation du document allégué par le plaignant, il s'attaque aux trois principaux niveaux sur lesquels porte l'évaluation de n'importe quel type d'écrit notarié. Car il met le doigt sur l'imprécision du libellé, tente de disqualifier les témoins, puis essaie de démontrer une impossibilité chronologique. Chaque fois, nous avons donc affaire à des actes de sélection et d'actualisation ciblés, pour paraphraser Roland Barthes[43], opérés à l'intérieur du système du *fiqh*, afin de déconstruire l'argumentaire de la partie adverse.

De telles capacités de performance au tribunal ne vont pas de soi. D'autres plaideurs paraissent sensiblement moins doués quand ils sont obligés de venir défendre leurs intérêts au prétoire. Cela peut être illustré par une lettre du cadi de Tamentit, ʿAbd al-Ḥaqq al-Bakrī, à l'un des membres du conseil de la *shūrā*[44]. L'affaire porte sur un contentieux de divorce survenu à Tsabit, une agglomération de plusieurs villages située au nord du Touat. L'épouse se prévaut d'une répudiation que le mari nie avoir proférée. Les deux parties se font représenter au procès par des fondés de pouvoir dont les noms sont mentionnés par notre source. La lettre nous apprend que le cadi vérifie d'abord la probité des différents témoins ayant attesté la répudiation. Il charge à cet effet – et c'est un détail précieux quant au fonctionnement des procédures judiciaires à l'échelle locale – un instituteur villageois[45]. Celui-ci est censé agir en « intermédiaire

42 Pour un exposé des règles relatives à la « commune renommée » à partir de l'exemple de l'établissement de la filiation (*nasab*), voir al-Wansharīsī, *al-Miʿyār*, *op. cit.*, 2, pp. 547–548. Sur la notion de *tabrīz*, se référer à Müller, *Gerichtspraxis im Stadstaat Cordoba*, *op. cit.*, p.148 et pp. 190–193.

43 Barthes, Roland, « Eléments de sémiologie » in *Communications*, 1964, vol. 4, n° 4, p. 93.

44 *Ghunya*, *ms. cit.*, ff. 671–672.

45 Le terme arabe employé par notre source est celui de *faqīh*. Il nous semble que le mot doit ici être compris dans un sens dialectal, comme équivalent du terme *fqīh* qui désigne l'instituteur villageois dans les campagnes du Maroc. Cf. Hart, David M., *The Aith Waryaghar of the Moroccan Rif: An Ethnography and History*, Tucson, University of Arizona Press, 1976, pp. 182–187.

pour examiner, ce que chacune des deux parties apporte comme indice pour sa cause, dans la mesure où il connaît les témoins instrumentaires de la contrée et [saura nous dire] lequel d'entre eux est réputé intègre pour que nous puissions lui faire confiance »[46]. L'homme s'exécute et confirme l'honorabilité des personnes en question. Dès lors, le cadi accorde au mari un délai de huit jours pour réfuter les témoignages portés contre lui. Ce dernier s'avère toutefois incapable de développer une stratégie défensive efficace. Il prétend d'abord que l'audition de ses témoins aurait été empêchée. Puis, il cherche à décrédibiliser l'un des témoins de la partie adverse en l'accusant de ne maîtriser ni les règles concernant l'authentification de preuves testimoniales ni celles portant sur les ablutions rituelles islamiques. « Même des fondements du dogme de l'unicité divine (*tawḥīd*), cet homme est ignorant ! » s'offusque-t-il. Il n'empêche, ces dénonciations n'aboutissent à aucun résultat, car le cadi rétorque sèchement au défendeur : « Nous n'avons pas besoin de tout cela. La confirmation de la part de l'instituteur nous suffit amplement [pour établir l'honorabilité des témoins] ! »

La stratégie poursuivie par le mari se révèle donc un échec. En revanche, elle montre que le degré d'instruction d'un individu constitue une cible potentielle en vue de disqualifier le témoignage de cette personne. Ces accusations d'incompétence et d'ignorance, lancées notamment contre le corps des témoins instrumentaires, visent, à coup sûr, la méfiance des oulémas locaux à ce propos. Nous avons déjà évoqué ce point[47]. Soulignons ici le lien direct établi par le mari entre la connaissance des règles du *fiqh* en matière de vérification de témoins d'un côté, et de l'autre, le domaine des actes rituels et du dogme religieux. Il nous rappelle qu'en droit musulman, tout raisonnement juridique s'inscrit nécessairement dans un cadre éthico-religieux plus large quand bien même les rapports peuvent être conflictuels entre les différentes échelles de classification normative[48].

Cela dit, à une époque où les formes de violence physique s'intègrent de façon quasi quotidienne dans les interactions sociales, certains comportements répréhensibles aux yeux de la loi religieuse deviennent, sinon autorisés, du moins pardonnables. Lorsque, dans un litige opposant deux ksour à propos d'un bien foncier, l'un des témoins est accusé d'avoir proféré une malédiction contre les habitants de l'un des villages, le cadi retient nonobstant la

46 « *wāsiṭa bi'l-naẓr li-man atā minhumā bi-ḥujja li-ma'rifatihi bi-shuhūd baladihimā wa man lahu 'adāla li-thiqqatinā bihi* » : *Ghunya*, *ms. cit.*, ff. 671.

47 Voir *supra*, pp. 175–179.

48 Cf. Johansen, Baber, « Die sündige, gesunde Amme : Moral und gesetzliche Bestimmung (ḥukm) im islamischen Recht » in *Die Welt des Islam*, 1988, vol. 28, n°1/4, pp. 264–282.

déposition. Car il estime la malédiction justifiée étant donné que les personnes en question se sont rendues coupables d'actes d'agression à l'égard de leurs voisins[49]. La souplesse dans l'évaluation de ce qui est considéré comme portant atteinte à l'honorabilité du témoin en ce domaine conduit de plus à de nettes divergences entre juristes oasiens. À l'occasion d'un litige entre époux débattu au prétoire du cadi de Tamentit, l'une des parties réussit à convaincre le juge de déclarer irrecevable une preuve testimoniale portée contre elle en démontrant que son auteur aurait participé à une razzia organisée par un groupe de chorfa[50]. La décision se heurte cependant à la position affichée par d'autres oulémas ksouriens, selon laquelle une telle participation n'affecte pas nécessairement la capacité de témoigner tant qu'il puisse être prouvé que la personne concernée a agi afin de récupérer un droit légitime et qu'elle s'est arrêtée devant les « limites de la loi » (*ḥudūd al-sharʿ*)[51].

### Une litigiosité scripturaire

C'est un fait régulièrement noté par les chercheurs travaillant sur l'anthropologie et l'histoire du Maghreb : à partir du XV^e^ siècle – si l'on accepte la proposition de Jacques Berque pour le cas du Sud marocain –, l'écrit envahit massivement les campagnes sous forme d'innombrables actes notariés, correspondances épistolaires et règlements communautaires. Cela ne veut aucunement dire que l'espace rural du Maghreb médiéval ait ignoré de tels documents. Les actes transcrits dans des recueils de jurisprudence comme le *Miʿyār* d'al-Wansharīsī laissent, effectivement, penser le contraire[52]. Toujours est-il que les traces conservées jusqu'à nos jours ne remontent guère au-delà du XV^e^ siècle et, de ce fait, posent la question des fondements culturels et sociaux de cette « immense flore paperassière », transformant des régions comme la montagne des Seksawa dans le Haut Atlas en un « conservatoire de chartes »[53]. Pour autant

49 Ainsi répond-il : « Si leur caractère inique est établi comme un fait incontestable, le recours à l'invocation contre les méfaits d'un tyran (*al-duʿāt ʿalāʾl-ẓālim*) est un acte permis, même si l'on implore que ces personnes meurent bannies de l'islam » : *Ghunya, ms. cit.*, f. 664.

50 *Ghunya, ms. cit.*, f. 653.

51 La lecture des différents fragments de chroniques traduits par A. G. P. Martin est tout à fait instructive à cet égard, dans la mesure où ils donnent une image crue de ces expéditions armées, en particulier pour le XIX^e^ siècle. Cf. Martin, *Quatre siècles d'histoire marocaine*, *op. cit.*, pp. 125–127, pp. 133–135 et pp. 142–147.

52 Voir aussi Powers, *Law, Society, and Culture in the Maghrib*, *op. cit.*, pp. 95–140.

53 Berque, *Structures sociales du Haut-Atlas*, *op. cit.*, p. 328.

que l'histoire de l'institution du notariat dans le Maghreb rural reste largement à écrire, la question n'a pas encore reçu de réponses satisfaisantes. Néanmoins, quelques interprétations du phénomène ont été tentées et, parmi elles, les propositions de Jacques Berque concernant des zones berbérophones du Haut Atlas constituent un point de départ incontournable.

Dans sa célèbre thèse sur les Seksawa, Berque affirme que la fabrique et la mobilisation de l'acte notarié, rédigé dans une langue revêtant un « caractère initiatique », relèvent en premier lieu d'une opération de magie sociale qui confère à la matérialité du document une valeur intrinsèque, indépendamment de son contenu[54]. Il est vrai que dans un contexte culturel marqué par la diffusion restreinte de l'arabe littéraire – pour faire allusion à la notion de *restricted literacy* développée par Jack Goody[55] – l'acte écrit conserve nécessairement un caractère sibyllin. Même dans les contrées à majorité arabophone, comme le Grand Touat, il est rédigé dans un langage très éloigné des parlers vernaculaires par un spécialiste qui a tendance à monopoliser l'art de la plume : un témoin instrumentaire, un instituteur ou bien un magistrat. Les activités rédactionnelles de ces personnages visent alors effectivement tant à transcrire des droits réels qu'à conjurer les forces de l'immatériel par l'écriture d'amulettes ou de talismans[56]. De ce point de vue, l'on ne peut qu'être en accord avec Jacques Berque quand il pointe les passerelles entre compétences scripturaires et compétences magiques. En vérité, cette interdépendance constitue un principe fondateur de la culture du Maghreb moderne[57].

L'archipel oasien du Grand Touat ne diverge pas de ces schèmes. Un cadi aussi illustre que Muḥammad al-Bakrī au XVIIe siècle qui est décrit par un biographe familial comme un homme de savoir et de piété passe pour maître dans la science des lettres et des carrés magiques (*ʿilm al-ḥurūf*)[58]. On pourrait faire

---

54 « Si l'on ajoute que l'arabe, langue de tous ces actes, a toujours dans une certaine mesure conservé valeur de langue initiatique et de parler professionnel, on mesurera la force qui réside en ces écrits généreusement prodigués aujourd'hui par les parties au cours de leurs litiges. On peut sans exagération estimer que, bien au-delà de sa valeur de preuve constituée, c'est l'acte en lui-même qui agit le plus souvent, *ex opere operato*, pour parler comme notre Moyen Âge » : *ibidem*, p. 329.

55 Goody, Jack (éd.), *Literacy in Traditional Societies*, Cambridge, Cambridge University Press, 1968.

56 Sur l'écriture talismanique en Islam, voir, par exemple, Hames, Constant (éd.), *Coran et talismans : textes et pratiques magiques en milieu musulman*, Paris, Karthala, 2007. Pour le Maghreb, la référence principale reste Doutte, Edmond, *Magie et religion dans l'Afrique du Nord*, Alger, A. Jourdan, 1909, pp. 143–219.

57 Voir aussi Touati, *Entre Dieu et les hommes*, *op. cit.*, pp. 270–278.

58 *al-Kawākib al-barriyya*, *ms. cit.*, f. 38.

la même remarque à propos de nombreux autres oulémas de la région. De manière plus importante pour notre propos ici, le problème de l'illettrisme au sein des populations rurales s'aperçoit également dans quelques consultations qui thématisent des litiges liés au déchiffrement d'actes notariés. Relevons le cas d'un vendeur analphabète dont il nous est dit que, lors de la conclusion du contrat, il pose l'empreinte de sa main en guise de signature[59]. Plus tard, l'homme veut cependant résilier la transaction en affirmant qu'il aurait ignoré la signification d'un mot employé dans le libellé de l'acte de vente. Le récit de la doléance se termine par une question d'où ressort la distance culturelle de certaines parties de la population locale aux normes et pratiques du notariat islamique : « *Quid*, si le vendeur prétend de ne rien savoir en ce qui concerne les actes notariés et leur terminologie, à moins que quelqu'un ne lui les explique ? »

De telles interrogations indiquent clairement que l'écriture notariale, tout comme l'écriture en général[60], relève d'un savoir spécialisé qui n'est pas à la portée de tous les ksouriens de l'époque. Cependant, à la différence des observations faites par Jacques Berque à propos des montagnards berbères du Haut Atlas, le cas évoqué montre aussi que le libellé d'un acte notarié ne constitue pas moins un enjeu crucial pour les populations oasiennes, même lorsqu'ils sont illettrés. Car, visiblement, le plaignant ne se contente pas de la conservation d'une trace matérielle de la transaction conclue par le recours à un document écrit. En vérité, loin d'être envouté par l'autorité magique de lettres mystérieuses couchées sur papier, il paraît sérieusement préoccupé des conséquences que pourrait avoir ce texte dont le sens lui échappe. La dispute quant aux termes employés dans le contrat de vente rappelle avec force que, outre leur éventuelle manipulation symbolico-rituelle, les mots écrits pèsent de tout leur poids dans la mesure où leur fonction sémantique primaire consiste à produire des effets juridiques.

Il est en effet frappant de constater que les échanges sociaux et économiques réalisés dans l'espace oasien donnent presque toujours lieu à des traces écrites. C'est du moins l'impression que l'on retient en parcourant les cas d'espèce compilés dans les *nawāzil* du Grand Touat. Les différents types d'actes

59 *Ghunya, ms. cit.*, f. 177.

60 Il est impossible à partir des sources à notre disposition d'émettre des appréciations sur le taux d'illettrisme dans les oasis au XVIII^e siècle. Même si, en raison du dense tissu des lieux d'enseignement, l'accès aux savoirs scripturaires est sans doute moins restreint que ne le pense Rachid Bellil, le vendeur dans le cas cité apparaît bel et bien comme un analphabète complet, étant donné qu'il signe le contrat avec l'empreinte de sa main. Cf. Bellil, *Les oasis du Gourara, op. cit.*, 1, pp. 27–38.

notariés, désignés dans nos sources par le terme générique de *rasm*, y sont omniprésents. Dans leur ensemble, ces écrits traduisent la préoccupation de doter les échanges sociaux d'une permanence graphique, en particulier quand ils impliquent d'une manière ou d'une autre des transferts de propriété[61]. Sans surprise, l'observation se vérifie en premier lieu pour les innombrables titres de propriété, les divers contrats de vente ou de location (*ʿaqd*, pl. *ʿuqūd*), les fondations de habous et les dispositions testamentaires (*waṣiyya*). Dans sa belle étude sur une société oasienne du Sud tunisien au XXe siècle, Geneviève Bédoucha a montré toute l'importance de ces formes d'écriture notariale dans le domaine de la circulation de la propriété foncière et hydraulique[62]. À cette production scripturale pléthorique appartiennent encore deux autres types de documents qui, jusqu'à présent, ont moins attiré l'attention des spécialistes de l'espace rural maghrébin. Il s'agit, d'une part, d'actes notariés visant à attester un événement ou une action, par exemple la prise en possession du don nuptial par l'épouse[63], d'autre part, de la fixation par écrit d'engagements assumés par un individu ou une collectivité, tels que les reconnaissances (*iqrār*), les remises de dettes (*ibrāʾ*) ou les titres de créance (*tabāʿa*).

Examinons brièvement, pour illustrer ce type d'écriture notariale, la transcription d'une déclaration de garantie (*ḍamān*) par un membre de la famille al-Raqqādī de Zaouiet Kounta en faveur de son frère[64]. Datant du mois de Moharrem 1100 (novembre 1688), le document a été vérifié par Muḥammad al-ʿĀlim al-Zajlāwī dans le cadre d'un litige opposant les héritiers des deux personnes. On notera en passant que, selon les dires du compilateur, le mufti a écrit son évaluation directement sur le dos de la copie de l'acte qui lui a été soumis. L'auteur du document déclare qu'il s'engage à assumer toutes les charges dont son frère est redevable à l'égard d'un des principaux lignages de notables de Tamentit, les Awlād Sīdī Aḥmad b. Mūsa[65]. « Il attendra [son remboursement] avec la patience de ceux qui sont généreux et charitables, car Dieu ne laisse pas perdre la récompense des bienfaiteurs ». Nous apprenons en outre que le document a été rédigé « pour qu'il n'y ait pas de mésententes dans cette affaire, ni d'inimitié ou de dispute ». Néanmoins, l'homme prend soin de préciser que la dette ne sera éteinte qu'avec le paiement de ce qui lui est dû et fait appel à plusieurs témoins afin de formaliser la déclaration.

61 La remarque vaut tout au moins pour les élites chérifiennes et maraboutiques.

62 Bedoucha, *L'eau l'amie du puissant*, *op. cit.*, en particulier pp. 71–101.

63 Voir, par exemple, *Ghunya*, *ms. cit.*, f. 226.

64 *Nawāzil al-Zajlāwī*, *ms. cit.*, f. 58.

65 Sur les Awlād Sīdī Aḥmad b. Mūsa, voir Watin, « Origines des populations du Touat d'après les traditions conservées dans le pays », *art. cit.*, pp. 235–238.

En dépit de telles précautions juridiques auxquelles se greffe l'allégation pieuse d'un souci moral d'éviter des dissensions, le recours à la fixation graphique des droits se présente en vérité dans nos sources comme un catalyseur de conflits. Lors d'un procès au Gourara, un homme, accusé de retenir une partie des actes notariés qu'il possède en relation avec le contentieux, est même obligé de jurer qu'il a montré tous les documents, car la partie adverse redoute autrement une réouverture du litige à l'avenir grâce à la découverte 'soudaine' d'un écrit permettant de renverser la décision initiale[66]. En vérité la mobilisation d'actes notariés constitue une pierre angulaire dans les stratégies développées devant l'instance judiciaire. Les *Nawāzil* d'al-Jantūrī relatent à ce propos un litige où tout un dossier de contrats et de dépositions testimoniales est compilé par le frère d'une personne endettée, partie à l'étranger, dont les propriétés foncières sont menacées d'être mises aux enchères à la demande de ses nombreux créanciers[67]. En recourant à cette somme de documents, le frère entend prouver que l'absent a déjà cédé à son épouse, sous forme de vente ou de gage (*rahn*), « tout ce que Dieu lui avait donné de posséder »[68]. À l'inverse, l'agent d'un riche marchand chérifien du Moyen-Touat multiplie, lors d'un procès, les efforts pour démontrer l'invalidité d'une reconnaissance de dette émise par son patron, jusqu'à ce que le document ait été effectivement déclaré nul et non avenu[69].

On pourrait multiplier les exemples de ce type. Ils indiquent tous que les actes notariés constituent souvent les pièces maîtresses autour desquelles l'interaction au prétoire se structure. Dans une région où la plupart des terres agricoles sont soumises au statut de biens de mainmorte, ce sont néanmoins les actes de habous qui semblent susciter le plus de débats et de disputes, à en juger le grand nombre de litiges documentés par les recueils de *nawāzil*[70]. De fait, la transmission et, de manière encore plus importante, la répartition de l'usufruit de n'importe quel objet habousé, doivent se renégocier à chaque génération de bénéficiaires. Partant, elles donnent lieu à des lectures fébriles de l'acte de fondation originel par des descendants à la quête d'une issue pour

66 *Nawāzil al-Jantūrī, ms. cit.*, f. 105.

67 *Ibidem*, f. 174.

68 Sur l'institution du gage dans le contexte de l'agriculture oasienne, se référer à Bedoucha, *L'eau l'amie du puissant, op. cit.*, en particulier pp. 92–97.

69 *Ghunya, ms. cit.*, f. 339–340. Relevons aussi le cas d'une personne dont les actes notariés ont été invalidés par le cadi lors d'un procès et qui, pour cette raison, ne tarde pas à porter plainte contre le rédacteur des documents, exigeant une indemnité pour ses pertes subies au tribunal ! *Ibidem*, f. 646.

70 Rappelons que, dans la *Ghunya*, le chapitre consacré aux biens de mainmorte est de loin le plus volumineux.

« entrer » (*dakhala*) dans le habous, pour reprendre le trait des documents jurisprudentiels. En effet, l'emploi de conjonctions telles que « et » (*wa*) ou « ensuite » (*thumma*) pour classer la succession des descendants bénéficiaires, le recours aux tournures techniques prévoyant une division « par tête » ou privilégiant d'emblée les seuls agnats et leurs fils « sans les descendants féminins », enfin, l'inclusion de stipulations (*sharṭ*, pl. *shurūṭ*) tenant compte de la condition socio-économique du bénéficiaire créent une sémantique complexe qui se prête à la contestation[71]. De tels conflits portent le plus souvent sur la question de la division de l'usufruit parmi les bénéficiaires de la troisième génération. Les récits des demandes de consultation émises à ce propos laissent alors entrevoir des constellations familiales complexes. Ainsi, un juriste de la maison de Zaglou est confronté un jour à un cas où pas moins de quatorze attributaires potentiels, hommes et femmes, s'affrontent sur les modalités de l'exploitation d'un habous établi par leur grand-père[72] !

Au sein de cette masse de disputes entre parents sur la circulation lignagère des biens fonciers, un modèle de conflit revient de manière récurrente, à savoir la question de la participation des descendants féminins et leur progéniture aux rendements du habous. Certes, les normes coutumières en vigueur au Grand Touat prescrivent qu'en l'absence d'une clause explicite en faveur de la descendance féminine dans l'acte du habous, l'intention du fondateur de vouloir exclure les femmes doit être supposée[73]. Mais, l'existence de telles clauses semble fréquente et, de ce fait, provoque de fortes divergences parmi les héritiers quant à l'interprétation qu'il convient de donner au texte. De nombreux fondateurs de habous accordent par exemple à leurs filles le droit de participer à l'usufruit, tant que celles-ci affrontent une situation économique difficile[74] et en prévoyant leur exclusion dans l'éventualité d'une ascension sociale[75]. Comment alors établir le niveau de revenu à partir duquel une personne sera considérée comme « riche » sans susciter des appréciations divergentes ? Les *nawāzil* oasiennes attestent que ces questions sont loin de faire l'unanimité à l'échelle locale, y compris dans les milieux d'oulémas. Examinant la teneur d'un acte de habous, le maître de la zaouïa de Tinilane, Muḥammad b. ʿAbd al-Raḥmān al-Tinilānī estime que riche est « celui dont le patrimoine est

---

71 Pour un exposé général de la question, on consultera avec profit : Layish, « The Mālikī family "Waqf" According to Wills and "Waqfiyyāt" », *art. cit.*, pp. 13–21. Cf. aussi Powers, *Law, Society, and Culture in the Maghrib*, *op. cit.*, pp. 141–166.

72 *Ghuniyya*, *ms. cit*, f. 590. Les exemples de ce type abondent dans la *Ghunya*. Voir, entre autres, f. 506, f. 524, ff. 529–530, f. 542–543, f. 552, f. 590.

73 Cf., par exemple, *ibidem*, f. 499–500.

74 *Ibid.*, f. 503.

75 Cf. *ibid.*, f. 528, 529, 609–610.

soumis à l'aumône obligatoire ». Son collègue Muḥammad b. ʿAbd al-Raḥmān al-Balbālī affirme à son tour qu'une femme doit être tenue pour une personne aisée à partir du moment où elle est capable de subvenir à ses besoins d'une manière autonome et décente[76]. Il ne reste pas moins que le caractère abstrait et général de tels propos encourage nécessairement des interprétations divergentes. En conséquence, toute ambiguïté à ce sujet de la part du fondateur est susceptible de servir de prétexte à une contestation en justice de la division du habous[77].

### L'ambiguïté de l'écrit

Au premier abord, la magistrature oasienne apparaît donc comme un véritable « *place of paperwork* », pour reprendre une expression employée par Brinkley Messick à propos du tribunal de la ville d'Ibb au Yémen au XX^e^ siècle[78], comme une institution de contrôle et d'évaluation documentaire dont les protagonistes passent la plupart de leur temps à examiner les divers *rasm*-s brandis par les parties au litige. Pour autant, le recours massif aux actes notariés n'est pas sans paradoxe. En principe, l'écriture n'est investie de force probante qu'à partir du moment où elle agit en étroite symbiose avec la parole vivante de témoins agréés[79]. Une discussion approfondie de ce problème décisif du régime des preuves en droit musulman dépasse le cadre de ce travail. Remarquons néanmoins que les jurisconsultes de l'archipel oasien n'omettent pas de rappeler à leur environnement les restrictions en la matière. Un des principaux points de critique soulevés à l'encontre du corps des cadis locaux est que ces derniers se montreraient trop complaisants pour ce qui est de l'admission de l'écrit comme moyen de preuve. La censure y vise en particulier l'inclination de certains juges à accepter la transcription d'un témoignage ou d'un acte notarié avec comme

76 Cf. *ibid.*, f. 529.

77 Pour un exemple de ce type de confrontation devant le cadi de Tamentit, voir *Ghunya*, *ms. cit.*, f. 479–480. Sur cette question, se référer aussi à Bedoucha, Geneviève, « Transmission des patrimoines en terroir oasien : idéal lignager et pratiques sociales à El-Mansûra (Tunisie) » in Gast, Marceau (éd.), *Hériter en pays musulman : habus, lait vivant, manyahuli*, Paris, Éd. du CNRS, 1987, pp. 87–88.

78 Messick, *The Calligraphic State*, *op. cit.*, p. 209.

79 Cf. Johansen, « Formes de langage et fonctions publiques », *art. cit.*, Müller, « Les ventes de biens immobiliers au XIV^e^ siècle : étude des actes du Ḥaram al-Sarīf à Jérusalem », *art. cit.*, Tyan, *Le notariat et le régime de la preuve par écrit dans la pratique du droit musulman*, *op. cit.*, Wakin, Jeanette A., *The Function of Documents in Islamic Law: The Chapter on Sale from Ṭāḥāwī's Kitāb al-Shurūṭ al-Kabīr*, Albany, State University of New York Press, 1972.

seule procédure d'authentification l'examen de l'écriture (*khaṭṭ*) de l'auteur du document sans convoquer celui-ci en personne au prétoire. Une fatwa de Muḥammad al-ʿĀlim al-Zajlāwī permet d'entrevoir les enjeux de ce débat où s'aperçoit en même temps la tension entre le pragmatisme affiché par certains magistrats villageois et le respect de la doctrine prôné à haute voix par les jurisconsultes de la région[80] :

> En ce qui concerne la pratique, courante chez les juristes et les cadis du Grand Touat, de s'appuyer sur l'écriture de quelques témoins[81], je ne vois pas qui aurait autorisé cela. Il est seulement écrit dans la littérature traitant des branches du droit (*fī kutub al-furūʿ*) qu'un recours exclusif à l'écrit est permis dans des cas où les témoins sont décédés ou résident dans les lieux éloignés. Si au contraire les témoins sont présents ou proches, une telle transcription est irrecevable. J'ai rappelé cela à un [de ces magistrats], mais il a rétorqué que telle est la pratique locale. Si on l'abandonnait pour revenir sur ce qui est écrit dans les manuels, le résultat serait certainement l'annulation d'une grande partie des jugements émis, ce qui aurait des conséquences néfastes[82]. Ce à quoi j'ai répliqué que le fait d'émettre un jugement qui ne s'appuie pas sur un témoignage régulier (*shahāda ṣaḥīḥa*) revient à n'émettre aucun jugement, car le témoignage constitue une condition (*sharṭ*) pour qu'un jugement soit valable[83].

Al-Zajlāwī souligne que la norme qui exige l'authentification d'un témoignage transcrit par la déposition orale de son auteur s'applique au même titre aux écrits notariés. Si un individu souhaitait 'convertir' un tel document en preuve juridique, il faudrait qu'il se rende au prétoire en compagnie des témoins instrumentaires auteurs de l'acte en question. Le cadi les auditionnera à propos du contenu du texte, puis il s'enquerra de leur identité et de leur probité, à moins qu'il ne les connaisse déjà avant. C'est seulement au terme de cette procédure formelle de vérification que le juge est autorisé à apporter son cachet au document lui conférant ainsi le statut de preuve testimoniale[84]. Enfin, dans

80 Aharon Layish observe une tension similaire pour le cas des tribunaux libyens au XX^e^ siècle. Cf. Layish, « The *Qāḍī's* Role in the Islamization of Sedentary Tribal Society », *art. cit.*, pp. 90–92.

81 « *jarā bihi ʿamal fuqahāʾ Tuwāt wa quḍātihā min ʿitimādihim ʿalā khaṭṭ baʿḍ al-shuhūd* »

82 « *law radadnāhu ilā'l-manṣūṣ fī'l-kutub la-adā ilā naqḍ kathīr min aḥkāmihim wa yalzamu ʿalayhi lawāzim al-sharīʿa* »

83 *Nawāzil al-Zajlāwī*, *ms. cit.*, f. 123.

84 Cf. aussi Müller, *Der Kadi und seine Zeugen*, *op. cit.*, pp. 353–358.

l'éventualité que les intéressés soient décédés ou absents, le maître de Zaglou rappelle qu'il incombe aux témoins auxiliaires rattachés au prétoire (*ʿudūl*) d'attester qu'il s'agit bel et bien de leur écriture, avant que le juge ne déclare le document juridiquement recevable[85].

Le débat nous renvoie de nouveau à l'ambiguïté des rapports entre, d'un côté, les membres des dynasties savantes comme les al-Zajlāwī-s et, de l'autre, la masse des juges oasiens que les premiers soupçonnent par principe de ne pas hésiter à infléchir les normes sacrées au nom d'une commodité jugée inappropriée. Mais, même si l'on admet l'indulgence de nombreux cadis locaux en la matière, le recours aux actes notariés en contexte judiciaire constitue encore pour d'autres raisons un pari risqué. Car la valeur probante de l'écrit se heurte à une vulnérabilité qui tient à la fois à la matérialité et au contenu des documents exhibés.

Commentons d'abord le premier point. Il réfère aux difficultés liées à la lecture et à la compréhension linguistique des actes notariés dont nos sources font régulièrement état. Dans un acte de habous le passage mentionnant le nom du fondateur peut par exemple être déchiré et une enquête doit être lancée afin de déterminer l'identité de la personne[86]. Dans d'autres cas, nous apprenons que la date d'un document a été effacée[87], oubliée au moment de la rédaction[88], ou bien s'est révélée fautive[89]. Enfin, le libellé risque d'être en partie illisible[90], affecté d'erreurs grammaticales[91], voire poser des problèmes de compréhension à cause de l'ambiguïté de certains termes qui y sont employés[92]. La question est particulièrement sensible quand l'équivoque concerne la délimitation d'un terrain vendu ou déclaré habous[93]. Pour résoudre ce type de difficultés, l'appel est souvent fait au jurisconsulte qui doit à l'occasion se muer en expert graphologique, comme l'illustre ce passage d'une requête adressée par Muḥammad al-ʿĀlim al-Zajlāwī à son collègue ʿAbd al-Raḥmān al-Jantūrī au sujet d'un litige entre héritiers concernant des droits de propriété de l'eau au sein d'une foggara :

85 Sur le corps des *ʿudūl*, voir Müller, *Gerichtspraxis im Stadtstaat Cordoba*, *op. cit.*, pp. 147–148, Tyan, *Le notariat et le régime de la preuve par écrit dans la pratique du droit musulman*, *op. cit.*, pp. 12–13.

86 *Ghunya*, *ms. cit.*, f. 539.

87 *Ibidem*, f. 671.

88 *Nawāzil al-Jantūrī*, f. 119, f. 174

89 *Ibid.*, f. 648.

90 *Nawāzil al-Zajlāwī*, *ms. cit.*, f. 73.

91 *Ghunya*, *ms. cit.*, f. 669.

92 *Ibidem*, f. 540–541.

93 *Ibid.*, f. 606.

> Devant l'auteur de ces lignes, untel s'est présenté avec son adversaire, le représentant légal des héritiers résidant sur place. Le plaignant a exhibé un acte notarié dans lequel, à la quatrième ligne du libellé, la plume précipitée du rédacteur a chambardé quelques lettres. Je me suis donc penché sur ce qu'il a écrit [...]. Soit il s'agit du chiffre 68, soit l'auteur voulait écrire 98, ce qui me semble le plus probable, car les lettres de 95 [sic] correspondent au nombre des lettres [du chiffre noté] dans le registre de la foggara[94]. Toutefois, [l'auteur de l'acte] ne pourra pas nous donner des explications à ce propos, car il est décédé[95].

Aux défectuosités matérielles s'ajoutent les insuffisances de forme ou de fond qui, dans la pratique des prétoires oasiens, entraînent souvent la disqualification des actes présentés. En particulier dans le domaine des conflits fonciers, nous remarquons une propension des jurisconsultes locaux à pointer du doigt l'imprécision des documents soumis à leur évaluation quant à l'indication des limites du terrain controversé et à l'énumération des droits de propriété s'y rattachant[96]. L'observation se vérifie également pour les actes ayant trait à la propriété de l'eau dans les foggaras. Consulté par le cadi de Tamentit au sujet d'un litige où les parties s'appuient uniquement sur des documents écrits, ʿAbd al-Raḥmān al-Tinilānī rejette en bloc l'ensemble des actes notariés exhibés en accusant le caractère vague de leurs libellés qui, selon lui, risquerait de ne pas tenir compte de transactions ultérieures réalisées sur des parts d'eau de la foggara ou d'éventuels travaux d'aménagement. Il serait de ce fait indispensable que les plaideurs présentent encore d'autres preuves confirmant les indications dans les documents allégués, avant qu'une décision judiciaire puisse être rendue[97].

Le litige évoqué laisse de plus entrevoir que certains documents sont disqualifiés en raison des principes régissant leur rédaction. Or, parmi les écrits exhibés au prétoire figurent également quelques extraits du registre de la foggara (*zmām*) qui tient d'ordinaire méticuleusement compte de tout changement

---

94 C'est-à-dire dans le registre où sont notés les parts d'eau de chacun des propriétaires de la foggara.

95 *Nawāzil al-Zajlāwī*, *ms. cit.*, f. 73.

96 Cf., par exemple, *Ghunya*, *ms. cit.*, f. 474.

97 Le mufti déclare : « Il est évident que [la revendication] de l'eau sur laquelle porte la dispute doit être traitée seulement comme une simple assertion en absence d'indices plus pertinents. Par conséquent, aucun des actes notariés exhibés n'aura davantage de valeur de preuve, étant donné que le débit exact de l'eau [dans la foggara] n'y est pas explicité. » : *ibidem*, f. 704–705.

dans la propriété de l'eau[98]. Le maître de Tinilane nie d'emblée toute force probante aux informations contenues dans ces extraits, ne serait-ce qu'à titre d'indice. Pour quelle raison ? Selon al-Tinilānī, les documents issus des registres de la foggara sont irrecevables parce qu'ils indiquent seulement la part globale revenant aux collectifs familiaux propriétaires, sans spécifier les attributions individuelles des différents membres de chaque groupe. Même si, du point de vue de leur forme, les extraits présentés peuvent être associés à des témoignages transcrits et, par là, intégrés dans la procédure judiciaire, la logique lignagère sur laquelle repose la fixation des droits dans ce type d'archives communautaires ne les rend pas moins inutilisables, car incompatibles avec l'individualisme juridique du *fiqh*.

L'évaluation de la pertinence de l'écrit en contexte judiciaire se complique davantage quand la mobilisation d'actes notariés bute sur d'autres stratégies argumentatives. Il est vrai que, dans certains cas de figure, l'écrit l'emporte sans difficulté. Ainsi, en matière foncière, la « renommée commune » ne saurait prévaloir dès lors qu'elle est défiée par l'existence de titres de propriété. C'est ce qu'énonce en toute clarté Muḥammad al-Tinilānī à propos d'un litige de habous : « L'argument de la renommée commune est inopérant en présence d'un acte de habous »[99]. Le cadi de Mlouka en tire les conséquences en déboutant une plainte déposée pour invalider un tel acte en précisant dans son jugement que « la renommée commune est une preuve faible [100]» dont la seule fonction consiste à suppléer à l'absence de témoignages oraux ou d'actes notariés[101]. Néanmoins, cette préférence accordée à la mémoire graphique est fragile. Les juristes oasiens rejettent par exemple l'acte notarié à partir du moment où le libellé se trouve en contradiction avec les normes communautaires locales. La remarque vaut, en particulier, pour les règlements concernant les modalités de la participation à l'usufruit d'un objet habousé, à savoir quand il y a divergence entre les coutumes régissant les biens de mainmorte et l'intention du fondateur telle qu'elle a été fixée dans l'acte du habous[102]. Nous venons d'exposer la conflictualité inhérente à ce type de document. Dans l'affaire à laquelle nous faisons allusion ici, l'auteur de la demande de consultation impute la déviance du libellé par rapport au consensus communautaire à une

98 Sur l'institution du *zmām* dans l'archipel oasien, voir, par exemple, Grandguillaume « Régime économique et structure du pouvoir », *art. cit.*, p. 443 et Marouf, Nadir, *L'eau, la terre, les hommes : passé et présent des oasis occidentales* (*Algérie*), Paris, l'Harmattan, 2010 pp. 132–169.

99 « *fa-shahādat al-samāʿ lā tanfaʿu maʿa wujūd rasm al-ḥubus* » : *Ghunya, ms. cit.*, f. 529.

100 « *shahādat al-samāʿa ḍaʿīfa* »

101 *Ibidem*, f. 541.

102 *Ibid.*, f. 552.

probable erreur de la part du clerc ayant rédigé l'acte en question étant donné que « le travail des témoins instrumentaires de notre temps se caractérise par un manque d'expertise et de rigueur »[103]. Quoi qu'il en soit, ʿAbd al-Raḥmān al-Tinilānī, auquel le cas est soumis, ne tarde à donner priorité aux stipulations coutumières.

Les limites du recours à l'écrit sont encore plus évidentes lorsqu'on examine la version locale d'un contentieux foncier très répandu en milieu rural maghrébin : la possession effective d'un terrain est défiée par un individu ou un groupe qui allèguent un droit de propriété originel sur l'objet et cela par le seul recours à des écrits notariés souvent d'une ancienneté remarquable – et partant douteuse[104]. Dans les oasis du Grand Touat, de telles remises en cause visent en premier lieu les « terres mortes » (*mawwāt*) redevenues rentables à la suite des travaux de défrichage réalisés par un entrepreneur privé. La *Ghunya* nous apprend à ce propos le cas d'un homme qui, pendant deux ans, laboure un terrain dont le statut de terre morte a été formellement établi par le *qāḍī al-jamāʿa* de Tamentit[105]. Au moment où ses efforts commencent à porter des fruits, il est confronté à une série de plaintes déposées par un habitant de son village qui prétend que, dans le passé, le terrain a été exploité par ses ancêtres. Cependant, les magistrats sollicités déboutent chaque fois le plaignant, pour autant que la réclamation s'appuie seulement sur des documents écrits[106] et qu'aucun indice morphologique ne plaide en faveur d'une occupation ancienne.

Il s'agit là d'une position qui fait consensus dans les milieux de juristes oasiens. Le compilateur des *Nawāzil* d'al-Zajlāwī relate ainsi que son père Muḥammad al-ʿĀlim a tranché un litige entre un groupe de chorfa du village d'Azzi au sujet d'un terrain défriché en déclarant de manière catégorique : « La possession effective l'emporte sur les contrats [107]» Selon le maître de Zaglou, l'exploitation d'une terre qui pendant un laps de temps déterminé demeure incontestée finit par créer un droit de propriété, à moins que le « silence » (*sukūt*) des détenteurs originaux n'ait résulté de contraintes (*māniʿ*) empêchant une prise de parole antérieure. Autrement dit, à la différence des sociétés berbères du Haut Atlas, où, selon Berque, l'acte notarié constitue effectivement

---

103 *Ibid.*

104 Cf., par exemple, Bedoucha, *L'eau, l'amie du puissant*, *op. cit.*, p. 100.

105 *Ghunya*, *ms. cit.*, ff. 706–707.

106 Il s'agit d'un acte de propriété datant du IXe siècle de l'hégire, ce qui correspond au XVIe siècle, ainsi que d'un certain nombre de transcriptions de témoignages de notables locaux.

107 « *al-ḥiyāza taghlabu al-ʿuqūd* » : *Nawāzil al-Zajlāwī*, *ms. cit.*, f. 78.

« la base légitimante et l'ultime recours de toute possession »[108], la judicature oasienne accorde à la « possession effective » (*ḥiyāza*) une valeur de preuve qui repousse l'argument de la mémoire graphique.

L'exemple de la *ḥiyāza* ne fait que confirmer notre observation selon laquelle l'écrit est loin de constituer un outil toujours fiable pour défendre ses intérêts en justice. Fréquemment, il risque d'être invalidé pour des raisons matérielles et techniques ou bien d'être subordonné à des principes juridiques plus probants. Il en ressort le constat, quelque peu paradoxal, d'une vie judiciaire oasienne hautement 'scripturalisée' où l'acharnement à fonder les revendications sur l'autorité de l'écrit entraîne souvent un échec cuisant au prétoire.

## L'espace judiciaire comme lieu d'acculturation

En recourant aux services des différents cadis et muftis de leur région, les ksouriens du Grand Touat se frottent à un système juridique complexe. L'appropriation de l'espace judiciaire va de pair avec l'intériorisation active de connaissances dont le *fiqh* constitue la matrice. Car ceux qui sollicitent la magistrature oasienne sont confrontés à des savoirs scripturaux et techniques qu'ils sont en même temps amenés à mettre en pratique. Ces savoirs peuvent être qualifiés de techniques parce qu'ils articulent des ruptures avec les pratiques du quotidien, pour autant que n'importe quel acte performatif au tribunal perçoive sa valeur judiciaire en fonction d'un système de classifications normatives qui est externe à l'environnement immédiat de son auteur. Ils sont scripturaux dans le sens où les modalités de leur mise à contribution impliquent presque toujours, d'une manière ou d'une autre, l'écriture.

L'auditoire du cadi est donc tant un lieu de régulation sociale qu'un lieu d'acculturation[109]. La confrontation au prétoire engendre sa propre dynamique à travers laquelle les savoirs d'une normativité en action se fabriquent. Elle n'exige pas uniquement la mobilisation de compétences déjà acquises, mais requiert, au même titre que la connaissance des règles, la maîtrise d'un 'art de la performance'. Comment déconstruire le point de vue de l'adversaire ? Comment riposter aux arguments allégués par l'autre partie ? Comment

108 Berque, *Structures sociales du Haut-Atlas*, *op. cit.*, p. 329.

109 Dans cet ordre d'idées, remarquons que le fait de déroger à une norme juridique – en falsifiant des actes notariés, en procédant à des libéralités fictives, en recourant à des dons nuptiaux symboliques, etc. – n'implique pas moins la reconnaissance de la potentielle pertinence de cette norme qu'il s'agit précisément de circonvenir. Voir Weber, Max, *Rechtsoziologie*, Neuwied, Hermann Luchterhand Verlag, 1960, pp. 54–55.

contrecarrer les stratagèmes et réagir aux subterfuges ? Ou bien comment les placer soi-même de façon judicieuse pour qu'ils soient efficaces ? Ce sont là autant de 'manières de faire' que les acteurs s'approprient en accumulant des expériences en contexte judiciaire, par mimésis sociale pour ainsi dire[110].

Vu sous cet angle, les litiges que nous avons analysés dans ce chapitre soulèvent la question de la diffusion d'instruments et de concepts juridiques au sein des populations du Grand Touat. Il est bien entendu que seule une enquête empirique à partir d'un fonds d'archives, comme celui des registres de cadi, nous autoriserait à émettre des propositions quantitatives sur le degré de judiciarisation de la société ksourienne aux XVIII^e^ et XIX^e^ siècles. Nicolas Michel a récemment relevé le défi à propos de l'Égypte ottomane en remarquant que l'acculturation aux outils du droit musulman reste limitée en dépit de l'omniprésence des tribunaux de cadi[111]. Cette situation vaut en particulier pour les milieux ruraux où, à partir d'une étude de cas sur la campagne d'Esna en Haute-Égypte, l'historien constate une « distance réciproque » entre fellahs et magistrature[112]. Selon Nicolas Michel, à la différence des villes, acquises aux institutions judiciaires islamiques, les villageois ne se rendent qu'exceptionnellement au prétoire, dans la mesure où ils préfèrent régler leurs litiges au moyen de dispositifs coutumiers, distincts de la charia et issus d'une culture de l'oral.

Pour autant, la vive lueur que projettent les diverses consultations exposées sur les interactions se déroulant dans les séances judiciaires nous a permis de reconstruire, au moins de façon qualitative, quelques enjeux des processus par lesquels la population oasienne s'approprie les outils du *fiqh*. En guise de conclusion, remarquons donc que l'image d'une société rurale peu judiciarisée, où les recours à la justice et à ses procédés scripturaires restent, tout

110 C'est précisément ce que se proposent d'analyser, dans le domaine de la sociologie juridique, les études s'intéressant au « droit en action » (*law-in-action*). Voir Travers, Max, Manzo, John, *Law in Action: Ethnomethodological and Conversation Analytical Approaches to Law*, Alderhot, Ashgate, 1997. Sur l'utilité du concept de mimésis pour les sciences sociales, on lira avec intérêt Wulf, Christoph, *Zur Genese des Sozialen : Mimesis, Performativität, Ritual*, Bielefeld, Transcript Verlag, 2005. L'ouvrage a été traduit en français : *Une anthropologie historique et culturelle : rituels, mimésis sociale et performativité*, Paris, Téraèdre, 2007.

111 Michel, Nicolas, « Registres de cadis d'Egypte (1743/1744) et notariat de Provence : pertinence d'une méthodologie comparative » in Audisio, Gabriel (éd.), *L'historien et l'activité notariale. Provence, Italie, Égypte*, Toulouse, Presses Universitaires du Mirail, 2005, pp. 225–252, « Les paysans et leur juge dans la campagne d'Esna (Haute-Égypte) au XVIII^e^ siècle » in *Studia Islamica*, 2000, vol. 90, pp. 125–151.

112 Michel, « Les paysans et leur juge dans la campagne d'Esna », *art. cit.*, p. 150.

compte fait, un phénomène marginal, ne se vérifie pas pour le cas du Grand Touat au XVIIIe siècle. Bien au contraire, les ksouriens se présentent comme des procéduriers aguerris, conscients des possibilités que l'instance judiciaire leur offre. L'étude des recours à la judicature oasienne par la population féminine nous fournit maintenant l'occasion de réfléchir sur l'importance de ces stratégies de prétoire dans le contexte plus large de l'organisation sociale du Grand Touat de l'époque.

CHAPITRE 8

# Un lieu de recours ambigu

Le rôle du prétoire comme lieu de recours pour tous ceux dont une position sociale fragile précarise la défense des intérêts constitue sans doute un des aspects les mieux étudiés de la justice en terre d'Islam. La façon dont la population féminine s'est appuyée sur les structures judiciaires pour faire respecter ses droits légaux a, en particulier, fait l'objet d'une série de travaux monographiques d'une grande qualité. La remarque vaut tant pour les époques médiévale[1] et ottomane[2] que pour les divers contextes coloniaux et contemporains où les compétences juridictionnelles des tribunaux islamiques ont été progressivement confinées aux ressorts du droit familial et successoral[3].

---

1 Cf. Powers, David S., « Four Cases Relating to Women and Divorce in al-Andalus and the Maghrib, 1100–1500 » in Masud et *alii* (éd.), *Dispensing Justice in Islam, op. cit.*, pp. 383–409 et « Women and Divorce in the Islamic West: Three Cases » in *Hawwa: Journal of Women of the Middle East and the Islamic World*, 2003, vol. 1, n° 1, pp. 29–45, Rapoport, Yossef, *Marriage, Money and Divorce in Medieval Islamic Society*, Cambridge, Cambridge University Press, 2005, Tillier, Mathieu, « Women before the Qāḍī under the Abbasids » in *Islamic Law and Society*, 2009, vol. 16, n° 3, pp. 280–301.

2 Un des premiers travaux réalisés sur la question est Jennings, Ronald C., « Women in Early 17th Century Ottoman Judicial Records: The Sharia Court of Anatolian Kayseri » in *Journal of the Economic and Social History of the Orient*, 1975, vol. 18, n° 1, pp. 53–114. L'étude de Ronald Jennings reste une excellente introduction à la problématique des recours féminins à la justice islamique. En particulier la conclusion fournit un résumé pertinent. Cf. *ibidem*, pp. 110–114. L'article a servi de point de départ pour le développement de tout un courant de recherches au sein des études ottomanistes. Nous évoquons ici seulement quelques travaux récents qui nous semblent représentatifs de la variété des approches adoptées en la matière les quinze dernières années : Agmon, *Family and Court, op. cit*, Grangaud, Isabelle, *La ville imprenable : une histoire sociale de Constantine au 18e siècle*, Paris, Éd. de l'EHESS, 2002, pp. 130–176, Peirce, *Morality Tales, op. cit.*, Tamdogan, Işık, « L'écrit comme échec de l'oral ? L'oralité des engagements et des règlements à travers les registres de qadi d'Adana du XVIIIe siècle » in *Revue des mondes musulmans et de la Méditerranée*, 1995, n° 75–76, pp. 155–165, Tucker, Judith, *In the House of the Law: Gender and Islamic Law in Ottoman Syria and Palestine*, Berkeley, University of California Press, 1998.

3 Hirsch, Susan F., *Pronouncing and Persevering: Gender and the Discourses of Disputing in an African Islamic Court*, Chicago, University of Chicago Press, 1998, Layish, Aharon, *Divorce in the Libyan Family*, New York, New York University Press, 1991, Lydon, Ghislaine, « Obtaining Freedom at the Muslims' Tribunal: Colonial Kadijustiz and Women's Divorce Litigation in Ndar (Senegal) » in Jeppie, Shamil, Moosa, Ebrahim, Roberts, Richard (éd.), *Muslim Family Law in Sub-Saharan Africa: Colonial Legacies and Post-Colonial Challenges*, Amsterdam,

 | DOI 10.1163/9789004341265_010

L'intérêt suscité par l'institution judiciaire dans ce contexte se comprend. Notamment en ce qui concerne les périodes prémodernes, les textes juridiques fournissent à l'historien une opportunité insoupçonnée de saisir des acteurs voués à l'invisibilité dans les sources littéraires (chroniques, dictionnaires biographiques, etc.). L'analyse sociographique de recueils de *fatāwā* et, encore plus, le dépouillement des archives de tribunaux ottomans ont effectivement permis l'écriture d'une histoire de la condition féminine qui, autrement, aurait été impossible[4].

Dès lors, il n'est guère surprenant que les différents travaux sur la question insistent en premier lieu sur la latitude des acteurs féminins en contexte judiciaire. Le tribunal du cadi dans les sociétés musulmanes prémodernes est présenté comme un espace de débat communautaire, comme un « forum public » (*public forum*), selon le mot de l'ottomaniste américaine Leslie Peirce[5], comme une instance de négociation des rapports entre intérêts individuels et normes collectives. Ces processus de négociation sociale sont encadrés par des acteurs aussi soucieux de préserver la stabilité intérieure de leurs communautés que de satisfaire les exigences d'une normativité juridique qu'ils tiennent pour sacré[6]. En conséquence, le tribunal constitue un des rares lieux institutionnels où les membres de groupes subalternes, et plus particulièrement la population féminine, accèdent à la parole et sont autorisés à venir exprimer leurs griefs. Ce caractère ouvert explique la fréquentation massive des prétoires musulmans par une clientèle féminine qui se recrute dans toutes les couches sociales et qui est consciente des possibilités offertes par l'instance judiciaire[7]. Étudiant la justice citadine de Constantine au XVIII<sup>e</sup> siècle, Isabelle Grangaud va jusqu'à évoquer une « culture féminine » de la

---

Amsterdam University Press, 2010, pp. 135–164, Stiles, Erin, *An Islamic Court in Context*, *op. cit.* Voorhoeve, Maaike, *Gender and Divorce Law in North Africa: Sharia, Custom and Personal Status Law in Tunisia*, Londres, New York, I. B. Tauris, 2014.

4 Voir aussi Guechi, Fatima Zohra, « *Mahkama* Records as a Source for Women's History: The Case of Constantine » in Sonbol, Amira el-Azhary (éd.), *Beyond the Exotic: Women's Histories in Islamic Societies*, New York, Syracuse University Press, 2005, pp. 152–162.

5 Peirce, *Morality Tales*, *op. cit.*, p. 6.

6 Cf. *ibidem*, p. 5 et p. 247. Voir aussi Tucker, *In the House of the Law*, *op. cit.*, p. 182.

7 Leslie Peirce et Mathieu Tillier observent toutefois que l'accès au tribunal est sensiblement plus aisé pour les femmes d'extraction sociale modeste. C'est parce que celles-ci sont moins exposées aux pratiques de réclusion prévalant dans les milieux notables. Cf. Peirce, *Morality Tales*, *op. cit.*, p. 163 et Tillier, « Women before the Qāḍī under the Abbasids », *art. cit.*, pp. 294–301.

revendication qui fait apparaître les femmes « comme des procédurières que l'accès à l'institution juridique n'effarouche pas »[8].

Comme dans d'autres champs de l'historiographie moderne, l'accent porté sur la 'créativité' des sujets sociaux dans leurs recours à la justice a permis de surmonter la stérilité de l'approche qui oppose diamétralement une masse indifférenciée de 'dominés' à leurs maîtres 'dominants' guère moins obscurs[9]. Une mise en garde est toutefois nécessaire : si le pouvoir des juges musulmans est susceptible de protéger, voire d'imposer, les droits légaux de chaque individu, il fonctionne simultanément comme un instrument coercitif puissant par lequel l'ordre communautaire normalise les déviances. En se focalisant exclusivement sur l'aptitude des acteurs féminins à exploiter les dispositifs de l'institution judiciaire, le risque est bien réel de finir par évacuer tous ces cas de figure dans lesquels les tribunaux islamiques rejettent les demandes des 'faibles', affirment péremptoirement l'hégémonie des structures patriarcales, et fonctionnent comme soutien juridique du groupe. À notre avis, les ressorts de ce pouvoir de normalisation restent encore peu mis en relief dans les études sur le sujet[10]. Dans ce qui suit, nous allons donc tenter de restituer la complexité d'une oscillation permanente entre contrainte et souplesse. Elle nous semble consubstantielle au rôle social assumé par la justice des cadis quand celle-ci s'érige en instance de recours.

Qu'en est-il en effet des ksouriennes fréquentant les divers prétoires de cadis disséminés à travers l'archipel oasien du Grand Touat ? Dans l'historiographie maghrébine, l'interrogation revêt une importance particulière, car les recours des femmes à l'instance judiciaire islamique ont, jusqu'à présent, été pensés comme des phénomènes essentiellement urbains, tout au moins en ce qui concerne les périodes prémodernes. Au regard de nombreux spécialistes, il est acquis que seule la ville est en mesure d'abriter une magistrature suffisamment autonome pour s'imposer comme acteur de régulation sociale[11]. En dehors

8 Grangaud, *La ville imprenable*, *op. cit.*, p. 166.

9 Une utile réflexion historiographique sur cette question se trouve dans Revel, Jacques, « L'institution et le social » in Lepetit, Bernard (éd.), *Les formes de l'expérience*, *op. cit.*, pp. 63–84.

10 Dans son étude sur Constantine, Isabelle Grangaud attire l'attention sur l'orientation profondément conservatrice de la justice citadine. Elle omet cependant d'approfondir la question. Cf. Grangaud, *La ville imprenable*, *op. cit.*, p. 167.

11 Par exemple, Isabelle Grangaud qualifie les multiples actions en justice intentées par les femmes constantinoises comme « l'une des caractéristiques qui singularisent la justice de Constantine, c'est-à-dire de la ville » : Grangaud, *La ville imprenable*, *op. cit.*, p. 176. L'auteur n'y fait que reprendre une proposition d'Allan Christelow qui affirme à propos du tribunal de cadi de Constantine dans les années 1850 : « Les juges citadins, en particulier à

des murailles de la cité, au sein des communautés rurales, le cadi fonctionnerait au contraire comme un simple agent d'exécution, mal déguisé, des coutumes tribales qui plient les femmes au dictat des groupes agnatiques, ou bien il servirait de marqueur symbolique exprimant, à travers la procédure de son investiture, la souveraineté revendiquée par un acteur politique sur un territoire donné. Encore doit-il exister sur place, ce qui – il faut bien l'admettre – ne va pas toujours de soi. Autrement, la résolution d'affaires litigieuses se réaliserait à l'intérieur d'institutions communautaires sur lesquelles se greffent par moments les initiatives d'arbitrage et de protection engagées par les 'marabouts', c'est-à-dire le corps des saints ruraux. Le tribunal du cadi, en tant que dispositif de recours contre les rigueurs des stipulations coutumières, resterait simplement hors de portée pour l'immense majorité des femmes vivant dans les campagnes maghrébines, à moins qu'elles cherchent l'abri des îlots citadins[12].

Doit-on se contenter d'un tel constat ? Le cadi – là où l'institution de la judicature existe – serait-il nécessairement l'instrument docile des collectivités rurales s'attelant à fabriquer un moule juridique suspect pour des pratiques sociales dont les logiques internes procèdent de bien d'autres ressorts ? Notre analyse des *nawāzil* du Grand Touat nous a déjà conduits à plusieurs reprises à mettre en doute cette vision des choses. Il en va de même des recours féminins. À en juger les recueils dépouillés, les ksouriennes sont au contraire nombreuses à se rendre auprès des magistrats locaux. Elles réclament le paiement des pensions alimentaires (*nafaqa*) auxquelles elles ont droit en tant qu'épouses selon les normes du *fiqh*. Elles protestent contre les sévices d'un mari violent, de même qu'elles exigent le divorce pour dommages matériels ou lésions corporelles. Enfin, elles revendiquent leurs parts d'héritage toujours menacées par les contraintes d'une société patrilinéaire. Par moments, affleurent à la surface des textes des fatwas leurs noms. Conscientes des possibilités que leur offre l'instance judiciaire, les habitantes du Grand Touat y recourent et, par là, elles permettent une perception des interactions à l'intérieur de l'espace oasien différente de celles des hommes. En apparence, aucune divergence de fond ne

---

Constantine, avaient tendance à donner plus de considération aux droits de femmes que leurs homologues tribaux. En adoptant cette ligne de conduite, les cadis urbains montraient leur allégeance à l'orthodoxie juridique avec leur mépris à l'égard des pratiques violentes des populations rurales » : Christelow, *Muslim Law Courts and the French Colonial State in Algeria*, *op. cit.*, p. 88.

12 L'hypothèse d'un rôle de refuge assumé par la ville est développée par Allan Christelow étudiant le cas de Constantine dans les années 1850. On notera que l'auteur travaille avec une documentation essentiellement francophone. Cf. Christelow, *Muslim Law Courts and the French Colonial State in Algeria*, *op. cit.*, pp. 86–95.

transparaît *a priori* entre les types de contentieux débattus devant les cadis ksouriens et ceux qui prévalent en ville. Les litiges ont parfois une allure quasi scolaire dans la mesure où ils se conforment aux cas de figure mis en évidence à partir des contextes urbains par les spécialistes du droit musulman[13]. L'impression est cependant fallacieuse. Une analyse plus sociologique des configurations conflictuelles exposées dans les *nawāzil* fait ressortir des singularités d'un terroir qui est distinct du monde citadin : nous découvrons une population féminine aux prises avec les rapports de force engendrés par une organisation sociale de type lignager.

## Les ksouriennes et la circulation de la propriété

La première impression qui se dégage de notre enquête sur les présences féminines dans les *nawāzil* du Grand Touat est celle d'une forte intégration des ksouriennes dans les échanges économiques et fonciers. Comme en milieu urbain, elles disposent de fortunes personnelles qui sont parfois considérables. Accusée d'avoir accaparé la récolte d'un jardin appartenant à sa belle-sœur, une certaine Manṣūra bint Sālim, originaire du Bas-Touat, se défend ainsi devant un cadi oasien en détaillant ses sources de revenus : « Tout ce que je possède résulte du négoce (*tijāra*), de mon travail artisanal (*ṣinaʿatī*) et de l'héritage (*mīrāthī*) que j'ai reçu de mes parents »[14]. Investissements commerciaux, activités artisanales à domicile, accumulation de biens reçus en héritage : la réplique de l'accusée laisse entrevoir une indépendance matérielle étonnante. Elle est d'autant plus remarquable qu'elle suggère aussi une participation à la transmission successorale de la terre, et ce en dépit de l'existence, localement, de mécanismes d'exclusion par lesquels les sociétés maghrébines prémodernes tendent à écarter la population féminine de l'accès au foncier.

En vérité, la grande majorité des cas relevés mettent en scène des ksouriennes se rendant au tribunal pour défendre ou pour faire valoir des droits de propriété portant sur des terres – jardins palmiers et champs à cultures

13 Un excellent aperçu sur les enjeux juridiques des conflits impliquant des acteurs féminins reste l'étude d'Aharon Layish sur les tribunaux libyens. Elle est à comparer avec le travail récent de Maya Shatzmiller à partir du cas de Grenade nasride. Voir Layish, *Divorce in the Libyan Family*, *op. cit.* et Shatzmiller, Maya, *Her Day in Court: Women's Property Rights in Fifteenth-Century Granada*, Harvard, Harvard University Press, 2007.

14 *Nawāzil al-Zajlāwī*, *ms. cit.*, ff. 86–87. Sur l'artisanat dans l'archipel oasien, voir Suter, Karl, « Der Hausrat im Touat (südalgerische Sahara) » in *Zeitschrift für Ethnologie : Organ der deutschen Gesellschaft für Völkerkunde*, 1954, vol. 79, pp. 193–201, en particulier p. 201.

variées –, ainsi que sur ce qui s'y rattache accessoirement[15]. Les initiatives qu'elles prennent en contexte judiciaire semblent alors témoigner d'une relative autonomie dans la gestion de leur patrimoine foncier. Une habitante du Gourara n'hésite pas à s'allier aux créanciers de son mari, devenu insolvable, en réclamant d'être associée aux bénéfices résultants d'éventuelles ventes forcées ordonnées par le cadi du lieu[16]. Il faut savoir que le débiteur a assuré durant de longues années l'exploitation de propriétés foncières que l'épouse avait reçues en héritage de son père. En conséquence, la plaignante exige la restitution de la valeur de l'ensemble des récoltes engrangées par le mari pendant qu'il était responsable des terres en question. Cette véhémence caractérisant de nombreuses revendications documentées dans les *nawāzil* s'explique par le fait que les plaintes déposées ont de chances réelles d'aboutir à des sanctions de la part des magistrats. Dans une autre affaire de dettes, une femme saisit le cadi ʿUmar b. ʿAbd al-Qādir al-Tinilānī en vue d'obtenir le remboursement d'un prêt qu'elle avait accordé à son frère, résidant à l'étranger[17]. Le cadi accueillit la requête en décrétant la vente aux enchères d'un jardin que l'absent avait donné en gage à sa sœur[18].

Le jugement ne fait que traduire une tendance globale. Pour autant que les juristes oasiens situent leurs décisions à l'intérieur d'un système normatif soucieux de la protection de la propriété individuelle, ils sont nécessairement conduits à défendre le droit reconnu par le *fiqh* aux femmes adultes de disposer librement de leurs biens[19]. Ce principe est même explicitement énoncé dans certaines consultations juridiques. Muḥammad al-ʿĀlim al-Zajlāwī saisit l'occasion d'une dispute conjugale sur la propriété de l'eau dans une foggara

15 C'est-à-dire les plantations – en premier lieu les palmiers – et les parts d'eau servant à l'irrigation. Il faut savoir que, dans les oasis du Grand Touat comme ailleurs au Sahara, les surfaces cultivables se divisent juridiquement en ces trois composantes dont chacune peut faire l'objet d'une appropriation et d'une transmission individuelles. Voir Bedoucha, *L'eau, l'amie du puissant*, *op. cit.*, pp. 71–75.

16 *Nawāzil al-Jantūrī*, *ms. cit.*, f. 144.

17 *Ghunya*, *ms. cit.*, f. 216.

18 Notons en passant que l'acte rédigé par le juge expose les différentes étapes de la procédure à observer dans ce type d'aliénations forcées qui semblent, par ailleurs, fréquentes à l'époque. La valeur du gage est d'abord évaluée, puis l'objet est mis en vente pendant une période de huit jours. Ensuite, la transaction peut être conclue par l'intermédiaire d'un courtier (*samsar*) en présence de deux témoins professionnels intègres. La femme recouvre sa dette du prix obtenu, après la prestation d'un serment exécutoire (*yamīn al-qaḍāʾ*) précisant qu'il ne lui reste dorénavant plus de réclamation contre son frère. Au débiteur revient alors le reliquat. Toutefois, si le montant s'avère insuffisant pour rembourser la créance, la propriété de l'absent continue d'être engagée.

19 Cf. *Ghunya*, *ms. cit.*, f. 70, f. 72 et *Nawāzil al-Jantūrī*, *ms. cit.*, f. 182, f. 184.

pour affirmer, de façon péremptoire, l'indépendance de l'épouse à l'égard de son mari, en ce qui concerne la gestion de son patrimoine : « Elle n'a pas besoin de son consentement [celui du mari], de même que, lui, il ne saurait exercer une contrainte sur elle »[20].

Cependant, en examinant ces quelques exemples de ksouriennes défendant leurs propriétés personnelles au prétoire, l'on ne peut manquer d'être interpellé par un trait saillant des configurations conflictuelles relevées. Celles-ci affectent toujours, d'une manière ou d'une autre, une constellation parentélaire : la sœur attaque son frère en justice pour réclamer un prêt concédé ; l'épouse protège l'héritage paternel contre la faillite de son mari ; enfin, la ksourienne du Bas-Touat accuse sa belle-sœur d'avoir usurpé la récolte de son jardin. L'observation se vérifie pour l'ensemble des cas d'espèce identifiés dans nos sources. Les plaintes déposées par les ksouriennes ou auxquelles celles-ci sont confrontées mettent presque toujours en jeu des personnes issues des cercles dont se compose la parenté de filiation et d'alliance. En somme, les recours féminins à l'instance judiciaire ne visent pas des transactions au profit de tiers non-apparentés, ou du moins pas directement[21]. Ils portent au contraire sur les points litigieux de l'appropriation de ressources circulant au sein d'un espace social qui est celui de la famille élargie.

### L'ambiguïté des outils juridiques

Regardons de plus près. Le lecteur de n'importe quel corpus de jurisprudence doit toujours être conscient du fait que « le moule juridique ne livre pas la substance même des pratiques ou leur logique profonde », comme le remarque à juste titre Bernard Derouet à propos d'enjeux passablement similaires concernant les campagnes de la France sous l'Ancien Régime[22]. Les populations rurales sont amenées à s'approprier le système juridique dans le cadre de pratiques sociales dont les ressorts ne coïncident pas nécessairement avec les finalités des normes auxquelles recours est fait en vue d'assurer aux actes une légitimité juridique et – pour le cas du droit musulman – religieuse. Les motivations et les stratégies derrière la saisine de la magistrature peuvent

20 *Nawāzil al-Zajlāwī*, *ms. cit.*, f. 49.

21 Admettons néanmoins que l'assertion nécessite une vérification au moyen de l'examen d'une documentation archivistique, comme les registres de cadi ou les corpus d'actes notariés.

22 Derouet, Bernard, « Les pratiques familiales, le droit et la construction des différences (XVe - XIXe siècles) » in *Annales H. S. S.*, 1997, vol. 52, n° 2, p. 391.

diverger de la logique interne des outils juridiques investis, voire la contredire, bien entendu, sans qu'il soit pour autant toujours opportun de parler d'une « loi hybride » (*hybrid law*) où se mêleraient normes du *fiqh* et normes communautaires[23].

L'exposé de quelques litiges relatifs aux divers types de libéralités entre vifs (*tabarruʿāt*), y compris les habous familiaux (*ḥubus ahlī*) et les legs (*waṣāyā*), rendra plus claire cette proposition[24]. Comme la sociologie du Maghreb rural a pu le montrer, ce sont là des procédés certes ancrés dans le *fiqh* mais qui servent en premier lieu à assurer une certaine souplesse en matière successorale par rapport aux règles strictes concernant les parts héréditaires (*al-farāʾid*)[25]. Il va sans dire que de telles libéralités, lorsqu'elles émanent de femmes, ne sont souvent qu'une forme d'auto-exhérédation concédée sous la pression du groupe agnatique. Par conséquent, certains juristes mālikites les déclarent dépourvues d'effets juridiques en raison du fait qu'elles résultent d'ordinaire de contraintes exercées sur les donatrices. Houari Touati a pu restituer à ce propos une âpre polémique opposant deux jurisconsultes du Ghrīs algérien au XVIIe siècle, où l'un d'eux enchaîne toute une panoplie d'arguments d'autorité (*qawl*, pl. *aqwāl*) pour appuyer sa ferme condamnation de la pratique face à l'indulgence de son disciple[26]. De telles condamnations s'aperçoivent également dans les milieux lettrés oasiens, comme le montre une consultation de Muḥammad al-ʿĀlim al-Zajlāwī qui nie toute valeur juridique à ce type de donation, « car [les femmes] n'agissent que par pudeur, pour se protéger, ainsi qu'en raison de leur [disposition] à renoncer »[27]. De manière encore plus significative, le juriste de Zaglou reconnaît explicitement aux victimes de ces pressions familiales, ainsi qu'à leurs héritiers, le droit de saisir la justice pour annuler le transfert concédé.

Il n'empêche que l'instrumentalisation des libéralités entre vifs pour aménager la transmission successorale est au Grand Touat aussi fréquente qu'au Maghreb septentrional. Voici pêle-mêle quelques motifs observés dans notre documentation : une orpheline de père, atteinte d'une grave maladie, lègue le tiers de ses biens à son oncle paternel qui est en même temps son tuteur[28]

23 Sur la notion de *hybrid law*, voir Layish, *Legal Documents from the Judean Desert*, *op. cit.*, pp. 14–15.

24 Pour un aperçu sur la question des libéralités entre vifs dans le fiqh, se référer à Linant de Bellefonds, *Traité de droit musulman comparé*, *op. cit.*, 3, pp. 305–463.

25 Bedoucha, *L'eau, l'amie du puissant*, *op. cit.*, pp. 87–92, Berque, *Structures du Haut Atlas*, *op. cit.*, p. 351.

26 Touati, *Entre Dieu et les hommes*, *op. cit.*, pp. 62–66.

27 *Nawāzil al-Zajlāwī*, *ms. cit.*, f. 107. Pour une fatwa similaire, voir *ibidem*, ff. 107–108.

28 *Nawāzil al-Jantūrī*, *ms. cit.*, f. 40.

une femme fait don à ses filles de quelques palmiers ainsi qu'une partie de ses droits d'eau[29] ; deux sœurs offrent à leurs frères leurs parts d'héritage respectives[30]. Inutile de multiplier davantage les exemples. Les occurrences dans les *nawāzil* sont nombreuses et attestent la large diffusion de la pratique à l'échelle régionale. De surcroît, celle-ci n'est pas toujours condamnée par les magistrats ksouriens. Confronté à la réclamation des deux sœurs qui entendent révoquer la donation à leurs frères, le cadi sollicité déboute la plainte en affirmant que les femmes auraient dû se manifester plus tôt.

Un examen plus attentif de ces techniques d'indisponibilité laisse cependant entrevoir que les transferts opérés ne procèdent pas uniquement d'une logique préventive pour contrecarrer la menace d'une dispersion du patrimoine lignager. En vérité, les occurrences repérées de libéralités impliquant des droits de propriété détenus par des ksouriennes mettent en lumière deux sphères distinctes de circulation des biens : celle des échanges entre époux et celle des transferts intralignagers. Souvent, ces deux sphères entrent en conflit. Voyons une affaire documentée dans la *Ghunya*[31] : un homme endetté cède l'ensemble de ses propriétés foncières à son épouse, probablement en anticipation d'une éventuelle saisine par ses créanciers. La femme prend possession du bien-fonds qui demeure entre ses mains pendant une dizaine d'années avant d'être vendu à un tiers. Deux ans après cette transaction, le frère de l'épouse se manifeste. Il porte plainte contre l'acheteur en exhibant un acte, selon lequel sa sœur lui aurait fait donation de l'ensemble des propriétés qu'elle a jadis reçues de son mari. De plus, le frère affirme que l'acquéreur avait reconnu en sa présence que le transfert a été irrégulier : la femme n'aurait en vérité jamais exercé une possession sur l'objet, car l'époux aurait continué à en disposer jusqu'à sa mort[32].

L'intervention peut se lire comme une tentative de récupération lignagère : le frère agit en mandataire de son clan, afin d'empêcher la perte d'un bien-fonds préalablement acquis par le biais d'une alliance matrimoniale. Pour ce faire, il se prévaut d'une donation dont le caractère consenti apparaît douteux. On ne s'étonne pas que le mufti interrogé exige dans sa réponse que la femme vienne en personne confirmer son acte devant le juge. Envisagé de cette manière, l'exemple laisse transparaître une double logique à laquelle obéit

29 *Ibidem*, f. 47.

30 *Ghunya*, *ms. cit.*, f. 241.

31 *Ibidem*, f. 180.

32 Selon les règles du droit musulman, la cession n'est définitive qu'à la suite d'une telle prise en possession. Cf. Linant de Bellefonds, *Traité de droit musulman comparé*, *op. cit.*, 3, pp. 359–373.

l'initiative des agnats. Il s'agit, d'une part, de maintenir les biens fonciers dans un cadre parentélaire, en incitant les membres féminins du groupe de parenté à céder leurs droits, et, d'autre part, de développer des stratégies d'expansion visant à agrandir le patrimoine du lignage[33]. Mais le récit contient aussi des éléments qui s'écartent de cette grille de lecture. Le transfert initial des propriétés du mari vers sa femme ne traduit pas un « instinct de remembrement » dans l'assiette foncière, pour employer une expression de Jacques Berque à propos des Seksawa[34]. Quand bien même l'accusation concernant le caractère fictif de la transaction s'avérerait juste, la donation participe d'une économie conjugale contre laquelle se dirige précisément la plainte du frère.

Poursuivons cette piste par l'exposé d'un autre litige glané dans la *Ghunya*. Une femme gère pendant des années, d'une manière plus ou moins autonome, le patrimoine de son mari fortuné[35]. Ce dernier est décrit comme étant entièrement sous l'emprise de son épouse qui « s'occupe de ses affaires » et qui « exerce un contrôle total sur lui » au point de ne jamais prendre décision sans la consulter et solliciter son avis. L'exemple illustre qu'en dépit de la prédominance de structures patrilinéaires dans l'espace rural, les femmes peuvent parfois acquérir des pouvoirs d'action considérables. La position hégémonique de l'épouse se renforce à la mort du mari. Le couple n'a que deux filles dont l'une s'est déjà mariée alors que l'autre est encore prépubère. Avant de décéder, l'homme a pris soin d'instituer leur mère tutrice légale ; ce qui signifie qu'elle devient la gestionnaire de la fortune et des parts successorales des deux filles, tout au moins dans le cas de la cadette.

Le partage de l'héritage fait entrer en lice la parentèle du défunt. Il nous est dit que les cousins parallèles des deux filles portent plainte pour revendiquer leurs parts[36]. Mais la veuve n'est pas près de céder devant l'offensive. Elle exhibe un acte notarié qui porte sur la création d'un habous par son mari en faveur de ses deux filles. Ce habous comporterait des propriétés foncières ainsi que deux esclaves. Les plaignants, que notre source identifie explicitement comme un collectif d'agnats (*ʿaṣaba*), contestent toutefois la légalité de la mise en mainmorte en affirmant que le transfert obligatoire des objets 'habousés' vers les bénéficiaires n'a jamais eu lieu. Par là, ils déploient, bien entendu, une argumentation juridique somme toute classique qui s'observe souvent dans les *nawāzil* examinées : confrontés à la mise en retrait d'une terre agricole, les agnats tentent de prouver l'irrégularité du habous en pointant du doigt

33 Sur ce point, voir aussi Berque, *Structures sociales du Haut Atlas*, *op. cit.*, pp. 337–368.

34 *Ibidem*, p. 339.

35 *Ghunya*, *ms. cit.*, ff. 478–479.

36 *Ibidem*, f. 479.

l'absence d'une cession des biens de la part du fondateur. À partir du moment où elle est attestée devant le cadi, une telle plainte peut effectivement « casser » le habous, comme disent nos sources pour signifier l'annulation[37].

Cependant, à la différence des cas étudiés par des chercheurs comme Jacques Berque ou Geneviève Bédoucha, le recours au « séquestre lignager » ne traduit pas en l'occurrence la tentative du groupe lignager de sécuriser son patrimoine contre d'éventuelles aliénations. Il s'agit au contraire de la réaction défensive d'un couple aux convoitises des agnats de l'époux. L'exemple suggère ainsi que les transferts *inter vivos* doivent être pensés comme des outils juridiques polyvalents. Leur mobilisation n'est pas déterminée par la seule logique d'un dynamisme patrimonial, « fondant un équilibre sur la structure du groupe, elle-même liée à un ordre agraire [38]» . En vérité, l'usage de ce type de libéralités est susceptible de répondre à des objectifs divergents. Il peut servir tant à perpétuer l'exclusivité lignagère qu'à soutenir la contestation de cette exclusivité en promouvant d'autres modes de transmission, notamment dans le cadre de la famille nucléaire.

### Deux pôles d'autorité sociale

Le recours aux libéralités entre vifs pour protéger les propriétés foncières soulève la question de savoir si, derrière l'apparente latitude des ksouriennes à faire valoir leurs droits, ne se cache pas en réalité l'initiative de parents mâles restés anonymes incitant leurs « sœurs », « cousines » et « épouses » à saisir la magistrature islamique afin de sécuriser leurs propres intérêts en la matière. Les réclamations féminines ne seraient alors qu'un subterfuge permettant aux groupes familiaux d'investir un espace de régulation normative qui – comme il convient de souligner – ne reconnaît *a priori* que des revendications individuelles[39]. Admettons d'emblée que le type de documentation à notre disposition nous interdira de trancher sur ce point. L'exposé des informations concernant l'arrière-fond extrajudiciaire du litige a subi une mise en forme qui l'adapte aux normes de l'écriture jurisprudentielle. Il ne constitue donc qu'une reconstruction *a posteriori* procédant d'une grille de lecture dont l'objectif ne vise pas tant à documenter le conflit social qu'à le penser comme problème juridique. De surcroît, il s'avère le plus souvent trop fragmentaire pour qu'il soit

37 Cf. *Nawāzil al-Zajlāwī*, *ms. cit.*, f. 32.

38 Berque, *Structures sociales du Haut Atlas*, *op. cit.*, p. 387.

39 Sur ce point, voir aussi Ze'evi, Dror, « The Use of Ottoman Sharīʿa Court Records as a Source for Middle Eastern Social History », *art. cit.*, p. 42.

possible d'en tirer des certitudes quant aux intentions implicites régissant les actes enregistrés devant la justice.

Cela dit, la question doit être posée. En particulier le constat que de nombreuses ksouriennes recourent à des représentants légaux masculins lors des procès devant les magistrats oasiens fait penser qu'au moins certaines initiatives s'intègrent en vérité dans des confrontations lignagères plus vastes, comme l'illustre le récit d'un litige débattu devant le cadi Muḥammad b. ʿAbd al-Raḥmān al-Balbālī de Mlouka au Moyen-Touat[40]. Il s'agit d'une dispute entre deux ksouriennes au sujet d'un jardin que l'une d'elles a acquis pour le compte de son mari. La belle-fille de l'ancien propriétaire conteste cette transaction en justice. Elle affirme avoir reçu de son époux un quart du jardin et, de ce fait, entend faire valoir un droit de préemption (*shufʿa*). La revendication s'appuie sur le témoignage du frère de la plaignante alléguant un transfert de ce quart controversé en deux temps : du propriétaire vers le fils, puis de ce dernier vers sa femme. Cependant, contrairement aux cas examinés jusqu'ici, les plaideuses ne comparaissent pas en personne devant le juge. Elles se font représenter par deux hommes. Détail significatif : les noms de ces personnes, ainsi que celui du frère, sont spécifiés par notre source, alors que leurs mandantes n'apparaissent qu'en tant que « sœur » et « épouse ». L'espace judiciaire est donc entièrement investi d'acteurs masculins agissant pour le compte de deux individus dont la présentation se résume à l'indication d'une classification sociale.

Les informations contenues dans la fatwa permettent d'envisager l'hypothèse selon laquelle le litige initié par la belle-fille du propriétaire traduit un affrontement entre groupes de parenté. Dans cette optique, le contrat de vente conclu avec une personne étrangère à son lignage fournit une occasion à la famille de la plaignante de s'emparer de l'objet. La femme est chargée par sa parentèle de réclamer devant le cadi sa part du jardin, ce qui rendrait possible l'exercice du droit de préemption par la suite. Une telle interprétation est également suggérée par le fait que la revendication s'appuie sur le témoignage du frère de la plaignante. Il s'agit en quelque sorte de capter la mise en circulation de l'objet en opposant à l'aliénation l'argument d'un double transfert de propriété.

L'explication par le collectivisme lignager ne rend cependant pas compte de tous les problèmes soulevés dans la fatwa. Ainsi, les représentants légaux

40 *Ghunya*, *ms. cit.*, ff. 635–636. Nous apprenons le conflit à travers la demande de consultation que le cadi adresse à deux juristes de la famille al-Tinilānī, Muḥammad b. ʿAbd al-Raḥmān et son frère ʿUmar b. ʿAbd al-Raḥmān, le maître-fondateur de la zaouïa de Mahdiyya. Pour d'autres exemples, voir *ibidem*, ff. 156–157, f. 219, ff. 224–225, f. 299, f. 653.

mandatés par les deux femmes ne semblent pas être des apparentés. En tout cas, ils ne sont pas signalés comme tels, tandis que le témoin est présenté comme le frère de la plaignante. S'agit-il d'un appel à des personnes extérieures, peut-être plus versées en matière de droit, afin d'accroître les chances d'obtenir gain de cause devant le cadi ? Rien ne permet de le savoir, mais l'observation doit être notée puisqu'elle suggère que les stratégies développées par les parties en litige transcendent le strict cadre familial. On cherche des appuis à l'extérieur. Cela est remarquable. Comment en effet expliquer l'absence des deux maris au tribunal dans un conflit où, visiblement, ils jouent un rôle-clé ? Dans des cas similaires identifiés dans notre documentation, ce sont précisément les époux qui se chargent de défendre les intérêts de leurs conjointes en justice[41]. Une fois, ʿAbd al-Raḥmān al-Jantūrī est même confronté à la plainte d'un homme protestant que sa femme a investi une autre personne que lui comme représentant légal pour prendre possession de sa part d'héritage[42]. Le mari veut alors la contraindre à déléguer cette fonction soit à lui-même, soit à son beau-père. Al-Jantūrī rejette certes la doléance en affirmant l'autonomie de l'épouse à ce propos[43]. Mais le contraste est vif avec le cas examiné ici où nous n'apprenons même pas les noms des maris en question. Pourquoi ces hommes laissent-ils à leurs épouses le soin d'intervenir par l'intermédiaire de représentants légaux qui pourraient être des étrangers ?

Au vrai, il n'y aura pas de réponses à ces questions. Leur utilité réside dans le fait qu'elles mettent en exergue deux pôles d'autorité sociale qui balisent l'horizon des recours féminins à la justice islamique. Nous retrouvons, d'un côté, la parentèle qui observe de près l'évolution des patrimoines de ses membres, prête à intervenir selon des modalités qui, en définitive, sont similaires à celles repérées dans les contextes du Maghreb septentrional[44], de l'autre côté, les femmes engagées dans une économie conjugale travaillée par des formes d'échange de biens distinctes. Les dynamiques interactionnelles décrites dans les narrations des consultations juridiques laissent alors entrevoir qu'en assumant simultanément le rôle de l'héritière et celui de l'épouse, les ksouriennes

41 Cf. *Ghunya*, *ms. cit.*, f. 266, f. 626, f. 705.

42 *Nawāzil al-Jantūrī*, *ms. cit.*, f. 39.

43 Al-Jantūrī récapitule une règle juridique en la matière. Pour autant que la femme dispose de la capacité de gérer librement ses biens, le mari n'a pas le droit d'interférer dans les transactions économiques de son épouse, tant que leur amont ne dépasse pas la limite d'un tiers de la fortune possédée par la femme (*illā fīʾl-tabarruʿāt bi-sharṭ al-ziyādat ʿan al-thulth*). Si, toutefois, la femme se trouve sous l'autorité d'un tuteur, il revient à ce dernier et non au mari de veiller sur la nomination du représentant légal.

44 Voir aussi les remarques lucides de Geneviève Bédoucha à propos du Sud tunisien : Bedoucha, *L'eau, l'amie du puissant*, *op. cit.*, p. 92.

occupent une position pivot dans les affrontements autour du contrôle du flux des capitaux fonciers. Elles sont investies de droits juridiques qui les rendent capables de transférer des propriétés considérables vers l'un ou l'autre pôle. Cela explique l'énorme pression sociale exercée sur elles que l'on devine à l'arrière-plan des litiges exposés. Par moments, celle-ci éclate au grand jour comme à l'occasion d'un conflit ayant trait à vente d'un jardin en indivision entre un frère et sa sœur qui n'a pas donné son consentement. Lorsque la femme apprend la nouvelle, elle réfléchit à un éventuel recours judiciaire, mais n'arrive pas à se résoudre à porter plainte de crainte que son frère « ne lui cause des torts corporels, voire qu'il la tue, s'il entendait qu'elle désapprouve son acte »[45].

### Le cycle de la vie au miroir du droit

Dans son étude sur le tribunal du cadi d'Aintab en Anatolie, l'ottomaniste Leslie Pierce avertit que l'identité de genre n'est pas une entité invariable, pas plus qu'elle n'est univoque et encore moins cohérente[46]. Le recours à la catégorie absolue du genre pose problème s'il ne s'accompagne pas d'une mise en situation immédiate, attentive aux différents contextes et processus à l'œuvre dans la construction des identités sexuées. En effet, la focalisation exclusive sur une inégalité tant structurelle qu'abstraite entre 'femmes' et 'hommes' à l'intérieur des sociétés musulmanes prémodernes risque de biaiser la restitution des dynamiques complexes par lesquelles les multiples divisions et hiérarchies existant au sein de l'espace social concourent à façonner les rapports entre genres. Selon Leslie Peirce, en particulier les différentes étapes du cycle de la vie d'un individu – homme ou femme – affectent de manière décisive les possibilités d'agir en société et, partant, en justice. L'identité de genre n'est pas fixée une fois pour toutes. Elle évolue avec l'âge de l'individu dans la mesure où les groupes sociaux associent à chaque phase de la vie d'un être humain des normes de comportement différentes[47]. Aussi faut-il, pour mesurer l'impact de la juridiction islamique sur les conflits de genre, tenir compte du fait qu'à l'intérieur du *fiqh*, la faculté d'exercer des droits et d'assumer des obligations n'est pas uniquement pensée en fonction du sexe de l'individu, de sa confession religieuse ou encore de son statut d'homme libre ou d'esclave. Elle est également établie selon une ligne de partage entre ceux soumis à la

45 *Ghunya*, *ms. cit.*, f. 200.

46 Peirce, *Morality Tales*, *op. cit.*, pp. 149–154.

47 *Ibidem*, p. 307.

tutelle d'un tiers (*walāya*) et ceux auxquels la majorité légale (*rushd*) est reconnue et qui disposent, de ce fait, de la pleine capacité juridique[48].

Pour les premiers, les marges d'action sont au contraire limitées, notamment dans le domaine des transactions économiques. Ils sont dits *maḥjūr*-s, « interdits d'action », soit parce qu'ils sont encore considérés comme mineurs, soit parce que leurs manières de se comporter dans l'espace public les exposent à l'accusation de l'irresponsabilité les associant aux personnes atteintes de troubles psychiques ou de déficiences intellectuelles, voire tenues coupables de déviances sociales : ceux qui sont décrits comme « incapables de discernement » (*safīh*), ceux que l'on soupçonne de « dilapider leurs biens » (*muflis*), etc.. Cela signifie que les actes et les biens d'un « interdit d'action » sont placés sous la supervision stricte d'un tuteur. Il s'agit d'ordinaire du père qui, dans sa fonction de « gardien naturel » (*walī*), est responsable de la personne et de la propriété de ses enfants jusqu'à leur majorité. À défaut, la tutelle est exercée de préférence par un parent proche. Celui-ci peut soit être investi en tant que tuteur (*waṣī*) par le père, soit tirer son mandat d'une nomination par le cadi local ou de l'un de ses adjoints[49]. Dans un cas comme dans l'autre, le mécanisme du *ḥajr* confère au tuteur des pouvoirs étendus sur l'administration des biens de son protégé. En vérité, il constitue un outil de subordination et d'exclusion puissant, car l'individu sous tutelle est privé de la faculté de disposer de ses ressources économiques et, jusqu'à un certain degré, de sa personne. Pour quasiment tous ses actes, il a besoin du consentement (*riḍā*) de son gardien légal qui, lui, est en revanche peu soumis à des contrôles externes, même si, en théorie, le cadi est tenu à veiller aux intérêts des personnes placées sous tutelle.

Comment s'acquiert la majorité légale qui permet de se libérer de cette dépendance ? La catégorie des « personnes stigmatisées [50]» mise à part, une distinction fortement sexuée s'aperçoit ici. Pour les hommes, la majorité s'établit en règle générale de manière quasi 'automatique' au moment de la puberté. Pour les femmes au contraire, la levée de l'interdiction n'intervient qu'après

48 Notre reconstitution de la doctrine de la capacité d'action selon l'école mālikite s'appuie sur Linant de Bellefonds, *Traité de droit musulman comparé*, *op. cit.*, 3, pp. 177–304, Powers, David S., « Parents and their Minor Children: Familial Politics in the Middle Maghrib in the Eighth/Fourteenth century » in *Continuity and Change*, 2001, vol. 16, n° 2, pp. 177–200 et Shatzmiller, *Her Day in Court*, *op. cit.*, pp. 79–86.

49 Dans ce dernier cas, il porte le titre de *muqaddim*. Précisons cependant que la charge du tuteur peut également être confiée à la mère de l'enfant. Les *nawāzil* du Grand Touat renferment plusieurs exemples de ksouriennes assumant la charge du tutorat. Voir, par exemple, *Nawāzil al-Jantūrī*, *ms. cit.*, f. 76 et f. 169.

50 Pour faire allusion à l'étude classique d'Erving Goffman sur les déviances sociales : Goffman, Erving, *Stigma : les usages sociaux des handicaps*, Paris, Éd de Minuit, 1989 (1963).

qu'un laps de temps se soit écoulé depuis la consommation d'un premier mariage. Cet intervalle peut s'étendre jusqu'à huit ans[51]. En ce qui concerne le Grand Touat, la *Ghunya* nous apprend que la pratique judiciaire locale (*'amal*) à ce sujet est de concéder la majorité légale à la fin de la première année passée dans le domicile de l'époux[52]. Mais, pour cela, de nombreux juristes mālikites exigent une déclaration d'émancipation formelle de la part du tuteur dont les modalités peuvent varier. S'il s'agit du père ou d'un individu investi dans ses fonctions par ce dernier, l'acte dépend de son appréciation personnelle. Si c'est par contre le cadi qui a procédé à la nomination du tuteur, il revient au magistrat de donner son accord préalable à la procédure de la reconnaissance de la majorité. Les conséquences sont bien entendu les mêmes dans les deux cas : le refus d'une telle déclaration d'émancipation maintient la femme, mariée ou non, dans un état de dépendance à l'égard de son tuteur qui peut durer plusieurs décennies[53]. Les femmes n'ayant pas trouvé de moyens de se marier y affrontent une situation encore plus délicate[54]. Aux contraintes résultant de l'institution de la tutelle se greffent celles liées à la distinction, opérée par le droit musulman, entre femmes « vierges » (*bikr*) et celles ayant déjà entretenu des rapports sexuels dans le cadre d'un mariage (*thayyib*). L'acte charnel qui, à la fois, consacre l'union matrimoniale et se trouve légitimé par celle-ci a un impact considérable sur les possibilités d'action en matière juridique[55]. En vérité, l'émancipation de la tutelle du père ou de son remplaçant n'est complète qu'avec l'entrée dans la sexualité conjugale.

Ce bref exposé de doctrine est nécessaire pour montrer que les droits légaux ne sont pas donnés une fois pour toutes, mais qu'ils se transforment au fil des différents âges et états que l'individu traverse. L'évolution du statut juridique d'une personne participe de l'évolution globale de son statut au sein de la société. Cela est encore plus vrai pour les acteurs féminins. Les normes relatives à l'émancipation de la tutelle paternelle et à la consommation du mariage illustrent que les droits reconnus aux femmes s'évaluent à la fois juridiquement et socialement par une périodisation du cycle de vie. Dans l'idéal, cette périodisation implique une accumulation graduelle de pouvoirs d'action. Elle articule la mutation progressive de la « fille du père », de la « sœur des agnats »,

51 Cf. Linant de Bellefonds, *Traité de droit musulman comparé*, *op. cit.*, 3, pp. 215–216, Shatzmiller, *Her Day in Court*, *op. cit.*, pp. 79–81.

52 *Ghunya*, *ms. cit.*, f. 243.

53 Comme l'a montré David S. Powers à partir d'un cas tiré du *Mi'yār* : Powers, « Parents and their Minor Children », *art. cit.*, pp. 181–188.

54 Cf. Linant de Bellefonds, *Traité de droit musulman comparé*, *op. cit.*, 3, p. 216.

55 Voir sur ce point, Shatzmiller, *Her Day in Court*, *op. cit.*, pp. 95–99.

en femme mariée et mère d'enfants adultes – de préférence mâles – à laquelle l'arabe dialectal du Touat contemporain confère l'attribut honorifique de *ḥājja* ou, le cas échéant, de *sharīfa*. Mais par là, elle traduit aussi l'oscillation des cadres de vie féminins entre les deux pôles d'autorité, lignagère et maritale, que nous venons d'évoquer. Celle-ci trouve sans doute son apogée lors de la phase liminaire des premières années que la jeune mariée passe dans le domicile de son époux tout en restant soumise à la tutelle paternelle[56]. Essayons maintenant de cerner de plus près l'articulation de cette temporalité cyclique dans les litiges portés devant les cadis oasiens.

### L'affirmation de l'autorité paternelle

Les recueils de *nawāzil* montrent le père investi d'une autorité quasi incontestée. De fait, les recours féminins ne défient presque jamais de front le pouvoir paternel, tandis qu'elles ne manquent pas de prendre pour cible tous les autres membres masculins dont l'environnement familial se compose, à commencer par le mari et la fratrie. Lorsqu'il s'agit de mettre en question les actes du père, une prudence particulière semble s'imposer aux ksouriennes, et cela indépendamment du fait que la femme soit encore soumise à la tutelle paternelle ou qu'elle soit en pleine possession de sa capacité juridique. Cela ne veut pas dire que, dans tous les cas de figure repérés, les ksouriennes s'abstiennent à mettre en question les décisions et actes paternels. Mais force est de relever que les rares oppositions dont nous avons trouvées trace n'interviennent que tardivement, le plus souvent après la mort du père, et lorsque l'initiatrice de la plainte a déjà accédée au statut de femme majeure mariée. Ainsi, les *Nawāzil* d'al-Jantūrī relatent le cas où une ksourienne s'est adressée au maître gourarien pour réclamer la remise du don nuptial (*ṣadāq*) dont son père avait librement disposé jusqu'à sa mort, sans tenir aucunement compte des intérêts de sa fille[57].

Le litige articule un motif connu des spécialistes des sociétés rurales de la Méditerranée musulmane, à savoir l'accaparement du don nuptial par les parents de la mariée[58]. De nombreux systèmes coutumiers en terre d'Islam

56 Leslie Peirce observe une tripartition similaire pour le cas d'Aintab, sans problématiser le mécanisme du *ḥajr*. Voir Peirce, *Morality Tales*, *op. cit.*, pp. 149–152.

57 *Nawāzil al-Jantūrī*, *ms. cit.*, f. 146.

58 Cf. Layish, Aharon, *Legal Documents on Libyan Tribal Society in Process of Sedentarization: A Selection of Decisions from the Sijills of the Sharīʿa Courts of Ajdābiya and Kufra*, Wiesbaden, Harrassowitz Verlag, 1998, p. 5.

stipulent ce principe, bien qu'il se trouve en contradiction flagrante avec les normes du *fiqh*, selon lesquelles le *ṣadāq* constitue une compensation individuelle concédée à la femme pour avoir mis son corps à la disposition de l'époux[59]. Dès lors, on ne s'étonne pas de voir ʿAbd al-Raḥmān al-Jantūrī donner raison à la plaignante. En revanche, le même mufti rejette énergiquement la doléance d'une autre ksourienne s'adressant à lui pour contester les conditions d'un divorce par requête unilatérale (*khulʿ*), négociées par son père décédé[60]. Celui-ci avait consenti à assurer pendant quatre ans l'entretien (*nafaqa*) et la garde (*ḥaḍāna*) de la seule fille née de l'union. Cependant, lorsqu'au terme de cette période, l'ex-mari exige la restitution de l'enfant, la mère refuse obstinément de la laisser partir. Pour al-Jantūrī, les choses sont claires : l'épouse doit renvoyer sa fille « indépendamment du fait qu'elle soit majeure ou incapable de discernement »[61].

Pourquoi cette différence dans l'évaluation normative des deux cas d'espèce ? Dans le premier cas, le jurisconsulte justifie sa position en arguant que le don nuptial constitue une dette qui continue à peser sur le patrimoine du père et qui, de ce fait, doit être remboursée avant le partage de l'héritage. Nous retrouvons ici la détermination des oulémas oasiens à faire respecter, dans le domaine des transactions matérielles, les droits et obligations que les normes du *fiqh* confèrent à chaque individu majeur indépendamment de son sexe. La seconde fatwa articule cependant autre chose. Il s'y agit de statuer sur une affaire où l'autorité paternelle en tant que telle est mise en cause, et ce à double titre : la fille conteste, après coup, un acte légal de son père, lançant en même temps un défi à l'autorité paternelle (*walāya*) que l'ex-mari détient sur la fille commune. Vu sous cet angle, le fait de reconnaître le droit de garde de l'enfant à la mère signifierait un renversement d'autorité, non seulement contraire aux règles du *fiqh*, mais surtout difficilement concevable au sein d'une société travaillée par des modèles culturels et normatifs patriarcaux.

Une position encore plus intransigeante est adoptée par les jurisconsultes du Grand Touat dans les litiges mettant en cause la prérogative du père, en tant que gardien naturel (*walī*), à contracter mariage pour sa fille, quitte à imposer l'union envisagée en vertu de son droit de contrainte matrimoniale (*jabr*)[62],

---

59 Cf. Johansen, *Contingency in a Sacred Law*, *op. cit.*, p. 203.

60 *Nawāzil al-Jantūrī*, *ms. cit.*, f. 144. Dans ce type de divorce, la femme rachète en quelque sorte sa liberté en versant à son mari un dédommagement sur lequel les deux parties se sont accordées. En général, il s'agit du *ṣadāq* majoré d'une indemnité. Sur le *khulʿ*, voir Layish, *Divorce in the Libyan Family*, *op. cit.*, en particulier pp. 54–60.

61 *Nawāzil al-Jantūrī*, *ms. cit.*, f. 146.

62 Sur la notion de *jabr*, voir Linant de Bellefonds, *Traité de droit musulman comparé*, *op. cit.*, 2, pp. 60–64.

comme le montre un litige, survenu au Gourara, dans lequel une jeune femme a été donnée en mariage à l'insu de son père résidant à Fès[63]. L'alliance, fortement contestée par la famille de l'absent, a été conclue par le grand-père du côté maternel, après avoir reçu une procuration à cet effet de la part du cadi local. Le juriste consulté au sujet de l'affaire[64] condamne sans équivoque l'atteinte à l'autorité paternelle, estimant que le mariage ne saurait être valable, car la distance entre Fès et le Touat n'est pas aussi grande pour qu'il soit impossible de mettre l'absent au courant de l'union envisagée[65]. Pour les oulémas de l'archipel oasien, ce droit du père d'exercer un contrôle strict sur les choix matrimoniaux ne semble même pas être affecté par l'accumulation d'expériences conjugales et la progression de l'âge de la femme. Par exemple, le cadi ʿAbd al-ʿAzīz al-Balbālī est un jour sollicité à propos d'une ksourienne divorcée qui a chargé un non-parent de contracter mariage pour elle, alors que son père séjournait dans un village à une distance de seulement deux jours de route. Sans hésiter, al-Balbālī déclare le mariage nul, à moins que le contrat conclu ne reçoive après coup l'assentiment paternel[66].

Il existe, bien entendu, des circonstances où l'indisponibilité du père rend effectivement inévitable le recours à d'autres personnes pour procéder à la conclusion du mariage. Néanmoins, l'analyse de la position des juristes adoptée à ce sujet fait de nouveau ressortir l'allégeance infaillible des élites locales aux structures patriarcales. Les oulémas oasiens stipulent qu'un mariage peut seulement être contracté sans le consentement du père au cas où la jeune femme serait menacée « d'abandon et de déchéance morale » (*al-ḍayʿa wa'l-fasād*)[67]. C'est donc la crainte d'un comportement irrégulier qui légitime la mise entre parenthèses de l'autorité paternelle, afin de normaliser au plus vite la situation[68]. Le danger d'une vacance déstabilisante au niveau des autorités masculines censées encadrer l'évolution sociale des femmes de l'époque rend

---

63 *Nawāzil al-Jantūrī*, *ms. cit.*, ff. 123–124.

64 Il s'agit du compilateur des *Nawāzil* d'al-Jantūrī, Muḥammad b. Aḥmad al-Jarrārī. Les noms des protagonistes de l'affaire sont mentionnés dans la consultation.

65 L'argument n'est pas sans paradoxe, étant donné qu'il s'agit tout de même d'un millier de kilomètres qui séparent le Touat de la ville idrisside.

66 *Ghunya*, *ms. cit.*, f. 72.

67 Voir *Ghunya*, *ms. cit.*, f. 30 et *Nawāzil al-Zajlāwī*, *ms. cit.*, ff. 19–20.

68 Cette position trouve par ailleurs un écho dans la pratique locale, appuyée par les juristes du Grand Touat, de recourir au mariage forcé de femmes qui se sont rendues coupables de rapports sexuels jugés illégitimes (*zinā*). Voir, par exemple, *Ghunya*, *ms. cit.*, ff. 54–55. Une réflexion anthropologique stimulante sur le rapport entre ordre et morale reste l'étude classique de Mary Douglas consacrée à la notion de l'impureté. Cf. Douglas, *De la souillure*, *op. cit.*, en particulier p. 131 et pp. 164–167.

indispensable et, par là, acceptable l'atteinte exceptionnelle au pouvoir du père. Le cas de figure le plus fréquemment évoqué à ce sujet est celui de l'émigré ayant laissé sa fille à l'abandon[69]. On comprend alors pourquoi l'auteur de la demande de consultation à propos du mariage de la fille dont le père réside au Maroc prend soin de souligner que « les pensions alimentaires (*nafaqa*) ont été régulièrement versées et qu'aucun préjudice (*ḍarar*) qui résulterait d'un manque de nourriture ou d'un risque de comportement sexuel illégitime n'était à craindre puisqu'elle résidait dans un lieu sûr chez son grand-père mentionné »[70]. Il exclut ainsi d'emblée l'argument d'une situation irrégulière qui justifierait un mariage sans concertation préalable avec le père de la fille.

En revanche, la préoccupation des juristes du Grand Touat de protéger l'ordre 'moral' de leurs communautés contre toute forme de déviance et de trouble crée aussi des marges d'action insoupçonnées. La *Ghunya* nous rapporte à ce propos un cas d'espèce significatif, pour autant qu'il permet d'illustrer comment les acteurs féminins se servent d'un dispositif institutionnel dont l'orientation reste en dernier lieu profondément conservatrice[71]. Le père d'une femme adulte, qualifiée de *thayyib* par notre source, refuse de contracter un nouveau mariage pour sa fille, s'il ne perçoit pas au moins une partie du *ṣadāq* à titre de rétribution pour ses services. La mariée n'est pourtant pas prête à céder aux exigences de son père, « étant donné qu'il n'a jamais fait le moindre geste pour assurer son entretien et qu'il a au contraire laissé sa mère s'occuper d'elle »[72]. Elle fait appel à un oncle du côté paternel, pour qu'il conclue le mariage à la place du père.

Le juriste sollicité pour trancher le litige autorise cette solution tout en lui imposant un cadrage juridique rigide. Il faudrait que les témoins instrumentaires du village viennent d'abord vérifier les faits allégués par la femme, puis qu'ils donnent l'ordre à cette dernière d'instituer l'oncle comme représentant pour la cérémonie du mariage. La femme ne ferait, en définitive, qu'exécuter une injonction reçue, bien qu'à l'origine ce soit elle qui a engagé la procédure. L'initiative féminine finit ainsi par être subordonnée à une intervention de

69 Il convient néanmoins de souligner que les oulémas restent prudents dans la question. ʿAbd al-Raḥmān al-Jantūrī est, par exemple, consulté une fois à propos d'une jeune fille laissée sans ressources par son père parti à l'étranger. On souhaite savoir si le cadi ou, en son absence, l'assemblée villageoise (*jamāʿa*) peuvent procéder à un mariage, afin de mettre un terme à cette situation de précarité. Le mufti rappelle alors que l'absence de *nafaqa* ne peut être un argument que si le père se trouve dans un lieu très éloigné. Autrement, il est impératif d'essayer de le contacter. Cf. *Nawāzil al-Jantūrī*, *ms. cit.*, f. 142.

70 *Nawāzil al-Jantūrī*, *ms. cit.*, f. 123.

71 *Ghunya*, *ms. cit.*, f. 51.

72 *Ibidem.*

l'instance judiciaire. Celle-ci consiste précisément à corriger la bavure d'un père irresponsable en conférant la tâche du tutorat à l'agnat censé être le plus proche selon le système généalogique islamique[73]. Le jurisconsulte accède donc certes à la doléance de la ksourienne, mais en la soumettant aussitôt à une procédure de régularisation qui la rend conforme aux termes d'une normativité sociale et juridique profondément paternaliste.

### Lien conjugal et recours judiciaires

En dépit du poids de l'autorité paternelle, la conclusion du mariage et, de manière encore plus importante, la consolidation du lien conjugal à la suite de la naissance d'enfants inaugure une configuration relationnelle inédite. En vérité, ce n'est qu'à partir de ce moment que les *nawāzil* permettent de saisir les ksouriennes comme des acteurs qui poursuivent leurs intérêts en faisant preuve de cette ingéniosité remarquable mise en évidence par le courant d'études évoqué au début de ce chapitre. De fait, la grande majorité des femmes s'adressant aux juristes oasiens sont mariées ou bien ont déjà vécu au moins une expérience matrimoniale. L'entrée dans une relation conjugale affecte donc considérablement les modalités selon lesquelles les femmes prennent parole au sein de l'espace public[74]. Dans les contentieux débattus devant les cadis et muftis, le lien conjugal apparaît essentiellement selon deux modalités. D'un côté, les ksouriennes mariées entendent par le recours à l'instance judiciaire aménager, voire renégocier, les conditions de leur vie de couple. La saisie du tribunal participe ici à l'appropriation de l'espace conjugal où la femme est à la fois en droit d'attendre une prise en charge complète de ses besoins matériels et de réclamer l'autonomie dans la gestion de ses affaires personnelles. Nous reviendrons dans un instant sur la question. De l'autre côté, de nombreuses femmes s'appuient sur leur statut d'épouse pour formuler des revendications à l'égard de leur famille d'origine et de leurs anciens tuteurs.

En effet, si la figure du père continue de son vivant à inspirer une crainte révérencielle qui décourage les contestations, il n'en va pas de même des autres membres de la parentèle susceptible d'assurer la tutelle. Les occurrences abondent dans les *nawāzil* parcourues, où des ksouriennes attaquent leurs frères,

73 La conception qui fait de l'oncle paternel le parent le plus proche se retrouve également dans une fatwa de ʿUmar b. ʿAbd al-Qādir al-Tinilānī à propos de la question de savoir qui assume la fonction du rôle de *walī* dans le mariage d'une orpheline de père. Cf. *Ghunya, ms. cit.*, f. 54.

74 Voir aussi Peirce, *Morality Tales*, *op. cit.*, p. 152.

oncles, ou cousins en justice, afin de faire valoir des droits, notamment en matière successorale[75]. Aussi, une fois devenues veuves, elles n'hésitent pas à engager des poursuites contre leur belle-famille pour réclamer leur part à l'héritage du mari ou pour exiger le remboursement de dettes qui leur sont dues par le défunt[76]. Ces initiatives de récupération ne manquent pas alors de susciter des résistances farouches au sein la parentèle masculine, comme l'illustre un cas d'espèce glané dans les *Nawāzil* d'al-Jantūrī : une orpheline de père est pendant sa jeunesse prise en charge par ses frères qui organisent également, le moment venu, ses fiançailles et son mariage[77]. Installée dans son foyer conjugal, la jeune femme porte plainte contre ses frères afin d'obtenir sa part d'héritage. La plainte est déboutée, car le jurisconsulte suit l'argumentation des frères, selon laquelle la part successorale revendiquée a été entièrement dépensée pour couvrir les lourds frais occasionnés par l'organisation du mariage de leur sœur et la constitution du trousseau.

De telles doléances ont toutefois de réelles chances d'aboutir à des résultats favorables à leurs initiatrices. C'est ce qu'illustre une affaire portant sur les réclamations d'une orpheline de père à l'encontre de son oncle. Celui-ci avait certes veillé pendant de longues années de manière exemplaire à l'entretien (*nafaqa*) de sa nièce au point d'assurer encore l'organisation de son mariage. Mais il avait aussi profité de sa position de père nourricier en exploitant pour son propre compte les biens fonciers que le père naturel avait légués à sa fille[78]. Lorsqu'après le mariage, la nièce saisit le cadi, afin de récupérer son héritage, l'oncle adopte une stratégie de défense similaire à celle des frères dans l'exemple précédent, en brandissant l'argument des débours réalisés pour subvenir aux besoins de ses protégés[79]. Cette fois pourtant, le procès s'achève par un accord à l'amiable qui prévoit la restitution des terres à la plaignante.

La rupture dans la relation entre le tuteur et sa protégée après que celle-ci a accédé au statut de femme mariée soulève de nouveau la question de l'ambiguïté des recours féminins en matière foncière. L'exposé jurisprudentiel des

75 *Ghunya*, *ms. cit.*, f. 125, *Nawāzil al-Jantūrī*, *ms. cit.*, ff. 31–32, f. 51, f. 92, f. 167, f. 194, *Nawāzil al-Zajlāwī*, *ms. cit.*, f. 56.

76 *Ghunya*, *ms. cit.*, f. 226, *Nawāzil al-Jantūrī*, *ms. cit.*, f. 97, f. 114, f. 168, *Nawāzil al-Zajlāwī*, *ms. cit.*, f. 70.

77 *Nawāzil al-Jantūrī*, *ms. cit.*, ff. 31–32.

78 *Ibidem*, f. 164.

79 Cette stratégie du tuteur d'opposer aux revendications en matière successorale les frais occasionnés par la tutelle est fréquente dans les *nawāzil* du Grand Touat. L'argument est conceptualisé par les juristes à travers la notion de *muḥāsaba* qui signifie littéralement « établissement des comptes ». Voir *Ghunya*, *ms. cit.*, f. 236, f. 375, *Nawāzil al-Jantūrī*, *ms. cit.*, f. 32, f. 47, f. 92, f. 96, f. 162, f. 164, ff. 194–195.

revendications dont les ksouriennes accablent leur parentèle ne nous permet pas de savoir si elles agissent de leur propre initiative ou si, en vérité, elles cèdent à des pressions exercées par leurs maris soucieux d'élargir leur patrimoine. Une telle mise en garde s'impose d'autant plus qu'il revient d'ordinaire à l'époux de cultiver les terres possédées par sa conjointe. Des fois, le mari se heurte même directement à sa belle-famille, surtout lorsque son épouse est encore soumise à une tutelle. C'est le cas d'un homme, mentionné dans la *Ghunya*, qui exploite des terrains agricoles appartenant à sa femme en recourant à de l'eau issue de sa propre foggara, nonobstant le fait qu'il subisse des pertes dans cette affaire[80]. Quand le tuteur de la femme attaque un jour l'arrangement en justice, sans doute parce qu'il souhaite lui-même se saisir des terres en question, le mari réplique en réclamant d'être indemnisé, au préalable, de ses propres pertes.

L'ambiguïté de la présence du mari dans les litiges opposant les ksouriennes à leurs familles ne devrait pas pour autant nous conduire à penser l'alliance matrimoniale uniquement comme le passage d'un type de tutelle patriarcale vers un autre. Le phénomène est plus complexe. En vérité, l'autorité maritale apparaît nettement plus fragile que celle exercée par un père sur sa fille, dans la mesure où les actes de l'époux provoquent souvent de vives contestations. Dans les *Nawāzil* d'al-Jantūrī, par exemple, une ksourienne réagit à la répudiation prononcée par son mari en réclamant qu'il lui restitue alors « tout ce qu'il a consommé de son patrimoine »[81]. De même, certains cas d'espèce indiquent clairement que les conjoints poursuivent aussi individuellement leurs intérêts devant le prétoire[82]. Nonobstant les multiples formes de contrainte et de pression relatées au fil de ces pages, de nombreuses femmes mariées sont donc loin de se contenter d'un rôle d'agent passif pris au piège entre l'époux et les parents masculins. La *Ghunya* nous rapporte à ce propos les protestations de plusieurs sœurs contre un compromis (*ṣulḥ*) négocié de façon collective par leurs maris respectifs, agissant à titre de représentants légaux, au sujet d'un litige de habous familial[83]. Les femmes prétendent qu'elles n'ont pas été au courant de l'arrangement, et, de ce fait, refusent d'en reconnaître la validité.

Dans la majorité des cas identifiés, de telles initiatives reçoivent l'appui des magistrats sollicités. À cet égard, notre documentation ne laisse aucun doute :

80 *Ghunya, ms. cit.*, f. 375.

81 *Nawāzil al-Jantūrī, ms. cit.*, f. 95.

82 C'est le cas d'un couple gourarien, cité de nom, où chacun porte plainte de son côté, afin de récupérer ses investissements pour préparer une alliance matrimoniale qui n'a finalement pas eu lieu. Voir *Nawāzil al-Jantūrī, ms. cit.*, f. 67.

83 *Ghunya, ms. cit.*, f. 338.

l'institution judiciaire fonctionne comme une instance d'appel puissante en matière de litiges conjugaux. Certes, les juristes oasiens se gardent de toucher à la puissance maritale, telle qu'elle est établie dans les manuels du droit musulman[84]. ʿAbd al-Raḥmān al-Jantūrī reconnaît ainsi à un mari, furieux du fait que sa femme se refuse à lui et qu'elle sort de la maison à sa guise, le droit de la séquestrer, voire de la « châtier » physiquement[85]. De même, si les formes extrêmes de violence conjugale sont fermement condamnées, il n'en reste pas moins que, dans tous les cas où une femme s'est réfugiée auprès de sa famille pour échapper aux sévices de son mari, ou bien a été délivrée de son calvaire grâce à l'intervention de son père, les jurisconsultes sollicités à son propos soulignent l'obligation de regagner le foyer marital tout en exhortant l'homme à s'abstenir dorénavant de toute démesure[86]. Cependant, en contraste direct avec leur détermination à défendre les pouvoirs paternels, les juristes oasiens n'hésitent pas à imposer des limites strictes à l'autorité maritale, comme l'illustre notamment leur position en matière de migration familiale. Muḥammad al-ʿĀlim al-Zajlāwī reconnaît ainsi à un homme s'apprêtant à partir en voyage le droit d'emmener sa fille en dépit de la résistance de la mère de l'enfant. En revanche, il refuse le même droit à un mari qui veut contraindre sa femme d'émigrer avec lui[87]. Cette position n'est pas marginale au sein du corps doctoral oasien. Une réponse générale de ʿAbd al-Raḥmān al-Jantūrī sur la question laisse effectivement entrevoir que la marge de manœuvre du mari est bien étroite :

> Avant la consommation du mariage, l'épouse a le droit de refuser le voyage avec son conjoint jusqu'à ce qu'elle ait pris possession de ce qui lui a été concédé comme don nuptial (*ṣadāq*), indépendamment du fait que son mari soit fortuné ou au contraire besogneux. Après le premier rapport charnel, elle peut également refuser le déplacement, si l'époux est un homme riche. Dans le cas où il s'agirait d'une personne pauvre, l'épouse ne saurait plus faire valoir ce droit. Il est alors inévitable que l'époux voyage en compagnie de sa femme à condition qu'il soit digne

84 Cf. Schacht, *Introduction au droit musulman, op. cit.*, pp. 140–141.

85 *Nawāzil al-Jantūrī, ms. cit.*, f. 145.

86 Cf. *Nawāzil al-Jantūrī, ms. cit.*, f. 158. Un comportement particulièrement violent nous est documenté à travers le récit d'une demande de consultation adressée à ʿAbd al-ʿAzīz al-Balbālī : « À propos de la dispute entre l'homme mentionné et sa femme : il a roué celle-ci de coups et l'a dépouillée de tout ce qu'elle possède, jusqu'aux vêtements. Puis, il l'a fait monter sur un cheval et l'a renvoyée dans le village de son père. » : *Ghuniyya, ms. cit.*, f. 93.

87 Cf. *Nawāzil al-Zajlāwī, ms. cit.*, f. 22 et ff. 27–28.

> de confiance, honorable et serviable à son égard, qu'il jouisse dans le pays de destination du statut d'homme libre, que la contrée ne soit pas trop éloignée et que les routes qui y mènent soient sûres. Il ne partira pas avec elle tant que ces choses n'auraient pas été vérifiées par voie testimoniale ! [88]»

Ce type de conflits reflète une réalité sociale marquée par la fréquence de migrations vers le Sahel et le Maghreb septentrional. L'entretien de réseaux de commerce à l'échelle transsaharienne, mais aussi les contraintes d'ordre économique, amènent de nombreux oasiens à s'absenter pour de longs séjours à l'étranger, voire à s'expatrier définitivement. Dans ce contexte, on comprend facilement les mobiles d'une ksourienne qui, lors de la négociation du contrat de mariage, insiste sur l'inclusion de la stipulation (*sharṭ*), selon laquelle son futur époux ne pourra pas lui imposer de quitter son village, sous peine d'une dissolution immédiate du lien conjugal[89]. Car le fait de suivre le mari à l'étranger équivaut souvent à abandonner à jamais la terre d'origine avec pour perspective un avenir incertain et le grand risque de perdre ses droits, surtout en matière d'héritage. Cette menace de précarité qu'encourent les femmes obligées d'émigrer avec leurs époux explique sans doute pourquoi les jurisconsultes oasiens tendent à placer, dans ce domaine, le droit de résider à proximité du foyer parental au-dessus du devoir de l'obéissance maritale[90]. Il n'est guère étonnant, dès lors, de relever qu'à l'inverse, en ce qui concerne les ksouriennes laissées sans ressources par leurs maris émigrés, les plaintes déposées donnent presque toujours lieu à des interventions judiciaires pour assurer l'entretien de l'épouse[91].

De fait, l'efficacité du recours à la justice islamique afin de renégocier les conditions de la vie conjugale est particulièrement saillante dans les litiges liés à une autre grande source de tensions et de conflits entre époux, à savoir les pensions alimentaires (*nafaqa*) que le mari est obligé de verser régulièrement.

---

88 *Nawāzil al-Jantūrī, ms. cit.*, ff. 133–134. Une fatwa allant dans le même sens a été prononcée par Muḥammad b. ʿAbd al-Raḥmān al-Tinilānī et ensuite confirmée par le cadi Muḥammad b. ʿAbd al-Raḥmān al-Balbālī. Voir *Ghunya, ms. cit.*, f. 75.

89 *Ghunya, ms. cit.*, f. 69.

90 Remarquons toutefois que l'appui de la préservation du lien familial peut aussi se lire comme une caution juridique apportée à la perpétuation de l'emprise du lignage sur la fille nonobstant son engagement conjugal.

91 Par exemple, une femme dont le mari vit à Tombouctou obtient de la part du cadi de son village l'autorisation de vendre une maison appartenant à l'absent « afin d'obtenir ce qui lui revient comme pension alimentaire » : *Ghunya, ms. cit.*, f. 128. Pour un cas similaire, voir *ibidem*, f. 124 et *Nawāzil al-Jantūrī, ms. cit.*, f. 123.

Plusieurs cas d'espèce glanés dans les recueils à notre disposition montrent qu'à l'instar de leurs consœurs citadines, les ksouriennes n'hésitent pas à solliciter l'intervention de la magistrature pour obtenir leurs droits dans ce domaine. De leur côté, les juristes font preuve d'une détermination remarquable pour protéger les intérêts matériels des plaignantes se présentant devant eux. Le cadi ʿUmar b. ʿAbd al-Qādir al-Tinilānī va jusqu'à cautionner la démarche d'une ksourienne qui refuse tout rapport charnel à son mari, l'accusant de ne pas subvenir à ses besoins et à ceux de leurs enfants communs[92]. Alors que le comportement de l'épouse fait craindre à « certaines personnes qu'elle commette un péché à l'égard de Dieu », le cadi, quant à lui, ne semble pas partager ces appréhensions, car il répond sans détour : « Si lui il s'abstient d'assurer ton entretien, il n'y a pas de mal à ce que tu te refuses et aucun péché ne pèse sur toi à ce propos [93]! »

Souvent, les plaintes et doléances résultant de l'absence de pension alimentaire ciblent un argument juridique précis : il s'agit de requérir du cadi la prononciation du divorce en raison des préjudices (*ḍarar*) causés par la négligence du mari[94]. En droit musulman, une telle démarche constitue la seule possibilité pour une femme d'obtenir une séparation légale, sans être contrainte à verser des compensations à son époux. Certaines plaignantes ne semblent qu'attendre le départ de l'époux pour tenter de se libérer du lien conjugal, comme l'illustre l'affaire suivante : une femme s'adresse au cadi de Tamentit, ʿAbd al-Ḥaqq al-Bakrī, demandant d'être séparée de son mari[95]. L'homme, accablé de dettes, a disparu vers un endroit inconnu et ses nombreux créanciers empêchent désormais tout transfert de pensions alimentaires[96]. Convaincu des faits allégués par la plaignante, le cadi lui remet une autorisation écrite qui enjoint à la femme de « se répudier elle-même si la situation économique difficile rend son mari incapable d'assurer son entretien »[97]. Peu de temps après, il apprend toutefois que la plaignante a prononcé sa propre répudiation, avant même que l'indigence de l'homme ait été établie. Plus grave encore, al-Bakrī est informé que l'entretien de la femme avait bel et bien été assuré par la famille du mari absent. Visiblement, l'épouse n'avait cherché qu'un prétexte pour obtenir le divorce !

92 *Ghunya*, *ms. cit.*, f. 124.

93 *Ibidem.*

94 Cf. Layish, *Divorce in the Libyan family*, *op. cit.*, pp. 84–95. Voir aussi Lydon, « Obtaining Freedom at the Muslim's Tribunal », *art. cit.*, p. 149.

95 *Ghunya*, *ms. cit.*, f. 128.

96 Cf. aussi *ibidem*, f. 241.

97 « *an taṭliqa nafsahā in aʿṣara al-zawj bi-nafaqatihā* »

Les recours à l'intervention d'un cadi ne constituent pas l'apanage unique de femmes issues des élites sociales ksouriennes, c'est-à-dire des familles chérifiennes et maraboutiques, encore que l'accès à la magistrature leur soit sans doute beaucoup plus aisé. L'auditoire du jurisconsulte est également ouvert à des personnes appartenant aux classes subalternes. De ce point de vue, la documentation jurisprudentielle reflète une organisation sociale travaillée par un clivage prononcé entre une aristocratie arabo-berbère et une population métissée, confrontée à une grande précarité économique et soumise à des statuts juridiques qui contribuent à perpétuer sa dépendance à l'égard de ses maîtres, à savoir celui de l'esclave (*ʿabd*) et celui du client (*mawlā*)[98].

Voyons deux cas d'espèce, décrits dans la *Ghunya*. Ils mettent en scène des femmes *ḥarthāniya* saisissant les juges de leurs villages respectifs pour réclamer le divorce de leurs maris partis à l'étranger. Dans le premier cas, nous apprenons que le rendement provenant d'une part modeste que le mari détient dans un jardin de palmiers s'avère illusoire pour subvenir aux besoins de sa femme et de son petit enfant[99]. L'homme est porté disparu, mais la question d'une éventuelle vente ne se pose pas, car le terrain est presque sans valeur. Par conséquent, la *ḥarthāniya* réclame le divorce et l'obtient en effet. Dans le second cas, l'épouse a déjà abandonné le foyer conjugal avant le départ du mari qui nous est décrit comme un homme « ne possédant que ce que possèdent les haratins »[100]. Elle refuse obstinément de rentrer. Toutefois, lorsque le mari quitte la région en direction du Maroc, l'épouse annonce soudainement son intention de regagner le foyer conjugal. À peine arrivée au foyer, elle dépose une plainte auprès du cadi réclamant d'être divorcé, puisque le mari omet de lui verser ses pensions alimentaires. De nouveau, la plaignante a gain de cause.

Ce second récit nécessite quelques explicitations si l'on veut en comprendre les enjeux sous-jacents. L'annonce du retour semble constituer un 'coup' soigneusement prémédité. Sachant son mari à bonne distance, la femme recourt à une tactique juridique subtile. Les règles du *fiqh* mālikite stipulent qu'une épouse ayant abandonné le domicile du mari perd son droit à la *nafaqa*[101]. Tant qu'elle refuse de rentrer sous l'autorité maritale, c'est-à-dire de réintégrer le foyer, le versement des pensions alimentaires peut être légitimement suspendu. En regagnant la maison conjugale, la *ḥarthāniya* rétablit donc

98 L'analyse des liens multiples entre la structure statutaire prévalant au sein des sociétés sahariennes et les dispositions du droit musulman en matière de statut social déborde le cadre de ce travail. Nous espérons approfondir la question dans des recherches futures.

99 *Ghunya, ms. cit.*,, f. 128.

100 « *lā shay'un ʿindahu illā mā li'l-ḥarthāniyīn* » : *ibidem*, f. 129.

101 Layish, *Divorce in the Libyan Family*, *op. cit.*, p. 34.

formellement l'obligation de l'époux d'assurer son entretien. Par conséquent, elle peut, de plein droit, réclamer auprès d'un cadi le divorce pour défaut d'entretien. Cela semble bien être l'objectif ultime de l'épouse pour autant qu'un tel divorce lui permette de se libérer du lien conjugal sans être soumise à une compensation dans le cadre d'une requête de divorce unilatérale (*khulʿ*) ou d'attendre – probablement en vain – une répudiation professée par le mari. Vu sous cet angle, l'initiative traduit une connaissance substantielle des normes du *fiqh* en la matière, alors même que son instigatrice est issue d'une catégorie sociale qui paraît *à priori* exclue des réseaux de diffusion de savoirs juridiques. L'exemple suggère ainsi qu'en dépit de leur position sociale fragile, ou peut-être précisément à cause d'elle, certains haratins s'appuient sur la juridiction islamique pour faire évoluer leurs conditions de vie. À moins qu'il ne s'agisse d'un cas fictif, la démarche de la *ḥarthāniya* est donc remarquable, dans la mesure où elle constitue un indice fort du degré d'acculturation des populations oasiennes au droit musulman.

## Une ambivalence insoluble

Les recours des ksouriennes à l'instance judiciaire se présentent comme un phénomène contrasté. Il ne saurait faire de doute que les femmes sont des usagères assidues des auditoires des différents jurisconsultes oasiens qui, à leur tour, examinent avec diligence les plaintes déposées. De ce point de vue, la thèse selon laquelle, au Maghreb prémoderne, l'instance judiciaire peut, en tant que dispositif de recours, seulement exister dans un cadre urbain paraît difficilement soutenable. À partir du moment où une société décide de se doter d'une juridiction islamique et qu'elle investit des agents d'un pouvoir d'intervention afin d'implanter cette juridiction dans l'espace social, les dispositifs institutionnels ainsi mis en place sont aussi amenés à servir de lieu de refuge aux 'faibles'. De fait, les normes dont ces dispositifs se réclament l'exigent[102]. L'opinion trop facilement acceptée d'un fossé infranchissable séparant dans tous les cas de figure les villes des campagnes sous-estime le fait que ce sont d'abord les acteurs locaux qui s'accordent, et se disputent, quant aux formes de normativité censées encadrer leurs interactions sociales. Pour ce qui est de l'archipel oasien du Grand Touat au XVIIIe siècle, un tel consensus a visiblement porté sur l'intégration du *fiqh* dans la construction d'un espace normatif communautaire, ce qui a engendré des possibilités de recours pour la population féminine.

102 Cf. Peirce, *Morality Tales*, *op. cit.*, p. 247.

Pour autant, le rôle de l'institution judiciaire dans les rapports de genre ne demeure pas moins ambigu, car la protection des intérêts féminins va toujours de pair avec l'affirmation de figures d'autorité masculine. La remarque concerne en premier lieu le père, mais l'époux peut aussi compter sur l'appui de l'instance judiciaire, dès lors que le litige met en question la puissance maritale établie par le *fiqh*. Pris ensemble, ces mécanismes de subordination, auxquels il convient d'ajouter le jeu subtil de pressions exercées par l'entourage familial sur les ksouriennes, rappellent l'existence de rapports de dépendance que l'accès à la magistrature n'infléchit que jusqu'à un certain degré. Il n'empêche : les consultations examinées attestent que les ksouriennes savent s'approprier activement leurs cadres de vie. En témoignent toutes ces occurrences sur les 'fortes femmes' dont la littérature jurisprudentielle nous a heureusement gardé le souvenir : celles qui, après la mort de leur mari, défendent vigoureusement leurs intérêts face à leur belle-famille[103], celles qui, en tant que tutrices, administrent les propriétés de leurs enfants et qui sont parfois elles-mêmes attaquées en justice par leurs protégés[104], celles, enfin, qui gèrent avec leur conjoint un patrimoine commun[105], voire prennent en main les biens laissés par leur partenaire parti à l'étranger[106]. C'est cette tension finalement insoluble entre contraintes patriarcales et volontés individuelles, qui surgit avec force des multiples présences féminines dans les corpus de *nawāzil* de cette partie du Sahara.

---

103 *Nawāzil al-Jantūrī, ms. cit.*, f. 97, f. 114, f. 142–143, f. 168, *Nawāzil al-Zajlāwī, ms. cit.*, f. 70, *Ghunya, ms. cit.*, f. 226.

104 *Nawāzil al-Jantūrī, ms. cit.*, f. 47, f. 169, *Ghunya, ms. cit.*, f. 379

105 *Ghunya, ms. cit.*, f. 387.

106 *Ibidem*, f. 295, f. 348, *Nawāzil al-Jantūrī, ms. cit.*, f. 168.

# Conclusion

Il est curieux, l'effet de fascination que les sources judiciaires islamiques exercent sur l'historien, au motif que leur lecture permet un regard pour ainsi dire 'brut' sur les interactions sociales à l'œuvre dans les communautés musulmanes. Les auteurs de tels écrits opèrent en scribes les frictions et cassures de la vie de tous les jours en s'efforçant de mettre de l'ordre dans « ces magmas de plaintes d'où s'exhale une quotidienneté banale »[1], que, d'ordinaire, les récits de la 'Grande Histoire', celle des chroniqueurs et des biographes, dédaignent de consigner. Leur exercice littéraire est l'un des rares lieux où les groupes subalternes, les femmes et tous ceux qui sont par leur comportement 'stigmatisés', s'expriment et se battent pour défendre une dignité bafouée, un droit non reconnu, un bien convoité par plus fort qu'eux. Chaque fois, c'est une personne qui parle et agit pour revendiquer ce qu'il lui semble revenir de droit. D'où une perception très individualisée du social qui s'en dégage. Que l'on songe aux querelles d'hoirie interminables où la solidarité lignagère s'atomise en une multitude d'intérêts personnels, aux dissensions conjugales où les cadres régissant la vie de couple sont âprement disputés, aux litiges de propriété où les volontés privées défient ouvertement l'autorité des lois du collectif. Tout cela fait des sources judiciaires islamiques le moyen de rendre complexe une histoire « au ras de sol » qui, dans le contexte de l'historiographie occidentale, constitue tout l'attrait de la *microhistoria* italienne[2].

Une telle appréciation s'applique également à l'appréhension du rôle social des jurisconsultes siégeant au prétoire. Les documents examinés au cours de cette étude nous ont fait connaître un corps de juristes engagé dans un travail institutionnel quotidien. Leurs échanges, épistolaires ou consultatifs, nous ont rendus familiers avec des disputes de compétence, des formes de coopération, mais aussi avec des stratégies individuelles pour s'imposer dans les jeux de rivalité internes. Nous avons pu observer comment l'appréciation normative des faits est susceptible de participer à la fabrique et à la contestation des hiérarchies savantes locales, lorsque les expertises s'affrontent et les chaînes d'appui intellectuel s'activent. Une pluralité de pratiques et de discours à travers lesquels se construit l'institution juridictionnelle s'entrevoit ainsi. Elle laisse apparaître la dimension praxéologique de la mise en application de ce qui est stipulé dans la littérature du *fiqh*. De ce point de vue, le contraste est saisissant avec le style des sources littéraires, à commencer par les notices

1 Farge, *Le goût de l'archive*, *op. cit.*, p. 98.

2 Cf. Revel, Jacques, « L'histoire au ras du sol » in Levi, *Le pouvoir au village*, *op. cit.*, pp. I-XXXIII.

 | DOI 10.1163/9789004341265_011

biographiques, où les relations entre jurisconsultes sont le plus souvent décrites uniquement en référence à la sacralité de leurs fonctions en tant que membres d'un collectif d'érudits – les oulémas – se prévalant d'une autorité religieuse[3]. L'enjeu principal des écrits juridiques ne réside pas dans la fabrication d'un discours identitaire et représentatif mettant en scène les 'protecteurs' de la communauté[4] et leurs 'adversaires'[5]. Il s'agit d'un exercice intellectuel qui consiste à déchiffrer le social pour le convertir en normatif. À cet égard, les documents produits par l'institution judiciaire donnent de la chair, pour ainsi dire, au langage codifié et, souvent, stérile des récits littéraires de l'époque.

Au Maghreb où, de nos jours, les archives de cadis sont en grande partie soit perdues, soit inaccessibles[6], ce sont presque uniquement les recueils de *nawāzil* qui permettent ces vues de l'intérieur des communautés prémodernes. Les nombreux cas d'espèce exposés au fil des pages précédentes l'attestent amplement. Nous avons appris l'existence sociale – parfois également le nom – d'une pluralité d'individus venant de toutes les couches de la société ksourienne. De même, il convient d'insister sur le fait que la plupart des litiges documentés par les *nawāzil* ressortent du domaine du quotidien. Une appréciation provisoire, qui devrait être complétée par un comput statistique[7], nous permettrait d'affirmer qu'il s'agit, d'un côté, de contentieux s'inscrivant dans le champ du droit familial et matrimonial, de l'autre, de conflits liés à la circulation des biens mobiliers et immobiliers dans l'espace économique oasien. La grande majorité des cas d'espèce examinés met en scène des ksouriens sollicitant des jurisconsultes musulmans soit parce qu'ils sont menacés dans leurs relations familiales et conjugales, soit parce qu'ils veulent défendre des droits de propriété attachés à un bien, le plus souvent une terre. Il est bien entendu que les conflits liés à la circulation des biens révèlent souvent des fissures violentes à l'intérieur des groupes familiaux. Les enfants s'acharnent contre leurs parents pour des dettes impayées, les frères et sœurs se contestent mutuellement leurs parts d'héritage, des cousins s'opposent sur les modalités du partage d'un patrimoine transmis en indivision. C'est en particulier la succession qui apparaît comme un des principaux moments litigieux de la vie sociale, dans la mesure où la mort d'une personne rend possible une réévaluation complète de

3 Cf. Touati, *Entre Dieu et les hommes, op. cit.*, pp. 262–270.

4 Cornell, *Realm of the Saint, op. cit.*, pp. 272–285.

5 Voir Touati, *Entre Dieu et les hommes, op. cit.*, p. 159.

6 Cf. Guechi, « *Mahkama* Records as a Source for Women's History: The Case of Constantine », *art. cit.*, p. 154.

7 Une telle opération exigerait comme condition préalable une édition critique des *nawāzil* du Grand Touat qui seule permettrait par la suite un traitement empirique pertinent.

la distribution des biens qui lui sont rattachés. La distinction entre un champ où s'articule au premier chef la mise en question de rapports d'autorité au sein de groupes familiaux et un autre qui est axé sur les droits de propriété, est néanmoins justifiée. Elle permet de différencier deux rôles fondamentaux assumés par la justice islamique dans les oasis. Celle-ci s'érige, d'une part, en instance de recours pour ceux qui sont structurellement défavorisés dans les hiérarchies sociales locales et, d'autre part, en espace d'affrontement participant d'une manière décisive aux luttes pour le contrôle et la répartition des ressources économiques.

Les traces de ces dynamiques conflictuelles dans l'espace judiciaire restent cependant fragmentaires. Elles sont réduites à des éléments de communications échangées entre un individu, souvent un juge, qui questionne et un expert qui répond. Elles servent de matrice pour l'élaboration d'un discours normatif et littéraire. D'où, avouons-le, une certaine fragilité empirique du raisonnement développé ici. Il doit se passer de l'immédiateté du document archivistique, même si ce dernier n'est pas moins le résultat d'un processus éditorial transformant l'observation d'un acte en récit d'un fait[8]. De plus, bien que le taux de scolarisation semble élevé dans le Grand Touat de l'époque, l'écriture jurisprudentielle émane exclusivement de ceux qui monopolisent la capacité de transcrire ce qu'il convient de mémoriser. Il s'agit donc d'un discours d'élite. En appuyant la construction de pouvoirs à la fois idéologiques, sociaux et politiques, les recueils de *nawāzil* participent de ces formes de « domination scripturaire » (*textual domination*) dont les ressorts ont été pertinemment mis en relief par l'anthropologue Brinkley Messick pour le cas du Yémen au XXe siècle[9].

Que pouvons-nous alors conclure de notre enquête sur les manières de pratiquer le *fiqh* dans une région du Sahara central à l'époque moderne ? Que les usages du *fiqh* s'inscrivent au cœur des relations sociales, ce dont témoignent tant le travail des juristes autochtones que les comportements procéduriers de leurs justiciables, qu'il s'agisse de collectivités ou d'individus. Ce constat nous conduit à récuser la conception qui consiste à envisager les oulémas ruraux uniquement comme des missionnaires sur des terres potentiellement hostiles voire comme des éléments étrangers à leur propre société. Le paradigme du « défricheur de l'Islam [10]» est, à coup sûr, décisif pour appréhender les processus d'islamisation dans la zone saharo-sahélienne, mais il ne saurait rendre

---

8 Cf. Dupret et *alii*, *Narratives of Truth in Islamic Law*, *op. cit.*, pp. 13–14.

9 Messick, *The Calligraphic State*, *op. cit.*.

10 Cf. Jewsiewicki, Bohumil, Triaud, Jean-Louis, *Les défricheurs de l'Islam*, Quebec, Association canadienne d'études africaines, 1985.

compte des dynamiques acculturatives observables dans des communautés où les traditions musulmanes se sont déjà solidement implantées, comme cela est le cas de l'archipel oasien du Grand Touat entre le XVI^e^ et le XIX^e^ siècle. Dès lors, le profil de l'homme de religion s'élargit pour devenir celui d'un fédérateur et organisateur de forces sociales, au moyen d'un encadrement institutionnel continu des populations locales. D'où aussi l'énorme importance de la mise en place de structures judiciaires. En tant que muftis et cadis, les oulémas du Grand Touat sont les praticiens d'une herméneutique juridico-religieuse appliquée, inséparable de l'exhortation morale et de l'instruction livresque. Tout l'enjeu de leur travail est d'inscrire dans les interactions quotidiennes une normativité dont l'autorité sacrée fait déjà consensus au sein de la société.

De fait, la pratique du *fiqh* dans les oasis ne relève pas de la transplantation d'une civilisation 'islamique' allogène, partie à l'assaut de formes sociales vernaculaires. Elle s'opère dans le cadre d'un processus de construction et d'adaptation entièrement porté par des acteurs autochtones. Des éléments externes et internes s'enchevêtrent pour produire des régimes normatifs communs à toute la société et dont certains sont légitimés par la référence au fait islamique. Les dynamiques appropriatives se situent toujours dans un *hic et nunc*. L'héritage littéraire musulman ainsi que les filiations intellectuelles et culturelles qu'il permet d'opérer doivent être conçus comme un univers de ressources qui s'actualise uniquement dans les usages du présent. Les cultures ne s'importent pas, elles se construisent *in situ* avec des matériaux de provenances historiques et géographiques diverses. Cela implique des tensions et des conflits. L'inscription du *sharʿ* dans le champ social oasien met en jeu différents niveaux et sources de normativité. De même, elle est l'œuvre d'une pluralité d'acteurs dont les intérêts ne convergent pas toujours. Les relations de proximité que les milieux d'oulémas entretiennent avec les autres élites ksouriennes, la souplesse pragmatique qu'ils manifestent à l'égard des structures communautaires, mais également la fréquence avec laquelle ils sont sollicités par les habitants de la région, toutes ces dynamiques d'échange et de médiation ne sauraient dissimuler que les cadres normatifs imposés par la justice islamique rencontrent aussi des résistances.

Cela est d'autant plus que vrai que l'application des normes du *fiqh* à l'échelle locale est inégale. Elle est saillante dans le domaine de la propriété et du droit matrimonial. En revanche, rares sont par exemple les litiges examinés devant l'instance judiciaire, qui problématisent la mise en valeur des ressources naturelles et des institutions sur lesquelles elle repose, tels que les divers types de contrats de métayage ou de fermage. Il semble bien que, dans le secteur de l'agriculture oasienne, seuls les différends portant sur des transactions immobilières soient susceptibles d'être soumis au verdict des jurisconsultes musulmans tandis que les conflits liés aux manières d'exploiter et d'organiser l'espace foncier sont presque exclusivement résolus par des règlementations coutumières. Le corps des oulémas n'est donc pas l'unique autorité en matière de droit et il va presque sans dire que l'analyse des autres institutions juridico-normatives ksouriennes constituerait un complément précieux, peut-être indispensable, aux propositions développées dans ce livre.

La mise en exergue de ce pluralisme nous permet de différencier, à côté des procédures judiciaires islamiques au sens strict – c'est-à-dire celles qui sont coordonnées par les cadis et muftis –, deux autres modes d'intervention des jurisconsultes du Grand Touat. *Primo*, ces interventions procèdent d'un travail de décryptage du social à l'aune des sources scripturaires du *fiqh*. Nous retrouvons ici le profil du *faqīh* comme commentateur et censeur de sa société, tel qu'il est étudié par Jacques Berque et par Houari Touati. Ses prises de parole ne visent pas tant à interférer directement dans les pratiques locales évaluées, qui, de toute façon, échappent à son emprise, qu'à agir patiemment sur les consciences par l'exhortation et l'instruction. *Secundo*, l'intervention est susceptible de s'inscrire comme une ressource normative à l'intérieur de conflits dont la résolution procède d'autres ressorts que celui de la justice des magistrats musulmans : lorsqu'un érudit émet une fatwa à propos d'une dispute sans qu'il y ait eu plainte ou lorsqu'il est appelé à se prononcer sur une disposition coutumière controversée à l'échelle communautaire.

Enfin, nous avons été conduit à soulever une difficulté méthodologique sur laquelle notre recherche a buté, du fait de l'hétérogénéité de l'espace normatif ksourien. Le caractère sélectif et fermé des corpus de *nawāzil* nous interdit d'envisager les documents qu'ils renferment comme une image fidèle et proportionnée de l'ancrage des normes islamiques dans le champ social oasien. Il est tout à fait possible que les compilateurs des recueils examinés aient passé sous silence des zones d'intervention ou, au contraire, qu'ils aient idéalisé, par endroits, la propension de leurs compatriotes à se plier aux préceptes du *sharʿ*. En d'autres termes, les matériaux rassemblés ne reflètent pas nécessairement l'importance réelle prise par le *fiqh* dans la régulation normative d'un tel domaine de la vie sociale. Il en va ainsi du droit pénal. Or, alors que les consultations thématisant la poursuite de crimes sont plutôt rares, quelques occurrences repérées nous renseignent sur le fait que les magistrats oasiens décrètent des emprisonnements et des châtiments corporels, voire qu'ils prononcent la peine capitale[11]. Nous touchons ici aux limites de nos sources qui – hélas – ne sauraient fournir qu'une vision très partielle de ce que fut la justice islamique dans les ksour du Grand Touat à l'époque moderne.

11 Cf. *Nawāzil al-Zajlāwī*, *ms. cit.*, f. 75 et *Ghunya*, *ms. cit.*, f. 721.

Cette étude se veut exploratoire. Elle espère avoir esquissé et nourri empiriquement un questionnaire qui invite à repenser le rôle du droit musulman dans l'histoire des sociétés sahélo-sahariennes. Comme il est inévitable dans ce type d'entreprise, la lecture des sources jurisprudentielles est sélective. Parfois, elle est même hésitante, car elle est tributaire des découvertes de réalités culturelles insoupçonnées, accumulées au fur et à mesure, dans ce qui reste un terrain peu exploré de l'historiographie africaine. La plus importante de ces découvertes est d'avoir mis en lumière l'existence d'institutions judiciaires islamiques dans une contrée où est censée régner la coutume. La focalisation sur les dynamiques engendrées par ces institutions nous a contraint à négliger d'autres aspects de l'histoire sociale du Grand Touat. Les rapports entre les communautés ksouriennes et les forces politiques externes, qu'il s'agisse des tribus nomades ou du Makhzen marocain, mériteraient certainement une investigation plus approfondie. Les recueils de jurisprudence de la région fournissent à cet égard des matériaux extrêmement riches. De même, la question des hiérarchies statutaires constitue une problématique que nous espérons développer dans de futures recherches. Au terme de cette enquête, ce sont donc surtout des chantiers nouveaux qui demandent à être inaugurés. Ils devraient mettre en valeur une conception plus dynamique de l'activité culturelle et normative des lettrés musulmans en contexte rural, ainsi que les multiples manières dont les populations locales s'emparent de cette activité pour construire leur monde social.

# Cartes

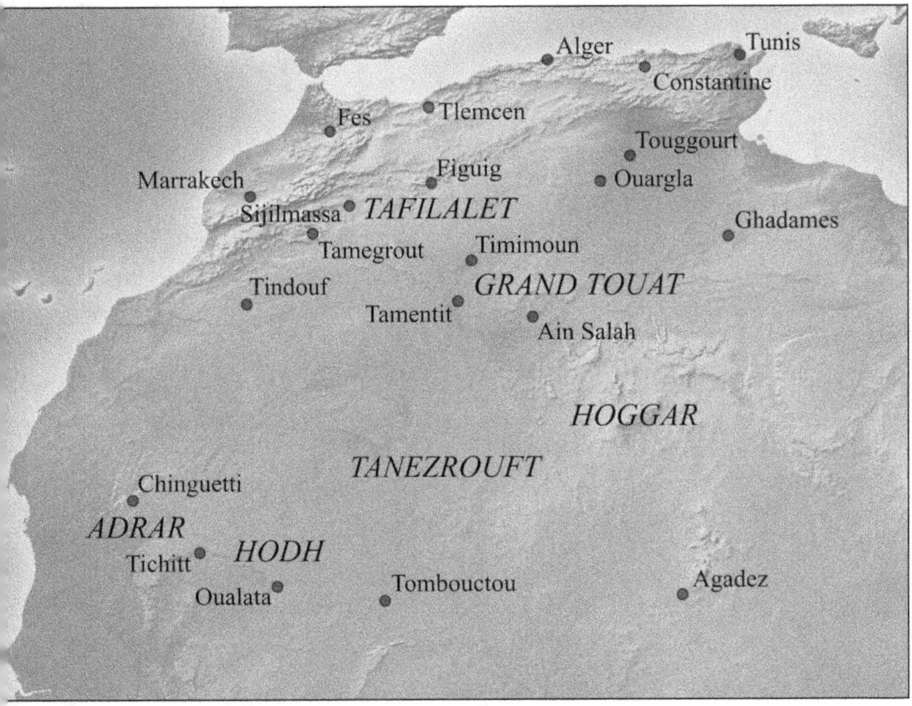


CARTE 1 *L'espace saharien aux XVIII^e^/XIX^e^ siècles*

 | DOI 10.1163/9789004341265_012

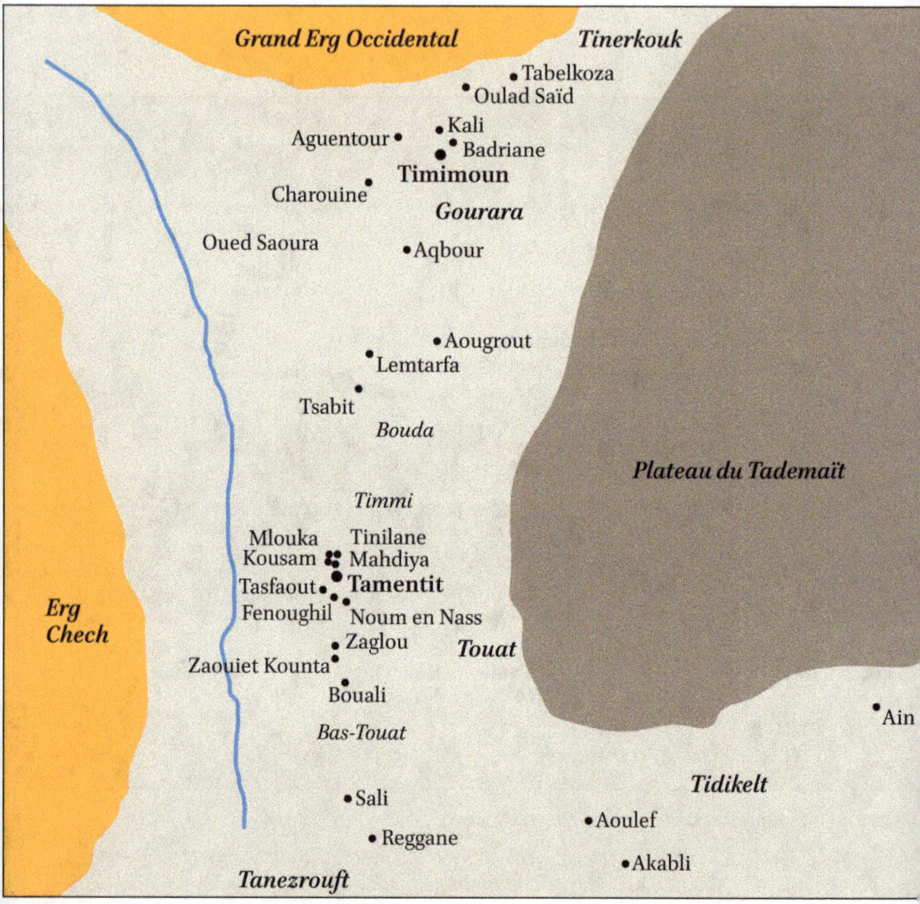


CARTE 2 *Les principaux ksour du Grand Touat aux XVIII^e^/XIX^e^ siècles*

# Bibliographie

## Sources primaires

### *Archives nationales d'outre-mer, Aix-en-Provence*

SERIE H AFFAIRES INDIGÈNES 1830/1960 – TERRITOIRES DU SUD

22H26

22H48

22H50

22H89

### *Manuscrits*

[Anonyme], *Dhikr 'ulamā' al-Daghmāsha wa Jarāra*, ms. privé, fonds *khizāna* al-Balbālī, Kousam, Wilaya d'Adrar.

[Anonyme], *Min sīra shaykh al-rakb*, ms. privé, fonds *khizāna* Abū Na'āma, Akabli, Wilaya d'Adrar.

al-Bakrī, Muḥammad b. 'Abd al-Karīm b. 'Abd al-Ḥaqq, *Durrat al-aqlām fī akhbār al-Maghrib ba'd al-islām,* ms. privé, fonds *khizāna* Aḥmad Dīdī, Tamentit, Wilaya d'Adrar.

al-Bakrī, Muḥammad b. 'Abd al-Karīm b. 'Abd al-Ḥaqq, *al-Kawākib al-barriyya fī'l-manāqib al-bakriyya*, ms. privé, fonds *khizāna* Aḥmad Dīdī, Tamentit, Wilaya d'Adrar.

al-Balbālī, Muḥammad 'Abd al-Karīm, *Ghāyat al-amānī fī ajwibat Abī Zayd al-Tinilānī*, ms. privé, fonds *khizāna* al-Balbālī, Kousam, Wilaya d'Adrar.

al-Balbālī, Muḥammad, al-Balbālī, 'Abd al-'Azīz, *al-Ghunyat al-muqtaṣid al-sā'il fī-mā waqa'a fī Tuwāt min al-qaḍāyā wa'l-masā'il*, ms. privé, fonds *khizāna* Lemtarfa, Wilaya d'Adrar.

al-Bartīlī, Ibn al-Ṭālib, *Fatḥ al-shakūr fī ma'rīfat a'yān 'ulamā' al-Takrūr*, Institut de France, ms. 2406, pièce 118.

al-Fulānī, 'Abd Allāh b. Aḥmad, *Riḥla*, ms. privé, fonds Abdallah Ismaili, Adrar, Wilaya d'Adrar.

al-Jantūrī, 'Abd al-Raḥmān, *Nawāzil*, ms. privé, fonds *khizāna* Badriane, Wilaya d'Adrar.

al-Qādirī, Muḥammad b. al-Ṭayyib, *Illtiqāt al-durar wa mustafād al-mawā'iẓ wa'l-'abr min akhbār wa a'yān al-mi'ā al-ḥādiya al-thāniya 'ashara*, ms., Bibliothèque Royale, Rabat, n° 2245.

al-Tinilānī, 'Abd al-Qādir b. 'Umar b. 'Abd al-Raḥmān, *Fahrasa fī dhikr al-mashā'ikh al-tuwātiyya*, ms. privé, fonds Abdallah Ismaili, Adrar.

al-Tinilānī, 'Abd al-Raḥmān, *Fahrasa*, ms. privé, fonds *khizāna* Aḥmad b. Yūsuf, Tinilane, Wilaya d'Adrar.

al-Tinilānī, Muḥammad b. ʿAbd al-Raḥmān, *Ajwiba*, ms. privé, fonds *khizāna* al-Balbālī, Kousam, Wilaya d'Adrar.

al-Tinilānī, Muḥammad b. ʿAbd al-Qādir, *al-Durrat al-fākhira fī dhikr mā bi-Tuwāt min al-ʿulamāʾ wa'l-ashrāf al-idrīssiyīn wa'l-ʿalāwiyīn*, ms. privé, fonds Abdallah Ismaili, Adrar, Wilaya d'Adrar.

al-Tinilānī, ʿUmar b. ʿAbd al-Qādir, *Riḥla*, ms. privé, fonds Abdallah Ismaili, Adrar.

al-Zajlāwī, Muḥammad, *Nawāzil*, ms. privé, fonds *khizāna* Lemtarfa, Wilaya d'Adrar

### *Sources imprimées*

Albert, P., « La zaouia de Kerzaz » in *Bulletin de la société de géographie et d'archéologie d'Oran*, 1906, vol. 26, pp. 475–490.

Amar, Émile, « Al-Mi'yar : la pierre de touche des fétouha de Ahmed al-Wanscharîsî, choix de consultations juridiques des faqîhs du Maghreb » in *Archives marocaines : publication de la mission scientifique du Maroc*, 1908–1909, vol. 12–13.

al-ʿAyyāshī, ʿAbd Allāh b. Muḥammad, *al-Riḥlat al-ʿAyyāshiyya li'l-baqāʾ al-ḥijāziyat al-musammā māʾ al-mawāʾid*, éd. Aḥmad Farīd al-Mazīdī, Beyrouth, Dār al-kutub al-ʿilmiyya, 2011, 2 vol..

al-Bakrī, ʿAbd al-Ḥamīd, *Silsilat ʿulamāʾ Tuwāt : al-juzʾ al-thānī, ʿālim Tuwāt al-shaykh sayyid ʿAbd al-Karīm al-Bakrī b. Muḥammad al-Bakrī, riḥlatuhu fī ṭalab al-ʿilm, dirāsatuhu wa taḥqīq*, Oran, Dār al-Maghrib li'l-nashr wa'l-tawzīʿ, 2008.

Barth, Heinrich, *Reisen und Entdeckungen in Nord- und Centralafrika*, Gotha, J. Perthes, 1855–1858, 5 vol..

Baʿuthmān, ʿAbd al-Raḥmān, *Fahrasat ʿAbd al-Raḥmān al-Tinilānī al-Tuwātī*, mémoire de maîtrise, université de Béchar, 2009.

al-Darʿī, Muḥammad b. Nāṣir, *al-Ajwibat al-nāṣiriyya fī baʿḍ masāʾil al-bādiya*, éd. Abū'l-Faḍl al-Dimyāṭī, Aḥmad b. ʿAlī, Casablanca, Beyrouth, Markaz al-turāth al-thaqāfī al-maghribī, Dār Ibn Ḥazm, 2012.

Daumas, Eugène, *Le grand désert, ou itinéraire d'une caravane du Sahara au pays des Nègres* (*royaume de Haoussa*), Paris, Imprimerie et librairie centrales de Napoléon Chaix et Cie, 1848.

Hanoteau, Adolphe, Letourneux, Aristide, *La Kabylie et les coutumes kabyles*, Paris, Imprimerie nationale, 1872–1873, 3 vol..

Ibn Farḥūn, Ibrāhīm b. Nur al-Dīn, *al-Dībāj al-mudhhab fī maʿrifat aʿyān ʿulamāʾ al-madhhab*, éd. Ma'mūn b. Yaḥyā al-Dīn al-Jannān, Beyrouth, Dār al-kutub al-ʿilmiyya, 1996.

Ibn Khaldûn, *Discours sur l'histoire universelle : al-Muqaddima*, traduit et annoté par Vincent Monteil, Arles, Actes Sud, 1997.

al-Jundī, Khalīl b. Isḥāq, *Al-tawḍīḥ sharḥ Mukhtaṣar Ibn al-Ḥājib*, éd. Abū'l-Faḍl al-Dimyāṭī, Beyrouth, Dār Ibn Ḥazm, 2012, 6 vol..

Khalīl b. Isḥāq, *Précis de jurisprudence musulmane suivant le rite malékite*, Paris, Imprimerie impériale, 1858.

al-Kittānī, Muḥammad b. Jaʿfar, *Salwat al-anfās wa muḥādathat al-akyās bi-man aqbara min al-ʿulamāʾ wa'l-ṣulaḥāʾ bi-Fās*, Casablanca, Dār al-thaqāfa, 2006, 4 vol..

Martin, Alfred Georges Paul, *Les oasis sahariennes* (*Gourara – Touat – Tidikelt*), Alger, Édition de l'imprimerie algérienne, 1908.

Martin, Alfred Georges Paul, *Quatre siècles d'histoire marocaine : au Sahara de 1504 à 1902, au Maroc de 1894 à 1912*, Paris, Librairie Félix Alcan, 1923, réédité par les Éditions La Porte, Rabat, 1994.

Melity, Ibn Maryem Ech-Cherif el, *El Bostan ou jardin des biographies des saints et savants de Tlemcen*, traduit et annoté par F. Provenzali, Alger, Imprimerie de Fontana frères, 1910.

al-Miknāsī, Abū'l-ʿAbbās Aḥmad b. Muḥammad b. Abī'l-ʿĀfiya b. al-Qāḍī, *al-Durrat al-ḥijjāl fī ghurrat asmāʾ al-rijāl*, éd. Muṣṭafā ʿAbd al-Qādir ʿAṭā, Beyrouth, Dār al-kutub al-ʿilmiyya, 2002.

al-Tinbuktī, Aḥmad Bābā, *Nayl al-ibtihāj bi-taṭrīz al-dībāj*, éd. ʿAbd al-Ḥamīd b. ʿAbd Allāh al-Harāma, Tripolis, Kulliyat al-daʿwāt al-islāmiyya, 1989.

Sīdī ʿUmar, Muḥammad b. ʿAbd al-ʿAzīz, *Qaṭf al-zaharāt min akhbār ʿulamāʾ Tuwāt*, Tīmī, Madrasa Sīdī al-Bukhārī, 2002.

al-Wansharīsī, Aḥmad b. Yaḥyā, *al-Miʿyār al-mughrib ʿan fatāwā Ifrīqiya wa'l-Andalus wa'l-Maghrib*, éd. Muḥammad Ḥajjī, Rabat, Wizārat al-awqāf wa'l-shu'ūn al-islāmiyya li'l-mamlakat al-maghribiya, 1981, 13 vol..

Watin, Louis, « Origines des populations du Touat d'après les traditions conservées dans le pays » in *Bulletin de la Société de géographie d'Alger*, 1905, 2ème trimestre, pp. 209–246.

Wuld al-Barāʾ, Yaḥyā, *al-Majmūʿat al-kubrā : al-shāmilat li-fatāwā wa nawāzil wa aḥkām ahl gharb wa janūb gharb al-Ṣaḥrāʾ*, Nouakchott, al-Sharīf Mawlāy al-Ḥasan bin al-Mukhtār bin al-Ḥasan, 2009, 12 vol..

Zeys, Ernest, « Esclavage et guerre sainte : consultation adressée aux gens du Touat par un érudit nègre, cadi de Tombouctou au XVIIe siècle », in *Bulletin de la réunion d'études algériennes*, 1900, vol. 2, n. °1, pp. 125–151 et 160–189.

## Bibliographie générale

Abou El Fadl, Khaled, « Islamic Law and Ambivalent Scholarship: Book Review The Justice of Islam: Comparative Perspectives on Islamic Law and Society » in *Michigan Law Review*, 2002, vol. 100, n° 6, pp. 1441–1443.

Abdesselem, Ahmed, *Les historiens tunisiens des XVIIe, XVIIIe et XIXe siècles : essai d'histoire culturelle*, Paris, C. Klincksieck, 1973.

Agmon, Iris, *Family and Court: Legal Culture and Modernity in Late Ottoman Palestine*, New York, Syracuse University Press, 2006.

Agmon, Iris, Shahar, Ido, « Shifting Perspectives in the Study of Shariʿa Courts: Methodologies and Paradigms » in *Islamic Law and Society*, 2008, vol. 15, n° 1, pp. 1–19.

Anderson, James Norman Dalrymple, *Islamic Law in the Modern World*, Londres, Stevens and Sons Limited, 1959.

Akbar S. Ahmed, Hart, David M. (éd.), *Islam in Tribal Societies: From the Atlas to the Indus*, Londres, Routledge and Kegan Paul, 1984.

Albergoni, Gianni, « Écrire la coutume : une tribu bédouine de Cyrénaïque face à la modernité » in *Études rurales*, 2000, vol. 155–156, pp. 25–49.

al-Bakrī, ʿAbd al-Ḥamīd, *al-Nubdha fī tāʾrīkh Tuwāt wa'l-aʿlāmihā : min al-qarn al-tāsiʿ al-ḥijrī ilā'l-qarn al-rābiʿ ʿashra*, Oran, Dār al-Maghrib li'l-nashr wa'l-tawzīʿ, 2007.

al-Bakrī, ʿAbd al-Ḥamīd, *Silsilat ʿulamāʾ Tuwāt*, Oran, Dār al-Maghrib li'l-nashr wa'l-tawzīʿ, 2008, 2 vol..

Barbour, Bernard, Jacobs, Michelle, « The Miʿrāj: A Legal Treatise on Slavery by Ahmad Baba » in Willis, John R. (éd.), *Slaves and Slavery in Muslim Africa: Volume One Islam and the Ideology of Slavery*, Londres, Frank Cass, 1985, pp. 125–159.

Bargaoui, Sami, « Débats identitaires et logiques territoriales : l'administration de la justice mālikite à l'époque moderne » in *Studia Islamica*, 2000, n° 97, pp. 121–154.

Barthes, Roland, « Eléments de sémiologie » in *Communications*, 1964, vol. 4, n° 4, pp. 91–135.

Barrucand, Marianne, « Prospections archéologiques dans le Gourara-Touat » in Gayraud, Roland-Pierre (éd.), *Colloque international d'archéologie islamique*, Le Caire, Publications de l'IFAO, 1998, pp. 183–216.

Basset, René, *Les manuscrits arabes de la Zaouyah d'El Hamel*, Florence, Établissement typographique Florentin, 1897.

Batrān, ʿAbd-al-ʿAzīz, « A Contribution to the Biography of Shaikh Muḥammad ibn ʿAbd-al-Karīm ibn Muḥammad (ʿUmar-Aʿmar) al-Maghīlī al-Tilimsānī » in *Journal of African History*, 1973, vol. 14, n° 3, pp. 381–394.

Batran, Aziz A., *The Qadiriyya Brotherhood in West Africa and the Western Sahara: The Life and Times of Shaykh al-Mukhtar al-Kunti (1729–1811)*, Rabat, Publications de l'Institut des études africaines, 2001.

Batran, Aziz A., *Tobacco Smoking Under Islamic Law: Controversy Over Its Introduction*, Beltsville, Maryland, Amana Publications, 2003.

Bāy Bi'l-ʿĀlim, Muḥammad, *Qabīla Fulān fī'l-māḍī wa'l-ḥāḍir wa mā lahā min al-ʿulūm wa'l-maʿrifa wa'l-maʾāthir*, [s. l.], [s. é.], 2004.

Bāy Bi'l-ʿĀlim, Muḥammad, *al-Riḥlat al-ʿāliya ilā minṭaqa Tuwāt*, Alger, Dār Hūmah, 2005.

Bedoucha, Geneviève, *L'eau, l'amie du puissant : une communauté oasienne du Sud tunisien*, Paris, Archives contemporaines, 1987.

Bedoucha, Geneviève, « Libertés coutumières et pouvoir central : l'enjeu du droit de l'eau dans les oasis du Maghreb » in *Études rurales*, 2000, vol. 155–156, pp. 117–142.

Bedoucha, Geneviève, « L'irréductible rural : prégnance du droit coutumier dans l'aire arabe et berbère » in *Études rurales*, 2000, vol. 155–156, pp. 11–24.

Bedoucha, Geneviève, « Transmission des patrimoines en terroir oasien : idéal lignager et pratiques sociales à El-Mansûra (Tunisie) » in Gast, Marceau (éd.), *Hériter en pays musulman : habus, lait vivant, manyahuli*, Paris, Éd. du CNRS, 1987, pp. 87–88.

Bellil, Rachid, *Les oasis du Gourara, Sahara algérien*, Paris, Louvain, Éd. Peeters, 1999–2000, 3 vol.

Ben Achour, Mohamed El Aziz, « Le habous ou waqf : l'institution juridique et la pratique tunisoise » in Ferchiou, Sophie (éd.), *Hasab wa nasab : parenté, alliance et patrimoine en Tunisie*, Paris, Éd. du CNRS, 1992, pp. 50–78.

Ben Salem, Lilia, « Ibn Khaldoun et l'analyse du pouvoir : le concept de jâh » in *SociologieS* [En ligne], Découvertes / Redécouvertes, Ibn Khaldoun, mis en ligne le 28 octobre 2008, consulté le 16 avril 2014. URL : <http://sociologies.revues.org/2623>.

Berger, Maurits, Dupret, Baudouin, al-Zwaini, Laila (éd.), *Legal Pluralism in the Arab World*, Le Hague, Kluwer Law International, 1999.

Berque, Jacques, *Al-Yousi : problèmes de la culture marocaine au XVII^e^ siècle*, Paris, La Haye, Mouton, 1958.

Berque, Jacques, *Essai sur la méthode juridique maghrébine*, Rabat, M. Leforestier, 1944, repris dans *Opéra minora*, Paris, Éd. Bouchène, 2001.

Berque, Jacques, *L'intérieur du Maghreb*, Paris, Gallimard, 1978.

Berque, Jacques, *Maghreb : histoire et sociétés*, Alger, S.N.E.D., 1974.

Berque, Jacques, « Problèmes initiaux de la sociologie juridique en Afrique du Nord » in *Studia Islamica*, 1953, vol. 1, pp. 137–162, réédité dans *Opera minora*, Paris, Éd. Bouchène, 2001, pp. 465–482.

Berque, Jacques, *Structures sociales du Haut Atlas*, Paris, Presses universitaires de France, 1978 (1955).

Berque, Jacques, *Ulémas, fondateurs, insurgés du Maghreb XVII^e^ siècle*, Paris, Sindbad, 1982.

Berque, Jacques, Chevallier, Dominique (éd.), *Les Arabes par leurs archives : XVI^e^ - XX^e^ siècles*, Paris, Éd. du CNRS, 1976.

Bisson, Jean, *Le Gourara : étude de géographie humaine*, Alger, Institut des recherches sahariennes, 1957.

Bogac, Ergene A., *Local Court, Provincial Society and Justice in the Ottoman Empire : Legal Practice and Dispute Resolution in Çankırı and Kastamonu (1652–1744)*, Leyde, Brill, 2003.

Bonte, Pierre, « Droit musulman et pratiques foncières dans l'Adrâr mauritanien » in *Études rurales*, 2001, n° 155–156, pp. 93–106.

Bonte, Pierre, *L'émirat de l'Adrar mauritanien : harîm, compétition et protection dans une société tribale saharienne*, Paris, Karthala, 2008.

Bonte, Pierre, Conte, Édouard, Dresch, Paul (éd.), *Émirs et présidents : figures de la parenté et du politique dans le monde arabe*, Paris, CNRS Éditions, 2001.

Bonte, Pierre, Conte, Édouard, Hames, Constant, Ould Cheikh, Abdel Wedoud (éd.), *La quête des origines : anthropologie historique de la société tribale arabe*, Paris, Éd. de la Maison des sciences de l'homme, 1991.

Boubrik, Rahal, *Entre Dieu et la tribu : homme de religion et pouvoir politique en Mauritanie*, Rabat, Centre des études sahariennes, Faculté des lettres des sciences humaines, 2011.

Boubrik, Rahal, « Les fuqahâ' du prince et le prince des fuqahâ' : discours politique des hommes de religion au pays maure (Mauritanie, XVII^e – XIX^e siècle) » in *Afrique et histoire*, 2009, vol. 7, n° 1, pp. 153–172.

Boubrik, Rahal, *Saints et société en Islam : la confrérie ouest-saharienne Fâdiliyya*, Paris, Éd. du CNRS, 1999.

Bourdieu, Pierre, *Esquisse d'une théorie de la pratique / Trois études d'ethnologie kabyle*, Paris, Seuil, 2000 (1972).

Bourdieu, Pierre, « The Force of Law: Towards a Sociology of the Juridical Field » in *The Hastings Law Journal*, 1987, vol. 38, pp. 805–853.

Bourdieu, Pierre, Mammeri, Mouloud, « Dialogue sur la poésie orale : entretien avec Mouloud Mammeri » in *Actes de la recherche en sciences sociales*, 1978, vol. 23, pp. 51–66.

Bousquet, Georges-Henri, « La pureté rituelle en Islam (étude de fiqh et de sociologie religieuse) » in *Revue de l'histoire des religions*, 1950, vol. 138, n° 1, pp. 53–71.

Bousquet, George Henri, « Le droit coutumier des Aït Haddidou des Assif Melloul et Isselaten (confédération des Aït Yafelmane) : notes et réflexions » in *Annales de l'Institut d'études orientales*, 1956, vol. 14, pp. 113–230.

Bouterfa, Saïd, *Les manuscrits du Touat : le Sud algérien*, Alger, Éd. Barzakh, 2005.

Brenner, Louis, « Muslim Thought in Eighteenth-Century West Africa: The Case of Shaykh Uthman b. Fudi » in Levtzion, Nehemia, Voll, John O. (éd.), *Eighteenth Century Renewal and Reform in Islam*, New York, Syracuse University Press, 1987, pp. 39–67.

Brett, Michael, « Islam and Trade in the Bilad al-Sudan, Tenth-Eleventh century A.D. » in *The Journal of African History*, 1983, vol. 24, n° 4, pp. 431–440.

Brown, Leon Carl, *The Tunisia of Ahmad Bey: 1837–1855*, Princeton, Princeton University Press, 1974.

Brunshvig, Robert, « Justice religieuse et justice laïque dans la Tunisie des Deys et des Beys jusqu'au milieu du XIX^e siècle » in *Studia Islamica*, 1965, vol. 23, pp. 27–70.

Brunshvig, Robert, *La Berbérie orientale sous les Hafsides des origines à la fin du XVe siècle*, Paris, A. Maisonneuve, 1940–1947, 2 vol..

Buskens, Léon, « Tales According to the Book: Professional Witnesses ('Udul) as Cultural Brokers in Morocco » in Dupret, Baudouin, Drieskens, Barbara, Moors, Annelies (éd.), *Narratives of Truth in Islamic Law*, Londres, New York, I. B. Tauris, 2008, pp. 143–160.

Cano Avila, Pedro, « Abu l Qasim Ibn Salmun : Notario, cadi supremo de Granada y maestro de Ibn al-Jatib » in *Revista del Centro de estudios históricos de Granada y su Reino*, 1988, vol. 2, pp. 11–38.

Capot-Rey, R., Damade, W., « Irrigation et structure agraire à Tamentit » in *Travaux de l'Institut des recherches sahariennes*, 1962, vol. 21, pp. 99–119.

Caumes, Philippe, *Villes de mémoire : anciens ksour de Mauritanie*, Paris, Unesco, Centre du patrimoine mondial, 2005.

Cerutti, Simona, « Histoire pragmatique, ou de la rencontre entre histoire sociale et histoire culturelle » in *Tracés*, 2008, n° 15, pp. 147–168.

Chamberlain, Michael, *Knowledge and Social Practice in Medieval Damascus, 1190 - 1350*, Cambridge, Cambridge University Press, 1994.

Champault, Francine Dominique, *Une oasis du Sahara nord-occidental : Tabelbala*, Paris, Éd. du CNRS, 1969.

Camps, Gabriel (éd.), *Encyclopédie berbère XIII*, Aix-en-Provence, Edisud, 1994.

Charnay, Jean Paul, « Sur une méthode de sociologie juridique : l'exploitation de la jurisprudence » in *Annales E.S.C.*, 1965 vol. 20, n° 3, pp. 513–527.

Christelow, Allan, *Muslim Law Courts and the French Colonial State in Algeria*, Princeton, Princeton University Press, 1985.

Clancy-Smith, Julia A., *Rebel and Saint: Muslim Notables, Popular Protest, Colonial Encounters (Algeria and Tunisia, 1800–1904)*, Berkeley, University of California Press, 1994.

Clément, Anne, « New Perspectives on the Legal History of the Middle East ? Rediscovering Jacques Berque, the "Field Historian" » in *History Compass - Middle & Near East*, 2014, vol. 12, n° 2, pp. 187–196.

Colonna, Fanny, *Les versets de l'invincibilité : permanence et changements religieux dans l'Algérie contemporaine,* Paris, Presses de la Fondation nationale des sciences politiques, 1995.

Colonna, Fanny, « Saints furieux et saints studieux ou, dans l'Aurès, comment la religion vient aux tribus » in *Annales H.S.S.*, 1980, vol. 35, n° 3–4, pp. 642–662.

Colonna, Fanny, *Timimoun : une civilisation citadine*, Alger, Entreprise nationale de presse, 1989.

Cook, Michael, *Commanding Right and Forbidding Wrong in Islamic Thought*, Cambridge, Cambridge University Press, 2006.

Cornell, Vincent, *Realm of the Saint: Power and Authority in Moroccan Sufism*, Austin, University of Texas Press, 1998.

Cornet, A., « Essai sur l'hydrologie du Grand Erg Occidental et des régions limitrophes : les foggaras » in *Travaux de l'Institut de recherches sahariennes*, 1958, vol. 8, pp. 71–121.

Daaïf, Lahcen, « Le prix du sang (diya) au premier siècle de l'islam » in *Hypothèses*, 2006, vol. 1, pp. 329–342.

Dakhlia, Jocelyne, « Dans la mouvance du prince : la symbolique du pouvoir itinérant au Maghreb » in *Annales E.S.C.*, 1988, vol. 43, n° 3, pp. 735–760.

Dakhlia, Jocelyne, *L'oubli de la cite : la mémoire collective à l'épreuve du lignage dans le Jérid tunisien*, Paris, Éd. la Découverte, 1990.

De Certeau, Michel, « L'espace du désir ou le "fondement" des exercices spirituels » repris dans *Le lieu de l'autre : histoire religieuse et mystique*, Paris, Gallimard, Seuil, 2005, pp. 239–248.

Dermenghem, Émile, *Le culte des saints dans l'islam maghrébin*, Paris, Gallimard, 1954.

Derouet, Bernard, « Les pratiques familiales, le droit et la construction des différences (XVe - XIXe siècles) » in *Annales H. S. S.*, 1997, vol. 52, n° 2, pp. 361–391.

D'Hubert, Thibaut, « Pirates, Poets and Merchants: Bengali Language and Literature in Seventeenth Century Mrauk-U, Capital of Arakan (Myanmar) » in De Bruijn, Thomas, Busch, Allison (éd.), *Culture and Circulation: Literature in Motion in Early Modern India*, Leyde, Brill, 2014, pp. 47–74.

Douglas, Mary, *De la souillure : études sur la notion de pollution et de tabou*, Paris, François Maspero, 1971 (1967).

Doumani, Beshara, « Palestinian Islamic Court Records: A Source for Socioeconomic History » in *Middle East Association Bulletin*, 1985, vol. 19, n° 2, pp. 155–172.

Doutte, Edmond, *Magie et religion dans l'Afrique du Nord*, Alger, A. Jourdan, 1909.

Dunn, Ross, *Resistance in the Desert: Moroccan Responses to French Imperialism, 1881–1912*, Londres, New York, Croom Helm, University of Wisconsin Press, 1977.

Dupret, Baudouin, « What Is Islamic Law? A Praxiological Answer and an Egyptian Case Study » in *Theory, Culture and Society*, 2007, vol. 24, n° 2, pp. 79–100.

Dupret, Baudouin, Drieskens, Barbara, Moors, Annelies (éd.), *Narratives of Truth in Islamic Law*, Londres, New York, I. B. Tauris, 2008.

Echallier, Jean-Claude, *Villages désertés et structures agraires anciennes du Touat-Gourara : Sahara algérien*, Paris, Arts et métiers graphiques, 1972.

Eickelman, Dan, *Knowledge and Power in Morocco: The Education of a Twentieth-Century Notable*, Princeton, Princeton University Press, 1985.

El Hamel, Chouki, *La vie intellectuelle islamique dans le Sahel ouest-africain, XVIe- XIXe siècles : une étude sociale de l'enseignement islamique en Mauritanie et au nord du Mali, XVIe-XIXe siècles, et trad. annotée de «Fatḥ al-šakūr» d'al-Bartīlī al-Walātī* (*mort en 1805*), Paris, l'Harmattan, 2002.

El-Moudden, Abderrahman, « État et Société rurale à travers la harka au Maroc du XIXième siècle » in *Maghreb Review*, 1983, vol. 8, n° 5–6, pp. 141–145.

Elias, Norbert, *Was ist Soziologie ?*, München, Juventa, 1970.

Ensel, Remco, *Saint and Servants in Southern Morocco*, Leyde, Brill, 1999.

Fadel, Mohammad, « "Istiḥsān is Nine-tenths of the Law" »: The Puzzling Relationship of Uṣūl to Furū' in the Māliki Madhhab" » in Weiss, Bernard G. (éd.), *Studies in Islamic Legal Theory*, Leyde, Brill, 2002, pp. 161–176.

Fadel, Mohammed, « The Social Logic of Taqlīd and the Rise of the Mukhtaṣar » in *Islamic Law and Society*, 1996, vol. 3, n° 2, pp. 193–233.

Faraj, Maḥmūd Faraj, *Iqlīm Tuwāt khilāl al-qarnayn al-thāmin 'ashara wa'l-tāsi' 'ashara al-mīlādiyayn*, Alger, Office de publications universitaires, 2007.

Farge, Arlette, *La vie fragile : violence, pouvoirs et solidarités à Paris au XVIIIe siècle*, Paris, Seuil, 1992 (1986).

Farge, Arlette, *Le goût de l'archive*, Paris, Seuil, 1989.

Fierro, Maribel, « On al-Fāṭimī and al-Fāṭimiyyūn » in *Jerusalem Studies in Arabic and Islam*, 1996, vol. 20, pp. 130–161.

Fortier, Corinne, « Le corps comme mémoire : du giron maternel à la férule du maître coranique » in *Journal des africanistes*, 1998, vol. 68, n° 1–2, pp. 197–224.

Fortier, Corinne, « « Une pédagogie coranique » : modes de transmission des savoirs islamiques (Mauritanie) » in *Cahiers d'études africaines*, 2003, vol. 43, n° 1–2, pp. 235–260.

Fraenkel, Beatrice, « Actes écrits, actes oraux : la performativité à l'épreuve de l'écriture » in *Études de communication* [En ligne], 29, 2006, mise en ligne le 29 octobre 2011, consulté le 03 avril 2013, URL : <http://edc.revues.org/369>.

Foucault, Michel, *« Il faut défendre la société » Cours au Collège de France. 1976*, Paris, Gallimard/Seuil, 1997.

Gahlouz, Mustapha, « Droit coutumier et régulation dans la société kabyle de la fin du XIXe siècle » in *Droit et cultures*, 2010, vol. 60, pp. 177–209.

Garcia-Arenal, Mercedes, « Imam et Mahdi : Ibn Abî Mahalli » in *Revues des mondes musulmans et de la Méditerranée*, 2000, vol. 91–94, pp. 137–156.

Gauvain, Richard, « Ritual Rewards: A Consideration of Three Recent Approaches to Sunni Purity Law » in *Islamic Law and Society*, 2005, vol. 12, n° 3, p. 333–393.

Geertz, Clifford, « Common Sens as a Cultural System » in *Local Knowledge: Further Essays in Interpretive Anthropology*, New York, Basic Books, 1983, pp. 73–93.

Geertz, Clifford, *Le souk de Sefrou : sur l'économie de bazar*, trad. et présentation de Daniel Cefaï, Saint-Denis, Éd. Bouchène, 2003.

Geertz, Clifford, Geertz, Hildred, Rosen, Lawrence (éd.), *Meaning and Order in Moroccan Society: Three Essays in Cultural Analysis*, Londres, Cambridge University Press, 1979.

Gellner, Ernest, *Les saints de l'Atlas*, Saint-Denis, Bouchene, 2003 (1969).

Gerber, Haim, *Islamic Law and Culture 1600–1840*, Leyde, Brill, 1999.

Gernet, Louis, « Droit et prédroit en Grèce ancienne » in *L'Année sociologique*, 1948–1949, troisième série, t. III, pp. 21–119.

Ghali, Noreddine, Mahibou, Sidi Mohamed, Brenner, Louis, *Inventaire de la bibliothèque umarienne de Ségou, conservée à la Bibliothèque nationale, Paris*, Paris, Éd. du CNRS, 1985.

Ghurāb, Saʿd, *Ibn Arafa et le mālikisme en Ifriqiya au VIIe/XIVe siècle, tome 1*, Tunis, Publications de la faculté des lettres de la Manouba, 1992.

Goffman, Erving, *Stigma : les usages sociaux des handicaps*, Paris, Éd de Minuit, 1989 (1963).

Goody, Jack (éd.), *Literacy in Traditional Societies*, Cambridge, Cambridge University Press, 1968.

Grandguillaume, Gilbert, « Régime économique et structure du pouvoir : le système des foggaras du Touat » in *Revue de l'Occident musulman et de la Méditerranée*, 1973, vol. 13–14, p. 437–457.

Grandguillaume, Gilbert, « Universalisme musulman et pratique locale au Touat » in Cahen, Claude (éd.), *Actes du XXIX^e^ Congrès international des orientalistes : études arabes et islamiques I - histoire et civilisation*, Paris, L'Asiathèque, 1975, pp. 89–93.

Grandguillaume, Gilbert, « Le droit de l'eau dans les foggara du Touat au XVIII^e^ siècle » in *Revue des études islamiques*, Paris, Geuthner, 1977, vol. 43, n° 2, pp. 287–332.

Grandguillaume, Gilbert, « De la coutume à la loi : droit de l'eau et statut des communautés locales dans le Touat précolonial » in *Peuples méditerranéens*, Paris, Éd. Anthropos, 1978, vol. 2, pp. 119–133.

Grangaud, Isabelle, *La ville imprenable : une histoire sociale de Constantine au 18^e^ siècle*, Paris, Éd. de l'EHESS, 2002.

Granier, Jean Claude, « Rente foncière et régulation économique dans le Courara algérien » in *Tiers-Monde*, 1980, vol. 21, n° 83, pp. 655–659.

Griffiths, John, « What Is Legal Pluralism? » in *Journal of Legal Pluralism and Unofficial Law*, 1986, n° 24, pp. 1–55.

Guechi, Fatima Zohra, « *Mahkama* Records as a Source for Women's History: The Case of Constantine » in Sonbol, Amira el-Azhary (éd.), *Beyond the Exotic: Women's Histories in Islamic Societies*, New York, Syracuse University Press, 2005, pp. 152–162.

Grunebaum, Gustav Edmund von, *Medieval Islam: A Study in Cultural Orientation*, Chicago, University of Chicago Press, 1953.

Guillermou, Yves, « Survie et ordre social : les oasis du Touat-Gourara-Tidikelt en Algérie » in *Cahiers des sciences humaines*, 1993, vol. 29, n° 1, pp. 131–133.

Gutelius, David, « Sufi Networks and the Social Contexts for Scholarship in Morocco and the Northern Sahara, 1660–1830 » in Reese, Scott (éd.), *The Transmission of Learning in Islamic Africa*, Leyde, Brill, 2004, pp. 15–38.

Haarmann, Ulrich, « The Dead Ostrich: Life and Trade in Ghadames (Libya) in the Nineteenth Century » in *Die Welt des Islam*, 1998, vol. 38, pp. 9–94.

Ḥajjī, Muḥammad, *L'activité intellectuelle au Maroc à l'époque sa'dide*, Rabat, Dar el-Maghrib, 1976–1977, 2 vol.

Hall, Bruce S., *A History of Race in Muslim West Africa: 1600–1960*, Cambridge, Cambridge University Press, 2011.

Hallaq, Wael, « From Fatwas to Furūʿ: Growth and Change in Islamic Substantive Law » in *Islamic Law and Society*, 1994, vol. 1, nº 1, pp. 29–65.

Hallaq, Wael, « Model Shurūṭ Works and the Dialectic of Doctrine and Practice » in *Islamic Law and Society*, 1995, vol. 2, nº 2, pp. 109–134.

Hallaq, Wael, « Qāḍīs Communicating: Legal Change and the Law of Documentary Evidence » in *Al-Qanṭara : revista de estudios árabes*, 1999, vol. 20, nº 2, p. 437–466.

Hallaq, Wael, « The "Qāḍī's Dīwān (Sijill)" Before the Ottomans » in *Bulletin of the School of Oriental and African Studies*, 1998, vol. 61, nº 3, pp. 415–436.

Hames, Constant (éd.), *Coran et talismans : textes et pratiques magiques en milieu musulman*, Paris, Karthala, 2007.

Hamet, Ismael, « Les Kounta » in *Revue du monde musulman*, 1911, vol. 15, pp. 302–318.

Hammoudi, Abdellah, *La victime et ses masques : essai sur le sacrifice et la mascarade au Maghreb*, Paris, Seuil, 1988.

Hammoudi, Abdellah, *Maîtres et disciples : genèse et fondements des pouvoirs autoritaires dans les sociétés arabes : essai d'anthropologie politique*, Paris, Casablanca, Maisonneuve Larose, Ed. Toubkal, 2001.

Hammoudi, Abdallah, « Sainteté, pouvoir et société : Tamgrout aux XVIIe et XVIIIe siècles » in *Annales E. S. C.*, 1980, vol. 35, nº 3–4, pp. 615–641.

Hammoudi, Abdellah, « Segmentarité, stratification sociale, pouvoir politique et sainteté : réflexions sur les thèses de Gellner » in *Hespéris-Tamuda*, 1974, vol. 15, p. 147–180.

Hart, David M., « A Customary Law Document from the Ait 'Atta of the Jbil Saghru » in *Revue de l'Occident musulman et de la Méditerranée*, 1966, nº 1, pp. 91–112.

Hart, David M., *Emilio Blanco Izaga: Colonel in the Rif: A Selection of His Material, Published and Unpublished, on the Sociopolitical Structure of the Rifians of Northern Morocco*, New Haven, Human Relations Areas Files, 1975.

Hart, David M., *The Aith Waryaghar of the Moroccan Rif: An Ethnography and History*, Tucson, University of Arizona Press, 1976.

Hart, Herbert L. A., *The Concept of Law*, Oxford, Clarendon Press, 1961.

Henia, Abdelhamid, *Le Ǧrīd : ses rapports avec le beylik de Tunis : 1676–1840*, Tunis, Université de Tunis, 1980.

Hentati, Nejmeddine, « *L'iʿdhār* : une procédure judiciaire dans le droit musulman » in *Islamic Law and Society*, 2006, vol. 13, nº. 3, 2006, pp. 392–409.

Hirsch, Susan F., *Pronouncing and Persevering: Gender and the Discourses of Disputing in an African Islamic Court*, Chicago, University of Chicago Press, 1998.

Hiskett, Mervyn, « An Islamic Tradition of Reform in the Western Sudan from the Sixteenth to the Eighteenth Century » in *Bulletin of the School of Oriental and African Studies*, 1962, vol. 25, nº 1–3, pp. 577–596.

Huff, Toby E., Schluchter, Wolfgang (éd.), *Max Weber and Islam*, New Brunshwick, New Jersey, Transaction Publishers, 1999.

Hunwick, John O., « A New Source for the Biography of Aḥmad Bābā al-Tinbuktī (1556–1627) » in *Bulletin of the School of Oriental and African Studies*, 1964, vol. 27, n° 3, pp. 568–593.

Hunwick, John O., *Arabic Literature of Africa Volume 4: The Writings of Western Sudanic Africa*, Leyde, Brill, 2002.

Hunwick, John O., « Al-Mahîlî and the Jews of Tuwât: The Demise of a Community » in *Studia Islamica*, 1985, n° 61, pp. 155–183.

Hunwick, John O., « Islamic Law and Polemics over Race and Slavery in North and West Africa (16th-19th Century) » in Marmon, Shaun E. (éd.), *Slavery in the Islamic Middle East*, Princeton, M. Wiener, 1999, pp. 43–68.

Hunwick, John O., *Jews of a Saharan Oasis: Elimination of the Tamentit Community*, Princeton, M. Wiener, 2006.

Hunwick, John O., « Notes on a Late Fifteenth-Century Document Concerning al-Takrūr » in Allen, Christopher, Johnson, R. W. (éd.), *African Perspectives: Papers in the History, Politics and Economics of Africa Presented to Thomas Hodgkin*, Cambridge, Cambridge University Press, 1970, pp. 7–33.

Ḥūtiya, Muḥammad al-Ṣāliḥ, *Tuwāt wa'l-Azāwād*, Alger, Dār al-kutub al-ʿarabī, 2007, 2 vol..

Idris, Hady Roger, « L'école mālikite de Mahdia : l'imam Al-Māzirī (m. 536 H/1141) » in *Études d'orientalisme dédiées à la mémoire de Lévi-Provençal*, Paris, Maisonneuve et Larose, 1962, 2 vol., 1, pp. 153–163.

Idris, Hady Roger, « Le mariage en Occident musulman : d'après un choix de Fatwās médiévales extraites du «Mi'yār» d'al Wanšarīšī » in *Studia Islamica*, 1970, n° 32, pp. 157–167.

Idris, Hady Roger, « Le mariage en Occident musulman : analyse de fatwas médiévales extraites du «Mi'yar» d'Al-Wancharichi » in *Revue de l'Occident musulman et de la Méditerranée*, 1972, vol. 12, n° 12, pp. 45–62.

Izzi Dien, Mawil, *Islamic Law: From Historical Foundations to Contemporary Practice*, Edinburgh, Edinburgh University Press, 2004.

Jackson, Sherman, *Islamic Law and the State: The Constitutional Jurisprudence of Shihāb al-Dīn al-Qarāfī*, Leyde, Brill, 1996.

Jadla, Ibrahim, « Musulmans et juifs en milieu oasien à l'époque médiévale : l'exemple du Touat » in Fellous, Sonia (éd.), *Juifs et musulmans en Tunisie : fraternité et déchirements*, Paris, Somogy, 2003, pp. 87–92.

Jaʿfrī, Aḥmad Abā'l-Ṣāfī, *Rijāl fī'l-dhākira : waqafāt tā'rīkhiyya fī aʿmāq al-dhākirat al-tuwātiyya, Muḥammad b. Ubba al-Muzammirī ḥayātuhu wa athāruhu*, Oran, Dār al-gharb li'l-nashr wa'l-tawzīʿ, 2007.

Jamous, Raymond, *Honneur et baraka : les structures sociales traditionnelles dans le Rif*, Paris, Éd. de la Maison des Sciences de l'Homme, 1981.

Jennings, Ronald C., « Kadi, Court and Legal Procedure in 17th c. Ottoman Kayseri: The Kadi and the Legal System » in *Studia Islamica*, 1978, n° 48, pp. 133–172.

Jennings, Ronald C., « Women in Early 17th century Ottoman Judicial Records: The Sharia Court of Anatolian Kayseri » in *Journal of the Economic and Social History of the Orient*, 1975, vol. 18, n° 1, pp. 53–114.

Jewsiewicki, Bohumil, Triaud, Jean-Louis, *Les défricheurs de l'Islam*, Quebec, Association canadienne d'études africaines, 1985.

Johansen, Baber, « Die sündige, gesunde Amme : Moral und gesetzliche Bestimmung (ḥukm) im islamischen Recht » in *Die Welt des Islam*, 1988, vol. 28, n°1/4, pp. 264–282.

Johansen, Baber, « Formes de langage et fonctions publiques : stéréotypes, témoins et offices dans la preuve par l'écrit en droit musulman » in *Arabica*, 1997, vol. 44, n° 3, pp. 333–376.

Johansen, Baber, *Contingency in a Sacred Law: Legal and Ethical Norms in the Muslim Fiqh*, Leyde, Brill, 1999.

Johansen, Baber, « La corruption : un délit contre l'ordre social : les qāḍī-s de Bukhārā » in *Annales H. S. S.*, vol. 57, n° 5, pp. 1561–1589.

Johansen, Baber, « Coutumes locales et coutumes universelles : aux sources des règles juridiques en droit musulman hanéfite » in *Annales islamologiques*, 1993, n° 27, pp. 29–35.

Kaba, Lansine, « Archers, Musketeers, and Mosquitoes: The Moroccan Invasion of the Sudan and the Songhay Resistance (1591–1612) » in *Journal of African History*, 1981, vol. 22, n° 4, pp. 457–475.

Kamali, Mohammad Hashim, *Shari'ah Law: An Introduction*, Oxford, Oneworld Publications, 2008.

Krätli, Graziano, Lydon, Ghislaine (éd.), *The Trans-Saharan Book Trade: Manuscript Culture, Arabic Literacy, and Intellectual History in Muslim Africa*, Leyde, Brill, 2011.

Kraus, Wolfgang, « Tribal Law in the Moroccan High Atlas: Precolonial Legal Practice and Its Transformations » in Dostal, Walter, Kraus, Wolfgang (éd.), *Shattering Tradition: Custom, Law and the Individual in the Muslim Mediterranean*, Londres, I. B. Tauris, 2005, pp. 146–188.

Lafi, Nora, « Ghadamès cité-oasis entre Empire ottoman et colonisation » in Cresti, Federico (éd.), *Libia tra Mediterraneo e mondo islamico*, Catania, Giuffrè Editore, 2006, pp. 55–70.

Lagardère, Vincent, *Histoire et société en Occident musulman au Moyen Âge : analyse du Mi'yar d'al-Wanšarīsī*, Madrid, Casa de Velázquez, 1995.

Layish, Aharon, *Divorce in the Libyan Family*, New York, New York University Press, 1991.

Layish, Aharon, *Legal Documents From the Judean Desert: The Impact of the Sharīʿa on Bedouin Customary Law*, Leyde, Brill, 2011.

Layish, Aharon, *Legal Documents on Libyan Tribal Society in Process of Sedentarization: A Selection of Decisions from the Sijills of the Sharīʿa Courts of Ajdābiya and Kufra*, Wiesbaden, Harrassowitz Verlag, 1998.

Layish, Aharon, « Shahādat Naql in the Judicial Practice in Modern Libya » in Masud, Muhammad Khalid, Peters, Rudolph, Powers, David S. (éd.), *Dispensing Justice in Islam: qadis and Their Judgements*, Leyde, Brill, 2006, pp. 495–516.

Layish, Aharon, *Sharīʿa and Custom in Libyan Tribal Society: An Annotated Translation of Decisions from the Sharīʿa Courts of Adjābiyya and Kufra*, Leyde, Brill, 2005.

Layish, Aharon, « The Māliki Family Waqf According to Wills and Waqfiyyāt » in *Bulletin of the School of Oriental and African Studies,* 1983, vol. 46, n° 1, pp. 13–21.

Layish, Aharon, « The Qāḍī's Role in the Islamization of Sedentary Tribal society » in Hoexter, Miriam, Eisenstadt, Shmuel, Levtzion, Nehemia, *The Public Sphere in Muslim Societies*, New York, State University of New York Press, 2002, pp. 83–107.

Leder, Stefan, « Spoken Word and Written Text: Meaning and Social Signification of the Institution of *Riwāya* » in *Islamic Area Studies Working Paper Series*, 2002, n° 31, pp. 1–16.

Lepetit, Bernard (éd.), *Les formes de l'expérience : une autre histoire sociale*, Paris, Albin Michel, 1995.

Levi, Giovanni, *Le pouvoir au village : histoire d'un exorciste dans le Piémont du XVIII^e^ siècle*, Paris, Gallimard, 1989 (1985).

Levi-Provencal, Évariste, *Les historiens des Chorfa : essai sur la littérature historique et biographique au Maroc du XVI^e^ au XX^e^ siècle*, Paris, Maisonneuve et Larose, 2001 (1922).

Lewicki, Tadeusz, « Les origines et l'islamisation de la ville de Tādmakka d'après les sources arabes » in *Revue française d'histoire d'outre-mer*, 1979, vol. 66, n° 242, pp. 163–168.

Linant de Bellefonds, Yvan, *Traité de droit musulman comparé*, Paris, La Haye, Mouton, 1965–1973, 3 vol..

Lo, A., « Les foggara du Tidikelt » in *Travaux de l'Institut de recherches sahariennes*, 1953–54, vol. X, pp. 139–179 et vol. XI, pp. 49–77.

Luhmann, Niklas, *Das Recht der Gesellschaft*, Frankfurt am Main, Suhrkamp, 1995.

Lydon, Ghislaine, « Inkwells of the Sahara: Reflections on the Production of Islamic Knowledge in Bilād Shinqīṭ » in Reese, Scott (éd.), *The Transmission of Learning in Islamic Africa*, Leyde, Brill, 2004, pp. 39–71.

Lydon, Ghislaine, « Obtaining Freedom at the Muslims' Tribunal: Colonial Kadijustiz and Women's Divorce Litigation in Ndar (Senegal) » in Jeppie, Shamil, Moosa, Ebrahim, Roberts, Richard (éd.), *Muslim Family Law in Sub-Saharan Africa: Colonial Legacies and Post-Colonial Challenges*, Amsterdam, Amsterdam University Press, 2010, pp. 135–164.

Lydon, Ghislaine, *On Trans-Saharan Trails: Islamic Law, Trade Networks, and Cross-Cultural Exchange in Nineteenth Century Western Africa*, Cambridge, Cambridge University Press, 2009.

Maghen, Ze'ev, *Virtues of the Flesh: Passion and Purity in Early Islamic Jurisprudence*, Leyde, Brill, 2005.

Mahe, Alain, *Histoire de la grande Kabylie XIXe – XXe siècle : anthropologie historique du lien social dans les communautés villageoises*, Saint Denis, Éd. Bouchène, 2001, pp. 96–144.

Makdisi, John, « The Kindred Concept of Seisin and Ḥawz in English and Islamic Law » in Bearman, Peri, Heinrichs, Wolfhart, Weiss, Bernard G. (éd.), *The Law Applied: Contextualizing the Islamic Shariʿa, a Volume in Honor of Frank E. Vogel*, Londres, New York, I. B. Tauris, 2008, pp. 22–41.

Mammeri, Mouloud, *L'Ahellil du Gourara*, Paris, Éd. de la Maison des sciences de l'homme, 1985.

Mammeri, Mouloud, Colonna, Fanny et *alii*, « Le Gourara : éléments d'étude anthropologique » in *Libyca*, 1973, vol. 21, pp. 239–292.

Marin, Manuela, « Šūrà et al-Šūrà dans al-Andalus » in *Studia Islamica*, 1985, n° 61–62, pp. 25–51.

Marouf, Nadir, *L'eau, la terre, les hommes : passé et présent des oasis occidentales (Algérie)*, Paris, l'Harmattan, 2010.

Marouf, Nadir, *Lecture de l'espace oasien*, Paris, Sindbad, 1980.

Marty, Paul, *Études sur l'Islam et les tribus du Soudan*, Paris, E. Leroux, 1920–1921, 4 t..

Masud, Khalid Muhammad, « The Doctrine of Siyāsa in Islamic Law » in *Recht van de Islam*, 2001, vol. 18, pp. 1–29.

Masud, Muhammad Khalid, Messick, Brinkley, Powers David S. (éd.), *Islamic Legal Interpretation: Muftis and Their Fatwas*, Cambridge (Mass.), Harvard University Press, 1996.

Masud, Muhammad Khalid, Peters, Rudolph, Powers, David S. (éd.), *Dispensing Justice in Islam: Qadis and Their Judgements*, Leyde, Brill, 2006.

McGregor, Richard J. A., « A Sufi Legacy in Tunis: Prayer and the Shadhiliyya » in *International Journal of Middle East Studies*, 1997, vol. 29, n° 2, pp. 255–277.

Mediano, Fernando Rodriguez, « Justice, crime et châtiment au Maroc au XVIe siècle » in *Annales H. S. S.*, 1996, vol. 51, n° 3, pp. 611–627.

Melchert, Christopher, *The Formation of the Sunni Schools of Law: 9th-10th Centuries*, Leyde, Brill, 1997.

Merry, Sally Engle, « Legal Pluralism » in *Law and Society Review*, 1988, vol. 22, n° 5, pp. 869–896.

Messick, Brinkley, « Evidence: From Memory to Archive » in *Islamic Law and Society*, 2002, vol. 9, n° 2, pp. 231–270.

Messick, Brinkley, *The Calligraphic State: Textual Domination and History in Muslim Society*, Berkeley, University of California Press, 1993.

Mezzine, Larbi, *Le Tafilalt : contribution à l'histoire du Maroc aux XVII^e et XVIII^e siècle*, Rabat, Publications de la Faculté des lettres et des sciences humaines, 1987.

Mezzine, Larbi, « Relation d'un voyage de Taġāzā à Siǧilmāsa en 1096 H./1685 J.-C. » in *Arabica*, 1996, vol. 43, n° 1, pp. 211–233.

Michel, Nicolas, « Les paysans et leur juge dans la campagne d'Esna (Haute-Égypte) au XVIII^e siècle » in *Studia Islamica*, 2000, vol. 90, pp. 125–151.

Michel, Nicolas, « Registres de cadis d'Egypte (1743/1744) et notariat de Provence : pertinence d'une méthodologie comparative » in Audisio, Gabriel (éd.), *L'historien et l'activité notariale. Provence, Italie, Égypte*, Toulouse, Presses Universitaires du Mirail, 2005, pp. 225–252.

Michel, Nicolas, *Une économie de subistances : le Maroc précolonial*, Le Caire, Publications de l'IFAO, 1997, 2 vol..

Milliot, Louis, « Le qanoun des M'âtqâ » in *Revue Hesperis*, 1922, n° 2, pp. 193–208.

Montagne, Robert, *Les Berbères et le Makhzen dans le Sud du Maroc*, Paris, Alcan, 1930.

Mougin, Louis, « Les premiers sultans sa'dides et le Sahara » in *Revue de l'Occident musulman et de la Méditerranée*, 1975, n° 19, pp. 169–187.

Moulias, Daniel, *L'organisation hydraulique des oasis sahariennes*, Alger, J. Carbonel, 1927.

Mouline, Nabile, *Le califat imaginaire d'Ahmad Mansûr : pouvoir et diplomatie au Maroc au XVI^e siècle*, Paris, Presses universitaires de France, 2009.

Moore, Sally Falk, *Law and Anthropology: A Reader*, Malden, Oxford, Blackwell Publishing, 2005.

Moore, Sally Falk, *Law as Process: An Anthropological Approach*, Londres, Routledge and Kegan Paul, 1978.

Moore, Sally Falk, *Social Facts and Fabrications: "Customary" Law on Kilimanjaro, 1880–1980*, Cambridge, Cambridge University Press, 1986.

Morand, Marcel, *Les kanouns du Mzab*, Alger, Éd. Jourdan, 1903.

Motzki, Harald, « Muslimische Kinderehen in Palästina während des 17. Jahrhundert : "fatāwā" als Quellen zur Sozialgeschichte » in *Die Welt des Islam*, 1987, vol. 27, n° 1–3, pp. 82–90.

Moussaoui, Abderrahmane, *Espace et sacré au Sahara : ksour et oasis du Sud-Ouest algérien*, Paris, Éd. du CNRS, 2002.

Müller, Christian, *Der Kadi und seine Zeugen : Studie der mamlukischen Haram-Dokumente aus Jerusalem*, Wiesbaden, Harrassowitz, 2013.

Müller, Christian, *Gerichtspraxis im Stadtstaat Cordoba : zum Recht der Gesellschaft in einer mālikitisch-islamischen Rechtstradition des 5./11. Jahrhunderts*, Leyde, Brill, 1999.

Müller, Christian, « Les ventes de biens immobiliers au XIV^e siècle : étude des actes du Ḥaram al-Sarīf à Jérusalem » in Dubouloz, Julien, Ingold, Alice (éd.), *Faire la preuve de la propriété : droits et savoirs en Méditerranée (antiquité – temps modernes)*, Rome, Ecole française de Rome, 2012, pp. 211–230.

Müller, Christian, « Settling Litigation without Judgment: The Importance of a Ḥukm in Qāḍī Cases of Mamluk Jerusalem » in Masud, Muhammad Khalid, Peters, Rudolph, Powers, David S. (éd.), *Dispensing Justice in Islam: Qadis and Their Judgements*, Leyde, Brill, 2006, pp. 47–70.

Müller, Christian, « Us, coutumes et droit coutumier dans le fiqh mālikite » in Nef, Annliese, Voguet, Élise (éd.), *La légitimation du pouvoir au Maghreb médiéval : de l'organisation à l'émancipation politique*, Madrid, Casa de Velazquez, 2011, pp. 50–54.

Nordman, Daniel, « Les expéditions de Moulay Hassan : essai statistique » in *Hespéris-Tamuda*, 1980–1981, vol. 19, 123–152.

Norris, Harry Thirwall, *The Tuaregs: Their Islamic Legacy and Its Diffusion in the Sahel*, Warminster, Aris and Philips, 1975.

Norris, Harry Thirwall, « Znaga Islam During the Seventeenth and Eighteenth Centuries » in *Bulletin of the School of Oriental and African Studies*, 1969, vol. 32, pp. 496–526.

Oliel, Jacob, *Les juifs au Sahara : le Touat au Moyen Âge*, Paris, Éd. du CNRS, 1994.

Oualdi, M'hamed, « Le « pluralisme juridique » : au fil d'un conflit de succession en Méditerranée à la fin du XIXe siècle » in *Revue d'histoire du XIX*e *siècle*, 2014, vol. 48, pp. 93–106.

Ould Bah, Mohamed El Mokhtar, *La littérature juridique et l'évolution du Mālikisme en Mauritanie*, Tunis, Publications de l'Université de Tunis, 1981.

Ould El-Bara, Yahya, *Fiqh, société et pouvoir : étude des soucis et préoccupations socio-politiques des théologiens-légistes maures (fuqahā) à partir de leurs consultations juridiques (fatâwa), du XVII*e *au XX*e *siècle*, Thèse : Anthropologie sociale : École des Hautes Études en Sciences Sociales Paris : 1998.

Ould al-Bara, Yahya, Ould Cheikh, Abdel Wedoud, « Il faut qu'une terre soit ouverte ou fermée. A propos du statut des biens fonciers collectifs en islam (exemple de la Mauritanie) » in *Revue du monde musulman et de la Méditerranée*, 1996, n° 79–80, pp. 157–180.

Ould Cheikh, Abdel Wedoud, *Nomadisme, Islam et pouvoir dans la société maure précoloniale (XI*e *siècle – XIX*e *siècle) : essai sur quelques aspects du tribalisme*, Thèse : Sociologie : Université Paris Descartes : 1985.

Ould Cheikh, Abdel Wedoud, *Élements d'histoire de la Mauritanie*, Nouakchott, Institut mauritanien de recherche scientifique, 1991.

Ould Cheikh, Abdel Wedoud, « Théologie du désordre : Islam, ordre et désordre au Sahara » in *L'année du Maghreb*, 2011, vol. 7, 61–77.

Osswald, Rainer, *Schichtengesellschaft und islamisches Recht : die Zawāyā und Krieger der Westsahara im Spiegel von Rechtsgutachten des 16.-19. Jahrhunderts*, Wiesbaden, Harrasowitz Verlag, 1993.

Othman, Aida, « "And Amicable Settlement Is Best" : Sulh and Resolution in Islamic Law » in *Arab Law Quartely*, 2007, vol. 21, n° 1, pp. 64–90.

Pascon, Paul, *La maison d'Iligh et l'histoire sociale du Tazerwalt*, Rabat, SMER, 1984.

Peirce, Leslie, *Morality Tales: Law and Gender in the Ottoman Court of Aintab*, Berkeley University of California Press, 2003.

Peters, Emrys L., *The Bedouin of Cyrenaica: Studies in Personal and Corporate Power* Cambridge, Cambridge University Press, 1990, pp. 191–213.

Peters, Rudolph, *Crime and Punishment in Islamic Law: Theory and Practice from the Sixteenth to the Twenty-First Century*, Cambridge, Cambridge University Press.

Peters, Rudolph, « Sharecropping in the Dakhla Oasis: Shari'a and Customary Law in Ottoman Egypt » in Bearman, Peri, Heinrichs, Wolfhart, Weiss, Bernard G. (éd.), *The Law Applied: Contextualizing the Islamic Sharia, a Volume in Honor of Frank E. Vogel* Londres, New York, Tauris, 2008, pp. 79–91.

Pouillon, François (dir.), *Dictionnaire des orientalistes de langue française*, Paris, Karthala IISMM, 2008.

Powers, David S., « Aḥmad al-Wansharīsī (d. 914/1509) » in Arabi, Oussama, Powers David S., Spectorsky, Susan A. (éd.), *Islamic Legal Thought: A Compendium of Muslim Jurists*, Leyde, Brill, 2013, pp. 382–399.

Powers, David, « Fatwas as Sources for Legal and Social History: A Dispute over Endowment Revenues from Fourteenth-Century Fez » in *Al-Qantara : revista de estudios árabes*, 1990, vol. 11, n ° 2, pp. 295–342.

Powers, David S., « Four Cases Relating to Women and Divorce in al-Andalus and the Maghrib, 1100–1500 » in Masud, Muhammad Khalid, Peters, Rudolph, Powers, David S. (éd.), *Dispensing Justice in Islam : Qadis and Their Judgements*, Leyde, Brill, 2006 pp. 383–409.

Powers, David S., *Law, Society and Culture in the Maghrib: 1300–1500*, Londres, New York Cambridge University Press, 2002.

Powers, David S., « On Judicial Review in Islamic Law » in *Law and Society Review*, 1992 vol. 26, n° 2, pp. 315–342.

Powers, David S., « Parents and their Minor Children: Familial Politics in the Middle Maghrib in the Eighth/Fourteenth Century » in *Continuity and Change*, 2001, vol. 16 n° 2, pp. 177–120.

Powers, David S., « The Art of the Judicial Opinion: on Tawlīj in Fifteenth-Century Tunis » in *Islamic Law and Society*, 1998, vol. 5, n° 3, pp. 359–381.

Powers, David S., « Women and Divorce in the Islamic West: Three Cases » in *Hawwa Journal of Women of the Middle East and the Islamic World*, 2003, vol. 1, n° 1 pp. 29–45

Qwīdar, Bashār, Mukhtār, Hassānī, *Fihris makhṭūṭāt wilāyat Adrār*, Alger, CNRPAH, 1999

Rapoport, Yossef, « Legal Diversity in the Age of Taqlīd: The Four Chief Qadis Under the Mamluks » in *Islamic Law and Society*, 2003, vol. 10, n° 2, pp. 210–228.

Rapoport, Yossef, *Marriage, Money and Divorce in Medieval Islamic Society*, Cambridge, Cambridge University Press, 2005.

Rebstock, Ulrich (avec Mayer, Tobias), *Maurische Literaturgeschichte*, Würzburg, Ergon, 2001, 3 vol..

Redfield, Robert, *Peasant Society and Culture: An Anthropological Approach to Civilization*, Chicago, Chicago University Press, 1956.

Reese, Scott (éd.), *The Transmission of Learning in Islamic Africa*, Leyde, Brill, 2004.

Reichmuth, Stefan, « Murtadā al-Zabīdī and the Africans: Islamic Discourse and Scholarly Networks in the Late Eighteenth Century » in Reese, Scott (éd.), *The Transmission of Learning in Islamic Africa*, Leyde, Brill, 2004, pp. 121–153.

Reinhardt, Kevin, « Transcendence and Social Practice: Muftis and Qadis as Religious Interpreters » in *Annales islamologiques*, 1993, vol. 27, pp. 5–28.

Revel, Jacques, « L'histoire au ras du sol » in Levi, Giovanni, *Le pouvoir au village : histoire d'un exorciste dans le Piémont du XVIII^e^ siècle*, Paris, Gallimard, 1989 (1985), pp. I–XXXIII.

Revel, Jacques, « L'institution et le social » in Lepetit, Bernard (éd.), *Les formes de l'expérience : une autre histoire sociale*, Paris, Albin Michel, 1995, pp. 63–84.

Revel, Jacques (éd.), *Jeux d'échelles : la micro-analyse à l'expérience*, Paris, Seuil/Gallimard, 1996.

Revel, Jacques, *Un parcours critique : douze exercices d'histoire sociale*, Paris, Galaade Editions, 2006.

Rodriguez-Manas, Francisco, « Agriculture, Ṣūfism and the State in Tenth/Sixteenth-Century Morocco » in *Bulletin of the School of Oriental and African Studies*, 1996, vol. 59, n ° 3, pp. 450–471.

Rosen, Lawrence, « Law and Custom in the Popular Legal Culture of North Africa » in *Islamic Law and Society*, 1995, vol. 2, n° 2, pp. 194–208.

Rosen, Lawrence, *The Anthropology of Justice: Law as Culture in Islamic Society*, Cambridge, Cambridge University Press, 1989.

Rosen, Lawrence, *The Justice of Islam: Comparative Perspectives on Islamic Law and Society*, New York, Oxford University Press, 2000.

Ruf, Urs Peter, *Ending Slavery: Hierarchy, Dependency, and Gender in Central Mauritania*, Bielefeld, Transcript Verlag, 1999.

Saad, Elias, *Social History of Timbuktu: The Role of Muslim Scholars and Notables, 1400–1900*, Cambridge, Cambridge University Press, 1983.

al-Ṣadīq, Ḥājj Aḥmad, *al-Tāʾrīkh al-thaqāfī li-iqlīm Tuwāt : min al-qarn 11h ilā'l-qarn 14h/17m ilā 20m*, Direction culturelle de la wilaya d'Adrar, Adrar, 2003.

Schacht, Joseph, *Introduction au droit musulman*, Paris, Maisonneuve et Larose, 1983.

Scheele, Judith, « Councils Without Customs, Qadis Without States: Property and Community in the Algerian Touat » in *Islamic Law and Society*, 2010, vol. 17, n° 3, pp. 350–374.

Scheele, Judith, « L'énigme de la faggâra : commerce, crédit et agriculture dans le Touat algérien » in *Annales H.S.S.*, 2012, vol. 67, n° 2, pp. 471–493.

Scheele, Judith, *Smugglers and Saints of the Sahara: Regional Connectivity in the Twentieth Century*, Cambridge, Cambridge University Press, 2012.

Schneider, Irene, *Das Bild des Richters in der Adab al Qadi Literatur*, Frankfurt am Main, Peter Lang, 1990.

Schmitz, Jean, « Le souffle de la parenté : mariage et transmission de la baraka chez les clercs musulmans » in *L'Homme*, 2000, vol. 154–155, pp. 241–278.

Scholz, Peter, *Malikitisches Verfahrensrecht : eine Studie zu Inhalt und Methodik der Scharia mit rechtshistorischen und rechtsvergleichenden Anmerkungen am Beispiel des malikitischen Verfahrensrechts bis zum 12. Jahrhundert*, Frankfurt am Main, Berlin, Peter Lang, 1997.

Seesemann, Rüdiger, *The Divine Flood: Ibrahim Niasse and the Roots of a Twentieth-Century Sufi Revival*, New York, Oxford University Press, 2011.

Serrano, Delfina, « Legal Pratice in an Andalusī-Maghribī Source from the Twelfth Century: The *Madhāhib al-Ḥukkām fī Nawāzil al-Aḥkām* » in *Islamic Law and Society*, 2000, vol. 7, n° 2, pp. 187–234.

Shaham, Ron, *The Expert Witness in Islamic Courts: Medecine and Crafts in the Service of the Law*, Chicago, University of Chicago Press, 2010.

Shahar, Ido, « Legal Pluralism and the Study of Shari'a Courts » in *Islamic Law and Society*, 2008, vol. 15, n ° 1, pp. 112–141.

Shatzmiller, Maya, *Her Day in Court: Women's Property Rights in Fifteenth-Century Granada*, Harvard, Harvard University Press, 2007.

Shinar, Pessar, « A Major Link Between France's Berber Policy and Its "Policy of Races" in French West Africa: Commandant Paul Marty (1882–1938) » in *Islamic Law and Society*, 2006, vol. 13, n° 1, pp. 33–62.

Shuval, Tal, « La pratique de la mu'âwaḍa (échange de biens habûs contre propriété privée) à Alger au XVIII^e siècle » in *Revue du monde musulman et de la Méditerranée*, 1996, vol. 79, n° 1, pp. 55–72.

Stewart, Charles, « A New Source on the Book Market in Morocco in 1830 and Islamic Scholarship in West Africa » in *Hespéris Tamuda*, 1970, vol. 11, pp. 209–250.

Stewart, Charles, *Arabic Literature of Africa volume 5: The Writings of Mauritania and the Western Sahara*, Leyde, Brill, 2016, 2 vol..

Stewart, Charles, *Islam and Social Order in Mauritania: A Case Study from the 19th Century*, Oxford, Clarendon Press, 1973.

Stewart, Charles, « Southern Saharan Scholarship and the Bilād al-Sūdān » in *Journal of African History*, 1976, vol. 15, n° 1, pp. 73–93.

Stiles, Erin Elizabeth, *An Islamic Court in Context: An Ethnographic Study of Judicial Reasoning*, New York, Palgrave Macmillan, 2009.

Suter, Karl, « Der Hausrat im Touat (südalgerische Sahara) » in *Zeitschrift für Ethnologie : Organ der deutschen Gesellschaft für Völkerkunde*, 1954, vol. 79, pp. 193–201.

Suter, Karl, « Etude sur la population et l'habitat d'une région du Sahara algérien : le Touat » in *Revue de géographie alpine*, 1953, vol. 41, n° 3, p. 445 et pp. 450–451.

Tamanaha, Brian Z., « Understanding Legal Pluralism: Past to Present, Local to Global » in *Sydney Law Review*, 2007, vol. 29, pp. 375–411.

Tamdogan, Işık, « L'écrit comme échec de l'oral ? L'oralité des engagements et des règlements à travers les registres de qadi d'Adana du XVIIIe siècle » in *Revue des mondes musulmans et de la Méditerranée*, 1995, n° 75–76, pp. 155–165.

Tamdogan, Isik, « Sulh and the 18th Century Ottoman Courts of Üsküdar and Adana » in *Islamic Law and Society*, 2008, vol. 15, pp. 55–83.

Terrasse, Henri, *Kasbas berbères de l'Atlas et des oasis : les grandes architectures du Sud marocain*, Arles, Actes Sud, Rabat, Centre Jacques Berque, 2010 (1938).

Tillier, Mathieu, « Women before the Qāḍī under the Abbasids » in *Islamic Law and Society*, 2009, vol. 16, n° 3, pp. 280–301.

Touati, Houari, « L'arbre du Prophète : prophétisme, ancestralité et politique au Maghreb » in *Revues des mondes musulmans et de la Méditerranée*, 2000, vol. 91–94, pp. 157–180.

Touati, Houari, *Entre Dieu et les hommes : lettrés, saints et sorciers au Maghreb, 17e siècle*, Paris, Éd. de l'EHESS, 1994.

Houari Touati, « Kitâb », in Touati, Houari (éd.), Encyclopédie de l'humanisme méditerranéen, printemps 2014, URL = <http://www.encyclopedie-humanisme.com/?Kitab>, consulté le 31 août 2016.

Touati, Houari, *L'armoire à sagesse : bibliothèques et collections en Islam*, Paris, Aubier, 2003.

Touati, Houari, « La loi et l'écriture : fiqh, ʿurf et société d'après les *Ajwiba* d'Ibn Nāṣir (m. 1085/1674) » in *Annales islamologiques*, 1993, vol. 27, pp. 93–108.

Touati, Houari, « Le prince et la bête : enquête sur une métaphore pastorale » in *Studia Islamica*, 1996, n° 83, pp. 101–119.

Touati, Houari, « Les héritiers : anthropologie des Maisons de sciences maghrébines aux XIe /XVIIe et XIIe /XVIIIe siècles » in Elboudrari, Hassan (éd.), *Modes de transmission de la culture religieuse en Islam*, Le Caire, Publications de l'IFAO, 1993, pp. 65–92.

Tucker, Judith, *In the House of the Law: Gender and Islamic Law in Ottoman Syria and Palestine*, Berkeley, University of California Press, 1998.

Turner, Bryan S., *Weber and Islam: A Critical Study*, Londres, Routledge and Kegan Paul, 1974.

Travers, Max, Manzo, John, *Law in Action: Ethnomethodological and Conversation Analytical Approaches to Law*, Alderhot, Ashgate, 1997.

Triaud, Jean-Louis, « Le renversement du souverain injuste : un débat sur les fondements de la légitimité islamique en Afrique noire au XIXe siècle » in *Annales : E. S. C.*, 1985, vol. 40, n° 3, pp. 509–519.

Troin, Jean-François, *Les Souks marocains : marché ruraux et organisation de l'espace dans la moitié nord du Maroc*, Aix-en-Provence, Edisud, 1975.

Trumboll, George R., *An Empire of Facts: Colonial Power, Cultural Knowledge, and Islam in Algeria*, 1870–1914, Cambridge, New York, Cambridge University Press, 2009.

Tyan, Emile, *Histoire de l'organisation judiciaire en pays d'Islam*, Leyde, Brill, 1960.

Tyan, Emile, *Le notariat et le régime de la preuve par écrit dans la pratique du droit musulman*, Beyrouth, Faculté de droit de l'université de Beyrouth, 1959.

Udovitch, Abraham L., *Partnership and Profit in Medieval Islam*, Princeton, Princeton University Press, 1970.

Van den Boogert, Nico, *The Berber Literary Tradition of the Sous*, Leyde, Nederlands Instituut voor het nabije Oosten, 1997.

Van Staëvel, Jean-Pierre, *Droit mālikite et habitat à Tunis au XIVe siècle : conflits de voisinage et normes juridiques d'après le texte du maître-maçon Ibn al-Rāmī*, Le Caire, Publications de l'IFAO, 2008.

Villasante-de Beauvais, Marielle (éd.), *Groupes serviles au Sahara : approche comparative à partir du cas des arabophones de Mauritanie*, Paris, Éd. du CNRS, 2000.

Voguet, Élise, « Islamisation de « l'intérieur du Maghreb » : les fuqahâ' et les communautés rurales » in *Revue des mondes musulmans et de la Méditerranée*, 2009, vol. 126, pp. 141–152.

Voguet, Élise, *Le monde rural du Maghreb central, XIVe-XVe siècles : réalités sociales et constructions juridiques d'après les Nawāzil Māzūna*, Paris, Publications de la Sorbonne, 2014.

Voguet, Élise, « Tlemcen-Touat-Tombouctou : un réseau transsaharien de diffusion du malikisme (fin VIII/XIVe siécle – XI/XVIIe siècle) » in *REMMM*, à paraître.

Voorhoeve, Maaike, *Gender and Divorce Law in North Africa: Sharia, Custom and Personal Status Law in Tunisia*, Londres, New York, I. B. Tauris, 2014.

Wakin, Jeanette A., *The Function of Documents in Islamic Law: The Chapter on Sale From Ṭāḥāwī's Kitāb al-Shurūṭ al-Kabīr*, Albany, State University of New York Press, 1972.

Warscheid, Ismail, « Comment écrire un passé qui ne soit ni colonial ni classique ? Le cas du Tuwāt algérien » in Pouillon, François, Vatin, Jean-Claude (éd.), *Après l'Orientalisme : l'Orient crée par l'Orient*, Paris, Karthala, 2011, pp. 213–226.

Warscheid, Ismail, « L'érudit voilé de Teleya : charisme et savoirs scripturaires dans l'œuvre de Bāy b. 'Umar al-Kuntī (1865–1929) », in Deubel, Tara, Tissières, Helène, Youngstedt, Scott (éd.), *Saharan Crossroads: Exploring Historical, Artistic and Cultural Linkages between West and North Africa*, New Castle (UK), Cambridge Scholar Publishing, 2014, pp. 273–286.

Warscheid, Ismail, « The Persisting Spectre of Cultural Decline: Historiographical Approaches to Muslim Scholarship in the Early Modern Maghrib » in *Journal of the Economic and Social History of the Orient*, 2017, vol. 60, n.° 1–2, pp. 142–173.

Weber, Max, *Rechtsoziologie*, Neuwied, Hermann Luchterhand Verlag, 1960.

Weber, Max, *Wirtschaft und Gesellschaft : Grundriss der verstehenden Soziologie*, Tübingen, J. C. B. Mohr, 1972 (1921), pp. 182–187.

Weiss, Bernard, *The Spirit of Islamic Law*, Athens, Londres, The University of Georgia Press, 2006.

Woodman, Gordon R., « Ideological Combat and Social Observation: Recent Debate about Legal Pluralism » in *Journal of Legal Pluralism and Unofficial Law*, 1998, vol. 42, pp. 21–59.

Wuld as-Sa'd, Muhammad al-Muhtar, « Emirats et espace émiral maure : le cas du Trārza aux XVIII$^{e}$ – XIX$^{e}$ siècle » in *Revue des mondes musulmans et de la Méditerranée*, 1989, vol. 54, n° 1, pp. 53–82.

Wulf, Christoph, *Zur Genese des Sozialen : Mimesis, Performativität, Ritual*, Bielefeld, Transcript Verlag, 2005 ; l'ouvrage a été traduit en français : *Une anthropologie historique et culturelle : rituels, mimésis sociale et performativité*, Paris, Téraèdre, 2007.

Ze'evi, Dror, « The Use of Ottoman Sharīʿa Court Records as a Source for Middle Eastern Social History: A Reappraisal » in *Islamic Law and Society*, 1998, vol. 5, n° 1, pp. 35–56.

Zomeño, Amalia, « The Stories in the Fatwas and the Fatwas in History » in Dupret, Baudouin, Drieskens, Barbara, Moors, Annelies (éd.), *Narratives of Truth in Islamic Law*, Londres, New York, I. B. Tauris, 2008, pp. 25–49.

Zouber, Mahmoud Abdou, *Ahmad Bābā de Tombouctou, 1556–1627, sa vie et son œuvre*, Paris, Maisonneuve et Larose, 1977.

# Index

www.ingramcontent.com/pod-product-compliance
Lightning Source LLC
La Vergne TN
LVHW010622300926
849162LV00001B/30

*9789004340169*